第 5 版

刑 法 総 論

大谷 實

成文堂

第5版はしがき

　昨年の性犯罪に係る「刑法の一部改正」を踏まえて，本書の姉妹編である『刑法各論』の改訂を思い立ち準備をしていたところ，同じ時期に『刑法総論』も改訂してはどうかという成文堂編集部の提案に従い，この度，第5版として刊行することにした。

　読者の皆さんもご案内のように，昨年は，組織的犯罪処罰法の改正が大きな問題となり，改正で盛られた「共謀罪」の新設について賛否両論が展開された。そこで，共謀罪の意義およびその体系的位置づけについての叙述を加えた。同時に，新しい判例や文献を手掛かりに旧版の不備を補い，初学者にとって不要であり誤解を招くような箇所は，思い切って書き直した。

　今回の改訂に当たっては，成文堂の阿部成一社長，編集部の篠崎雄彦氏，さらに新進気鋭の名古屋学院大学法学部専任講師・笹山文徳君に大変なお世話になった。各位に対し，心から厚く御礼申し上げる次第である。

　2018 年 3 月

大　谷　　實

第4版はしがき

　本書第3版を刊行してから，7年が経過した。この間，刑法典総則の分野では，公訴時効および刑の時効の廃止・延長，「刑の一部執行猶予制度」の新設などの改正が行われた。また，刑法総論に関する多くの最高裁判所や下級裁判所の判例が出ている。さらに，新しい教科書や体系書が刊行されたうえに，著名な既刊の刑法総論の教科書・体系書も版を重ねている。そこで，これ等に対応するため，昨年，『刑法講義総論』を改訂し，新版第4版として刊行した次第である。

　本書は，もともと基本書としての『刑法講義総論』を大学の法学部学生用としてコンパクトにしたものなので，上述の『刑法講義総論』の改訂を機会に，本書も改訂することにした。しかし，単に簡潔にするというだけでなく，学生諸君が刑法学の基礎・基本を身に付けることができるように，余分と思われる叙述を削除して，必要不可欠な知識や考え方を鮮明にするように工夫してみた。特に，第5章「構成要件」，第6章「構成要件該当性」は，かなり大幅に書き直した。学説を改めたところはないが，初心者でも十分理解できるように，平易な叙述を心がけた。

　私は，2001年の4月1日以来，同志社総長の任にあり，それなりに多忙な日々を送っているが，門下生の心遣いに甘え，ここ十数年来，「刑事判例研究会」を主催している。メンバーは，同志社大学法学部およびロースクールの教員，弁護士，大学院生など十数名であるが，有斐閣の『重要判例解説』で取り上げられた判例を素材として，関連の判例批評や判例研究を網羅的に分析・検討し，忌憚のない意見交換を行い，その成果を同志社法学誌の判例研究欄に掲載している。私が，何とか改訂作業を続けることができたのは，偏に刑事判例研究会の皆さんの支援の賜物なのである。改めて，門下生諸君に感謝申し上げる次第である。

　今回の改訂に当たっては，同志社大学大学院博士後期課程1年平盛洋輔君，同前期課程1年山田　慧君，同佐藤由梨さんのお三方に，校正や索引の作成

等で大変お世話になった。また，今回の改訂作業についても，成文堂編集部の篠崎雄彦氏および編集部員の皆様の並々ならぬご尽力を頂戴した。記して深く感謝申し上げる。

2013 年 9 月

大 谷 　 實

第3版はしがき

　本書は，もともと法学部学生用の教科書を目指して執筆したものであるが，ロースクールが発足してから，その教材ないし未修者の参考書としても利用されるようになってきている。また，ここ数年間の「刑事立法の活性化」によって，刑法総論も変貌を遂げつつある。こうした状況を踏まえて，学部学生用としての従来の性格を変えずに，必要最小限の修正を加えたものが今回の改訂である。その際，重要な新判例や最近の学説にもできるだけ触れることにした。

　改訂に当たっては，同志社大学の私の研究室で育った，同志社大学法学部非常勤講師の緒方あゆみさんに，判例や学説の整理で大変なお世話になった。また，今回も成文堂編集部長の土子三男氏および編集部の皆さんにご苦労をおかけした。記して謝意を表する次第である。

　　　平成 18 年 3 月 20 日

　　　　　　　　　　　　　　　　　　大　谷　　實

第2版はしがき

　本書は，4年前に法学部学生用の教科書として書き下したものであるが，その後，予想以上の読者を得ることができたので，さらに充実したものとするため，版を改めることにした。特に，本書の元となった基本書・刑法講義総論を新版としたので，それに即応した加筆・修正を中心に改訂した。

　現在，ロースクール構想を中心として，法学教育は大きく変わろうとしている。今後，大学における法学教育は，法曹養成専門教育，企業法務教育，法学基礎教育といったように分化することが予想されるが，どの分野に進むにせよ，学部において，きちっとした基礎知識を身につけることが肝心である。

　本書は，学部の法学教育の在り方を念頭におきながら，学部学生として必要な知識，考え方を過不足なく取り入れることを目指したものである。その観点から，新しく展開された理論や判例を踏まえて叙述を改めたところも少なくない。また，【問題】欄も補充したので，論点整理のために役立てて欲しい。なお，旧版は縦書きであったが，これを横書きに改めるとともに，旧版で用いた「刑法判例百選I総論」は，煩雑になるので引用しないことにした。

　改訂に当たっては，成文堂編集部長　土子三男氏および編集部の皆さんにお世話になった。心からお礼を申し上げる。

　　平成12年8月1日

　　　　　　　　　　　　　　　　　　　大　谷　　　實

（第2版3刷に当たって，本書の副読本である大谷實編『判例講義刑法I総論』〔悠々社・平成13年〕の事件番号を①②…の形式で引用した）。

初版はしがき

　本書は，法学部学生用の教科書である。刑法総論の基本書としては，すで
に『刑法講義総論』（第四版補訂版）があり，幸いにして多くの読者に恵まれ
たが，この書物は，判例・学説を網羅的に取り上げているため相当な大冊と
なり，学生用の教科書としては必ずしも適さなくなってしまった。そこで，
名宛人を法学部の学生にしぼり，水準を落とさずに簡潔・平易を心がけて，
刑法総論全体を体系的に叙述してみた。その際，学習の便宜を考え，重要な
判例については『刑法判例百選Ⅰ総論』（第三版）の判例番号を指示し，また，
演習用の問題も付しておいた。

　本書の出版に当たっては，清和大学法学部奥村正雄教授のほか，平成7年
度の司法試験に合格した法学修士相馬博之君，同五島　洋君，同志社大学大
学院博士課程後期課程に在学中の川崎友巳君にご尽力を仰いだ。また，成文
堂編集部の皆さん，特に土子三男編集部長に大変お世話になった。記して，
厚く御礼を申し上げる。

　　平成8年3月

大　谷　　實

　　（初版第三刷に当たって，『刑法判例百選Ⅰ総論』（第四版）を用いた）

凡　例

1　判　例

(1) 引用判例の略称は，次の例による

▽大判大 4・10・28 刑録 21・1745 ⇒ 大審
院判決大正 4 年 10 月 28 日大審院刑事判
決録 21 輯 1745 頁。

▽最判(決)昭 27・12・25 刑集 6・12・
1387 ⇒ 最高裁判所判決（決定）昭和 27
年 12 月 25 日最高裁判所刑事判例集 6 巻
12 号 1387 頁。

▽東京高判昭 30・5・19 高刑集 8・4・568
⇒ 東京高等裁判所判決昭和 30 年 5 月 19
日高等裁判所刑事判例集 8 巻 4 号 568 頁。
（大審院判例を原文のまま引用した箇所
は，カタカナをひらがなに変え，適当に
句読点を入れた）

(2) 略語

刑　録　　大審院刑事判決録

刑　集　　大審院刑事判例集，最高裁判
　　　　　所刑事判例集

裁判集刑　最高裁判所裁判集刑事

高刑集　　高等裁判所刑事判例集

裁　特　　高等裁判所刑事裁判特報

判　特　　高等裁判所刑事判決特報

東　時　　東京高等裁判所刑事裁判時報

一審刑集　第一審刑事裁判例集

下刑集　　下級裁判所刑事判例集

裁　時　　裁判所時報

刑　月　　刑事裁判月報

判　時　　判例時報

判　タ　　判例タイムズ

新　聞　　法律新聞

評　論　　法律評論

2　法　令

　法令の略語は大方の慣用に倣った。な
お，改正刑法草案は，草案と略記した。

目　次

第5版はしがき

凡　例

第1章　刑法と刑法学 ……………………………………… 1

I　刑法の意義 ……………………………………………… 1

1　刑法とは *1*　　2　刑法の目的 *2*　　3　刑法の規範 *3*

II　刑法の諸機能 …………………………………………… 4

1　規制機能 *4*　　2　法益保護機能 *4*

3　人権保障機能 *5*　　4　刑法の二律背反 *6*

III　刑法学とは ……………………………………………… 7

1　刑法総論・刑法各論 *7*　　2　刑事法学 *7*

第2章　刑法の基礎 ………………………………………… 9

I　古典学派と近代学派 …………………………………… 9

1　古典学派（旧派）*9*　　2　近代学派（新派）*12*

3　学派の争いとその克服 *13*

II　わが国の刑法および刑法思想 ………………………… 15

1　旧刑法の制定 *15*　　2　現行刑法の制定から終戦まで *15*

3　戦　後 *16*

III　刑法の基礎理論 ………………………………………… 18

1　何を犯罪とすべきか *18*

2　刑罰の目的からみた犯罪の性質 *19*

3　刑罰の本質と目的 *22*

目　次　ix

第3章　刑法の法源と解釈······24

I　罪刑法定主義······24
1　罪刑法定主義とは *24*　　2　罪刑法定主義の内容 *25*

II　刑法の法源······28
1　刑法の法源（法律主義）*28*

2　刑罰法規適正の原則（実体的デュー・プロセス）*30*

III　刑法の解釈······33
1　類推解釈の禁止 *33*　　2　刑法解釈の限界 *34*

第4章　犯罪の基本概念······36

I　犯罪の概念······36
1　当罰的行為と可罰的行為 *36*　　2　犯罪成立要件 *38*

3　犯罪成立阻却事由 *40*

II　犯罪論の体系······40
1　犯罪論とは *40*　　2　犯罪論の体系 *41*

3　形式的犯罪論と実質的犯罪論 *43*　　4　犯罪の種類 *44*

III　刑法上の行為······45
1　行為の機能 *45*　　2　行為をめぐる諸説 *46*

3　刑法における行為 *47*

第5章　構成要件······50

I　構成要件の概念······50
1　構成要件の意義と内容 *50*　　2　構成要件の機能 *53*

3　構成要件の種類 *54*

II　構成要件要素······56
1　構成要件該当性と構成要件要素 *56*

2　行為の主体 *56*　　3　行　為 *60*

4 行為の客体 *61* 5 行為の状況 *61*

6 行為の結果 *62* 7 主観的構成要件要素 *65*

8 構成要件要素の分類 *66* 9 構成要件の解釈 *68*

第6章 構成要件該当性 ………………………………………*70*

I 実行行為の意義 ………………………………………………*70*

〔1〕 構成要件該当性の意義 …………………………………*70*

1 構成要件要素の充足 *70* 2 実行行為 *71*

〔2〕 不作為犯 …………………………………………………*72*

1 不作為犯の意義 *72* 2 保障人的義務 *75*

3 法律上の作為義務 *77*

〔3〕 間接正犯 …………………………………………………*81*

1 間接正犯とは *81* 2 間接正犯の成立範囲 *83*

3 自手犯 *85*

II 実行行為の主観面 ……………………………………………*86*

〔1〕 故 意 …………………………………………………*86*

1 故意の意義とその体系的地位 *86* 2 故意の成立要件 *87*

3 未必の故意（故意と過失の区別）*90* 4 故意の種類 *91*

〔2〕 事実の錯誤による故意の阻却 …………………………*93*

1 錯誤とは *93* 2 事実の錯誤の態様 *93*

3 故意を阻却する基準 *95*

4 具体的事実の錯誤（同一構成要件内の錯誤）*97*

5 抽象的事実の錯誤（異なる構成要件間の錯誤）*101*

〔3〕 過 失 …………………………………………………*106*

1 過失の意義 *106* 2 過失の成立要件 *108*

3 信頼の原則 *111* 4 過失の種類 *112*

5 過失の競合 *113* 6 結果的加重犯 *115*

目 次 xi

Ⅲ 因果関係 ·····································116

1 因果関係とは *116* 2 因果関係の理論 *117*

3 因果関係の判断方法 *121* 4 判例の態度 *126*

5 不作為の因果関係 *127*

第7章 犯罪成立阻却事由 ·····················129

Ⅰ 違法性阻却事由 ·································129

〔1〕違法性の概念 ·····························129

1 違法性と違法性阻却 *129*

2 形式的違法性と実質的違法性 *130* 3 違法性の実質 *131*

4 違法要素 *133* 5 違法性の判断 *135*

〔2〕違法性阻却 ·······························137

1 違法性阻却の意義 *137* 2 違法性阻却事由の種類 *138*

〔3〕正当行為 ·································140

1 35条の趣旨 *140* 2 法令行為 *140* 3 争議行為 *141*

4 業務行為 *143* 5 その他の正当行為 *144*

〔4〕正当防衛 ·································156

1 正当防衛の意義と根拠 *156* 2 正当防衛の要件 *157*

3 過剰防衛 *164* 4 誤想防衛 *165*

5 誤想過剰防衛 *166* 6 盗犯等防止法における特則 *166*

〔5〕緊急避難 ·································167

1 緊急避難の意義と根拠 *167* 2 緊急避難の成立要件 *169*

3 過剰避難・誤想避難・誤想過剰避難 *172*

Ⅱ 責任阻却事由 ·································173

〔1〕責任の概念 ·······························173

1 責任の意義 *173* 2 責任の内容 *174*

3 責任要素 *176* 4 責任判断 *176*

xii 目 次

〔2〕 責任能力 ……………………………………………………178

1 責任能力とその存在時期 *178*

2 責任無能力者・限定責任能力者 *180*

3 原因において自由な行為 *183*

〔3〕 違法性の意識とその可能性 ……………………………187

1 責任要素としての故意と過失 *187*

2 違法性の意識の取扱い *189*

3 違法性の意識とその可能性 *190*　4 違法性の錯誤 *191*

5 違法性の錯誤の取扱い *193*

6 事実の錯誤と違法性の錯誤の区別 *195*

〔4〕 期待可能性 ………………………………………………199

1 期待可能性の意義 *199*

2 期待可能性による責任阻却・減軽事由 *200*

3 期待可能性判断の基準 *201*　4 期待可能性の錯誤 *202*

第8章　未 遂 犯 ……………………………………………………203

I　予備・陰謀・共謀と未遂 ………………………………………203

1 未遂犯の処罰根拠 *203*　2 予備・陰謀・共謀 *205*

II　未遂犯 …………………………………………………………207

1 実行の着手 *207*　2 実行の着手時期が問題となる場合 *209*

3 構成要件的結果の不発生 *211*　4 処 罰 *211*

III　不能犯 …………………………………………………………212

1 不能犯の意義と類型 *212*　2 未遂犯と不能犯の区別 *214*

3 不能犯と違法性の判断 *217*

IV　中止犯 …………………………………………………………218

1 中止犯を認める根拠 *218*　2 中止犯の成立要件 *220*

3 効 果 *223*　4 予備・陰謀罪の中止 *223*

目　次　xiii

第9章 共 犯 ……………………………………………225

Ⅰ 共犯と正犯 ……………………………………………225

1 共犯の種類 *225* 2 正犯と共犯の区別 *227*

3 共犯の処罰根拠 *228* 4 共犯の本質 *229*

5 共犯の従属性 *231*

Ⅱ 共同正犯 ………………………………………………233

1 共同正犯の意義 *233* 2 実行共同正犯の成立要件 *234*

3 過失犯の共同正犯 *236* 4 結果的加重犯の共同正犯 *238*

5 承継的共同正犯 *238* 6 不作為犯と予備罪の共同正犯 *240*

7 片面的共同正犯 *241* 8 共謀共同正犯 *242* 9 処 罰 *245*

Ⅲ 教唆犯 ……………………………………………………245

1 教唆犯の意義と成立要件 *245* 2 教唆犯の諸類型 *249*

3 処 罰 *250*

Ⅳ 幇助犯 ……………………………………………………250

1 成立要件 *250* 2 幇助犯と共同正犯・教唆犯との区別 *253*

3 幇助犯の諸類型 *253* 4 処 罰 *254*

Ⅴ 共犯と身分 ………………………………………………255

1 身分犯と共犯 *255* 2 真正身分犯と共犯 *258*

3 不真正身分犯と共犯 *259*

Ⅵ 共犯の関連問題 …………………………………………260

1 不作為犯に対する共犯 *260* 2 不作為による共犯 *261*

3 共犯の錯誤 *262* 4 共犯の未遂 *266*

5 共犯関係からの離脱（共犯関係の解消） *267*

6 共犯の競合・罪数 *269*

第10章　罪　数 ……………………………………………………… 271

I　犯罪の個数 ………………………………………………………… 271
　　1　罪数決定の基準 *271*　　2　本来的一罪 *272*

II　科刑上の一罪 ……………………………………………………… 275
　　1　54条1項 *275*　　2　観念的競合 *276*　　3　牽連犯 *277*
　　4　科刑上一罪の関連問題 *278*

III　併合罪 …………………………………………………………… 280
　　1　併合罪の意義と要件 *280*　　2　処　分 *281*　　3　単純数罪 *282*

第11章　刑罰制度 …………………………………………………… 283

I　刑罰権 …………………………………………………………… 283
　　1　刑罰権の意義 *283*　　2　客観的処罰条件 *284*
　　3　現実的法律関係 *284*

II　刑罰の種類 ……………………………………………………… 285
　　1　刑罰の分類 *285*　　2　死　刑 *285*　　3　自由刑 *286*
　　4　財産刑 *287*

第12章　刑の適用 …………………………………………………… 288

I　法定刑とその加減 ……………………………………………… 288
　　1　法定刑とその軽重 *288*　　2　法定刑の加重・減軽 *289*
　　3　累犯・常習犯 *290*　　4　自首・首服・自白 *290*
　　5　酌量減軽 *291*　　6　法律上の刑の減軽方法 *291*

II　刑の量定 ………………………………………………………… 292
　　1　刑の量定 *292*　　2　刑の言渡し・免除 *293*

III　刑の執行 ………………………………………………………… 295

IV　刑の執行猶予 …………………………………………………… 295
　　1　刑の執行猶予とその要件 *295*　　2　執行猶予の取消し *297*

目　次　xv

3　執行猶予の効力 *297*　　4　刑の一部の執行猶予 *298*

　Ⅴ　仮釈放 ………………………………………………………………… *298*

　Ⅵ　刑の消滅 ……………………………………………………………… *299*

　　　1　犯人の死亡・法人の消滅 *299*　　2　恩　赦 *300*

　　　3　刑事上の時効 *300*　　4　刑の消滅 *302*

第13章　保安処分 ……………………………………………………… *303*

　　　1　保安処分の意義と沿革 *303*　　2　保安処分の基礎 *305*

　　　3　現行法上の保安処分 *306*

第14章　刑法の適用範囲 ……………………………………………… *308*

　Ⅰ　刑法の時間的適用範囲 ……………………………………………… *308*

　　　1　刑罰法規不遡及の原則 *308*

　　　2　犯罪後の法律による刑の変更 *309*　　3　限時法 *312*

　Ⅱ　刑法の場所的適用範囲 ……………………………………………… *313*

　　　1　場所的適用範囲とは *313*　　2　諸原則 *314*

　　　3　外国判決の効力と犯罪人の引渡し *317*

　Ⅲ　刑法の人的・事項的適用範囲 ……………………………………… *318*

　　　1　意　義 *318*　　2　適用上の例外 *318*

　　　3　事項的適用範囲 *319*

　事　項　索　引 ………………………………………………………… *321*

　判　例　索　引 ………………………………………………………… *329*

第1章　刑法と刑法学

本章では，刑法学で対象とする「刑法」の意義・範囲を明らかにし，刑法の目的ないし機能について，社会倫理との関係を考慮しながら検討する。

I　刑法の意義

1　刑法とは

(1)　刑法典　刑法とは，いかなる行為が犯罪となり，それにどのような刑罰が科されるかについて規定した法または法規をいう。犯罪と刑罰を規定している法規は数多くあり，現在は 800 余りであるが，その中核となっている法規は，六法全書に「刑法」として収録されている法律である。これを刑法典という。

　刑法の中核となっている刑法典は，ヨーロッパ大陸の影響を受けて明治 40 (1907) 年に制定・公布され，翌 41 年に施行されたものである。この法律はしばしば改正されたというものの，その後，抜本的な改正がなされないまま 90 年近くが経過したため，平成 7 (1995) 年に刑法の条文を現代用語化して平易なものとすることを目的とした「刑法の一部を改正する法律」が制定・公布され，同年 6 月 1 日から施行されて，全面的な改正が実現したのである。これが現在の「刑法」であり，この法律は体系的・組織的に整備されており，法典としての体裁をなしているので刑法典と呼ばれている。そして，刑法典は，犯罪と刑罰に関する一般的な準則を定める法律であるため，一般刑法または普通刑法とも称されている。

刑法典は，第1編「総則」と第2編「罪」とに分けて規定されており，本書では主として「総則」を検討するが，「総則」は，すべての刑法に共通して適用される通則規定であり，これを体系的・理論的に解明するのが刑法総論である。これに対し，第2編「罪」（刑法各則）は，殺人罪とか窃盗罪のように，個々の犯罪を定める個別規定であり，これを体系的・理論的に解明するのが刑法各論である。

(2) **特別刑法**　　六法全書の「刑法編」を見ると，刑法典以外に「爆発物取締罰則」とか「暴力行為等処罰に関する法律」といった法律が収録されている。これらは，おおむね刑法典を補充する目的で制定された法律であって，本来は刑法典のなかに入れられてしかるべき犯罪であるという意味で特別刑法と呼ばれている。

一方，六法全書の「刑法編」の欄以外にも，たとえば，「道路交通法」や「所得税法」などのように，「罰則」と称する章を設けて犯罪と刑罰を規定している法律がある。これらも刑法典に対する特別法という意味で特別刑法の一種であるが，特に行政上の取締り目的のために作られた法律であるため，行政刑法と呼ばれている。

特別刑法の場合は，刑法典と同様に「……した者は，～に処する」という規定の形式を採っているのに対し，行政刑法の場合は，たとえば，道路交通法のように，法律の前半部分で「……しなければならない」，または「……してはならない」という命令・禁止に関する規定を置き，後半部分で「罰則」の項を設け，「第～条の規定に違反した者は，～に処する」という規定の形式を採っている。行政刑法の場合は，犯罪行為の内容が明確でないので，命令・禁止すべき行為を法律で明示する必要があるからである。

2　刑法の目的

刑法は，犯罪者に対して死刑や懲役といった苛酷な刑罰を科するための法律であるが，刑法は，何を目的としてこのような刑罰を科すのであろうか。この刑法の任務をめぐる問題については，①道徳秩序の維持にあるとする立場，②法益の保護にあるとする立場，③社会秩序の維持にあるとする立場が対立してきた。しかし，国民の社会生活にとって最も大切なのは，社会秩序

が安定していて，市民生活が侵害されることなく安心して生活できるということであり，社会秩序が維持されている状態こそ社会生活の基盤であるといってよい。国家は，このような社会秩序の維持が法政策上最も重要であるという認識から，社会秩序を侵害する行為を犯罪として定め，刑罰という苛酷な制裁を用いてそれを禁止しているのである。刑法の目的は，社会秩序の維持に帰着するといってよい。社会秩序を維持するためには，道徳ないし社会倫理が考慮されるべきであるが，道徳それ自体は個々人の内心の問題であるから，刑法の目的とすべきではない。

　近年，刑法の目的は，個人の生活利益を保護することにあるとする見解が有力となっている。その理由として，①国家は，道徳的な正邪を判断する権限を憲法上認められていないこと，②価値観の多様化した現代社会では，道徳を正しいものとして刑罰で強制することは妥当でないこと，③道徳それ自体を守ることは個人の内心の問題であって，法律で強制することは妥当でないことなどが掲げられる。たしかに，今日のような個人の尊重を価値の根源とする社会では，個人の生活利益を守ることが重要であることは疑いない。また，市民生活の安全を守らなければ社会秩序は維持できないから，刑法の目的を達成するためには個人の生活利益を保護しなければならない。しかし，生活利益の保護自体が刑法の目的なのではなく，それを通じて，日本国憲法によって形成されてきた個人主義に基づく社会秩序を維持することが究極の目的であると考えるべきであろう。したがって，生活利益を侵害する行為をすべて刑法の対象とする必要はなく，それらの行為のうち社会秩序の維持にとって放置できない有害な行為を選び出して，処罰の対象とすれば足りるのである。

3　刑法の規範

　刑法は，たとえば，「人を殺した者は、死刑又は無期若しくは5年以上の懲役に処する」（199条）という形式で犯罪とそれに対応する刑罰との関係を規定している。「人を殺した者」が法律要件であり，「死刑又は無期若しくは5年以上の懲役」が法律効果である。ところで，この規定は，いうまでもなく裁判所を名宛人（相手方）とするものである。人を殺した者に対しては，

裁判所は「死刑又は無期若しくは5年以上の懲役」を科さなければならず，罰金のような規定外の刑罰を科してはならないということを裁判所に命ずる機能をもっている。この機能を裁判規範という。しかし，その前提として，当然のことながら「人を殺してはならない」という国民に向けた命令が存在している。これを行為規範という。なお，どちらの規範も，その行為が許されているか否かを判断する機能と，それを相手方に命ずる機能とが含まれている。前者を評価規範，後者を命令（決定）規範という。

II 刑法の諸機能

1 規制機能

　刑法は，社会秩序の維持を目的とするが，具体的には規制機能，法益保護機能および人権保障機能を通じてその目的を達成する。たとえば，「人を殺した者は，死刑又は無期若しくは5年以上の懲役に処する」（199条）というように犯罪と刑罰を法律で定め，実際に罪を犯した者が出たとき，その犯人に刑法で定めている刑罰を科せば，それによって社会の一般人は犯罪を行うことを避けようとするであろう。また，刑罰を科されることを恐れて犯罪から遠ざかるであろう。さらに，実際に刑罰を受けた者も，それに懲りて，それ以後は罪を犯さないように努力するであろう。要するに，刑法は，国民に対して法律上許されない行為を示し，意思決定の基準を明らかにすることによって国民の行動を規律する機能を有するのである。この機能を規制機能または規律機能と呼ぶ。このように，刑法は国民に一定の行為を命令・禁止する作用を営むのである。この面の法規範としての作用を行為規範と称する。

2 法益保護機能

　刑法は，一定の行為に対して刑罰を科す旨の規定を設けることによって，その行為をしないように国民に働きかけ，その行為によって侵害される生活利益を保護することができる。たとえば，人を殺した者を処罰する旨を規定

することによって殺人行為を防止し，人の生命という利益を保護するのである。法律によって保護される生活利益を保護法益または法益という。殺人罪の法益は「人の生命」であり，窃盗罪の保護法益は「他人の財物の占有」である。刑法は，犯罪とそれに対応する刑罰を規定することによって，法益を保護する機能を発揮するのであり，この機能を刑法の法益保護機能と称する。

「生命，自由及び幸福追求に対する国民の権利」（憲13条）を最大限に尊重する個人主義の社会においては，個人の生活利益を守ることが法的価値の根元となっているのであり，生活利益を保護しなければ確実に社会は混乱するから，個人法益を直接・間接に保護することは，社会秩序維持にとって不可欠である。

しかし，法益は他の法律によっても保護されている。たとえば，民法709条は，他人の権利や利益を侵害した者に対しては，損害賠償という制裁を科することによって法益保護を図っている。また，たとえば，自治体行政上の制裁としては，刑事手続によらないで課する過料がある。刑法は刑罰という苛酷な制裁を手段として社会秩序の維持を図るのであるから，他の法律では法益の保護が不可能であり，そのため社会秩序の維持にとって放置できないような場合に，初めて刑法による保護を認めるべきである。このような刑法と他の法律との関係を，刑法の2次的性格または補充的性格と呼ぶ。それゆえ，刑法は，あらゆる反社会的行為から法益を守るのではなく，社会秩序の枠内から逸脱した処罰に値する行為から法益を守り，もって社会秩序の維持に奉仕するものであるということを忘れてはならないのである。

3 人権保障機能

刑法は，そこで規定されている犯罪が行われないかぎり処罰しないという意味で国民の自由を保障する。また，処罰する場合でも，法律であらかじめ定められた刑罰の範囲（法定刑）にかぎるという意味で，罪を犯した者であっても不当な刑罰を科されないという権利を保障する。こうして，刑法は，刑罰権の恣意的行使から一般国民および犯罪者の人権を保障するのであり，この機能を人権保障機能または自由保障機能という。

人権保障機能との関連では，謙抑主義が重要である。謙抑主義とは，刑法

第1章 刑法と刑法学　　5

はあらゆる違法行為を対象とすべきでなく，刑罰は必要やむをえない場合にのみ適用すべきであるとする原則である。謙抑主義からは，三つの要請が導かれる。第1は，刑法の補充性である。「最良の社会政策は最良の刑事政策である」（リスト。⇨12頁）といわれるように，刑法のみでは犯罪を抑止し社会秩序を維持することはできないのであり，しかも，刑罰は人の生命，自由および財産を剥奪する極めて苛酷な制裁なのであるから，犯罪を防止するための「最後の手段」（ultima ratio）にとどめるべきである。第2は，刑法の断片性である。刑法による規制は，生活領域のすみずみまで及ぼすべきではなく，社会秩序維持にとって必要・最小限の領域にかぎるべきである。第3は，刑法の寛容性である。犯罪が行われても，社会秩序の維持を図るうえで必要やむをえない事情が認められないかぎり，寛容の精神を重んじ処罰を差し控えるべきなのである。

4 刑法の二律背反

　刑法における社会秩序維持と人権保障との関係は，従来，前者を重視すれば後者がおろそかになるという二律背反の関係にあるとされてきた。しかし，刑法の究極の目的は社会秩序の維持にあるのだから，二律背反の関係に立つのは社会秩序維持と人権保障ではなく，法益保護と人権保障であり，両者は，人権保障を重視すれば犯罪の増加を招いて法益保護を図ることができず，逆もまた真であるという矛盾した関係に立つ。人権保障を重視して法益保護を軽視し，逆に人権保障を軽視して法益保護を重視すれば，法秩序に対する国民の信頼を失い，社会秩序が維持できなくなるであろう。したがって，両者が調和して機能しなければ社会秩序維持という刑法の目的を十分に達成することができないのであり，法益保護と人権保障の調和を図り，社会秩序の維持を実現することが刑法学上の究極の課題となるのである。

III　刑法学とは

1　刑法総論・刑法各論

　刑法学というときは，普通，刑法解釈学を意味している。刑法解釈学は，刑法の規範的意味を解釈によって体系的に認識することを内容とする学問分野であり，刑法総論と刑法各論とに分かれる。刑法総論は，刑法典の第1編「総則」の規定を主な対象として，個々の犯罪と刑罰とに共通する一般的性質の解明をその任務とする。これに対し，刑法各論は，主に第2編「罪」の規定を対象として，個々の犯罪に固有の成立要件と処罰の範囲を明確にするとともに，各犯罪相互の関係および区別の確定を任務としている。しかし，刑法解釈学は，単なる認識活動にとどまるものではない。刑法の解釈は，真に処罰に値する行為を導き出し，社会秩序の維持・発展に寄与するという刑法の目的に奉仕するための実践的な活動なのである。

2　刑事法学

　刑法の機能を十分に発揮させるためには，犯罪捜査，公訴の提起，裁判および刑の執行に至る全過程を有機的に関連づけて考察する必要がある。これらの法執行機関による刑法の実現過程全体を刑事司法（criminal justice）と称する。この過程にかかわる刑法，刑事訴訟法および矯正保護法（犯罪者処遇法）を一括して刑事法という。刑事訴訟法は，実際に発生した犯罪について，その捜査や裁判等，犯人に対して刑罰を科するための手続きを規定した法律である。また，矯正保護法は，受刑者への矯正処遇の方法を定めた「刑事収容施設及び被収容者等の処遇に関する法律」などの法律および刑事施設外における犯罪者や非行少年の保護を目的とした諸法規である。刑法，刑事訴訟法および矯正保護法は，それぞれ性格を異にしながら，相互に関連し合って，刑事法という有機的な統合体を形成し，社会秩序の維持に寄与しているのである。これらを密接不可分のものとして体系的に認識する学問分野を刑事法

第1章　刑法と刑法学　　7

学と呼ぶ。

◆【問　題】
　(1)　刑法と社会秩序との関係について論ぜよ。
　(2)　いわゆる不倫は，刑法上どのような扱いとなっているか。また，その扱い
　　　は妥当であるか。

第2章　刑法の基礎

> 刑法は，刑罰という苛酷な制裁を法律効果とするものであるから，その解釈論に入る前に，どのような行為を犯罪とし，いかなる根拠で処罰するかについて明確にする必要があり，そのためには古典学派と近代学派，客観主義と主観主義，応報刑主義と目的刑主義といった根本的な対立に関する理解が必要である。

I　古典学派と近代学派

1　古典学派（旧派）

(1)　ヨーロッパ啓蒙期の刑法理論　　刑法思想は，すでにギリシャのプラトンやアリストテレスによって展開され，古代中国でも孔子や孟子によって好んで論じられていたが，今日の刑法理論の土台は，啓蒙期に形成された古典学派によって確立された。ヨーロッパ中世の刑法は，その時代の法と宗教の未分離状態を反映して，犯人の内心に立ち入って処罰する干渉的なものであった（干渉性）。また，犯罪と刑罰を明確に決定していなかったために，刑罰権が恣意的に用いられ（恣意性），刑法の適用が身分によって差別されていた（身分性）。さらに，刑罰の内容も，死刑と身体刑を中心とする苛酷なものであった（苛酷性）。

(ア)　古典学派　　中世的な非合理主義を排斥して，合理的な刑法思想を展開した啓蒙期の代表的な刑法思想家は，イタリアのベッカリーア（Cesare Beccaria, 1738～1794）である。彼は，1764 年に『犯罪と刑罰』と題する書物

を著し，当時の刑事裁判は無秩序であり，刑罰は苛酷すぎると非難した。刑罰権の基礎は，もっぱら社会契約にあるから，法は宗教から解放されなければならず，法律だけが犯罪と刑罰を定めることができるのである（罪刑法定主義➡24頁）。また，犯罪の重さは，犯罪によって生じた社会の損害によるべきである（客観主義）。刑法の目的は一般の人々が犯罪から遠ざかるようにすることにあり（一般予防主義），その必要を超える刑罰は不正なものであって，死刑も原則として認めるべきでない。彼は，このように主張して，合理主義，理性主義を徹底しようとしたのである。ベッカリーアは，「近代刑法学の祖」と呼ばれている。

(イ) **フォイエルバッハ**　啓蒙期の刑法理論は，ドイツで花を開いた。ドイツのフォイエルバッハ（Anselm v. Feuerbach, 1775〜1833）は，法と道徳を峻別し，犯罪の本質は権利の侵害であり，刑法は権利侵害を予防するかぎりで正当化されるとし，心理強制説を主張した。人はみな理性によって快楽と苦痛を計算するのだから，犯罪によって得られる快（利益）とそれに対して科される不快（刑罰）とを比べて，後者が前者よりも大きければ罪を犯さないであろう。「……の行為をした者は，……の刑罰が科される」ということを法律に明確に規定しておけば，一般の人々は罪を犯さないように心理的に強制され，予防目的が達成されることになる。国家は，法律によって犯罪と刑罰を国民に予告して警告を与え，犯罪を予防すべきであると主張して，一般予防論を唱えたのである。彼は，心理強制説に立脚して，「法律なければ犯罪なし。法律なければ刑罰なし」という格言のもとに罪刑法定主義の原則を樹立し，これを理論的に基礎づけて恣意的な刑罰権の行使を防ごうとした。フォイエルバッハは「近代刑法学の父」と呼ばれている。

(ウ) **ベンサム**　イギリスのベンサム（Jeremy Bentham, 1748〜1832）は，啓蒙主義者として合理主義を徹底し，フォイエルバッハと同じように心理強制説による一般予防論を採りながら，犯罪者を単に威嚇のために処罰するのでは不十分であり，受刑者に対して再犯防止のため教育を施す矯正処遇が必要であると説いている。刑罰は，①みせしめ（example），②改善（reformation），③犯罪者の無害化（incapacitation——再犯防止のため犯罪者からその能力を奪うこと，死刑も含む），④被害者に対する補償（compensation），⑤刑罰の経済

性（economy）という5つの原理を調和させることによって正当化されるとした。ベンサムの刑法理論は，その多くをベッカリーアに負っているが，特別予防および改善・矯正の考え方を取り入れ，今日大きな関心がよせられている犯罪被害者の救済から刑罰の経済性までも考慮に入れていたのであるから，功利主義刑法理論家として合理主義を最も徹底しているといえよう。

（2）**カントとヘーゲル**　ドイツ観念論哲学を代表するカント（Immanuel Kant, 1724〜1804）は，犯罪は自由意思を有する理性的存在である人間が行うものであり，刑罰は犯人が罪を犯したという理由だけで科されるべきで，犯罪予防といった目的のための手段として刑罰を科してはならないと主張した（絶対的応報刑論）。

ヘーゲル（Wilhelm Friedrich Hegel, 1770〜1831）は，弁証法的立場から，犯罪は法の否定であり，刑罰は犯罪を再び否定することによって法と正義を回復するためのものであって，犯罪と同価値の害悪を行為者に加えるという意味で応報であると主張した。刑罰を科することは，理性そのものである国家の権利であり，犯罪者は自由意思によって犯罪を行ったのであるから（意思自由論），その意思が国家によって否定されないかぎり，犯罪者の理性は回復されない。この意味で，刑罰を受けることは犯罪者の権利であり，彼が理性人として扱われるゆえんでもある。ヘーゲルによれば，フォイエルバッハの心理強制説は，犬に向かって杖を振り上げ脅すに等しいものである。彼は，自由意思を前提として，道義的に非難できる客観的な行為がないかぎり犯罪として処罰しないとする客観主義と責任主義（⇨173頁）の刑法理論を導き，その後の刑法学に大きな影響を与えたのである。

（3）**古典学派の特徴**　古典学派の主張は，統一した理論に基づくものではない。しかし，人間を自由意思ないし理性を有する個人として抽象的・理性的に捉える人間像を基礎とし，犯罪を人間の理性ないし自由な意思の所産と考え，犯罪の本質を客観的な行為に求め（客観主義，行為主義），犯罪と刑罰との均衡を重視する点で共通している。そこで，このような考え方をとる立場は，後に現れる実証的な刑法理論と区別する観点から，一括して古典学派と呼ばれている。

第2章　刑法の基礎　　11

2 近代学派（新派）

19世紀の後半になると資本主義が発達し，それに伴い失業などが原因で犯罪ことに常習犯（⇨290頁）が増加したため，古典学派の刑法理論は犯罪対策において無力であると考えられるようになった。そこで，犯罪現象を科学的に解明して犯罪対策を講じようとする近代学派が生まれたのである。

(1) イタリア学派 ロンブローゾ（Cesare Lombroso, 1835～1909）は，イタリアの医学者であるが，彼は，人類学的方法を用い，犯罪者の身体的特徴ことに頭蓋骨の形態に着目して，一定の身体的特徴を有していて，生まれつき犯罪者となるように宿命づけられている「生来性犯罪者」（delinquente nato）が存在すると主張し，犯罪者は，生物学的に進化が遅れた劣性的特質のため社会に適応できず，宿命的に犯罪に陥るのだと説明した。

フェリー（Enrico Ferri, 1856～1929）は，ロンブローゾの人類学的方法を受け継ぎながら生来性犯罪者説の欠点を補充し，犯罪は，生物学的原因，物理学的原因および社会学的原因が複合して発生するのだから，意思自由論は幻想であり（意思決定論），意思の自由を前提とした応報刑は無意味であると述べている。しかし，犯罪者も社会の一員として生活している以上は，社会に加えた侵害に対して責任を負わなければならないが（社会的責任論），同時に，犯罪から社会を防衛するためには社会政策を充実すべきであり，また，行為者の危険性に対する処置として，刑罰制度を廃止して「制裁」という制度を設けるべきであると提案している。彼が起草した1921年イタリア刑法草案（フェリー草案）には，刑罰の観念はなくなっていたのである。

(2) リスト ドイツのリスト（Franz v. Liszt, 1851～1919）は，「刑法における目的観念」を説き，刑罰は国家的なものであるから本能的・衝動的な応報に尽きるものではなく，必要性と合目的性に基づくべきであるとして（目的刑論），古典学派とりわけ当時支配的であったヘーゲル学派に対抗した。彼によれば，刑法は犯罪者に刑罰という法益侵害を加えることによって法益の保護を図ることを目的とするものである（保護刑論）。刑罰は犯罪防止に奉仕するものでなければならないから，犯罪反復の危険性の強弱を基準として犯罪者を分類し，改善可能な犯罪者に対しては改善刑，改善不能な犯罪者

に対しては終身刑・死刑といった手段によってその無害化を図るというように，刑罰を個別化すべきである（特別予防主義）。「罰せられるべきは行為でなく行為者である」（主観主義）と主張したのである。

3　学派の争いとその克服

(1)　近代学派の理論　近代学派は，第1に，罰せられるべきは行為でなく行為者の性格であるとする点で主観主義（行為者主義）であり，社会的危険性を有する者が社会から防衛処分を受けるべき地位が責任であるとする社会的責任論を主張する。そして，犯罪行為は処罰するための要件となるが，それは反社会的性格を認識するための一つの資料となるにすぎないとする犯罪徴表説を前提とする。

第2に，刑罰は応報でなくて改善・教育であり，行為者の反社会性を矯正して社会に復帰させることが刑罰の目的でなければならないとする目的刑主義に立脚し，犯人の危険な性格を矯正することが刑罰の主たる目的となるから，刑罰と保安処分（⊜303頁）との間に本質的な相違を認めない一元主義を採る。

第3に，刑罰は犯人を矯正して将来犯罪を行わないようにするためのものと解する特別予防論を採り，フォイエルバッハなどが主張した一般人に対する刑罰の予防効果（一般予防）は，刑罰の直接の目的と解さない。近代学派は，特別予防論に立脚して社会を防衛するという見地から刑法学を体系化したのである。

(2)　学派の争いと克服　このような近代学派の主張が，古典学派特に絶対的応報刑論と相容れないのは無論であり，ここから，新・旧両学派間の刑法学派の争いと呼ばれる論争が展開された。古典学派は，「犯罪が行われたから処罰するのであって，犯罪が行われないために処罰するのではない」というカントの命題を楯にする。そして，応報刑論によるのでなければ罪刑法定主義，客観主義，行為主義は維持できないし，意思自由論を基礎とする応報刑論は古代から永続した不動のものであると主張して，目的刑論を攻撃した。これに対し，リストは，刑法は本能的な応報から解放されて目的刑思想に依拠すべきであり，この立場から刑法を改正すべきであると主張した。

第2章　刑法の基礎　　13

〔古典学派と近代学派〕

	人間観	犯罪観	責任論	刑罰論
古典学派	理性的人間	客観主義 行為主義 現実主義	行為責任論 意思責任論	一般予防論 応報刑論
近代学派	宿命的人間	主観主義 行為者主義 徴表主義	性格責任論 社会的責任論	特別予防論 目的刑論

　学派の対立が極端な形で現れたのは，20世紀初頭のドイツを中心とするヨーロッパの刑法改正運動との関連においてであり，特に性格の危険性と道義的責任をいかに調和させるかが論争点であった。しかし，その後，古典学派においても犯罪防止の見地から犯人の危険性を考慮しなければならないことが自覚されて，両派の妥協が急速に進んだ。たとえば，正当な応報の枠内で一般予防・特別予防の目的を認めようとする併合説が唱えられた。また，刑罰の本質は応報であるが，立法の段階では，犯罪の重さに比例した刑罰を規定するという意味で応報が支配し，裁判の段階ではすでに定められている法律が機能していることを明らかにするという法の確認が支配するが，刑の執行においては，犯罪者の改善・教育といった特別予防の理念が指導するという分配説も主張された。さらに，フランスのアンセル（Marc Ancel, 1902 ～ 1990）は，新社会防衛論を主張して，客観主義に立ちながら近代学派に接近する見解を採り，刑法は犯罪者のマグナ・カルタであるが社会の利益を守るために予防刑論に立脚すべきだと主張した。

　(3)　**応報刑論と目的刑論の統合**　　古典学派と近代学派の対立という観点からではなく，一般予防論と応報刑論の統合という観点から学派の対立の克服を図る考え方も提唱された。イギリスの H. L. A ハート（Herbert Lionel Adolphus Hart, 1907 ～ 1992）は，国の刑罰制度は一般予防論に立脚すべきであるが，個々の犯人の処罰は，行為責任論による応報刑論に立つべきだとするのである。

II　わが国の刑法および刑法思想

1　旧刑法の制定

　日本の近代刑法の萌芽は，1868(明治元)年の仮刑律，1870(明治3)年の新律綱領に見られる。さらに，1873(明治6)年には新律綱領の改正が行われて改定律例となった。しかし，このような改革では新しい時代に対処できなかったばかりでなく，1855(安政2)年以降の欧米諸国との不平等条約の改正要求が起こり，西洋法の継受が必要となった。

　明治政府は，パリ大学教授であるフランス人ボアソナード(Gustave Emile Boissonade, 1825～1910)を招聘して刑法典の編纂に当たらせ，1880(明治13)年に，彼の草案を基礎とした420条からなる刑法を制定したのである。これが旧刑法と呼ばれているものである。この刑法典は，フランスのナポレオン刑法典をモデルにした近代刑法であり，その2条において罪刑法定主義が宣言されるなど，思想的には啓蒙主義的な自由主義が基盤となっている(⊃9頁)。

　その時代のわが国の刑法理論は，ボアソナードが教育した人たちによって担われ，当時のフランス刑法学の系統を引く刑法理論が支配していた。その刑法理論は，犯罪を社会的害悪として捉え，一方で，刑法はこの害悪を除去するためにあるとする目的刑主義を踏まえながら，他方では，犯罪を個人の道徳的悪として捉え，刑罰はその悪に対する応報であると主張するものであり，いわば新・旧両学派の折衷説である。こうして，わが国における近代刑法は，フランスの近代刑法から出発したのである。

2　現行刑法の制定から終戦まで

　旧刑法は施行の年から批判された。社会情勢は，自由主義的刑法よりも社会防衛を重視する刑法を要求していたからである。また，明治憲法が日本と同じ君主政体を採るプロイセン・ドイツを範として制定されたことから，わ

第2章　刑法の基礎　15

が国の刑法学はドイツへと傾いた。こうして，ドイツ刑法および刑法学の影響を受け，近代学派の考え方を大幅に取り入れた刑法が1907(明治40)年帝国議会に提出され，同年4月24日法律第45号として公布されて，1908(明治41)年10月1日から施行されたのである。

1907(明治40)年刑法は，ドイツ刑法の影響下にあったが，1871年のドイツ刑法典とは異なり，社会防衛の立場から特別予防的な考慮を大胆に導入し，裁判官の裁量権を拡大して行為者の危険性に応じた科刑を可能にする一方，刑の執行猶予制度（⬥295頁）を創設するなど近代学派の考え方を大幅に取り入れた。この刑法は，ドイツにおける新・旧両学派の対立を立法的に克服する結果となり，当時としては世界に例のない独自の刑法となったのである。

1907(明治40)年刑法の制定過程において，19世紀末期の自由主義的な考え方は，犯罪鎮圧のための合目的的な刑法理論にとって代わられ，一面で行為主義，客観主義が維持されながら，近代学派の強力な推進によって行為者主義，主観主義の刑法理論が導入された。そのためドイツで展開された新・旧両学派の対立は，尖鋭な形をとってわが国に出現したのである。こうした学界の状況を背景として，大正末期以来「本邦の淳風美俗，忠孝其の他の道義」を考慮し，新しい刑事政策による「犯罪防遏」を目指す刑法の改正審議が進められ，その結果として改正刑法仮案がまとめられた（総則・1931〔昭和6〕年，各則・1940〔昭和15年〕）。その思想的基盤は，当時の国家主義と社会防衛主義であったが，その後第2次世界大戦に突入したため，確定案はできないままに終わった。

3　戦　後

1946(昭和21)年には日本国憲法が制定され，平等主義，人権尊重主義などの新憲法の精神に基づく刑法改正が行われたが，刑法典の抜本的改正の要求が弱かったこともあって，1947(昭和22)年の「刑法の一部を改正する法律」によって若干の修正が施されたにとどまり，刑法については刑事訴訟法のような全面改正は行われなかった。改正された条項としては，皇室に対する罪（73条～76条）および妻の姦通罪（183条）に関する規定の削除，名誉毀損罪における真実性の証明に関する規定（230条の2）の創設などがその主なもので

ある。

　昭和 20 年代の刑法学は，戦前の延長線上にあり，戦後の変革に基づく理論的な総括は十分になされないままであった。しかし，やがて人権保障の精神が浸透してくるにつれて主観主義刑法理論が衰退し，罪刑法定主義が強調されて客観主義刑法理論が支配するようになった。一方，犯罪者の処遇の面では改善・矯正の理念に基づいて，1953(昭和 28)年と 1954 (昭和 29) 年に刑の執行猶予制度の拡充など，犯罪者処遇に関する規定の改正が行われた (25 条〜26 条の 3)。

　昭和 30 年代には，1958(昭和 33)年（105 条の 2，197 条の 4，198 条，208 条の 2），同 35 年（235 条の 2），同 39 年（225 条の 2）の各一部改正で各則の充実が図られた。1968(昭和 43)年には，併合罪規定の修正（45 条）および業務上過失致死傷罪の法定刑の整備（211 条），1980(昭和 55)年には贈収賄罪の規定の整備（197 条 2 項，197 条の 2，197 条の 3 第 3 項，197 条の 4），1987(昭和 62)年には，コンピュータ関連犯罪の新設（7 条の 2，157 条 1 項，158 条 1 項，161 条の 2 第 1 項・第 2 項・第 3 項，246 条の 2，258 条）および包括的国外犯規定の新設（4 条の 2）など，社会情勢の変化に対応する諸改正が行われた。1991(平成 3) 年には，罰金額引上げを目的とした刑法各本条等の財産刑に関する規定の大幅な変更がもたらされた。

　一方，新しい時代に即した刑法の全面改正も問題となった。1956(昭和 31)年に法務省に刑法改正準備会が設置されて以来，「改正刑法準備草案」(1961〔昭和 36〕年)，「改正刑法草案」(1974〔昭和 49〕年) などが発表され，新しい犯罪の創設，法定刑の見直し，保安処分の新設などが提案されたが，当時の政治的状況ないしイデオロギー的対立もあって世論の支持を得られることなく，刑法全面改正は実現しなかった。しかし，1995(平成 7)年の一部改正（法律第 91 号）において刑法の表記の平易化という形で全面的な手直しが加えられ，それと併せて瘖啞者（40 条）および尊属加重規定（200 条，205 条 2 項，218 条 2 項，220 条 2 項）が削除されたのである。

　その後，20 世紀末から，新しい時代に即応した刑事立法が次々と実現し，「刑事立法の活性化」の時代が到来し，刑法総則・各則について多くの改正がなされた。

第 2 章　刑法の基礎　　17

◆【問　題】
　(1)　心理強制説の問題点を明らかにし，その是非を論ぜよ。
　(2)　古典学派と近代学派の対立点を素描せよ。

III　刑法の基礎理論

1　何を犯罪とすべきか

(1)　社会倫理主義と法益保護主義　　刑法の目的ないし機能との関連で，いかなる実質を有する行為を犯罪とすべきかについて，社会倫理主義と法益保護主義の対立がある。

　社会倫理主義は，刑法の機能を法益保護による社会倫理の維持に求め，犯罪の本質は社会倫理規範違反にあると主張する。この考え方によると，犯罪の成立にとって必ずしも法益侵害・危険の存在は必要でなく，また，刑罰は社会倫理を反映した道義的応報を本質とし，犯罪防止の目的はその応報刑の範囲で追求すべきであるということになる。

　法益保護主義は，自由社会における刑法の任務は個人の生活利益の保護にとどめるべきであるとする考え方を基礎として，刑法の目的・機能を法益保護に求め，犯罪の本質は法益の侵害またはその危険にあると主張する。この考え方によると，刑罰は，法益保護に役立つ限度で，言い換えると，法益侵害の防止にとって必要であり，かつ有効であるという限度で存在理由があり，また，正当化されるということになる。

　刑法の目的は，すでに述べたように社会秩序の維持にあると考えるほかにない。ところで，法益保護主義の立場からは，社会秩序維持というと，それは現在の支配的な政治体制・社会体制の維持を強調することになるから，むしろ刑法の目的は法益保護にとどめるべきであると主張される。しかし，社会秩序は，個人や団体あるいは諸勢力など，社会を構成している諸要素が調和的な関係にあることを意味し，支配的な政治体制の維持・存続を目的とするものではないから，この主張には十分な根拠がないといってよいであろう。

思うに，現在のわが国の社会秩序は，個人主義の原理によって構成されている。個人主義とは，人間社会における価値の根源は個人にあり，何よりも個々の具体的な人間としての個人を最大限に尊重しようとする原理である。そして，わが国の社会は，この個人主義を社会倫理として人間の社会生活を規制しているといってよい。

　(2)　犯罪とすべき行為　　今日の個人主義の社会では，個人の生活利益を害する行為こそ社会秩序を危険にする行為として犯罪とすべきであって，たとえば，風紀の乱れだけを理由に同性性交等を処罰するというように，社会倫理規範違反自体を犯罪とすべきではないのである。自由主義社会においては個人の生活利益にとっていかなる侵害も認められないような行為を犯罪とすることは，国家権力が自らの価値観を刑罰で国民に強制することになり，妥当でない。国家が自らの倫理・道徳観念そのものを国民に強制する権利を持たないということは，自由主義国家の基本原理だからである。また，単に社会倫理規範に違反したにすぎない行為を放置しておいても，社会秩序を危険にするおそれはない。その意味では，今日の通説である法益保護主義が妥当なのである。

　しかし，刑法は，社会秩序の維持・発展を目的として存在するのであり，法益保護が刑法の重要な任務であるとしても，法益の保護それ自体が究極の目的なのではなく，それは社会秩序維持の手段にほかならないと考えるべきである。それゆえ，あらゆる法益を刑法で保護する必要はないのであり，法益を侵害しまたは侵害の危険を有する行為のうち，社会秩序維持にとって刑罰の対象とすることが必要不可欠な行為だけを犯罪とすれば足りる。

2　刑罰の目的からみた犯罪の性質

　(1)　抑止刑論　　刑法で問題とすべき行為は，法益侵害行為のうち社会秩序維持にとって処罰することが必要不可欠な行為でなければならない。それでは，そのような行為は，いかなる実質を備えたものであるべきだろうか。

　刑法は，刑罰の威嚇力によって国民の心理に働きかけ，あるいは犯罪者を改善・教育（矯正）することによって法益侵害・危険を防止し，もって社会秩序維持の目的を達成しようとするものであるから，この問題を解決するた

第2章　刑法の基礎　　19

めには，何よりも刑罰の考え方を明らかにしておかなければならない。

　刑罰の考え方を論ずる理論が刑罰論である。刑罰論は，大きく応報刑論と目的刑論に分けることができる。応報刑論は，刑罰を過去の犯罪に対する応報と解し，①刑罰は犯罪という動（悪）に対する悪反動としての苦痛であり，②動（悪―犯罪）と反動（苦痛―刑罰）とは均衡していなければならないとする。そして，近代の応報刑論は，もともとは「犯罪を行ったこと，それだけの理由で罰せられる」（カント）という絶対的応報刑論として主張されたが，刑法は，法益を保護し，もって社会秩序を維持するために存在するという立場からすると，この国家の目的にとって必要であり有効であること，すなわち合目的性と有効性こそが刑罰の法的根拠であるといってよいであろう。したがって，刑罰は悪に対する悪反動として正義を回復するためにのみ存在すると考えるカント流の絶対的応報刑論（絶対主義）は，とうてい支持することができない。

　刑罰は将来の犯罪を抑止するために存在すると説く目的刑論（相対主義）の方が妥当であり，今日では，刑罰は犯罪者に苦痛を与えることによって，罪を犯せば処罰されるということを示して一般の人々を威嚇し，犯罪をしないように仕向けるとともに（一般予防），罪を犯した当の本人に対しては，2度と犯罪を繰り返させないために矯正するといったように（特別予防），刑罰はまさに犯罪を防止するための合目的的な制度であると解する点では（抑止刑論），異論がなくなっている。

　(2)　**有効性と正義性**　　問題は，刑罰から応報的な性質を排除してよいかにある。刑罰は，生命刑，身体刑，自由刑，名誉刑および財産刑に分けられるが，わが国の現行法は，生命刑としての死刑，自由刑としての懲役，禁錮および拘留，財産刑としての罰金，科料および没収の7種類を設けている（9条。⊃ 285頁）。これらの刑罰は，その程度の差はあっても，刑を受ける者にとっては人権の集中的な剥奪を伴うものであり，苦痛ないし害悪以外のものではありえない。

　そうだとすると，法益保護ないし犯罪の抑止という目的の達成にとって必要であり，かつ有効であるという有効性の基準だけで刑罰の要否・種類・量を判断することは許されず，行為者の側に刑罰という苦痛を科されてもやむ

20

をえないという刑罰を正当とするための根拠がなければならないだろう。その意味で，刑罰正当化の根拠を問題としたカントやヘーゲルの応報刑論は，正しいものを含んでいたのである。

応報刑論は，理性の要求として，「悪にはその大きさに比例した悪を」という応報的正義こそが刑罰を正当化する根拠であると考えた（正義性基準）。もっとも，ここでいう「悪」は形而上学的なものであり，そこから応報的正義がなぜ刑罰という害悪を正当化することができるかの問題は，実証的に明らかになるわけではなく，そのような「正義」は単なる幻想にすぎないといってもよいであろう。したがって，正当化の根拠ないし刑罰における正義性は，実証的な根拠を有するものでなければならない。そして，刑法は社会秩序を維持するために存在する社会的制度なのであるから，社会の人々がいかなる行為に対して刑罰を科したときに正義と感ずるかという社会心理的なものを根拠として，その内容を明らかにすべきであろう。いわゆる社会心理的正義論は，このような角度から法的正義を論ずるのであるが，刑罰における正義を探究するについても，この方法は有用であると思われる。

(3) **犯罪の実質**　それでは，人々は，いかなる行為について苦痛としての刑罰が科されるとき正義と感ずるであろうか。

刑法は法益を保護するために，一定の行為を犯罪として国民に命令・禁止するのであるが，そこでは，人間は素質や環境によって決定されながら，法の命令・禁止に従って行為を選択することができるという意思の自由が前提とされている（相対的意思自由論）。この点については，意思決定論と意思自由論とが対立しており，どちらが実証的に正しいかは明らかになっていない。しかし，社会の人々は，人間は決定されながら決定するという自由の意識を持っており，各人は自由の意識のもとに自己の行動に対する責任を自覚していると解することができる。刑法は，まさにこのような社会心理的な自由の意識と責任の自覚を基礎として国民に命令・禁止をし，その行動を規律するのであるから，刑法上の責任も，法の命令・禁止に従うことができたのにこれに従わなかったことについて生ずるのである。そして，その責任は，まさしく人間として社会生活上在るべき生き方ないし行動の仕方に反したことに対する非難という意味で，倫理的・道義的な性質を有するのである。

第2章　刑法の基礎　21

それでは，刑罰がいかなる原理で科されるとき，人々は正義と感ずるであろうか。アリストテレスは，「悪にはその大きさに比例して悪を」という比例的平等が刑罰的正義であると説いたが，社会心理的正義も基本的には同じ応報原理に立つといってよいであろう。もっとも「悪」の意味をどう捉えるかは問題であり，犯罪的結果の重大性が一つの目安となることは否定できないとしても，それを含めて社会生活上人間としてなすべきではない行為をしたということ，言い換えると，一般人は，その国または時代の平均的な社会生活上の行動基準を逸脱する行為について，それを刑罰に値する行為としての「悪」と考えているといってよいであろう。そして，このような考え方は，社会心理的な正義感情に基づいているばかりでなく，刑罰という人間性を否定するような制裁を科すためには，少なくとも人倫に反する行為をしたことが必要になるということは，理性の要請でもある。

　こうして，刑罰の対象となる行為は，単に法益侵害・危険の結果を引き起こしただけでは足らないのであって，その行為が社会生活上人間として守るべき規範，つまり社会倫理規範に違反するものでなければならない。また，法の命令・禁止に従って適法行為を選択することが期待可能であるのに犯罪を実行したという意味で，道義的非難に値するものでなければならないのである。

3　刑罰の本質と目的

(1)　一般予防と特別予防　　刑罰は，将来の犯罪を防止するのに必要であり，かつ有効であるかぎりで存在が認められるが，すでに折々に触れたように，その機能は一般予防機能と特別予防機能とに分けることができる。

　一般予防機能とは，社会の一般人が犯罪に陥ることを防止する機能をいう。具体的には，①刑罰を予告することによって一般人を威嚇し犯罪から遠ざける機能，②刑の言渡しと執行による威嚇によって一般人を犯罪から遠ざける機能を指す。もっとも，人間は常に合理的計算によって行動するわけではないから，刑罰による威嚇が犯罪の反対動機になるとはかぎらないが，それが犯罪をやめようとする心理的誘因となることも経験上容易に承認できる。

　特別予防機能とは，特定の者について，その将来の犯罪を防止する機能をいう。具体的には，①刑を言い渡すことによって犯罪者の規範意識を目覚め

させる機能，②自由刑を執行することによって犯罪者を社会から隔離し，再犯の可能性を失わせる機能，③将来犯罪を繰り返さないように改善・教育する機能に分かれる。特別予防機能の効果については，特に①および③に疑問が提起されているが，そのような処遇が犯罪者の矯正にとって全く無意味であるとまではいえないであろう。

(2) 予防目的と応報　　刑罰は必要であり有効でなければ正当化されないが，しかし，刑罰の予防機能は，上記のように，必ずしも科学的根拠に基づいているわけではなく，どれくらいの刑を言い渡せば一般人に対する威嚇作用があり，また，特定の者に対する改善効果があるかは，極めて漠然としたものである。「一般予防と犯人の再社会化に必要十分な限度」の刑罰が正当化の根拠であるという主張もあるが，犯罪防止の必要性・有効性だけで刑罰という害悪を正当化できる状況は今のところないのである。たしかな効果も分からないのに犯罪予防の名目で刑罰が科されるとすれば，それこそ人間の尊厳を害する反人道的なものといわざるをえないであろう。刑罰は，国民一般の正義感情ないし社会通念として存在している応報の観念に立脚し，犯罪の重さに比例する刑罰の限度で一般予防と特別予防を追求するほかに正当化の方法はないのである。

こうして，刑罰は悪に対する悪反動として科されるのであるから，犯罪の重さと刑罰の量は原則として均衡していなければならない（均衡の原則）。また，刑罰は法の要求に従うことができたのに犯罪を実行したことに対し非難を加えるためのものであるから，将来の犯罪を予防するための保安処分（⊖303頁）とは相容れず，刑罰と保安処分を認める二元主義を採ることになる。

◆ **【問　題】**
(1) 法益保護主義と社会倫理主義の対立点を簡潔に説明し，自説を述べよ。
(2) 刑罰を正当化する根拠について述べ，反対説を批判せよ。
(3) 刑罰制度の正当化として一般予防論を採り，個人処罰の正当化として応報刑論を採る近時の見解を論評せよ。

第2章　刑法の基礎　　23

第3章　刑法の法源と解釈

> 本章では，刑法の大原則である罪刑法定主義の内容を明らかにして，刑法の法源が法律にかぎられなければならない理由について論じ，併せて刑法解釈の在り方を検討する。

Ⅰ　罪刑法定主義

1　罪刑法定主義とは

(1) 意 義　罪刑法定主義は，犯罪と刑罰は法律によってあらかじめ明確に規定されていることを要するという原則である。刑罰権の恣意的な行使から人権を保障するためのものであって，近代刑法の基本原則である。罪刑法定主義に対立する原則を罪刑専断主義といい，何を犯罪とし，どのように処罰するかは国家機関の専断に委ねるとすることを内容とするものである。フランス革命に至るまでの専制諸国家においては，この原則が支配していた。

(2) 淵 源　罪刑法定主義は，啓蒙思想を基盤とした近代刑法学の所産であるが，その淵源は，イギリスのマグナ・カルタ（1215年）にその端を発し，また，イギリスの権利請願（Petition of Rights, 1628）や権利章典（Bill of Rights, 1689）などに見出すことができる。そして，アメリカのフィラデルフィアを初めとする諸州の権利宣言で採用され，遂にアメリカ合衆国憲法は，「何人も，法の適正な手続（due process of law）によらなければ，生命，自由又は財産を奪われることはない」（修正5条〔1791年〕），「いかなる事後法も制定してはならない」（1条9項〔1788年〕）と規定し，罪刑法定主義を採用したのである。

一方，1789年のフランス人権宣言は，「法律は必要な刑罰のみを厳格かつ明白に定めなければならず，何人も犯罪に先立って制定公布され，かつ適法に適用された法律によらなければ処罰されない」（8条）と規定して，罪刑法定主義を成文化した。さらに，1810年のナポレオン刑法典（4条）も罪刑法定主義を明文化した。このような経過をたどって，罪刑法定主義は近代刑法の基本原則となったのである。

(3) わが国の場合　わが国では，フランス刑法を継受した1880(明治13)年刑法が罪刑法定主義を採用して，「法律に正条なき者は何等の所為と雖も之を罰することを得ず」（2条）と規定した。また，明治憲法は，「日本臣民は法律に依るに非ずして逮捕監禁審問処罰を受くることなし」（23条）と規定して，罪刑法定主義を憲法上の原則とした。

1907(明治40)年に制定された刑法には，罪刑法定主義に関する特別規定はないが，既に憲法でその採用が明言されている以上は，改めて刑法典に規定するまでもないとする理由からであり，罪刑法定主義を刑法の大原則とするものであることはいうまでもない。そして，日本国憲法は，31条，39条前段および73条6号但書を規定し，罪刑法定主義の徹底を図っているのである（⇨26頁）。

(4) 罪刑法定主義の危機　罪刑法定主義は近代刑法の大原則であるが，20世紀の前半にその存続の危機があった。20世紀に入って，自由主義を否定する社会思想が台頭し，罪刑法定主義を排斥する傾向が現れ，1926年のロシア刑法典，1935年のナチス・ドイツの刑法改正において，罪刑法定主義は否定されるに至ったのである。しかし，第2次大戦後は，罪刑法定主義を尊重する風潮が世界的傾向となっており，1948年には世界人権宣言に盛り込まれ，さらに1966年には国連総会で採択されて1976年に発効した国際人権規約B規約によって，国際的にも承認されるに至っている。

2 罪刑法定主義の内容

(1) 理論的根拠　罪刑法定主義の理論的な根拠づけは，モンテスキューの三権分立論やフォイエルバッハの心理強制説から行われてきた。しかし，罪刑法定主義は，民主主義および人権尊重主義を基礎とするものである。現

第3章　刑法の法源と解釈　　25

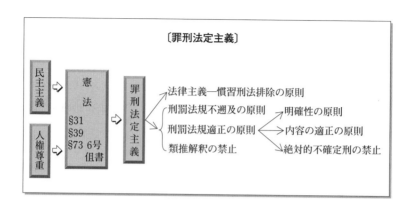

代の国家でも，国家権力による刑罰権の濫用や恣意的行使の危険があることは明らかであり，この危険を防止するためには，犯罪と刑罰を議会において民主的に法定するとともに，個人の自由を保障し人権を尊重するために，何が犯罪となるかを明確に国民に予告し，その範囲内で処罰することが必要である。

　この観点からすると，罪刑法定主義は，①何を犯罪とし，それをいかに処罰するかは，国民みずからが民主的に決定すべきであるという民主主義的要請，②基本的人権，特に自由権を保障するためには，犯罪と刑罰を事前に国民に明示し，自己の行為が処罰されるかどうかについて予測できるようにしておかなければならないという人権尊重主義的要請（自由主義的要請）を根拠とするものと考えられる。そして，民主主義的要請からは，犯罪と刑罰は国民の代表機関である国会の制定する法律によって定めなければならないとする法律主義が導かれ，人権尊重主義的要請からは，刑罰法規適正の原則，刑罰法規不遡及の原則，類推解釈の禁止といった原則が導かれる。

　(2) 日本国憲法と罪刑法定主義　　刑法典は，罪刑法定主義を明文で規定していないが，日本国憲法は，31条，39条前段および73条6号但書において罪刑法定主義を規定している。

　第1に，憲法31条は，「何人も，法律の定める手続によらなければ，その生命若しくは自由を奪はれ，又はその他の刑罰を科せられない」と規定して，犯罪と刑罰とは法律でこれを定めるという法律主義を明言する。ここでいう

「法律」とは国会で制定された法律を意味する。それゆえ，慣習法としての刑法は認められない（慣習刑法排除の原則）。また，「手続」は，刑事手続に関する法ばかりでなく，刑事手続で適用される刑法（実体刑法）をも含む趣旨と解されている。したがって，「法律の定める手続」というのは，アメリカ憲法でいう「法の適正手続」と同じ意味であり，刑法は適正なものでなければならないのである（刑罰法規適正の原則）。すなわち，刑法はその内容が明確なものでなければならず（明確性の原則），また，犯罪と刑罰とは均衡のとれた合理的なものでなければならないとされたのである（内容の適正の原則）。

第2に，憲法73条6号但書は，「政令には，特にその法律の委任がある場合を除いては，罰則を設けることができない」と定め，法律主義を補足している。これは，刑法は原則として，「法律」で定めるべきことを重ねて明言するとともに，例外として，政令によって罰則を定めることができるのは，法律が具体的に罰則の規定を政令に委任している場合にかぎるとする趣旨である。

第3に，憲法39条前段は，「何人も，実行の時に適法であつた行為……については，刑事上の責任を問はれない」と規定している。アメリカ憲法における事後法の禁止と同じく，実行の際に犯罪とされていなかった行為について，事後に罰則を設け，遡って処罰することは許されないとする趣旨である（刑罰法規不遡及の原則）。

(3)　**派生的原則**　　右に述べた慣習刑法の排除，刑罰法規適正および刑罰法規不遡及の諸原則は憲法上導かれるものであるが，これらの諸原則は，後に述べる類推解釈の禁止（⇨33頁）および絶対的不確定刑の禁止（⇨32頁）と併せて，罪刑法定主義の派生的原則と呼ばれている。これらの諸原則が守られることによって，罪刑法定主義の民主主義的要請および人権尊重主義的要請に応えることができるのである。

II　刑法の法源

1　刑法の法源（法律主義）

(1)　罰則の委任　　法源とは法の存在形式をいい，裁判官が法的判断を行う場合の拠るべき基準となるものである。他の法分野では，法律以外の法でも法源となりうるが，刑法では，法律主義の要請から，法源は国会で法律の形式で制定された狭義の法律にかぎられることが原則となっている（憲31条，41条）。ただし，法律主義を修正するものとして，罰則の制定を他の法令に委任する場合（罰則の委任）がある。

㋐　政令の場合　　刑罰法規の内容を完全に行政機関に委ねてしまうと，罪刑法定主義の精神に反することになるから，憲法は，特に法律の委任がある場合を除いては政令に罰則を設けることができないとして，罰則の制定を包括的に委任することを禁止し，特定委任のみを認めることにしている（憲73条6号但書）。

特定委任とは，罰則を設ける場合に，法律で政令等の下位の法令に罰則の制定を具体的・個別的に委任することである（最大判昭27・12・24刑集6・11・1346）。法律で具体的・個別的に委任されていればよいのであるから，政令より下位の法令や行政処分に罰則を設けることを委任してもよい。

罰則の委任の一種として，白地刑罰法規（「白地刑法」，「空白刑法」ともいう）がある。白地刑罰法規とは，法律において法定刑のみが定められており，これに対する犯罪（構成要件）の具体的内容の全部または一部が他の法令または行政処分に委任されている刑罰法規である。刑罰法規の空白（白地）部分を補充する他の法令・行政処分を補充規範と称する。白地刑罰法規が用いられるのは，特別刑法ことに行政取締法規においてであるが，犯罪行為の内容を完全に行政機関の判断に委ねてしまうと罪刑法定主義に違反し，三権分立にも反することになる。

そこで，どの程度まで委任することが許されるかが問題となるが，そのリ

28

ーディング・ケースが猿払事件判決である。国家公務員法102条1項は，「人事院規則で定める政治的行為をしてはならない」とし，その違反に刑を科しているが（110条1項19号），最高裁は，このような形式で人事院規則に犯罪行為の内容を委ねても，「法律自体が，処罰される行為の輪郭を一応特定していると認められる」と判示して，国家公務員法102条1項は合憲であるという判断を示している（最大判昭49・11・6刑集28・9・393）。

(ｲ)　**条例の場合**　政令で刑罰を定めることが制限されるとすれば，条例で刑罰法規を設けることも罪刑法定主義に反することになろう。しかし，地方自治法14条3項は，「普通地方公共団体は，法令に特別の定めがあるものを除くほか，その条例中に，条例に違反した者に対し，2年以下の懲役若しくは禁錮，100万円以下の罰金，拘留，科料若しくは没収の刑又は5万円以下の過料を科する旨の規定を設けることができる」と定めている。

この規定は，地方公共団体に対する罰則制定の包括的委任を定めるもので，憲法違反の問題が生ずる。しかし，憲法73条6号但書による制約はなく，また，条例は政令以下の命令とは違って地方議会の議決を経るものであるから，国会の議決を経て制定される法律に準ずべきものであり，法律による条例への包括的委任は，罪刑法定主義の民主主義的要請には反しないのである（最大判昭37・5・30刑集16・5・577）。

(2)　**慣習・条理**　慣習とは，一定の人々の間で長年にわたり繰り返して行われているうちに，人々が社会規範として守るようになった行為の様式である。条理とは，物事の筋道ないし人間の道理のことである。法律主義の帰結として，慣習および条理を刑法の直接の法源とすることはできない。慣習・条理は，その存在，範囲および内容が不明確であり，これらを根拠に犯罪の成立を認めて刑罰を科すとすれば，予測可能性を害し，自由主義の要請に反して，罪刑の専断を招くことになるからである。したがって，「公の秩序又は善良の風俗に反しない慣習は……法令に規定されていない事項に関するものに限り，法律と同一の効力を有する」（法の適用に関する通則法3条）という規定は，刑法には適用されないのである。

しかし，法令に根拠を有し，しかも慣習・条理の内容が明らかであるときは，これを排除する理由はないから，刑罰法規の解釈や違法性の判断などに

第3章　刑法の法源と解釈　　29

関して，慣習・条理が刑罰法規の補充的機能をもつことまでも否定すべきではない。なお，社会変動の結果，ある刑罰法規が具体的妥当性を失うに至ったとき，その刑罰法規は慣習法上効力を失ったものと解すべき場合がある。これを慣習法の廃止的効力という。

(3) 判 例　判例も，刑罰法規の枠内で刑法の法源となる。判例とは，裁判所が具体的事件の解決に当たって示した法律的見解をいうが，従来，法律主義の帰結として判例の法源性を否定すべきであるとする見解が有力であった。たしかに，法律主義の趣旨からすれば，刑罰法規がないのに，あるいは刑罰法規の範囲を超えて判例が法源となりえないことは当然である。しかし，刑罰法規の内容を具体化して実定法としての効力を実際に与えているのは判例である。そして，少なくとも判例に一定の先例拘束性が認められている以上は（裁判所法4条），先例に従って判断することによって法的安定性が得られるとともに，確立された判例は，何が処罰されるべき行為であるかについての国民一般の予測を可能にするから，刑罰法規の枠内で判例の法源性を認めることは，罪刑法定主義の要請に応えるものである（「判例の不遡及的変更」⇨308頁）。

2 刑罰法規適正の原則（実体的デュー・プロセス）

(1) 刑罰法規の適正とは　刑罰法規適正の原則は，適正処罰の原則または実体的デュー・プロセス（substantive due process of law）の原理とも呼ばれており，刑罰法規はその形式・内容において適正でなければならないとする原則を意味している。憲法31条の適正手続条項は，刑事手続の適正のみならず刑事立法の実体的内容の合理性をも要求するものであるという解釈から導かれるものである。したがって，その内容が刑罰法規としての合理性を有しない場合は，憲法31条違反として違憲となる。

従来，罪刑法定主義は，「法律がなければ犯罪はない。法律がなければ刑罰はない」という形式的な原則であると解されたため，法律で規定しさえすれば，刑罰法規の内容がどのようなものであろうとも罪刑法定主義には違反しないと考えられる傾向があった。

しかし，罪刑法定主義は，元来，人権尊重の精神に基づくものであるから，

実質的に人権を保障するものであることが必要であり，この観点から，刑罰法規適正の原則は，明確性の原則，刑罰法規の内容の適正の原則，絶対的不確定刑の禁止に分かれる。

(2) 明確性の原則　　立法者は，刑罰法規の内容を具体的かつ明確に規定しなければならない。この原則を明確性の原則という。罪刑法定主義は，①一般人に対して刑罰の対象となる行為をあらかじめ適正に告知して国民に行動の予測可能性を与える機能，②法執行機関が刑罰法規を恣意的に適用したり，刑罰権を濫用することを防止する機能を有する。

従来，明確性の原則は，罪刑法定主義の内容として論じられてこなかったが，刑罰法規の内容が不明確で漠然としているときは，その法規は憲法 31 条に違反し，無効になると解すべきである（「不明確〔漠然性〕ゆえに無効の理論」[void-for-vagueness doctrine]。最大判昭 50・9・10 刑集 29・8・489 [徳島市公安条例事件判決] 参照）。

明確性の原則に関連しては，明確性の判断基準が重要である。この原則を認める根拠は，刑罰法規の国民に対する的確な告知機能の確保と法執行機関の恣意防止にあり，特に前者が重要となるから，通常の判断能力を有する者が認識し判断できる程度に明確であるということを基準とすべきである。

明確性の原則は，刑罰法規を国民の行為規範とみる立場を前提とするものであるが，この考え方に対して，刑法は裁判規範として機能するものであるから，その条文から裁判官が「合理的な処罰範囲」を明確化できることが重要であるとする立場がある（⊕44 頁）。しかし，この説によると，刑罰法規で告知されなかった行為でも処罰の合理性を根拠に処罰してよいということになり，罪刑法定主義に反することになろう。なお，最高裁判所は，刑罰法規の適用範囲が広汎に失し，憲法上規制することが許されない行為まで含む場合（「過度の広汎性」），憲法上の規制に適合する範囲まで縮小して限定解釈を行うべきであるとしているが（最大判昭 48・4・25 刑集 27・4・547 頁，最大判昭 60・10・23 刑集 39・6・413），そのような法律は，既に国民の予測可能性を奪うものであるから，憲法 31 条に違反し，無効と解すべきである。

(3) 刑罰法規の内容の適正　　刑罰法規に定められる犯罪と刑罰は，当該行為を犯罪とする合理的根拠がある場合で，しかも，刑罰はその犯罪に均

衡した適正なものでなければならない。犯罪と刑罰とが法律で明確に定められていても，その内容が処罰の必要性および合理的根拠を欠くときは刑罰権の濫用となり，実質的に国民の人権を侵害することになるからである。そこで，刑罰法規の内容は，真に処罰に値する行為を犯罪とし，刑罰はその犯罪に均衡した適正なものであることが必要となる（大麻の栽培・所持に関する名古屋高判平 12・8・1 高刑速平 12・169 参照）。もっとも，刑罰法規の内容が憲法の保障する基本的人権を侵害するものであるときは，憲法上の個々の人権保障規定に違反することになるから，その条項との関係で違憲性を問えば足りる。

　憲法上の人権保障規定に直接抵触しない場合であっても，無害な行為を犯罪とする場合のように（最大判昭 35・1・27 刑集 14・1・33），刑罰法規の内容に処罰の必要性と合理的根拠を欠く行為が含まれているときは，それを処罰することによって個人の自由が侵害されることになり，憲法 31 条に違反する。また，犯罪と刑罰とが著しく均衡を欠き不相当な法定刑が規定されているときは，罪刑均衡の原則に反し，憲法 31 条に違反することになる。なお，適正か否かは，保護すべき法益が存在している場合で，それを刑罰法規をもって保護する必要があるかどうか，罪刑の均衡が保たれているか否かを判断基準として決定すべきである。

　(4)　絶対的不確定刑の禁止　　絶対的不確定刑（「絶対的不定期刑」ともいう）の法定は，禁止される。絶対的不確定刑というのは，①「……した者は刑に処する」というように刑種と刑量をともに法定しない場合，②「……した者は懲役に処する」のように刑種だけを法定する場合を指す。両者とも刑罰を抽象的に規定するにすぎないから，刑罰法規適正の原則に反するのである。

　しかし，刑罰に関する規定は，「……した者は，3 年の懲役に処する」というように絶対的確定刑であることは必要でない。「……した者は，死刑又は無期若しくは 3 年以上の懲役に処する」というように，刑種・刑量を相対的に法定する相対的不確定刑は，罪刑法定主義の趣旨に反しないのであって，外国の刑法でも相対的不確定刑の立法例がほとんどである。

　自由刑につき裁判所が不定期刑を宣告する（「懲役 5 年以上 9 年以下に処する」というように長期と短期を定めて言い渡す刑）宣告刑における相対的不定

期刑（少年法52条）は，直接には罪刑法定主義の問題ではないが，「懲役1年以上に処する」というような宣告刑における絶対的不定期刑は，罪刑法定主義の趣旨を刑の宣告段階で没却することになり，認められないのである。

◆【問 題】

(1) 公安条例において，集団行進中は「交通秩序を維持すること」と規定し，その違反者に罰則を設けることは，明確性の原則に違反するか（前掲最大判昭50・9・10参照）。

(2) 福岡県に住むX（26歳）は，Y女（16歳の女子）と交際していたところ，Yが18歳未満であることを知りながら，福岡県内のホテル客室でYと性交した。福岡県青少年保護育成条例は，小学校就学の始期から満18歳に達するまでの者を青少年と定義した上で「何人も，青少年に対し，淫行又はわいせつの行為をしてはならない」と規定し，その違反者に対して2年以下の懲役または10万円以下の罰金を科す旨の規定により，Xは罰金5万円に処せられた。本件に関する刑法上の問題点について論ぜよ（前掲最大判昭60・10・23参照）。

(3) 明確性の原則の憲法上の根拠について論ぜよ。

III 刑法の解釈

1 類推解釈の禁止

類推解釈は，罪刑法定主義の要請から禁止されるというのが一般の理解である。類推とは，異なる二つの事柄の間に共通する要素を見出し，これを理由として一つの事柄に当てはまることは他の事柄にも当てはまると推論することである。法解釈の方法としての類推解釈ないし類推適用という場合は，法文で規定されている内容と，その法文の適用が問題となっているがその法規には含まれない事実との間に，類似ないし共通の性質があることを理由として，前者に関する法規を後者に適用することを意味している。

類推解釈は法の解釈ではなく法の創造であり，これを刑法解釈として認め

れば法律に規定されていない事項に刑罰法規を適用することになるから，類推解釈は国民にとっての行動の予測可能性を奪うことになり，罪刑法定主義の民主主義的要請，ことにその人権尊重主義（自由主義）的要請に反することになる。ある行為を処罰すべき合理的根拠があっても，刑罰法規が欠けているのに処罰するとすれば類推解釈として憲法 31 条に違反するから，それを処罰するためには解釈ではなく立法によって解決しなければならないのである。なお，被告人にとって有利になる方向での解釈については，罪刑法定主義の原則からの制約は受けず，一般の法解釈の原理がそのまま妥当する。

2 刑法解釈の限界

　類推解釈は禁止されるが，拡張解釈は許される（通説）。拡張解釈とは，ある言葉によって示された固有の概念を可能な範囲まで拡張して解釈する方法である。罪刑法定主義の要請に応えるためには，日常用語の意味でのみ法文の内容を認識する厳格解釈を旨とすべきであるが，しかし，刑罰法規は，国民に行動の基準を示すためのものであるから，国民の予測可能性が認められるかぎり，文言の可能な範囲まで拡張して解釈してもよいのである。しかし，その内容が国民一般にとって予測可能な範囲を逸脱するときは，拡張解釈は許されないと解すべきであり，一般人の予測可能性を逸脱する拡張解釈は，憲法 31 条に違反する。

　この考え方に対しては，罪刑法定主義の実質化という観点から，刑罰法規の解釈は処罰の必要性と法文の語義との関連で枠づけをすべきであるとする考え方がある。しかし，処罰範囲の確定に当たっては，処罰の必要性を基準に入れるべきではないであろう。罪刑法定主義は処罰の必要があっても事前に告知していない行為を処罰することは許されないという原則だからである。それゆえ，処罰の必要性は，刑罰法規の解釈によって処罰の範囲を確定した後に考慮すべきなのである（⊜44頁）。

　判例も類推解釈の禁止を認めており，最高裁（最判昭 30・3・1 刑集 9・3・381）は，国家公務員法 102 条による人事院規則 14—7 第 5 項 1 号における「特定の候補者」とは，「候補者としての地位を有するに至った特定人」をいうと解すべきであって，原判決のいうように「立候補しようとする特定人」

34

を含むと解することは，用語の普通の意義からいって無理であると判示している。

◆【問　題】

(1) ガソリンカーも刑法 129 条に定める「汽車」に含まれるとした判例を論評せよ（大判昭 15・8・22 刑集 19・540 参照）。

(2) Xは，静岡県の河川敷で，洋弓銃（クロスボウ）を使用して，マガモを狙い 4 本を発射したが，命中しなかった。Xの行為は，「鳥獣の保護及び管理並びに狩猟の適正化に関する法律」12 条 1 項の「弓矢を使用して捕獲」したに該当するか（最判平 8・2・8 刑集 50・2・221，最決平 12・2・24 刑集 54・2・106 参照）。

第4章　犯罪の基本概念

本章では，刑法上の犯罪概念を明らかにしたあと，犯罪成立
要件となるべき行為，構成要件，違法性および責任について
論じ，犯罪論体系の骨組みを示し，併せて犯罪論の基礎とな
る行為論を展開している。犯罪論の入り口となる章であるか
ら，十分な理解が望まれる。

I　犯罪の概念

1　当罰的行為と可罰的行為

（1）**当罰的行為**　社会生活上放置することが許されないような法益侵
害またはその危険を有する行為（以下「法益侵害行為」と略す）については，
国家は，それを防止するために何らかの措置を講じなければならない。この
ように，その防止のために何らかの強制措置を必要とする行為を，広く犯罪
という。刑事政策や犯罪学でいう「犯罪」は，この意味での犯罪である。

犯罪の防止には，予防と抑止が含まれている。犯罪の予防は，犯罪の発生
を未然に防止するための事前的な国家的活動であるのに対し，抑止（鎮圧）
とは，犯罪が行われた後，その犯罪者に刑罰や，保安処分（→303頁）など
の制裁を科して犯罪の防止を図る国家的な活動である。そして，刑法は，あ
らかじめ法律で一定の行為を犯罪と定めて命令・禁止し，それに対する刑罰
を予告しておいて，実際に罪を犯した者に刑罰を科し，それを通じて犯罪を
抑止するところに特質がある。そうすると，刑法上の犯罪というためには，
単に客観的に法益侵害行為であるというだけでは足りず，主観的に刑罰とい
う制裁を受けるにふさわしい性質を有する行為，すなわち客観と主観の統一

36

としての人間の態度でなければならないであろう。このような行為を当罰的行為というのである。

　それでは，当罰的行為すなわち処罰に値する行為とはどのような性質を有するものであろうか。刑法の目的から明らかなように，当罰的行為というためには，その行為が法益侵害行為であり，それを放置するときは社会秩序が危殆化するものとして法が命令・禁止しているものに違反することが必要である。法の命令・禁止に違反していることを違法ないし違法性という。

　しかし，行為が違法であるというだけでは，刑罰という制裁に値しない。精神障害者が精神病の発作で人を殺したからといって，その犯人を刑務所に収容しても，特別予防上はともかく肝心の応報的正義は満足されないから，刑罰を科すにふさわしい行為ではないのである。したがって，当罰的行為というためには，その行為につき道義的に非難しうること，すなわち責任を問いうるものでなければならない。行為者を非難しうるということを責任ないし有責性と呼ぶ。

　そこで，当罰的行為というためには，まず，人の行為が客観的に存在していることが必要であり，そして，その行為が社会生活上有害なものとして許されないものであり，しかもその行為につき行為者を非難できる行為，言い換えると違法かつ有責な行為でなければならないのである。

　(2)　**可罰的行為**　　このように，当罰的行為は違法かつ有責な行為を内容とするものであるが，当罰的な行為がすべて刑法上の犯罪となるのではない。罪刑法定主義および謙抑主義の要請から，犯罪と刑罰はあらかじめ法律で明確に規定されていなければならないから，国家は，無数に存在している当罰的行為のなかから，国家の政策上真に処罰に値する行為を選び出し，たとえば「人を殺した者」というように社会一般の人々が理解しうるような形で類型化し，刑罰法規に規定しておく必要がある。

　このように，刑罰を科すべき行為として，刑罰法規に規定された違法かつ有責な行為の類型を一般に犯罪構成要件（略して「構成要件」）という。刑罰法規に構成要件が設けられて初めて，当罰的行為は刑法上の犯罪となり，現実に処罰できる行為すなわち可罰的行為となる。刑法上の犯罪とは，「構成要件に該当する違法かつ有責な行為」をいうのである。

第4章　犯罪の基本概念　　37

2 犯罪成立要件

(1) 意 義　ある行為が刑法上の犯罪として成立するために必要な要素を犯罪成立要件という。すでに述べたように、刑法上の犯罪は、違法かつ有責な行為であって、刑法の定める構成要件に該当する行為である。それゆえ、犯罪が成立するためには、まず人の行為が存在することを必要とする。そして、その行為が構成要件に該当し、違法かつ有責なものでなければならない。すなわち、犯罪が成立するためには、①行為、②構成要件該当性、③違法性、④責任（有責性）の各要素を充たす必要がある。

(2) 行 為　犯罪は、人の法益侵害行為を内容とするものであるから、その成立のためには、何よりもまず「行為」がなければならない。「何人も思想のゆえに罰せられない」という法諺があるように、思想、人格のような単なる内心的事実は犯罪となるものではない。犯罪が成立するためには、刑罰を科するのに適した客観面と主観面を備えた人の行為がなければならないのである。「行為がなければ犯罪はない」とする原則を行為主義という。このようにして、行為は犯罪が成立するための基礎となるものである。

(3) 構成要件該当性　犯罪は、刑罰法規に規定されている構成要件に該当する行為であることを要する。すでに述べたように、構成要件は違法かつ有責な行為を一般の人々が理解しうるように類型化したものであるから、犯罪を認定する場合には、違法ないし責任という個別的・実質的判断に入る前に、その行為が個々の構成要件に当たるか否かという類型的・形式的判断を先に行い、犯罪になる行為とならない行為の区分けをする方が合理的なのである。

たとえば、殺人罪についてこれを考えてみよう。刑法は「人を殺した者」(199条) という構成要件を規定しているが、これはおよそ故意（⇒86頁）に人の生命を奪うことは違法かつ有責な行為として処罰に値するという観点から法定されたものであるから、犯罪の成否を問題とするときは、その行為が形式的にみて「人を殺す」行為といえるかどうかから判断しなければならない。そして、「人を殺す」行為に当たれば、原則として犯罪となるのである。それゆえ、構成要件に該当する行為は、原則として犯罪を構成する。これに

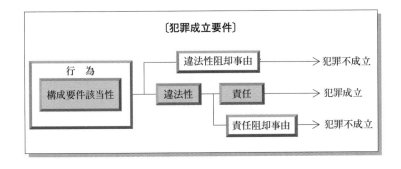

対し，罪刑法定主義の要請上，構成要件に該当しない行為は，いかに社会的に有害で当罰的な行為であっても刑法上の犯罪とはなりえないのである。

(4) **違法性** 犯罪は，違法性を有する行為でなければならない。違法性とは，法の命令・禁止に違反することによって，実質的に法秩序に違反する性質をいう。法秩序は法益を保護するために形成されているから，法益侵害ないしはその危険のないところに違法性はない。法益侵害行為のないところに違法性も犯罪もないということを「法益侵害不可欠の原則」（法益保護の原則）という。

しかし，刑法は社会秩序の維持にとって必要な範囲で法益侵害行為を処罰するものであるから，社会秩序を害しないような行為，換言すると，社会倫理規範に反しない，社会通念上一般に許容されるような法益侵害行為は，社会的相当行為として処罰する必要はない。それゆえ，違法性とは，社会倫理規範に違反して法益を侵害することをいうと解すべきである。個々の刑罰法規に定められた構成要件は，もともと可罰的行為として類型化されたものであるから，構成要件に該当する行為は原則として違法な行為である。しかし，たとえば，正当防衛によって人を殺した場合のように，「人を殺す」という構成要件に該当する法益侵害行為であっても例外的に違法でないこともあり，この場合には犯罪とはならない。犯罪が成立するためには，行為が構成要件に該当し，違法性を有することが必要である。

(5) **責 任** 犯罪は，構成要件に該当し違法な行為について，行為者を非難することができ，行為者に対し責任を問いうるものでなければならな

い。責任とは有責性ともいい，責任を問いうる性質があることを意味する。たとえば，精神の障害のため善悪の弁識能力を全く欠いている行為者に対して責任を問うことはできないから，この場合は犯罪は成立しないのである。「責任なければ刑罰なし」という原則を責任主義といい，行為者に責任を帰することのできる行為すなわち有責な行為でないかぎり犯罪は成立しない。

3 犯罪成立阻却事由

(1) 意 義 犯罪成立阻却事由とは，犯罪の成立を妨げる事由のことであり，違法性阻却事由と責任阻却事由に分かれる。構成要件は違法かつ有責な行為の類型であるから，構成要件に該当する行為は原則として犯罪を構成するが，構成要件を充足しても，犯罪の成立を排除する場合がある。

(2) 違法性阻却事由 構成要件に該当する行為は，原則として違法性を具備するが，例外的に違法性を排除する場合がある。その根拠となる事由を違法性阻却事由と称する。違法性阻却事由としては，法令行為・業務行為，一般的正当行為（35条），正当防衛（36条），緊急避難（37条）がある。

(3) 責任阻却・減軽事由 構成要件に該当し違法な行為であれば，原則として責任が認められ犯罪を構成するが，例外的に責任を排除・減軽する場合がある。その根拠となる事由を責任阻却・減軽事由と呼ぶ。責任阻却・減軽事由としては，心神喪失・心神耗弱（39条），刑事未成年（41条），違法性の意識の可能性の不存在，期待可能性の不存在がある。

II 犯罪論の体系

1 犯罪論とは

犯罪は，殺人，窃盗，放火というように，それぞれ異なった実質をもっているが，それらに共通した犯罪成立要素として，行為，構成要件，違法性および責任という四つのものが導かれる。これらの犯罪の要素について一定の原理に基づいて体系的認識を図る理論が，犯罪論または犯罪論体系である。

およそ体系とは，一定の原理に基づいて組織された知識の統一体をいうのであるが，刑法学では，刑法の目的・機能を基準として，その実現にとって矛盾のないように知識を統一し組織化することが体系論の任務となる。

　犯罪論体系は，一定の目的に奉仕するための目的論的体系であるから，第1に，罪刑法定主義ないし刑法の人権保障機能に即して，犯罪になるものとならないものとを明確に限界づけるのに適したものであることが必要である。第2に，刑法の目的に従って犯罪を認定しうる統一的原理を提供し，刑事司法に感情論や恣意性が入り込まないようにするものでなければならないのである。

2　犯罪論の体系

　(1)　四つの要素　　それでは，行為，構成要件，違法性および責任という四つの犯罪成立要件は，どのように体系化されるべきであろうか。

　犯罪論の体系化については，ⓐ行為を犯罪論の基礎としつつ，犯罪成立要件としては構成要件該当性，違法性，責任という三つの要素に分ける説，ⓑ構成要件該当性の判断は違法性を切り離してはなしえないという理由から，構成要件を違法性のなかに取り込み，行為，違法性（不法），責任という三つの要素に分ける説，ⓒ行為に独立の体系的地位を与え，行為，構成要件該当性，違法性，責任という四つの要素に分ける説などが主張されてきた。

　思うに，刑罰は悪行に対する悪反動として科されるのであるから，何よりも「悪行」としての行為がなければならない。また，思想や意思といった単なる内心的事実を処罰の対象とすることは，人権保障の見地からも許されない。それゆえ，犯罪認定の出発点として人の行為の存在を予定する行為主義が採られるべきであり，この原則に立脚して犯罪論体系を組み立てる必要がある。しかし，「行為」は常に犯罪を認定するために必要となるものであるから，構成要件と無関係な「裸の行為」は犯罪の要素ないし成立要件と考えるべきではない。したがって，行為，構成要件，違法性，責任の体系を採るⓒ説は妥当でなく，刑法的評価の対象とすべきものとして，行為を犯罪論の基礎に置くⓐ説が妥当である。

　(2)　構成要件と違法性・責任との関係　　次に，構成要件，違法性およ

第4章　犯罪の基本概念　　41

び責任は，いかなる関係にあると考えるべきであろうか。

　構成要件は，社会において無数に存在する違法かつ有責な行為を選んだう
えで，一般人に分かるように社会通念に基づいて法律的に類型化し，犯罪と
なる行為の形式的な「枠」を提供するものであるから（⊜53頁），行為が犯
罪となるかならないかの判断は，構成要件該当性の判断から開始される必要
がある。そして，ある行為が個々の構成要件に該当するか否かの判断は，罪
刑法定主義の要請上，刑罰法規に定められていない行為を犯罪としてしまう
ことがないようにし，判断者の恣意が入らないようにするため，処罰の必要
性・有効性といった実質的判断を避け，形式的かつ類型的なものとする必要
がある。構成要件を実質化し，これに独立の存在理由を認めないⓑ説は妥当
でないのである。

　構成要件は，違法かつ有責な行為を法的に類型化したものであるから，構
成要件は違法行為の類型（違法類型）であると同時に責任類型であると解す
べきである。構成要件に該当する行為である以上，行為の違法性の存在およ
び責任の存在は推定され，特別の事情がないかぎり犯罪が成立するのである。
一方，違法性阻却，責任阻却，違法性の程度および責任の程度は，処罰の要
否・程度といった実質的判断に結びつくから，これらの判断は，実質的・具
体的・非類型的であることを必要とする。すなわち，構成要件該当性の判断
が形式的・抽象的・類型的判断であるのに対し，違法性および責任の判断は，
実質的・具体的・非類型的（個別的）判断である点に特徴がある。

　(3)　**違法性と責任との関係**　　行為主義の犯罪論は，現実の行為につい
て行為者を非難し責任を課する形式を採るのであるから，犯罪論の体系にお
いても，まず，行為自体を客観的に把握してその違法性を判断し，その後に
その違法行為について行為者との関係を主観的に把握して責任を判断すべき
である。すなわち，実質的判断は，最初に違法性の判断から行い，続いて責
任の判断に移る方法を採る体系が妥当である。この立場からは，構成要件該
当性の判断に引き続き，違法性阻却事由の存否が検討され，次に責任阻却事
由の存否が検討されることとなる。

　以上の検討の結果，犯罪論の体系としては，刑法的評価の対象となるべき
行為を基礎としつつ，構成要件，違法性，責任の順に確定する方法を採るⓐ

42

説の体系が妥当である。

3 形式的犯罪論と実質的犯罪論

(1) 両説の中身 構成要件に独立の機能を認め，構成要件を社会通念を基礎として類型的に把握する犯罪論は，形式的犯罪論と呼ばれている。これに対立する説として，実質的犯罪論が提唱されている。実質的犯罪論は，形式的犯罪論を批判して，その中核となる犯罪の定型ないし類型の実体が明らかでなく，したがって，形式的犯罪論では，人権保障を目指しながら国民の利益を守り，処罰の範囲を適切に画するという刑法の目的が達成できないと説き，刑罰法規の解釈ことに構成要件の解釈に当たっては，処罰の必要性および合理性の観点，言い換えれば当罰性という実質的・刑事政策的観点に立脚すべきであると主張する。刑法は，行為規範であるというよりは裁判官を名宛人とする裁判規範であり，実質的な当罰性の判断を導くための規範にほかならないから，罪刑法定主義における明確性の原則や刑法の厳格解釈の要請は重要でなく，あくまで，処罰の必要性と合理性の観点にたって，刑罰法規ないし構成要件を実質的に解釈すべきであるというのである。

(2) 形式的犯罪論の妥当性 実質的犯罪論は，刑法の目的・機能に適した犯罪論の構成を目指す点で正しいものを含んでいるが，しかし，次の諸点において妥当でない。

第1に，刑法の目的は，犯罪になるものとならないものとを国民に予告することによって国民の行動を規制し，社会秩序を維持することにあるから，裁判規範である以前に国民の行動を規律する規範すなわち行為規範であると解すべきである。

第2に，人権保障の要請から，行為の命令・禁止は構成要件を通じて国民一般が理解しうるように明確に行われ，その命令・禁止に違反した者のみが処罰に値すると解すべきであるから，処罰の必要性・合理性があっても，国民一般の予測と異なるような処罰をすることは許されない。それゆえ，構成要件の解釈に当たっては，処罰の必要性ないし合理性という実質的な判断の前に，通常の判断能力を有する一般人の理解に即しているか否かの見地から，形式的に判断すべきである。たしかに，従来，構成要件の内容を社会心理的

第4章 犯罪の基本概念 43

な「定型」としてアプリオリに把握する傾向があったために，その実体が不明確となってきた点は反省すべきであるが，この点については別途に考察すべきであろう（⇨51頁）。

第3に，犯罪論も処罰の必要性と合理性を確保するための目的論的体系であることは疑いないが，処罰の必要性・合理性という観点から刑法が権力濫用を正当化するための道具として利用されてきたことは歴史の教えるとおりである。したがって，構成要件の示した行為の枠ないし類型，言い換えると，刑罰法規から通常の判断能力を有する一般人が把握しうる形式的な行為の型を機軸として，この枠に入らない行為であるかぎり，いかに処罰の必要性・合理性が認められても犯罪とはならないという体系が必要であろう。処罰の必要性・合理性を基準とする実質的判断は，構成要件に該当することが明らかになった後で，違法性および責任の段階で個別的・具体的に行えば足りるのである。

4 犯罪の種類

(1) 自然犯・刑事犯と法定犯・行政犯　犯罪の性質による区別として，自然犯・刑事犯と法定犯・行政犯がある。

自然犯は，殺人や窃盗・放火のように，法律の規定をまつまでもなく，それ自体で反社会的・反倫理的な行為として犯罪とされたものであり，別に刑事犯とも呼ばれている。法定犯は，法律によって禁止されて初めて犯罪とされたものであり，行政取締の目的から犯罪とされたという意味で行政犯ともいう。たとえば，殺人罪，窃盗罪など刑法典において犯罪とされているものの多くは自然犯（刑事犯）であり，道路交通法上の犯罪などは法定犯（行政犯）であるとされてきた。

しかし，刑法典の犯罪のなかにも行政上の取締目的に基づく犯罪があり（例—変死者密葬罪［192条］），逆に，行政犯のなかにも社会倫理と結びついている犯罪がある（例—税法上の犯罪）。また，たとえば，道路交通法上の酒気帯び運転の罪（道交65条，117条の2第1号）のように，立法当初においては行政取締目的による犯罪とみられたものが，次第に道徳的にも非難される行為に転化する例も稀ではない。これを「法定犯の自然犯化」という。したがっ

て，自然犯と法定犯の区別は，今日では余り重要ではなくなっているのである（⇨2頁）。

(2) 政治犯と確信犯　　政治犯とは，国家の基本秩序を侵害し，または
それを目的として行われる犯罪のことであり，国事犯ともいう。内乱罪（77
条）がその典型であり，この種の犯罪は政治的な闘争の手段として行われる
から，一般の犯罪とは異なる取扱いが必要になる。政治犯は，その目的・動
機・手段などの点にかんがみ，その名誉を保護する必要があるとともに，刑
罰が政治的信条改造の道具として悪用される場合がありうるから，「名誉あ
る拘禁」など，一般の犯罪（普通犯）に対するものとは異なる独自の刑罰が
必要になる。わが国の刑法が，政治的な犯罪については懲役以外に禁錮を法
定刑として規定しているのは，このような趣旨に由来する。

政治犯と関連して確信犯というものがある。確信犯とは，自己の道徳的・
宗教的または政治的確信を決定的な動機とする犯罪である。この種の犯罪者
は，その動機が破廉恥なものでなく，また，自己の行為を正しいと確信して
犯罪を行うところから，刑罰による威嚇および改善が困難で反倫理性も乏し
いので，一般の犯罪者とは異なる特別の処遇が必要であるという主張もある
が，政治犯を除く確信犯について，特別の取扱いをする必要はないであろう。

(3) 親告罪と非親告罪　　親告罪とは，訴追の要件として告訴を必要と
する犯罪であり，それ以外の犯罪を非親告罪という。親告罪とされる根拠と
しては，犯罪の性質上被害者の名誉を尊重する趣旨の場合と，軽微な犯罪で
あるなどの理由で訴追を被害者の意思に委ねる趣旨の二つの場合がある。た
とえば，名誉毀損罪を親告罪（180条）とするのは前者に当たり，器物損壊
罪は後者に当たる（264条）。

III　刑法上の行為

1　行為の機能

犯罪は，構成要件に該当する違法かつ有責な行為である。したがって，犯

罪が成立する前提として，何よりもまず「行為」がなければならない（基本要素としての機能）。刑法上の行為概念は，犯罪の対象となるべき事実を限定し（限定機能），また，構成要件，違法性および責任を結びつける機能を有するのである（統一機能）。

　犯罪論は，究極においては行為者に刑罰を科するためのものであるから，犯罪として刑法的な判断の対象となるものは，行為の主体としての行為者であり，「罰せられるべきは，行為でなく行為者である」（リスト）ともいえる。しかし，行為のないところに行為者はなく，また，行為者に刑法的な価値判断を加えるための最も確実な資料ないし根拠は，外部に現われた行為を措いてほかにないから，犯罪論において考察の対象となる事実は，何よりもまず人の外部的態度としての「行為」でなければならない。「何人も思想のゆえに罰せられない」といわれるゆえんである。

　このように，行為は，犯罪概念の基礎となる事実ないし基本的要素であり，犯罪は構成要件に該当する違法かつ有責な行為である。また，刑法が「法令又は正当な業務による行為は，罰しない」（35条）としたり，「心神喪失者の行為は，罰しない」（39条1項）と規定し，さらに，刑罰法規は，たとえば「人を殺」す行為（199条）を犯罪の内容としているところから，行為が犯罪の基本的要素であることは，実定法上も承認されている。それでは，「行為」とはいかなる内容のものとして把握すべきであろうか。

2　行為をめぐる諸説

　(1)　自然的行為論　行為をもって意思に基づく身体の動静とする見解である。人の客観的な身体的活動とそれによって生ずる外界の変動を自然的・物理的な過程として把握する点で自然的行為論と呼ばれ，また，何らかの意思と結びつく身体活動と外界の変動があれば行為があるとする点で有為的行為論とか因果的行為論とも呼ばれており，現在の通説である。

　(2)　目的的行為論　目的によって支配された身体の活動をもって行為とする見解である。この見解は，人間の行為を存在論的に考察し，行為は行為者が一定の目的を設定し，その達成に必要な手段を選択し，因果の流れを目的実現に向けて操縦・支配する点に本質があるとする。この見解によると，

46

「目的性」という主観的要素と身体活動という客観的要素とを欠くものは行為とは認められない。

（3）**人格的行為論**　行為者人格の主体的現実化とみられる身体の動静を行為とする見解である。この見解によると，行為が行為者人格の主体的現実化と認められるのは，素質と環境によって決定されつつ，具体的な行為環境の場面において行為者自身の自由な意思に基づく身体活動があるといえるときにかぎられる。

（4）**社会的行為論**　社会的に意味のある人の身体の動静を行為とする見解である。「行為」について，①何らかの社会的に意味のある人の態度と解する説，②意思による支配可能な社会的に意味のある人の態度と解する説に分かれる。

3 *刑法における行為*

（1）**意思による支配の可能性**　刑法上の行為といえるためには，第1に，人の意思による支配の可能性がなければならない。自然現象は自然科学的な因果法則に完全に支配されているのに対し，人間の行為は，その主体である行為者の意思が因果法則を支配している点で自然現象とは本質的に異なる。

もちろん，人間の行為も因果法則の外にあるわけではない。しかし，人間は意思によって因果法則を選択する能力をもっており，人の身体の動静が一定の内容をもった意思による支配，言い換えると，意思によって動かされ方向づけられた人の態度であるとき，初めて人の行為として社会的意味をもち，非難や称賛の対象になるものとして自然現象から区別されるのである。こうして，行為とは，意思によって支配が可能な人の外部的態度と解すべきである。

意思支配の可能性を行為の中核的要素とする結果，意思による支配が可能でなかった人の身体的動作，たとえば，反射運動，絶対的強制下の動作・不動作，睡眠中の動作など，身体活動が自然的ないし生理的な因果法則の支配下にあるときは，刑法的な評価の対象としての行為から排除される。

他方，忘却犯の行為性は，このような意思支配の可能性を要件とすること

第4章　犯罪の基本概念　　47

によって容易に認められる。たとえば，母親が睡眠中に乳児を圧死させた場合，圧死させた母親の動作は睡眠中のものであるから意思に基づいた動作ということはできないが，寝入る時点にさかのぼってみると，乳児を安全に寝かせるということも乳児を圧死させるということも，ともに意思によって支配可能な因果の成り行きであり，母親は意思の作用によっていずれをも選択できうる状況にあったのであるから，そこには意思支配の可能性があったということになる。

　(2)　**外部的態度**　　第2に，人の社会的に意味のある外部的態度がなければならない。この要請は，既述したように人権保障ないし行為主義の実際的要請から導かれるものであるが，人間社会において事実として存在する行為を観察しても納得しうるであろう。単なる思想や意思は，社会生活上人の行為とはいわないからである。他方，社会生活において行為という場合には，純個人的な身体運動は意思支配の可能性があっても行為から除外されるであろう。行為というためには，人の外部的態度が何らかの社会的意味をもっていることを必要とするのである。

　ところで，行為者の意思ないし内心的態度が外部に現われたという場合，自然的・物理的観点が一応の基準になり，この基準から人の外部的態度を眺めると，そこには身体の挙動と静止という相反するものが含まれている。そして，人は，因果の成り行きを身体の挙動（作為）によって変更するという形で，あるいは因果の成り行きを意思によって支配できたのに，そのまま放置する身体の静止（不作為）という形で，自己の意思を実現することができるのである。社会における人の行為を観察すると，人はこのような身体の挙動と静止という形で，自己の意思を実現し社会生活上意味のある態度をとりながら存在している。

　このようにして，「行為とは人の意思によって支配可能な社会的に意味のある外部的態度をいう」と解すべきであり，このような行為がないかぎり，犯罪の対象とはならない。

◆【問　題】
　(1)　罪刑法定主義と犯罪論との関係につき，実質的犯罪論に言及して論ぜよ。

(2)　精神障害を有する者が賊に襲われた夢を見て，先制攻撃を加えるつもりで隣に寝ていた妻を殺した事案につき，「任意の意思に基く支配可能な行動のみが，刑罰法規に規定された構成要件該当性の有無についての判断の対象とされるべきであって，右の任意の意思を欠く行動は，行為者についてその責任能力の有無を論ずるまでもなく，刑罰法規の対象たる行為そのものに該当しない」と判示した判例（大阪地判昭 37・7・24 下刑集 4・7＝8・696 参照）を批評せよ。

(3)　「刑法上の行為は，人の身体の動静をいう」とする説を論評せよ。

(4)　踏切番が居眠りをしていて遮断機をおろすのを忘れ，そのため列車事故を生じさせた場合，行為性を認めることができるか。

第5章 構成要件

犯罪論で最も問題点が多いのは第6章以下の構成要件該当性であるが，構成要件該当性は，構成要件の意義・機能を正しく理解し，構成要件要素をきちっと整理しておいて，初めて的確に判断できる。この章では，構成要件該当性を論ずる準備作業として，構成要件の意義・内容・機能を論じた後，構成要件要素について詳論する。

I 構成要件の概念

1 構成要件の意義と内容

(1) 構成要件とは　犯罪は，構成要件に該当する違法かつ有責な行為である。構成要件は行為が犯罪になるかならないかを区分けするものとして，第1の犯罪成立要件となるものであるが，「構成要件」という言葉は，学説および実務において一般に使用されているのに，定説といえるような法的定義はなく，また，刑法典もこの語句を使った条文を置いていない。したがって，構成要件の意義については様々な見解が主張されているが，既述の刑法理論ないし犯罪論の目的・機能に即して，「構成要件とは，刑罰法規に規定された違法かつ有責な処罰に値する行為の類型（定型）をいう」と定義するのが妥当である。

実質上違法であり責任を帰すべき当罰的行為は社会に数多く存在しているが，国家はそのすべてを犯罪として処罰する必要はないのであり，当罰的行為のなかから一定の政策的見地にたって処罰すべき行為を取捨選択し，具体

的な行為を抽象化および類型化して規定するのである。たとえば，これを殺人罪についてみると，毒殺，刺殺，銃殺，絞殺など，実際には様々な態様で実行されるが，これを抽象化して，「人を殺した者」(199条) というように，類型または定型として刑罰法規に規定するのである。この刑罰法規に規定された違法かつ有責な処罰に値する行為の類型が，構成要件である。殺人罪の構成要件は「人を殺した者」であり，窃盗罪の構成要件は「他人の財物を窃取した者」(235条) である。

(2) **構成要件の中身**　構成要件は刑罰法規によって作られるものであるが，たとえば，「人を殺した者」という規定それ自体が構成要件の内容となるわけではない。そこで，構成要件の内容をもって「刑罰法規が予想する定型」であるとか，「犯罪を輪郭づける観念形象（型）」であるとする考え方が主流となっているが，「定型」ないし「観念形象（型）」の実体が漠然としていると批判されている。そして，犯罪とすべき行為の「型」は，殺人のような場合は比較的はっきりしているから問題はないが，暴行罪にいう「暴行」とか青少年保護育成条例にいう「淫行」といった行為の型は，その限界がはっきりしないから，むしろ処罰の必要性・合理性といった実質的・刑事政策的観点から処罰の範囲を決めるべきであるという考え方が有力となっている (⇨44頁)。

　思うに，構成要件は法益保護のために設けられたものであるから，第1に，構成要件は，当該行為をとると経験則上一般にその構成要件が予定している法益侵害の危険を生ずるような行為をその内容としていると解すべきである。第2に，その行為は通常の判断能力を有する一般人の理解すなわち社会通念を判断基準として，当該構成要件が予定する法益侵害の危険を有することが必要となる。この危険を法益侵害の類型的危険または現実的危険という。社会通念上危険といえるものについて，初めて国民一般の行動を規制することが可能であり，科学的には危険であっても，それが一般国民にとって未知の危険であるときは，ここにいう危険には当たらない。逆に，科学的な危険が明らかでない場合でも，社会通念上危険とされる行為を放置しておけば社会秩序維持にとって有害となるから，ここにいう危険は，社会通念上の危険を意味すると解すべきである。第3に，構成要件は，当罰的行為を類型化した

第5章　構 成 要 件　51

ものであるから，行為が客観的に法益侵害の類型的危険性を有するだけでは足りず，社会通念上一般に責任を問いうる主観的事情を備えた行為を内容としていると解さなければならない。

こうして，構成要件は，社会通念上法益侵害の危険があると認められ，かつ，責任を問うことができる行為を類型化したものである。したがって，構成要件に該当すると原則として犯罪が成立することになり，大半の犯罪成否の認定は，行為がこの構成要件に該当するか否かの判断で終了するのである。

(3) **構成要件と違法性・責任との関係**　犯罪が成立するためには，行為が構成要件に該当し，違法性および責任を具備することを必要とするが，それでは，構成要件と違法性・責任とは，どのような関係にあるであろうか。

この点について学説は，ⓐ構成要件は行為類型として違法性・責任とは別個の犯罪成立要件であるとする説，ⓑ構成要件は違法類型であるとする説，ⓒ構成要件は違法類型であると同時に責任類型であるとする説が対立している。構成要件は，当罰的行為すなわち違法かつ有責な処罰に値する行為を類型化したものであるから，違法類型であると同時に責任類型であるとするⓒ説が妥当である。したがって，構成要件に該当する行為は，原則として違法性および責任を具備し，違法性阻却事由または責任阻却事由が存在しないかぎり犯罪を構成するのである。

違法性の場面では，構成要件に該当する行為であれば，違法性阻却事由が存在するかどうかという消極的方法で違法性を確定すべきである。責任の場面では，構成要件に該当し違法な行為であれば，責任阻却・減軽事由が存在するかどうかという消極的方法で責任を確定すべきである。なお，ⓒ説に立脚しつつ，構成要件に該当してもさらに積極的に責任の有無を判断しなければならないとする立場もあるが，この見解によると，構成要件は違法類型であると同時に責任類型であるといっても，責任類型は責任を徴表しないことになるから，その主張はほとんど無意味であるといってよいであろう。

(4) **構成要件と規範的・主観的要素**　構成要件は，犯罪になるものとならないものとを明確に呈示し，国民が「何が犯罪として処罰されるか」を知る手がかりとなるものでなければならないから，可能なかぎり記述的・客観的な要素によって類型化されるべきであろう。しかし，たとえば，わいせ

52

つ物頒布・販売罪（175条）の構成要件は，目的物の「わいせつ性」という規範的・評価的要素を排除しては成り立ちえないものであり，また，殺人罪と過失致死罪の構成要件上の相違は，故意または過失という主観的要素に帰着するから，規範的構成要件要素および主観的構成要件要素は不可欠の構成要件要素なのである。

2 構成要件の機能

　それでは，構成要件には，どのような役割が期待されているのであろうか。分析すると大きく理論的機能と社会的機能が認められる。

　(1) 理論的機能　犯罪とは，「構成要件に該当する違法で有責な行為」をいう。そこで，犯罪となるためには，先ず，問題となっている行為が構成要件に該当しなければならない。その意味で，構成要件は犯罪の「枠」を形成する役割を果たすものとして犯罪成立の第1の要件となる。当該の行為が違法・有責類型である構成要件に該当すれば，違法性および責任が推定されることになる。これを構成要件の違法性および責任の推定機能（徴表機能）という。また，未遂犯（⊃ 203頁）と共犯（⊃ 225頁）は基本的構成要件を修正して作られた犯罪の形式であり，その内容は構成要件によって規制されることや，罪数（⊃ 271頁）も構成要件によって確定されることから，構成要件は犯罪に必要な要素を体系化する機能がある。この機能を，構成要件の体系化機能という。さらに，刑事訴訟法においても，有罪判決では，構成要件該当事実である「罪となるべき事実」の摘示が求められるほか，当事者が「犯罪の成立を妨げる理由」を主張した場合には，裁判所のこれに対する判断が必要となる（刑訴335条1項，2項）。このように，構成要件は「罪となるべき事実」を導くとともに，「公訴事実」を規制する機能を有している。これを構成要件の訴訟法的機能という。

　(2) 社会的機能　構成要件の社会的機能とは，刑法の目的を実現するための機能をいい，人権保障機能と規律機能とがある。罪刑法定主義の要請から，刑罰法規に構成要件を明確に定め，国民に行動の基準を明示する必要があるとともに，構成要件に該当する行為でないかぎり，いかに処罰の必要性があっても処罰されることはない。この機能を構成要件の人権保障機能ま

第5章 構成要件　53

たは自由保障の機能という。近年では，罪刑法定主義機能と呼ぶ説もある。この人権保障機能からは，犯罪を個別化し，明確化することが求められる。例えば，同じく人の生命を奪った場合でも，構成要件該当事実の相違により，殺人罪，傷害致死罪，過失致死罪のいずれに該当するかが問題になり，構成要件を通じてこれらを個別化しなければならない。この機能を犯罪個別化機能という。さらに，故意の内容として構成要件に該当する客観的事実の認識とその実現意思が必要となるので，構成要件は故意を規制する機能も有するのである。これを構成要件の故意規制機能と呼ぶ。

　人権保障機能と同様に，構成要件は，刑罰法規に「罪となるべき行為」を明確に定め，国民に当該行為を禁止・命令することによって，国民に行動の基準を明示して規律する機能を有する。この機能を構成要件の規律機能という。

3　構成要件の種類

(1)　基本的構成要件・修正された構成要件　　基本的構成要件とは，たとえば，「人を殺した者」というように，刑法の各本条や刑罰法規において，単独の行為者が犯罪を完全に実現する形式，すなわち単独犯で，しかも既遂の形式で規定されている構成要件をいう（例外—「集合犯」。→273頁）。また，基本的構成要件から独立して，刑を重くしたり軽くするために設けられた犯罪類型を加重・減軽類型と呼ぶ。たとえば，業務上横領罪（253条）は横領罪（252条）の加重類型である。

　修正された構成要件（構成要件の修正形式）とは，基本的構成要件の存在を前提とし，それを修正して規定された構成要件であり，特に予備・陰謀罪，未遂犯および共犯を指す。構成要件の修正形式は，通常は刑法総則で規定されるが，予備・陰謀罪のように基本的構成要件を定めている罰条のところで規定されている場合もある（例—88条，201条，237条）。これらの犯罪は，法律に特別の規定がある場合に例外的に処罰されるにすぎないからである（44条参照）。

(2)　**閉ざされた構成要件・開かれた構成要件**　　閉ざされた構成要件とは，構成要件がその規定上完結したものとなっているため，裁判官の補充を必要としない構成要件であり，完結した構成要件ともいう。通常の構成要件は，閉ざされた構成要件である。

開かれた構成要件は，その適用に当たって裁判官による補充を予定している構成要件であり，補充を必要とする構成要件ともいう。「開かれた」とは，裁判官に対して開かれているということであり，開かれた構成要件の場合は，構成要件に形式的に該当したというだけでは足りず，裁判官の判断を補充して，初めて構成要件該当性が確定できる。文書のわいせつ性（175条）などの規範的要素を含む構成要件は，開かれた構成要件である。

(3)　**積極的構成要件・消極的構成要件**　　積極的構成要件は，犯罪の成立要件を積極的に示している構成要件である。構成要件はもともと犯罪成立の原則的要件を定めるものであるから，その本来の性質は積極的なものである。これに対し，たとえば，109条2項は，自己所有物の放火について，「前項の物が自己の所有に係るときは，6月以上7年以下の懲役に処する」と定めて構成要件を示し，ただし書で，「ただし，公共の危険を生じなかったときは，罰しない」と定めて犯罪不成立の要件を掲げている。このように一定の類型的要件が犯罪成立の否定に結びつく要件となるとき，これを消極的構成要件という。

◆【問　題】
(1)　構成要件の意義を述べ，罪刑法定主義と構成要件との関係を論ぜよ。
(2)　構成要件の機能について論ぜよ。
(3)　「構成要件に最も期待される機能は罪刑法定主義機能である」とする学説を論評せよ。

II 構成要件要素

1 構成要件該当性と構成要件要素

(1) 構成要件該当性　犯罪成立の第1要件として，構成要件該当性の判断が必要である。構成要件該当性とは，行為が個々の構成要件に当てはまるということである。構成要件該当性の判断は，違法性・責任という法的な評価に結びつくという点で価値に関係したものであるが，その段階では一応価値と切り離し，その行為（事実）が構成要件の予定している行為に当てはまるか否かを抽象的・類型的に事実判断として行う必要がある。このような判断を価値関係的事実判断という。たとえば，正当防衛で人を殺してしまったという場合で，先ず，人を殺した事実につき殺人罪の構成要件に該当するかどうかを形式的に判断したうえで，違法性段階でその行為が正当防衛行為に当たるかどうかを実質的に判断することとなる。なお，構成要件該当性判断の基準となるものは構成要件であるから，その内容を解釈によって確定する必要があることに注意を要する。この作業を構成要件の確定という。

(2) 構成要件要素　構成要件要素とは，たとえば，行為の主体とか客体のように，個々の構成要件にとって不可欠の部分をいう。構成要件該当性を判断するためには，その前提として，構成要件に含まれている個々の構成要件要素を解釈によって明らかにする必要がある。構成要件要素は，客観的構成要件要素と主観的構成要件要素に分かれる。客観的構成要件要素は，外部から認識できる要素であり，行為の主体，行為，行為の客体，行為の状況，行為の結果および行為と結果の間の因果関係がある。一方，主観的構成要件要素とは，構成要件要素としての行為者の心理的要素をいい，一般的主観的要素としての故意・過失，特殊的主観的要素としての目的などがある。

2 行為の主体

(1) 行為の主体の意義　行為の主体とは，刑罰法規に「……した者」

56

と規定されているように，構成要件の内容となる行為を行う者をいい，通常は自然人である。

㋐ 身分犯　身分犯とは，構成要件において，行為の主体が一定の身分を有することを条件とする犯罪をいう。判例は，身分について，「男女の性別，内外国人の別，親族の関係，公務員たる資格のような関係に限らず，総て一定の犯罪行為に関する犯人の人的関係である特殊の地位又は状態を指称する」（最判昭27・9・19刑集6・8・1083）と定義しており，一般の用語例より広く解している。

身分犯は，真正身分犯と不真正身分犯に分かれる。前者は，収賄罪（197条）における公務員のように，一定の身分がなければ単独では犯罪を構成しない犯罪であり，構成的身分犯ともいう。後者は，賭博罪（185条）と常習賭博罪（186条）のように，身分がなくても犯罪は成立するが，身分があるために法定刑が重くなるか，逆に軽くなる犯罪であり，加減的身分犯ともいう。

㋑ 法人の犯罪能力　犯罪能力とは，構成要件の行為の主体となる能力，すなわち犯罪行為能力をいう。犯罪行為能力については，自然人以外に法人も含まれるかが問題になっている。

(i) 学説　行為の主体に法人が含まれるかについて，学説は，否定説と肯定説に分かれている。否定説は，①法人は，意思と肉体を有しない擬制的な存在であり，刑法的評価の対象となるべき行為の能力がない，②自由刑を中心とする現行の刑罰制度は法人処罰に適しない，③法人の代表者など機関を担当する自然人を処罰すれば足りるなどの理由から，従来からの「法人に犯罪能力なし」の原則に従うべきである，と主張する。

肯定説は，近年，有力となっており，①法人も意思により機関として行動する点で行為能力を有する，②法人の意思に基づく行為を認めることができる以上は，法人も非難が可能である，③罰金などの財産刑は法人処罰に適する刑罰である，④法人処罰は，法人に対する犯罪抑止にとって必要である，と主張する。

(ii) 判例　大審院の判例（大判昭10・11・25刑集14・1217）は，「我現行刑法が自然意思を有する責任能力者のみを以て刑罰を科せらるべき行為の

第5章 構成要件　57

主体なりと認むるは，同法第38条乃至第41条の規定に徴するも疑を容れ」ずとして否定説を採っていたが，最高裁判所は，法人に過失がなければ処罰することができないとする趣旨から，法人自体の犯罪能力を認めるに至っている（最判昭40・3・26刑集19・2・83）。

(iii)　解決方法　　それでは，法人に犯罪能力を認めるべきであろうか。第1に，法人もまた自然人と同様に社会において意味のある活動を行うのであり，このような法人の活動は，機関としての自然人である従業者の意思によって支配され，あるいは支配可能なものであるから，法人も行為の主体となりうるのであり，機関である従業者の行為を法人の行為として認識することができる。第2に，法人は，その固有の意思に基づき社会的実在として独自の活動を営んでいるのであるから，その法人に対し道義的な非難を加えることは可能である。第3に，自由刑を法人に科することはできないが，法人処罰に適する財産刑が現に存在しているほか，現在行政処分となっている法人の解散，営業停止などの制裁を加えることによって，法人の違法行為の責任を追及し，それを防止するのに有効な刑罰を設けることができる。第4に，法人の機関の意思は集団的に決定されて，その結果は法人に帰属するのであるから，もし，法人犯罪について個人としての行為者だけが処罰されるというのであれば，個人を犠牲にしながら法人は何らの痛痒も感じないことになり，法人自体の違法行為を抑止できないであろう。

このようにして，法人に犯罪能力を認めるべきであり，英米刑法では，古くから法人の刑事責任を認め，法人自体に刑を科しているところである。

(2)　現行法上の法人処罰　　法人の犯罪能力は肯定すべきであるが，現行法上法人を処罰する場合は特に法律に法人処罰規定を置いているので，法人処罰規定のない刑法典には法人に犯罪能力はなく，それを有する特別刑法ないし行政取締法規にかぎって刑法8条ただし書により法人に犯罪能力を認めているものと解すべきである。

㋐　法人処罰の形式　　法人処罰は，代罰規定（＝転嫁罰規定），両罰規定および三罰規定がある。①代罰規定は，自然人である従業者の違反行為について業務主である法人だけを処罰するもの（現行法には規定なし），②両罰規定は，従業者の違反行為について，当該従業者（行為者）本人を処罰するととも

58

もに，その業務主である法人・自然人をも併せ処罰するもの（例—売春防止法14条），③三罰規定は，従業者の違反行為について，当該従業者（行為者）本人を処罰するほか，その業務主である法人・自然人およびその法人の代表者・中間管理職をも処罰するものである（例—労働基準法121条）。法人処罰規定は，現在約570あるが，その大半は両罰規定である。なお，法人格を有しない団体（法人でない団体）についても特別の規定を設け，団体自体を処罰する場合がある（例—法人税法4条）。

　㋑　**法人処罰の根拠**　業務主処罰なかんづく両罰規定における法人処罰の根拠については，ⓐ行政取締目的から従業者の責任が法人に転嫁されるのだと説明する無過失責任説，ⓑ事業主の過失を擬制するものだとする過失擬制説，ⓒ従業者の選任・監督上の過失を根拠とする純過失説，ⓓ従業者の選任・監督上の過失を推定するものであるとする過失推定説などがある。

　故意または過失がないかぎり処罰しないという責任主義に基づき（⇨173頁），法人は，従業者の選任，監督その他従業者の違反行為の防止につき必要な注意を尽くさなかった過失を根拠として処罰されると解すべきである。ただし，従業者の業務上の行為は，常に法人の選任・監督に基づく行為であるといってよいから，従業者の違反行為については事業主の過失が推定されていると解すべきであり，ⓓ説が妥当である（最大判昭32・11・27刑集11・12・3113）。したがって，事業主は，この推定を破る事実すなわち過失の不存在を立証して初めて免責されることとなる（前掲最判昭40・3・26）。

　(3)　両罰規定の適用　両罰規定上の法人の処罰は，当該法人の従業者の違反行為を要件として処罰される。両罰規定上の法人の責任について，ⓐ法人自体の行為に対する責任および従業者の選任・監督上の責任の両者を含むとする説，ⓑ選任・監督上の責任にかぎるとする説に分かれる。法人の処罰は，従業者たる行為者の違反行為を要件としているが（行為者責任とのリンク），単に選任・監督上の責任にとどまるものではなく，法人が組織の意思に基づいて行ったと認められるかぎり従業者の行為は法人の行為と見るべきであり，ⓐ説が妥当である。従来は，法人の責任と行為者責任とがリンクしていたが，法制審議会刑事法部会は平成3年12月2日に行為者責任とのリンクを切り離すことを了承した。以後，両者を切り離して，法人を特に重

く罰する立法が行われている（例―独禁法95条など）。

近年，法人犯罪と法人処罰の問題が脚光を浴びている。それは，現代社会において，個人の活動をはるかに超える法人の活動が広く承認され，公害犯罪，独禁法犯罪のほか詐欺・横領・贈賄といった刑法典の犯罪についてまで法人の違法な活動が顕著になってきているのに，その抑止について両罰規定はほとんど無意味になっているからである。その理由は，①両罰規定における法人処罰の法定刑が軽すぎること，②一般刑法犯について法人を処罰できないこと，③法人処罰につき従業者の違反行為の特定が必要なことに求められる。

こうして，法人犯罪を抑止するためには，法人処罰を自然人たる機関ないし従業者の行為から解放すること，さらに法人に対する制裁を独自のものとすることが必要であり，この要請に応えるためには，法人自体の活動と評価できる機関ないし従業者の違反行為を法人自体の行為として処罰できるようにすること以外にない。法人の行為責任を認める立法的対応が求められるゆえんである。

法人処罰に関する立法論としては，機関等の監督義務者の範囲を法人と同一視できる者に求めるべきであるとする同一視理論や，機関の監督責任を超え法人自体がコンプライアンス体制を整備していたか否かという法人自体の故意や過失を問う組織モデル論などが展開されている。

◆【問　題】
  (1) 甲建設会社社長 X および専務取締役 Y は，乙市の小学校改築工事の入札に関連して同社に有利に取り計らってもらうため，乙市の教育長 A に 500 万円の賄賂を供与する旨共謀し，同社総務部長 Z に情を明かして 500 万円の金銭を A に交付させた。甲建設会社自体の罪責はどうか。
  (2) 両罰規定における法人処罰の根拠を明らかにしなさい。

3　行　為

ここで「行為」とは，構成要件に規定されている構成要件要素としての行為のことである。これを構成要件的行為といい，作為と不作為に分かれる。

60

作為とは，一定の身体運動をすること（挙動）をいい，不作為とは，一定の身体運動をしないこと（静止）をいう。刑法上の作為は身体の挙動によって犯罪を実現するのに対し，不作為は法律上の作為義務に違反して一定の身体運動をしないことを意味する。

　構成要件的行為として作為の形式で規定されている犯罪を作為犯という。これに対し，不作為の形式で規定されている犯罪を真正不作為犯といい，多衆不解散罪（107条）や不退去罪（130条後段）などがある。また，不作為犯には，法律上一定の作為を期待されている者がこれを怠り，作為犯を不作為によって実現する不真正不作為犯がある。たとえば，母親が乳児に授乳しないで死亡させた場合，その不作為が「人を殺した者」という作為の形式で規定されている殺人罪（199条）の構成要件に該当したかどうかが問題となる。

4　行為の客体

　行為の客体とは，行為が向けられる対象としての人または物である。殺人罪の「人」（199条），窃盗罪の「他人の財物」（235条）などがその例である。

　なお，行為の客体と保護の客体は異なるという点に注意を要する。保護の客体は，刑罰法規がその構成要件によって保護を目指している利益すなわち法益である。たとえば，殺人罪の行為の客体は「人」であるが，保護の客体は人の「生命」なのである。また，公務執行妨害罪（95条1項）の行為の客体は「公務員」としての人であるのに対し，保護の客体は公務にほかならない。

5　行為の状況

　行為の状況（「構成要件的状況」ともいう）とは，構成要件に定められている行為が成立するための一定の状況をいう。たとえば，中立命令違反罪の「外国が交戦している際に」（94条）や消火妨害罪の「火災の際に」（114条）などがこれに当たる。これらの犯罪においては，行為の状況は構成要件要素となるから，これに当たる事実を欠くときは構成要件に該当せず，犯罪を構成しないのである。

第5章　構成要件

6 行為の結果

　構成要件は，通常，一定の結果の発生を含んでいる。この結果を行為の結果（「構成要件的結果」ともいう）と称する。行為の結果に関連して，次のような犯罪の分類が可能である。

　(1)　結果犯・挙動犯　　結果犯とは，構成要件の要素として一定の外界の変動すなわち結果を必要とする犯罪である。たとえば，殺人罪では人の死亡，窃盗罪では財物に対する占有の移転というように，人の外部的態度とともにその結果をも含めて構成要件的行為（所為）とされている犯罪である。

　結果犯の一種として，結果的加重犯がある。結果的加重犯は，一定の基本となる構成要件を実現した際に，その行為からその故意犯または過失犯を超過する，より重い結果が生じたことを構成要件として規定し，その重い結果が発生すること（加重的結果）をもって重い刑が定められているものであり（⇨ 115頁），傷害致死罪（205条）がその典型的な犯罪である。結果的加重犯は，通常，法文上「よって…した者は」という形式で構成要件的結果が規定されているが，その形式を採らない場合もあるので注意を要する（例—強盗致死傷罪〔240条〕）。

　挙動犯は単純行為犯ともいい，構成要件的行為としての人の外部的態度があれば足り，結果の発生を必要としない犯罪である。たとえば，偽証罪（169条）の場合は，宣誓して虚偽の陳述をすれば直ちに構成要件を充足するのであり，結果の発生は構成要件要素ではない。

　(2)　実質犯・形式犯　　実質犯は，当該の刑罰法規が保護の対象としている法益を侵害し，あるいは危険にすることを構成要件要素としている犯罪であり，実害犯（侵害犯）と危険犯とに分かれる。

　形式犯とは，たとえば，「免許を受けた者は，自動車等を運転するときは，……免許証を携帯していなければならない」（道交95条1項）という命令に形式的に違反しただけで成立し，法益侵害の抽象的危険の発生さえも必要としない犯罪をいう。行政取締法規においては，法益を保護する必要から一定の行為を命令・禁止し，それに形式的に違反しただけで処罰するいわゆる直罰規定が置かれている（例—食品衛生法71条）。直罰規定は，それぞれの法規が

62

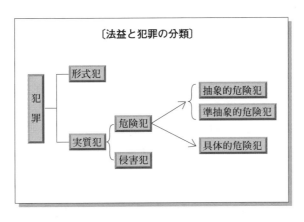

直接に保護している法益を間接的に危険にする犯罪を規定するものであり，その犯罪は形式犯である。

(3) **侵害犯・危険犯**　侵害犯は，一定の法益を侵害したことが構成要件要素になっている犯罪であり，殺人罪や窃盗罪が典型例である。危険犯は，法益侵害の危険を生じさせることが構成要件要素となっている犯罪であり，危険の程度に応じて抽象的危険犯，準抽象的危険犯および具体的危険犯に分かれる。

(ア) **抽象的危険犯・準抽象的危険犯**　抽象的危険犯は，社会通念上法益侵害の可能性があるものとして類型化された犯罪である。たとえば，道路交通法において速度制限違反の罪（118条1項1号）が設けられているのは，違反行為が経験則上一般に交通事故を生じさせる危険があるとみられるからである。したがって，ひとたび行為が禁止された以上は，具体的状況のもとで右の危険が認められるか否かを問わず，違反行為は当該の構成要件に該当することとなる。

抽象的危険犯と形式犯との区別については，両者を区別すべきでないとする説もあるが，免許証不携帯罪（道交121条1項10号）のように保護法益を間接的に危険にする行為を犯罪としたものが形式犯であり，速度制限違反の罪のように直接的的に危険にする行為を犯罪としたものが抽象的危険犯であると解すべきである。

抽象的危険犯における危険の発生については，ⓐ危険の発生を構成要件要

素とする説，⑥危険の発生は擬制されているから構成要件要素ではないとする説，ⓒ危険の発生を要する場合と要しない場合とがあるとし，前者を準抽象的危険犯とする説が対立している。抽象的危険犯は，抽象的な危険の発生も要件としない犯罪と，一般の経験則からみて極めて低いものではあるが，何らかの法益侵害の危険の発生を要件とする犯罪とに分けうると解されるから，後者を準抽象的危険犯とするⓒ説が妥当である。たとえば，遺棄罪（217条，218条），名誉毀損罪（230条）などは準抽象的危険犯である。

　(イ)　**具体的危険犯**　法益侵害の具体的危険の発生が構成要件要素となっている犯罪を具体的危険犯と称する。たとえば，110条1項の「よって公共の危険を生じさせた者」というように，法文において危険の発生を要件としているのが普通である。具体的危険とは，準抽象的危険犯にいう危険の程度を超えて，法益侵害の可能性が具体的になることをいう。具体的危険のなかにも，危険の発生が切迫している場合，たとえば，109条2項の自己所有物に対する放火のごとき実害発生の蓋然性を類型化している場合（本来の具体的危険犯），および125条の往来危険罪のように単なる可能性で足りる場合（準具体的危険犯）とに分けられる。

　(4)　即成犯・状態犯・継続犯　　即成犯は，構成要件的結果の発生によって法益侵害または危険が発生し，犯罪も既遂となるが，その後，行為者が関与せずに法益侵害の状態が継続するものをいい，殺人罪や放火罪がその例である。

　状態犯は，構成要件的結果の発生によって法益侵害が発生し犯罪も既遂となる点では即成犯と同じであるが，それ以後に行為者が関与することによって法益侵害の状態が継続しても犯罪とはならないものをいい，窃盗罪がその例である。犯人が窃盗によって得た財物を所持・運搬・損壊するなどの行為をしたとしても，その行為が当初の構成要件的行為によって予定されたものの範囲に属する行為であるかぎり，新たに犯罪を構成することはない。このような行為を共罰的事後行為（不可罰的事後行為）という。

　継続犯は，構成要件的結果の発生とともに法益侵害が発生し既遂となるが，その後も法益侵害が継続している間は犯罪の継続が認められるものであり，逮捕および監禁罪（220条）がその例である。犯罪が継続する間は，これに

64

対する共犯の成立が認められ，正当防衛も可能となる。

(5) 結合犯 結合犯は，単独でも犯罪を構成する2個以上の構成要件的行為を結合して，特別の1個の構成要件とした犯罪をいい，たとえば，強盗殺人罪（240条）は強盗罪と殺人罪，強盗強姦罪（241条前段）は強盗罪と強姦罪の結合犯である。

(6) 行為と結果との因果関係 結果犯においては，行為と結果との間の因果関係が構成要件要素となる。たとえば，殺人罪についていうと，殺人の実行行為が行われても，それと死の結果との間に因果関係が認められなければ殺人既遂罪は成立しない（⇨116頁）。因果関係が構成要件に明記されていなくても，結果犯であるかぎり常に構成要件要素となる。

7 主観的構成要件要素

(1) 意 義 主観的構成要件要素とは，構成要件要素としての行為者の心理状態をいう。これには，①一般的主観的要素としての故意・過失，②特殊的主観的要素としての目的犯における目的などがある。

構成要件は，違法で有責な当罰的行為を類型化したものであり，当罰性は行為者の心理状態を除外しては判断できないから，構成要件には主観的要素が不可欠である。構成要件を違法類型と解し，違法は客観的に判断すべきであるから，主観的構成要件要素は認めるべきでないとする有力な学説もあるが，妥当でない。

(2) 一般的主観的要素 一般的主観的要素とは，総ての構成要件に含まれている主観的要素であり，故意または過失がこれに当たる。故意は，構成要件に該当する客観的事実を認識しながら敢えて行為に出る心理状態であり（⇨86頁），過失は，構成要件的結果を不注意で引き起こす心理状態である（⇨106頁）。刑法は，「罪を犯す意思がない行為は，罰しない。ただし，法律に特別の規定がある場合は，この限りでない」（38条1項）として，故意犯を原則として罰し，例外的に過失犯を罰することにしている。

(3) 特殊的主観的要素 特殊的主観的要素とは，故意または過失以外の心理状態を構成要件要素とするものをいい，目的犯，表現犯および傾向犯がある。

第5章 構 成 要 件 65

(ア) **目的犯**　目的犯は，たとえば，各種の偽造罪における「行使の目的」，営利誘拐罪における「営利の目的」などのように，一定の「目的」を主観的構成要件要素とする犯罪である。故意のほかに，それを超えた内心の態度を構成要件要素とすることから，主観的超過要素または超過的内心傾向ともいわれる。

(イ) **表現犯**　表現犯とは，行為の要素として，行為者の心理的経過または状態の表現を必要とする犯罪をいう。たとえば，偽証罪（169条）では，証人が自己の記憶に反する陳述をすることによって国の審判作用を害する点に違法性があるから，証人が記憶に反する陳述をしたかどうかが重要となるので，表現犯と解される。

(ウ) **傾向犯**　傾向犯とは，行為者の心情または内心的傾向を構成要件要素とする犯罪をいう。通説は，傾向犯の概念を認めるが，たとえば，女性の身体に触るといったわいせつに当たる行為をしても，内心において性欲を満足させる意図ないし心理的傾向がなければ強制わいせつ罪（178条）は成立しないとする。通説・判例（最判昭45・1・29刑集24・1・1）は，わいせつの傾向の有無が構成要件該当性の判断を左右すると解するが，わいせつ行為の有害性は行為者側の気持ちがどうであったかと無関係であり，また，内心の傾向は，無意識の世界にまで立ち入って判断せざるを得ないものであるから，明確性を要求される構成要件に導入するのは適当でない。傾向犯の概念は，認めるべきでないと考える。

8　構成要件要素の分類

(1) 記述的構成要件要素と規範的構成要件要素　構成要件要素は，記述的要素と規範的要素とに分けることができる。価値判断を入れずに事実的な認識活動によって確定できる構成要件要素を記述的要素と称する。「人を殺した者」という規定の「人」および「殺」すという行為は，事実的な認識活動によって確定できるから記述的要素なのである。構成要件要素の存否の認定について，規範的・評価的な価値判断を要する構成要件要素を規範的要素と称する。規範的要素には，①「他人の財物」（235条など），公務執行妨害罪における職務行為の適法性（95条1項），「直系血族又は同居の親族」（244

条1項など）などのように法的評価による判断を必要とするもの，②「公共の危険」（109条2項，110条1項），「虚偽」の告訴（172条），人を「欺」く（246条）などのように認識上の評価を必要とするもの，③「わいせつ」（174条～176条），「不敬」（188条），「名誉」（230条）などのように社会一般の文化的評価による判断を必要とするものがある。

罪刑法定主義の要請からすると，構成要件的行為は，裁判官の恣意が入らないように記述的要素によって示される必要があるが，その行為は社会的存在としての行為を基礎として類型化した法的概念である以上，また，複雑な社会現象に適切に対応する必要上，規範的要素を刑法から排除することは不可能である。ただし，規範的構成要件要素は，罪刑法定主義の観点からは決して好ましいものではないから，その確定に当たっては，社会通念を基準とし，可能なかぎり客観的かつ厳格に行うとともに，事例の集積を通じて類型化を図るべきである。

(2) 違法類型および責任類型としての構成要件要素　構成要件を違法・責任類型とする立場からは，構成要件要素を違法類型としての要素と責任類型としての要素に区別することを要する（⇨41頁）。

㋐ 違法類型としての要素　違法性は，行為が社会的相当性を逸脱した法益侵害・危険を有することをいうから，違法類型としての構成要件要素は構成要件の客観的要素が中心となる。客観的構成要件要素，すなわち行為の主体，行為の外部的要素，行為の客体，行為の状況，結果および因果関係などは，違法類型としての構成要件要素に当たる。しかし，行為の危険性ないし法益侵害性は行為者の主観的側面と無関係ではない。行為に違法性を付け加える主観的要素を主観的違法要素といい，それが類型として構成要件に取り込まれると主観的構成要件要素となる。

目的犯における目的，表現犯における心理的経過ないし状態は，特殊的主観的構成要件要素である。故意・過失については争いがあるが，故意・過失は，非難すべき行為者の心理状態を類型化したものとして，責任の形式ないし種類であり，その本来の体系的地位は責任論にあるというべきである。たとえば，殺人罪と過失致死罪とは，いずれも人の死を惹起するに足りる危険な行為に基づいて人の生命を断絶する点で，法益侵害性の面では同価値であ

る。しかし，故意犯においては，行為者の意思活動は法益侵害に直接向けられているのに対し，過失犯においては，行為者の意思活動は法益侵害に向けられてはおらず，ただ不注意で犯罪事実を実現したにすぎない点で，社会一般に与える脅威の程度が類型的に異なる。また，両者の間では，行為自体のもつ社会倫理規範違反または社会的相当性からの逸脱（行為無価値）の程度も類型的に異なるのであり，故意・過失は違法類型としての構成要件要素でもあると解すべきである。

　(イ)　**責任類型としての要素**　責任は，行為者の内心的態度を非難することを内容とするから，責任類型としての構成要件要素は，原則として主観的なものである。そして，内心的態度は故意・過失によって類型化されており，その意味で，故意・過失は責任類型としての構成要件要素でもある。責任があるとするためには，少なくとも責任能力，故意および過失が必要であるとする原則を狭義の責任主義という（⊅173頁）。このようにして，故意と過失とは責任の形式ないし種類として類型的に構成要件に取り込まれたものである。なお，故意・過失のほかに客観的要素が責任類型としての構成要件要素とされている場合があり，たとえば，適法行為の期待可能性を類型化している場合（152条の偽造通貨収得後知情行使罪など）がこれに当たる。

9　構成要件の解釈

　罪刑法定主義の要請から，立法者は刑罰法規を具体的かつ明確に規定することを要する（⊅31頁）。このことは，刑罰法規の中核をなす構成要件についても当てはまる。ところで，構成要件が記述的要素によって規定されている場合，たとえば，「人を殺した者」という殺人罪の構成要件の場合，その構成要件の内容を明らかにするためには当然に解釈が必要となるが，法文を出発点として合理的方法によって解釈がなされるかぎり，構成要件を確定するに当たって裁判官の恣意が入る危険性は少ない。これに対し，構成要件ないし構成要件要素の性質上，刑罰法規に規定された犯罪類型からはその内容が明らかにならず，裁判官による構成要件の確定をまって初めて適用が可能になる場合がある。その主なものとして，開かれた構成要件，修正された構成要件および規範的構成要件があり，いずれにおいても，最終の段階では処

罰に値する行為かどうかといった実質的判断が必要となるが，構成要件の段階では，それが通常の判断能力を有する一般人の理解が得られるか否かを基準に，言い換えると，刑罰法規が予想している行為の類型に当たるかどうかを社会通念に従って明確にすることが必要となる。

◆【問　題】

(1)　道路交通法 22 条 1 項は「政令で定める最高速度をこえる速度で進行してはならない」と規定し，この規定に違反した者を 6 月以下の懲役または 10 万円以下の罰金に処するとしているが（118 条 1 項 1 号），この違反行為につき，交通の安全に対する危険が認められない違反行為は無罪にすべきであるとする見解がある。この見解を論評せよ。

(2)　次の犯罪のうち，挙動犯に当たるものを理由を付けて選び出せ。

①偽証罪，②窃盗罪，③住居侵入罪，④建造物等以外放火罪，⑤名誉毀損罪

(3)　X は，Y から盗んだ高級カメラを，1 週間後に Y の妻に返した。X の罪はどうなるか。

第5章　構 成 要 件　69

第6章　構成要件該当性

> 構成要件に該当する行為が存在しないかぎり，犯罪的な結果が発生していても犯罪の成否に関する判断は開始されない。ある行為が，個々の構成要件に当てはまることを構成要件該当性という。構成要件に該当する行為すなわち実行行為は，客観面と主観面とに分けることができる。本章では，実行行為の意義を明らかにしたうえで，その客観面と主観面に分けて，どのような事実が備わったときに構成要件に該当したといえるかについて検討する。実行行為は犯罪成立の基本となる部分なので，十分な理解が期待される。

I　実行行為の意義

〔1〕　構成要件該当性の意義

1　構成要件要素の充足

　罪刑法定主義の要請から，犯罪になるかならないかは，何よりもまず，問題となっている行為が，形式的に見て，法が処罰すべきものとして予定している行為に当てはまるかどうかから判断しなければならない。刑罰法規に規定された違法かつ有責な処罰に値する行為の類型が構成要件であるから，犯罪が成立するためには，先ず，その行為が構成要件に当てはまることを必要とする。ある行為が構成要件に当てはまるということを構成要件該当性という。

　すでに述べたように（⇨56頁），構成要件は，①行為の主体・行為・行為の客体，行為の状況，結果犯における結果および行為と結果の因果関係とい

った客観的要素，②故意，過失，目的などの主観的要素からなっている。それゆえ，構成要件に該当するというためには，これらの要素に当たる事実が存在することを必要とするのである。

2 実行行為

(1) 意 義　実行行為とは，形式的には構成要件に該当する行為をいう。しかし，構成要件の各要素を形式的に充足しただけでは，実行行為があったとはいえない。刑法の目的は，法益保護を通じた社会秩序の維持・発展にあり，その目的を達成するために，一定の法益侵害の危険ある行為を構成要件として類型化し犯罪とするのであるから，実行行為というためには，形式的に構成要件に該当しただけでは足りず，実質的にみて，その行為をとれば，通常当該構成要件が予定する法益侵害を惹起する類型（現実）的な危険を有する行為であることを必要とする。こうして，実行行為とは，形式的には構成要件に該当する行為をいい，実質的には構成要件を実現する類型的危険を有する行為をいう。

　刑法は，裁判官のための規範すなわち裁判規範であるが，その前提として，どのような行為が犯罪となるかを国民一般に明示する規範すなわち行為規範の機能を果たしており，行為規範に違反する行為がまさに実行行為である。たとえば，「人を殺した者は，死刑又は無期若しくは5年以上の懲役に処する」(199条) という規定は，直接には裁判官に宛てた規範であり，殺人の行為者に対しては，「死刑または無期若しくは5年以上の懲役」以外の刑を科してはならないという趣旨である。しかし，その前提として，国民一般に対して，「人を殺す行為をしてはならない」とする行為規範が予定されているのは当然である。そして，行為規範は一般の国民を相手とする規範であるから，「人を殺す行為」とは，一般の人が殺す危険を感ずる行為ということになる。このような行為規範に違反する行為が構成要件に該当する行為つまり実行行為となるのである。したがって，犯罪とするためには，何よりもまず実行行為が認められなければならない。

(2) 実行行為不要論　実行行為は犯罪の中核的要素であるから，これから検討する因果関係，予備と未遂，正犯と共犯といった場面などで重要な

第6章　構成要件該当性　　71

役割を演ずることになるが，これに対し，実行行為という概念は犯罪論において不要であるという実行行為不要論が展開されている。裁判規範を重視する立場によると，犯罪を構成するうえで最も重要なのは法益侵害という結果であり，結果を切り離した実行行為それ自体を問題とするのは不当であり，まず，法益侵害の結果発生があり，その結果発生の危険が問題となっている行為のどの段階に存在したかどうかが重要であるから，一般人が当該の行為時に感ずる危険を問題とすることは無意味であり，発生した法益侵害の結果から遡って，事後的に判断して，科学法則上の切迫した危険が存在した段階を問題にすれば足りるというのである。たとえば，被害者が重い心臓病にかかっていたために，軽い暴行を加えただけで被害者が死亡してしまった場合，後から見て，その暴行は医学上死因となったものではないから，傷害致死罪(205条)にはならないというのである。しかし，問題はその軽い暴行は，傷害を引き起こすほどの暴行であったかどうか，言い換えると，社会通念上，法が禁止している暴行と言えるか否かにあると考える。罪刑法定主義の要請上，行為規範として刑法が予定している類型的な危険性を有する行為に当たるか否かが決定的なのである。実行行為概念を不要とする論者も，近年ではこれを改めている。

(3) 実行行為の態様　　実行行為は，客観面として，行為者の積極的な身体活動（挙動）によって行われる作為犯，消極的な身体活動（静止）として行われる不作為犯に分かれ，また，主観面として，犯罪事実を認識してこれを実現する意思で行う故意犯と，不注意で犯罪結果を惹起する過失犯とに分かれる。したがって，実行行為は，故意作為犯・不作為犯，過失作為犯・不作為犯に分かれるのである。また，実行行為を自ら行うことを正犯といい，自らの手で行うことを直接正犯，他人を道具として行うことを間接正犯という。

〔2〕 不 作 為 犯

1　不作為犯の意義

(1) 作為犯と不作為犯　　作為犯とは，作為すなわち積極的な身体活動（挙動）として行われる犯罪をいう。不作為犯とは，不作為すなわち消極的

な身体活動（静止）として行われる犯罪をいう。不作為の場合は，何も行わないというのではなく，当該構成要件の予定する法律上の作為義務に違反する不作為によって犯罪を実現するのである。不作為は，真正不作為犯と不真正不作為犯に分かれる。

真正不作為犯とは，刑法107条の多衆不解散罪や130条後段の不退去罪，218条後段の不保護罪のように，構成要件自体が不作為の形式で規定されている犯罪をいう。たとえば，「解散の命令を3回以上受けたにもかかわらず，なお解散しなかった」というように，法律上の作為義務に違反して解散しない不作為が実行行為となるのである。

これに対し，不真正不作為犯は，作為の形式で規定されている構成要件を不作為によって実現する犯罪をいう。たとえば，「放火」する（刑108条），「殺」す（199条）というように，作為を予定して作られた構成要件を不作為で実現する場合である。不真正不作為犯の場合は，真正不作為犯の場合と異なり，構成要件からは作為義務の内容が明らかにならないために，いかなる場合に実行行為が認められるかが重要な課題となる。

(2) **不真正不作為犯の問題性**　作為犯は，「……してはならない」という禁止規範に違反する犯罪であるのに対し，不真正不作為犯は，「……せよ」という命令規範に違反する犯罪であるから，不真正不作為犯を処罰することは，作為の形式で規定された刑罰法規を不作為に適用するものであり，類推解釈として，罪刑法定主義に違反するという学説がある。

思うに，たとえば，母親が乳児に授乳しないで故意に死亡させた場合，「母親が乳児を殺した」ということは，誰でも認めるであろう。類推解釈どころか，拡張解釈ともいえないであろう。これを理論的に説明すると，「人を殺すな」という禁止規範と「人の生命を助けよ」という命令規範は，ともに法益を保護するための行為規範であり，また，構成要件は法益侵害の危険ある行為を類型化したものであるから，不作為が法益侵害の危険において作為と同視できる場合には，当該構成要件は，禁止規範違反と命令規範違反の双方を含んでいるのであり，規定の形式は作為であっても不作為を含んでいると解すべきである。不真正不作為犯の処罰は，罪刑法定主義に違反するものではないのである。

第6章 構成要件該当性　　73

問題があるとすれば，不真正不作為犯の場合，法律上の作為義務が刑罰法規において明らかにされておらず，いかなる不作為が犯罪となるのかが明確でないという点である。不真正不作為においては，構成要件に該当する結果の発生を阻止するために必要な作為を行う義務（作為義務）の不作為だけが構成要件に該当するのである。その意味で，不真正不作為犯の最大の課題は，構成要件要素としての作為義務の内容・範囲の明確化である。

（3）**不真正不作為犯の実行行為性**　　不真正不作為犯の実行行為性は，最終的には，個々の構成要件の解釈によって決まる。

㋐**実行行為の確定**　　不真正不作為犯においては，不作為と構成要件的結果との間に因果関係があるだけでは，直ちに実行行為を認めることはできない。たとえば，幼児が川で溺死した場合，近くで傍観したまま救助しなかった通行人や釣り人に殺人罪が成立するであろうか。確かに，通行人や釣り人の不救助という不作為と幼児の死亡との間に因果関係を認めることはできるが，救助可能なすべての者につき殺人罪を認めることができるとすれば，いかにも広すぎるであろう。作為による結果の惹起と結果の発生に向けて進行する因果経過への不介入という不作為とを同視することはできない。そこで，殺人罪が成立するためには，因果関係を検討する前に，その不作為が殺人罪の構成要件に該当するということを確定しなければならないのである。

㋑**作為犯との同価値性**　　既述のように，作為の形式で規定されている構成要件に不作為を含めることができるのは，当該の不作為が法益侵害の危険において作為と同視できる場合に限られるから，不作為について実行行為性が認められるためには，法益侵害の危険性が，作為犯と同視できる程度の法益侵害の類型的危険性を有することが必要である。これを同価値性の原則という。

（4）**不真正不作為犯における作為義務**　　不真正不作為犯においては，誰のいかなる不作為が作為犯の実行行為と同視できる程度の法益侵害の類型的危険性を有するかが問題となる。この問題が構成要件該当性すなわち実行行為の問題であることを明らかにしたのが保障人説である。保障人説とは，構成要件的結果の発生を防止すべき義務を有する者を保障人といい，保障人の不作為のみが構成要件に該当すると考える説である。この説によると，何

らかの作為義務が認められても，保障人的義務のない者の不真正不作為犯は，構成要件に該当しないことになる。

2 保障人的義務

(1) 根拠と内容 それでは，保障人的義務は，いかなる根拠に基づいて生ずるのであろうか。

㋐ 学説 これについては，ⓐ先行行為を重視し，問題となっている不作為以前に法益侵害に向かう因果の流れをみずから設定した先行行為に求める説，ⓑ事実上の引き受けにより法益の保護ないし侵害が当該不作為者に依存していたという事実関係を根拠とする説，ⓒ自己の意思に基づく事実上の排他的支配の設定と，不作為者が結果へと向かう因果経過を現実に支配していたということを根拠とする説，ⓓ排他的支配と危険の創出・増加に求める説などがある。しかし，今ここで問題としているのは，いかなる人の不作為に当該構成要件の定める作為犯と同様の実行行為性を認めるべきか，言い換えると，社会生活上どの立場にいる者のいかなる不作為が作為と同様の法益侵害の類型的危険性を有するかなのである。

㋑ 保障人的義務 ある者の不作為が作為と同様の危険性を有すると認められるのは，被害者ないし被害法益と特別な関係にあるために，社会生活上その者に当該法益の保護が具体的に依存し，構成要件的結果発生を支配しうる地位を有しているからにほかならない。言い換えると，結果発生の現実の危険が生じたときは，それまでの社会生活上の依存関係から，その危険を回避するのが社会生活上当然といえる人が保障人なのである。たとえば，母親とその乳児の関係を見ると，乳児の生命は母親に依存しているのであるから，乳児が飢えに瀕しているときに授乳すべき人は母親であるというのが常識であろう。そして，母親がそのとき授乳しないで死なせようと思えば，首を絞めて殺すのと同じように確実に殺すことができる。このように，その作為義務を怠ると，作為の場合と同じ結果発生の危険があると一般に思われる場合に，作為義務を認めることができるのである。したがって，不真正不作為犯における作為義務は，社会生活上の依存・支配関係を根拠として生ずると考えられ，このような，構成要件的結果を発生させないように保障すべき

第6章 構成要件該当性 75

義務ないし地位が保障人的義務または保障人的地位なのである。保障人的地位にある者は結果の発生をみずから支配できる立場にあり，保障人が構成要件的結果の発生を防止しなければ，一般人から見て作為と同程度の結果発生の現実的危険を生じさせるから，このことを根拠として，法は保障人的地位にある者に対し法律上の作為義務（保障人的義務）を課すのである。不真正不作為犯における法律上の作為義務の内容は，このような保障人的義務にほかならない。

　(ウ)　**保障人的地位と保障人的義務**　　保障人的地位に関連して，たとえば，川で溺れかかっている自分の子については，その父親は保障人的地位にあるが，その子が自分の子であると気付かないかぎり保障人的義務は生じないというように，保障人的地位と保障人的義務を分ける見解（二分説）がある。しかし，自分の子であると気付かないかぎり保障人的地位は生じないから，保障人的地位と保障人的義務とを分けることは困難であり，両者を包括した意味で保障人的義務を考えれば足りる。

　(2)　**身分犯的性格**　　不真正不作為犯は保障人的義務を有する者についてのみ成立するから，一種の身分犯と解されるが，この点については，解釈上身分犯の構成要件を新たに作り出すことになり，罪刑法定主義との関連で問題があるとする批判がある。しかし，保障人説は特定の身分犯を認めようとするものではなく，あくまで不作為の実行行為性を基礎づけるための理論であるから，この批判は的を射ていない。

　保障人的義務ないし地位は記述されない構成要件要素であり，その具体的な内容は，裁判官の評価を経て確定せざるをえない。したがって，保障人的義務の認定に当たっては，社会生活の実態を踏まえ社会通念を基礎として判断するとともに，一般人の行為の指針となりうるような具体的事案の集積に努め，その類型化を図ることが必要となる。

　このようにして，保障人的義務のない者の不作為は構成要件に該当しないという点が基礎づけられ，不真正不作為犯の成立要件においても，作為犯と同じように，その不作為の態度をとれば，通常，構成要件的（犯罪的）結果発生の現実の危険を生ずるものとして，まず，構成要件該当性から判断すべきである。

76

3 法律上の作為義務

不真正不作為犯が成立するためには，何よりもまず，法律上の作為義務（保障人的義務）があることを要する。作為義務は以下の要件を満たすときに生ずる。

(1) 結果発生の現実的危険が生ずること 不真正不作為犯が作為犯と同価値と見られるのは，作為義務違反の不作為が作為と同じ程度の結果発生の現実の危険を有するからである。そうすると，その前提条件として，結果防止のために一定の作為がなされなければ結果が現実に発生してしまうという切迫した危険のあることが必要となる。たとえば，子供が溺れかかっているとか，事務所の一部に火が燃え移ったような場合に，初めて不真正不作為犯の実行行為が問題となりうる（東京高判昭35・2・17下刑集2・2・133〔仮死状態の嬰児の放置〕）。

(2) 結果防止が可能であること 不作為犯が問題となるのは，結果の惹起について一定の不作為が作為の場合と同じ程度の原因力となったか否かということであるから，これを別の面から見ると，行為者が事実上因果の経過を支配しうる立場にあったということ，すなわち期待された作為によって結果の防止がほとんど確実に可能であるという要件が必要となる（最決平元・12・15刑集43・13・879〔「十中八，九」救命が可能〕）。たとえば，交通事故の被害者について，救護措置を講じても助かるかどうか分からないような場合に，不救護のまま被害者が死亡したとしても，死亡の原因は交通事故にあると見るべきであって，その不救護自体が不作為犯の実行行為となるわけではない。

(3) 社会生活上の特別な関係が認められること 被害者ないし被害法益と行為者との間に社会生活上の特別な依存・支配関係が認められるために，結果の発生を支配しうるという理由で作為義務の根拠となるものとしては，次の場合がある。

(ｱ) **法 令** 法令に基づく作為義務の根拠としては，①民法上の親権者の子に対する監護義務（820条），親族の扶養義務（877条以下）などの私法上の義務，②警察官職務執行法による警察官の保護義務（3条），③精神保健福祉法による保護義務（20条）などがある。

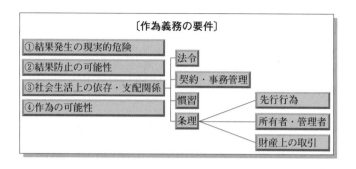

(イ) **契約・事務管理**　契約に基づく作為義務の根拠としては，雇用契約によって雇主が負う保護義務などがある。事務管理とは，「義務なく他人のために事務の管理を始めた」（民697条1項）場合をいい，たとえば，病者を自宅に引き取り同居させたときは，その引き取り主に引き取るべき義務がない場合においても，病者が保護を必要とするかぎり継続して保護すべき義務がある。

(ウ) **条　理**　条理に基づく作為義務の根拠としては，物の道理，事柄の道筋から導かれる義務，すなわち信義誠実の原則ないし公序良俗を基礎として発生する作為義務がある。

　(a) **先行行為の場合**　先行行為とは，問題となっている法益侵害行為に先だって，法益侵害惹起の危険を創出・増加させる行為をいう（最判昭33・9・9刑集12・13・2882）。先行行為を作為義務の根拠とする趣旨は，自己の行為によって結果発生の危険を生じさせた者は，結果の発生を防止できる地位にあり，かつ，条理上社会からその防止を期待されているため，構成要件的結果発生の危険を支配できる地位が認められるということにある。先行行為を作為義務の根拠とすることは許されないとする見解もあるが，上記の趣旨で作為義務があると解すべきである。

　(b) **所有者・管理者の場合**　たとえば，自己の管理する建物その他の工作物，自己の飼育する動物などが他人の法益を侵害する危険があるときは（大判大7・12・18刑録24・1558），社会生活上，その結果の発生について支配しうるのは所有者・管理者であるから，それらの者はその結果の発生を防止す

べき特別な関係にある（最決平 17・7・4 刑集 59・6・403）。

(c) **財産上の取引の場合**　取引の相手方が一定の事項を知らないために錯誤に陥り財産上の損害を受けるおそれがあるときは，財産上の取引における信義誠実の原則上その事項を相手方に告知すべきであり，作為義務の根拠となる（最決平 15・3・12 刑集 57・3・322）。たとえば，相手方が誤って余分の釣銭を手渡すのを認識したときは，その事実を告知すべき作為義務が生じる。

(エ) **慣　習**　一般の慣習を基礎として発生する特別な関係をいい，たとえば，雇主は同居の雇人が病気にかかったときは，一般の慣習上保護すべき作為義務の根拠となる（大判大 8・8・30 刑録 25・963）。相互に保護・援助することを信頼して構成されている共同体の構成員，たとえば，探険隊の隊員は，他の隊員に対して社会生活上特別な関係に立つ。

(4)　結果発生防止のための作為が可能であること　作為義務を認めるためには，結果発生防止のための作為が可能であることを要する。作為の可能性がなければ，その者は結果を防止することができず，社会は行為者に結果防止を期待しないからである。

作為の可能性については，体系的地位に関して争いがあるが，結果発生を防止するための作為が類型的に不可能な場合には作為義務は発生しないと解すべきであるから，作為の可能性は構成要件要素である。なお，作為の可能性の判断基準については，個人の能力を基礎にすべきであるとする見解があるが，作為の可能性は，構成要件要素としての作為義務を基礎づけるものであるから，一般人ないし社会通念を基準として判断しなければならない。結果発生を防止することが類型的に不可能である場合は，作為義務は生じないと解すべきである。これに対し，具体的な行為者における作為可能性は責任の問題である。たとえば，実の子である幼児が溺れかかっている場合，荒波などのために危険で一般的に救助が不可能なときは，その父母に作為義務はない。これに対し，その父母が泳げないなど，特に行為者にとって救助することが不可能であるときは作為義務を否定することはできず，責任論の場面で考慮される。

(5)　作為義務違反（実行行為）　作為義務が生じたにもかかわらず，その内容となる作為に出なかったとき作為義務違反となり，不作為の実行行為

第6章　構成要件該当性　　79

が認められる。作為義務の発生時期は，結果発生の危険がすでに切迫しており，結果防止のための作為がなければ結果発生の現実的危険が生じる段階である。この場合，二つに分けて考察すべきである。第1に，既に結果発生の危険が切迫しており，行為者の作為があれば結果防止が可能な場合は，その時点で作為義務が発生する。第2に，不作為により，結果発生の可能性が大きくなる場合には，結果発生の現実的危険が生じた段階である。たとえば，乳児に授乳しないで殺そうとする母親がこれに当たり，殺人に必要な刑法上の作為義務が発生するのは，乳児に生命の危険が生じた時と解すべきである。不作為犯の実行の着手時期は，作為義務違反の結果，結果発生の危険が切迫した段階に至ったときであり，作為犯の場合と同様に解すれば足りる。

不作為犯の実行行為と関連して，「既発の危険を利用する意思」のような故意以外の意思を必要とするか否かが問題となっている（大判昭13・3・11刑集17・237〔神棚事件〕）。しかし，作為の実行行為について要求されていない主観的要件を不作為に要求するのは妥当でないであろう。また，肯定説によれば，法律上の作為義務違反の不作為があって，その不作為が作為と同価値であっても処罰できないという不合理な結論となる。

(6) **ひき逃げの場合**　構成要件は異なるが作為の内容が同じ種類の作為義務について違反があった場合，いずれの構成要件に該当するかは，作為義務の内容の観点から解決すべきである。

保護責任者遺棄致死罪（219条）と不作為による殺人罪（199条）における作為義務についてみると，両者とも要扶助者を保護すべき作為義務はあるが，保護責任者遺棄致死罪の場合は，通常その違反によって生命に抽象的危険を生ぜしめる程度の義務違反で足りるのに対し，不真正不作為犯としての殺人罪の場合は，作為義務違反によって，通常人を死に至らしめうる程度の作為と同様の類型的危険を有するものであることを要する。

たとえば，通行人をひき重傷を負わせた自動車運転者が，被害者が要扶助状態にあることを認識し，いったん自動車に乗せながら事故の発覚を恐れて途中で降ろし被害者を放置して逃走した場合には，いったんは救護を開始し被害者を自己の支配領域内に置いたのであるから，生命に対する危険を支配しうる地位，すなわち保護責任者遺棄罪に必要な作為義務が発生したといえ

よう。作為義務違反としての不保護について，死の結果を惹起するだけの類型的危険が認められないかぎり，殺人の実行行為とはいえないのである（東京地判昭40・9・30下刑集7・9・1828）。不作為による殺人の実行行為というためには，死の危険が具体的となり，行為者の作為義務違反が死の結果を類型的に惹起せしめる程度のものであることを必要とする。

◆【問　題】
(1)　暴力団員である被告人Xは，13歳の少女Aにホテルで覚せい剤を注射したところAは錯乱状態に陥り，XはAの生命の危険を感じたにもかかわらず，覚せい剤使用の発覚を恐れる余り，救急車を呼ぶなどの措置を取れば十中八，九助かったのにこれをせずに立ち去ったため，少女を急性心不全により死亡させた。被告人Xの罪責はどうか（前掲最決平元・12・15参照）。
(2)　先行行為に基づく作為義務について論ぜよ。
(3)　人がほとんど通らない農道脇の小川で溺れかかっている幼児を目撃した通行人が，容易にその者を救助できるのに死んだ方がよいと思って放置した結果，その幼児が溺死した場合，その通行人の罪責について論ぜよ。

〔3〕　間 接 正 犯

1　間接正犯とは

(1)　正犯と共犯　　正犯とは，みずから実行行為を行う者をいう。これに対し，他人を一方的に利用・支配することによって，自己の意思どおりに犯罪を実現する場合を間接正犯という。共犯とは，他人に実行行為をさせて，その実行行為を通じて間接的に犯罪を実現すること（または「者」）をいう。

(2)　間接正犯の意義　　間接正犯は，事情を知らない他人に脅迫状を届けさせる行為のように，他人を道具として利用することによって犯罪を実現する場合である。正犯とは，構成要件に該当する行為すなわち構成要件実現の現実的危険性を有する行為をみずから行う者をいう（⊃72頁）。したがって，あたかも器具を使うのと同様に，他人を道具のごとく一方的に支配・利用し犯罪を実現する行為も正犯となるのである。間接正犯は，従来，共犯で

第6章　構成要件該当性　　81

処罰できない間隙を埋めるものとして共犯論からその処罰範囲が導かれてきたが，間接正犯は正犯以外のものではなく，正犯の一つの態様にほかならない。

（3）**正犯とする根拠**　間接正犯は刑法典には定められていないもので，もっぱら刑法理論がつくりあげたものである。したがって，間接正犯が正犯として扱われるべき根拠については，ⓐ利用者の被利用者に対する行為支配性に求める説，ⓑ被利用者における規範的障害の欠如に求める説，ⓒ直接正犯と異ならない実行行為性に求める説などが主張されてきた。

正犯は，構成要件を実現する現実的危険性を有する行為をみずから行う者をいうから，間接正犯が正犯であるといえるゆえんは，直接正犯と同じような構成要件実現の現実的危険性を有する行為であるということにあり，その意味においてはⓒ説が妥当である。しかし，間接正犯が直接正犯と同視される根拠は，利用者が被利用者の動作ないし行為を自己の意思に基づいて支配し，いわば自己の思いどおりに他人を動かして所期の目的を実現する点にあるから，実質上はⓐ説が妥当である。

（4）**間接正犯の成立要件**　間接正犯が正犯であるためには，直接正犯と同じ程度の構成要件実現の現実的危険性を含んでいることが必要である。すなわち，①主観的には，故意のほかに他人を道具として利用することによって，特定の犯罪をみずから実現する意思があり，②客観的には，利用行為によって被利用者の行為をあたかも道具のごとく一方的に支配・利用し，被利用者の行為を通じて一定の構成要件を実現することが必要である。

ここで注意を要するのは，利用行為と被利用行為が個別に評価されるのではなく，間接正犯の意思によって利用行為と被利用行為が統一され，両者が一体となって利用者（行為者）の実行行為として評価されるということである。重要なことは，利用者の意思どおりに被利用者が行動するということであり，したがって，被利用者に規範的障害（反対動機を形成する可能性）が認められるときは，通常は利用者の行為について実行行為性は認められず，原則として共犯となる。ただし，規範的障害が認められる場合であっても，たとえば故意のある幇助行為の利用のように（⇨84頁），利用者と被利用者の関係に照らし，類型的に道具性が認められるときは間接正犯となる。

82

2 間接正犯の成立範囲

(1) 身体活動の利用　利用者が被利用者の身体活動を利用して構成要件を実現する場合として，二つの態様がある。

(ア) **是非の弁識能力を全く欠く者の利用**　被利用者の精神状態が未成熟ないし精神障害のため規範意識をもちえない者，たとえば，幼児や重度の精神病者を利用する場合である。これに対し，単なる責任無能力者にすぎない場合，とりわけ刑事未成年者にすぎない者の利用については，一般に一方的な利用関係は認めにくいから，後述の教唆犯とすべき場合が多いであろう（➡245頁。最決平13・10・25刑集55・6・519）。

(イ) **行為でない他人の身体活動の利用**　行為性を有しない身体活動の利用，（いわゆる「死んだ道具」の利用），または強制による行為の利用をいう（最決昭58・9・21刑集37・7・1070）。たとえば，反射運動および睡眠中の動作の利用は行為性を有しない身体活動の利用に当たる。

(2) 一定の構成要件要素を欠く他人の行為の利用　利用者が被利用者の行為を利用する場合において，その行為が一定の構成要件要素を欠くときも間接正犯となりうる。

(ア) **故意のない者の行為の利用**　第1に，被利用者の無過失の行為を利用する行為である。たとえば，事情を知らない被害者の行為を利用する場合（最判昭33・11・21刑集12・15・3519），事情を知らない第三者の行為を利用した場合などがある（最決平9・10・30刑集51・9・816）。第2に，被利用者の過失行為を利用する場合である。この場合は被利用者には過失犯が成立しうる。第3に，利用者の実現しようとした構成要件について被利用者に故意がなく，それ以外の構成要件の故意がある場合である。たとえば，Xは，衝立の背後に立っている甲を殺害する目的で，それと知らないYに衝立に向って撃つことを唆した場合，利用者が実現しようとした殺人については，被利用者は単なる道具にすぎないから間接正犯となりうる。この場合については，被利用者に当該行為についての規範的障害（器物損壊罪の故意）が認められるから間接正犯の成立を否定すべきであるとする説も有力であるが，事情を知らない他人を利用している点では無過失ないし過失を利用するのと異ならな

第6章　構成要件該当性　83

いから，間接正犯が成立すると解すべきである。

　(イ)　**目的のない者の行為の利用**　　目的犯において被利用者にその目的が欠けている行為を利用することをいう。たとえば「行使の目的」を有する者が，偽貨を作ることの故意はあるが行使の目的を欠く者を利用して通貨を偽造する行為は（148条），「目的なき故意ある道具」を利用する間接正犯である。

　(ウ)　**身分のない者の行為の利用**　　たとえば，公務員が身分のない愛人に事情をうちあけて賄賂を収受させたような場合であって（197条），身分犯において，身分のない者の故意行為を身分者が利用することをいい，「身分なき故意ある道具」の利用ともいう。この類型については，被利用者に規範的障害が認められるから利用者を間接正犯とするのは適当でないとする説もあるが，身分者が非身分者を道具として利用・支配することは可能であるから，間接正犯の成立する余地はあると解する。

　(エ)　**構成要件に該当するが違法性が阻却される他人の行為の利用**　　たとえば，利用者が被利用者の正当防衛行為または緊急避難行為を利用する場合である。判例には，みずから堕胎手術を施した結果，妊婦の生命に危険を生じさせた者が医師に胎児の排出を求め，緊急避難行為を利用して堕胎させた場合を間接正犯としたもの（大判大 10・5・7 刑録 27・257），医師の治療行為として麻薬注射をさせた場合について，適法行為を利用した麻薬施用罪の間接正犯が成立するとしたものがある（最決昭 44・11・11 刑集 23・11・1471）。ただし，道具性を認めることが困難なときは，共犯を認めるべきである（➡ 227 頁）。

　(オ)　**被害者自身の利用**　　たとえば，追死意思がないのに被害者を欺いて追死するものと誤信させ，毒薬を飲ませて死亡させたときは殺人罪の間接正犯となる（前掲最判昭 33・11・21）。被害者自身を被利用者とした最近の最高裁判例として，被告人の命令に従わざるを得ないとの精神状態に陥り，岸壁から車ごと海中に転落した場合，被告人の行為は「被害者をして，自らを死亡させる現実的危険性の高い行為に及ばせたものであ」り，「殺人罪の実行行為に当たる」（最決平 16・1・20 刑集 58・1・1）としたものがある。

　(3)　**故意ある幇助行為の利用**　　たとえば，上司の命令で偽造文書と知りながらワープロを用いて文書を作成する者とか，使者として情を知っていながら賄賂を相手方に届けた者など，ある犯罪について故意ないし目的を有

し，みずから実行行為を行う者ではあるが，もっぱら他人の幇助犯としての
み行う者を「故意ある幇助的道具」という。この場合の利用については，教
唆犯にすぎないとする見解もあるが，故意ある幇助的道具は，みずから実行
行為を行っているように見えるが，単なる機械的事務処理者として利用者に
よって一方的に利用されている道具にすぎないから，間接正犯における被利
用者とすべき場合が多いであろう（横浜地川崎支判昭 51・11・25 判時 842・127，
最判昭 25・7・6 刑集 4・7・1178）。

3 自手犯

間接正犯の成立を認めることができない犯罪として，自手犯というものが
ある。自手犯とは，正犯者自身の手による直接の実行を必要とする犯罪であ
り，たとえば，道路交通法上の運転免許証不携帯罪（道交 95 条 1 項，121 条 1
項 10 号。岡山簡判昭 44・3・25 刑月 1・3・310），あへん煙吸食罪（139 条）などが
これに当たる。なお，偽証罪（169 条）や収賄罪（197 条など）のように一定の
身分ある者についてのみ成立する身分犯であっても，その者を道具とするこ
とによって非身分者が構成要件を実現できるときは，自手犯ではない。

◆【問　題】
(1)　被告人 X は，当時 12 歳の養女 A を連れて旅行中，日頃被告人の言動に
　　逆らう素振りを見せる都度，顔面にタバコの火を押しつけるなどの暴行を加
　　えて自己の意のままに従わせていた同女に対し，宿泊費用に困って巡礼先の
　　寺などからの窃盗を命じて，金銭を窃取させた。X の罪責はどうか（前掲最
　　決昭 58・9・21 参照）。
(2)　被告人 X は，自宅の 2 階に寝たきりになっている父親甲と 2 人で暮らし
　　ていたが，保険金をだまし取ろうと企て，不審火に見せかけて家屋を焼き同
　　時に甲を殺してしまおうと決意し，事情を知らない Y に放火を依頼し，家
　　屋を全焼させるとともに甲を焼死させた。X と Y の罪責を論ぜよ。
(3)　暴力団の組員である X は，A に対して 2 時間以上にわたりリンチを加え
　　たうえ，「今日だけは命を助けてやる。その代わり歯でかんで指を詰めろ」，
　　「指を詰めんかったら殺すぞ」などと怒鳴り，A にその小指をかみ切らせた。
　　X の罪責はどうか。

II 実行行為の主観面

〔1〕 故 意

1 故意の意義とその体系的地位

(1) 故意とは 38条1項は,「罪を犯す意思がない行為は,罰しない。ただし,法律に特別の規定がある場合は,この限りでない」と規定している。この「罪を犯す意思」が故意である。故意とは,犯罪事実を認識し,その内容を実現する意思をいう。本項により,故意のない行為は,「過失により」(刑209条等)といった特別の規定がないかぎり処罰されない。これを「故意犯処罰の原則」という。

故意の体系的地位については諸説があるが,前述のように,違法類型および責任類型として主観的構成要件要素と解すべきである(⇨65頁)。したがって,構成要件要素としての故意が認められないかぎり,違法性および責任の判断を加えるまでもなく故意犯の構成要件該当性そのものが否定される。

故意は構成要件要素である以上,事実的かつ類型的でなければならないから,故意があるというためには,個々の構成要件を特定しうるだけの事実の認識が必要である(形式的故意概念)。罪刑法定主義は,処罰の対象となっていない事実を認識しているにすぎない場合の不処罰をも含むのである。それゆえ,故意もまた構成要件によって規制されるべきであり,構成要件に該当する客観的事実の認識がないかぎり,故意を認めてはならないのである(最決平2・2・9判時1341・157)。こうして,故意は,たとえば,殺人罪,傷害致死罪および過失致死罪のように,客観的には同一の構成要件に該当するように見える犯罪でも,それらを個別化することができるのである。

(2) 故意が必要となる根拠 故意および過失は,違法性および責任を類型化したものであるが,その本来の性質は,故意または過失がある以上は原則として責任を認めることができるという意味で責任類型である。

86

故意が責任類型として過失から区別される根拠は，行為者が当該の行為について，「その行為は法律上許されているか」ということを検討する機会，すなわち規範の問題を具体的に与えられているのに，あえて犯罪事実を実現する点にある。ある行為が法律上許されているか否かを検討するためには，行為者は，法律上許されていない行為，すなわち違法類型である構成要件に該当する客観的事実を具体的に認識していることを要する。この事実を認識した者であって初めて当該の構成要件に該当する行為を思いとどまるよう動機づけられるのであるから，この認識がない場合は故意を認めてはならないのである。

　行為者は，構成要件に該当する客観的事実を認識して，自己の行為が法律上許されているか否かについて検討する機会が与えられているのに，あえて犯罪行為を行ったという意味で構成要件的結果を帰属され，責任非難を加えられるのである。したがって，故意には違法性の意識を喚起しうるものについての認識があれば足り，必ずしも構成要件に該当する事実を認識しなくてもよいとする説もあるが，妥当でない。犯罪事実の認識により規範の問題が具体的に与えられているのに，あえて犯罪を実行するといった直接的な反規範的意思活動に対する非難が，故意責任の実質となる。

　このようにして，故意は，①犯罪事実の認識すなわち構成要件に該当する客観的事実の認識および②認識内容を実現する意思をいい，いわゆる違法性の意識ないし違法性の意識の可能性は，故意の要素ではないと解すべきである（⇨187頁）。なお，故意行為は，行為の反倫理性および法益侵害の危険性において過失行為よりも違法性が大であるから，故意は主観的違法要素でもある（⇨67頁）。

2 故意の成立要件

(1)　認識的要素　　故意が成立するためには，構成要件に該当する客観的事実（以下「犯罪事実」という）を認識し，かつ，その内容を実現する意思が必要である。したがって，何よりもまず違法性を意識することが可能な程度に犯罪事実を認識していることが必要であり，これを認識的要素という。

　違法性の意識が可能であるというためには，客観的構成要件要素，すなわ

第6章　構成要件該当性　　87

ち構成要件の記述的要素および規範的要素の全体について認識することが必要である。それゆえ，①記述的要素（行為の主体，行為の客体，行為それ自体，行為の状況，結果），②規範的要素（物の他人性，文書性，わいせつ性など）の認識が必要となる。その認識の一つでも欠ければ，行為者は自己の行為を法律上許されていると意識してしまうからである。

　(ア)　**結果的加重犯の場合**　結果的加重犯（⇨115頁）における重い結果は，認識の対象とはならない。重い結果について認識があるときは，原則として，その重い結果についての故意犯が成立することになるからである。たとえば，傷害致死罪（205条）における重い結果である死について認識があるときは，殺人罪を構成することになる。ただし，結果的加重犯の場合は重い結果の認識は必ずしも必要でないというだけで，その点の認識がある場合には結果的加重犯にならないという意味ではない。たとえば，遺棄致死罪（219条）の場合に，死の結果について認識があっても遺棄行為自体が殺人罪の客観的構成要件に該当しない以上は，遺棄致死罪にとどまる。

　ここにいう認識は，故意責任を基礎づけるためのものであるから，犯罪事実を具体的かつ詳細に認識することを常に必要とするものではなく，規範の問題が与えられる程度に，換言すると違法性の意識が可能な程度に犯罪事実を認識していれば足りると解すべきである。なお，認識という用語は，普通は現に存在する事実を知るという意味で用いるが，刑法上は将来起こるべき事実を知るところの「予見」も含む意味で用いられる。学説上「認識」の代わりに「表象」の語が用いられるのは，認識と予見の両者を含ませる意味からである。

　(イ)　**意味の認識の場合**　故意が成立するためには，規範的構成要件要素についての認識も必要である（最決平18・2・27刑集60・2・253）。たとえば，わいせつ文書頒布罪（175条）の故意があるというためには，単に客体となる文書等の存在を認識していただけでは不十分であり，その文書の社会的意味または性質つまり意味の認識が必要となる。わいせつ文書頒布罪の故意としては，文書ないし物自体の認識（物体の認識）があり，さらにその文書・物がわいせつ性を有するという認識がなければならない。

　この点について，通説は，規範的構成要件要素の認識は，法的意味での

「わいせつ」に当たるかどうかという専門家的認識である必要はなく，一般通常人がわいせつと感ずるような意味をもった内容の文書であるという程度の認識（素人的認識）で足りると解している。しかし，そもそもわいせつ性などの規範的要素は社会通念を基準に定めるべきであるから，素人的認識と専門家的認識とを分けて考えるのは妥当でなく，端的に，社会通念上の意味の認識があれば足りると解すべきである。不真正不作為犯における作為義務，公務執行妨害罪における職務行為の適法性（95条1項）なども同様に考えるべきである。

最決平2年2月9日（判時1341・157）は，覚せい剤輸入罪について，「覚せい剤を含む身体に有害で違法な薬物類であるとの認識があったというのであるから，覚せい剤かもしれないし，その他の身体に有害で違法な薬物かもしれない，との認識はあった」として，故意があると判示した。覚せい剤の意味の認識としては，覚せい剤が他の薬物と区別して処罰されている以上，覚せい剤の認識は必要であり，意味の認識としては，覚せい剤としての薬物の性状および有害な薬物類の認識が必要となるとする見解（東京地判平3・12・19判タ795・269）が有力である。しかし，「覚せい剤かも知れない」という概括的な意味の認識で足りると解する。

ある犯罪事実が特定の構成要件に該当するということの認識は，故意の要件ではない。それゆえ，刑罰法規の存在は認識していたが，その法規の解釈を誤り自己の行為はその構成要件に該当しないと誤信する「あてはめの錯誤」（包摂の錯誤）は，故意を阻却しない。また，犯罪でないものを犯罪になると誤認する場合は幻覚犯というが，もちろん犯罪ではない。

（ウ）　**因果関係の認識の場合**　結果犯の故意については，ⓐ行為と結果のみならず，行為から結果に至る因果の経路（因果関係）についての認識を要するとする説，ⓑ因果関係の認識は不要であるとする説などが対立している。この対立は，後述の因果関係の錯誤の取扱いをめぐって生じたものであり，ⓑ説は，実行行為および結果の認識があれば規範の問題（法律上許されているかどうか）は与えられるから，因果関係の認識は不要であると主張する。

思うに，実行行為を中心とする犯罪論体系においては，実行行為と結果について認識があれば足り，その行為がいかなる因果経過をたどって結果を生

じさせるかについての認識は不要と解すべきであり，ⓑ説が妥当である（➡ 94頁）。

㈏　**誤想防衛の場合**　違法性阻却を基礎づける事実について錯誤がある場合，たとえば，正当防衛の状況がないのにあると誤想して傷害を負わせた場合（➡ 165頁），故意に必要な犯罪事実の認識を欠くから故意を阻却すると解するのが通説である。すなわち，行為者は犯罪事実を認識はしているが，同時に自己の行為が違法性阻却事由に当たることを認識している場合には，行為者は自己の行為が法律上許されていると信じているのであるから，もはや違法性の意識の可能性はなく，したがって，故意に必要な事実の認識はないとするのである。しかし，正当防衛のような場合であっても，反撃の際に犯罪事実すなわち構成要件に該当する客観的事実の認識があるのだから故意の要件を充たしているのであり，通説の見解は妥当でない。

(2)　意思的要素　故意は，犯罪事実の認識があるのにあえて行為に出る意思であることを本質とするから，故意が成立するためには，犯罪事実の認識という認識的要素のみでは足りず，意思的要素すなわち認識の内容を実現する意思（実現意思）を必要とする。この点については，ⓐ故意の本質を犯罪事実の認識にあると解する認識主義（表象説），ⓑ犯罪事実の実現を希望または意欲することにあると解する意思主義（希望説）などが対立している。故意の本質は，犯罪事実を認識したのにあえてその内容を実現する意思にあると解すべきである以上，故意が成立するためには，認識が行為者の意思に結びついたこと，すなわち行為者が認識を自己の行為の動機としたことを要すると主張する動機説が妥当である。

3　未必の故意（故意と過失の区別）

(1)　認容説と蓋然性説　犯罪事実の認識が行為の動機となっているときに故意が認められるから，認識は確定的である必要はなく，犯罪事実ことに結果の発生を不確定的（未必的）に認識していた場合であっても，その認識が行為の動機となっているときは故意が成立する。これを未必の故意（未必的故意）という。

未必の故意については，ⓐ結果発生の可能性を認識し，しかも発生すれば

してもよいという認容があるときに故意が成立し，この認容を欠くときは認識ある過失になるとする認容説，ⓑ認識した結果の不発生よりも発生の可能性の方が大きいということ，すなわち蓋然性を認識した場合が未必の故意であり，単に結果が発生するかもしれないという可能性の認識があるにすぎないときは認識ある過失であるとする蓋然性説，ⓒ構成要件該当事実が全体として意思実現の対象に取り込まれたかどうかを基準とする実現意思説が対立している。

（2）　**動機説**　　故意行為は原則として罰せられ，過失行為は原則として罰せられないのであるから，両者を限界づける未必の故意は，できるかぎり明確なものであることを要するとともに，故意の本質に矛盾するものであってはならない。この観点からすると，未必の故意も認識ある過失も，ともに結果発生の可能性に対する認識があるから，両者の区別は認識的要素でなく意思的要素に求めるべきである。認識が意思に結びついたか，すなわち，行為者は認識を否定しないでそれを自己の行為への動機づけとしたかどうかを基準とし，これが肯定されるときは未必の故意，否定されるときは認識ある過失が成立すると解する。

わが国の判例は認容説を採っていると解されているが，むしろ動機説に近いといってよいであろう（最判昭 23・3・16 刑集 2・3・227）。したがって，「被害者の殺害を一定の事態の発生にかからせており，犯意自体が未必的なものであったとしても，実行行為の意思が確定的であった」場合のような条件付故意も認められる（最判昭 59・3・6 刑集 38・5・1961）。

4　故意の種類

（1）　**確定的故意と不確定的故意**　　犯罪事実の発生を意図すること，または犯罪事実の実現を確定的なものとして認識することを「確定的故意」という。また，犯罪事実の実現を不確定なものとして認識することを「不確定的故意」という。不確定的故意には，択一的故意，概括的故意および未必の故意の3種がある。

①択一的故意とは，結果の実現を確実のものと認識しているが，客体が択一的に特定されている場合，たとえば，どちらかに命中させることを意図し

第6章　構成要件該当性　　91

て甲，乙に向けて発砲することをいう。②概括的故意とは，たとえば，群集に向って投石する場合のように，一定の範囲内にあるいずれかの客体に結果が発生することは確実であるという認識はあるが，その個数およびそのいずれの客体に結果が発生するかについては不確実な認識があるにすぎない場合をいう。その意味では，たとえば覚せい剤所持罪の故意につき，「覚せい剤かもしれないし，その他の身体に有害で違法な薬物かもしれない」との概括的認識があるときも故意を認めてよい（前掲最決平2・2・9）。なお，③未必の故意については前述した。

(2) **ウェーバーの概括的故意**（遅すぎた構成要件の実現）　ウェーバーの概括的故意とは，第1の行為によって意図した結果を実現していないのに実現したものと誤信し，第2の行為に出たところ，それによって意図した結果が実現したとき，その実現までの全過程を概括的に把握して故意があると認められたものをいう（ドイツのフォン・ウェーバーが1825年に命名したことに由来する）。たとえば，殺す意思で人を殴打し，失神したのを見て死亡したものと誤信し，犯跡を隠すために川に投げ込んだところ被害者は溺死するに至った場合である。これは，行為者の認識した内容と因果の経過との間に錯誤がある場合であり，因果関係の錯誤の問題として論じられるが，第1の実行行為の故意に含まれていなかったとしても，第2の行為およびその結果が第1の行為によって経験則上一般に惹起されるものである限り，全体を一個の実行行為として評価し，発生した結果に故意を認めるべきである。

◆【問　題】
　(1)　Xは，甲が要求に応じなければ甲を殺してしまおうと考え，ナイフを持って話し合っていたところ興奮して取っ組み合いの喧嘩になり，もみ合っている間にナイフが甲の胸に突き刺さり死なせてしまった。Xの罪責はどうか。
　(2)　未必の故意と認識ある過失の区別を論ぜよ。
　(3)　被告人は，盗品である衣類を，あるいは盗品かも知れないと疑いつつ2回にわたって買受けた。被告人の罪責はどうか。

〔2〕 事実の錯誤による故意の阻却

1 錯誤とは

(1) 事実の錯誤と違法性の錯誤　犯罪事実について，行為者の認識したところと実際に発生した事実とが食い違う場合を事実の錯誤という。事実の錯誤があるときは，故意が阻却されるかどうかが問題となる。これに対して「違法性の錯誤」の観念がある。違法性の錯誤とは，行為者が錯覚によって，その行為が違法であること，すなわち法律上禁止されていることを知らなかった場合をいい，法律の錯誤または禁止の錯誤ともいう。違法性の錯誤も故意を阻却するという見解があるが，違法性の錯誤はもっぱら具体的な責任判断の対象となるものであり，構成要件要素としての故意の成否にとっては重要でないので，この錯誤については改めて責任論において検討する（➡193頁）。

(2) 事実の錯誤と故意の阻却　故意の成否にとって重要なのは，構成要件に該当する客観的事実に関する錯誤すなわち事実の錯誤である。構成要件に該当する客観的事実の認識があれば，構成要件に定められている結果発生の危険があるものとして規範の問題が与えられるから，認識の内容と発生した事実との間に細部の食い違いがあっても故意の成立には影響しない。これに対し，構成要件に該当する客観的事実について重要な錯誤があると，行為者に規範の問題が与えられず，その犯罪事実について行為者の直接的な反規範的意思活動を認めることができなくなる。そこで，客観的事実について錯誤がある場合，いかなる範囲まで故意の成立を認めることができるかという問題が生ずる。これが事実の錯誤の問題である。

2 事実の錯誤の態様

(1) 具体的事実の錯誤と抽象的事実の錯誤　事実の錯誤は，①同一構成要件の範囲内における具体的な事実について錯誤がある場合，②認識した内容と発生した事実とが異なる構成要件にまたがっている場合の二つに区別することができる。①を具体的事実の錯誤（同一構成要件内の錯誤）といい，

第6章 構成要件該当性　93

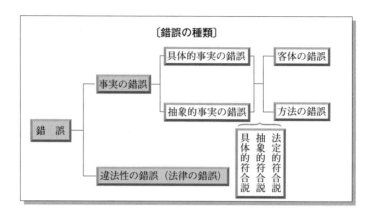

たとえば，甲を殺すつもりで誤って乙を殺してしまった場合をいう。②を抽象的事実の錯誤（異なった構成要件間の錯誤）といい，たとえば，器物を損壊する意思で投石したところ，傍にいた人に命中してこれに傷害を負わせた場合をいう。

(2) **客体の錯誤と方法の錯誤**　具体的事実の錯誤および抽象的事実の錯誤の両者に共通する錯誤の態様として，客体の錯誤と方法の錯誤の区別がある。客体の錯誤とは，たとえば，甲を乙と思って殺したような場合であり（人違い），行為は認識どおりの客体に向けられたが，その客体の性質が認識と異なる場合である。方法の錯誤とは，たとえば，甲を狙って発砲したが意外の乙を死なせてしまったような場合であり（手違い），行為自体が認識内容と異なる客体に向けられる場合である。

(3) **因果関係の錯誤の取扱い**　因果関係の錯誤は，認識した事実と発生した事実とは一致するが，行為者の認識しない因果の経路をたどって結果が発生した場合，たとえば，溺死させる目的で人を橋上から突きおとしたところ被害者は川床で首の骨を折り死亡した場合である。この場合について，通説は，行為者の予見した因果の経過と現実に発生した因果の経過とが相当な因果関係の範囲内で符合している限り，故意は阻却されないと解している。しかし，なぜに相当因果関係の範囲内で符合すれば故意を阻却しないことになるかの根拠は，必ずしも明らかでない。問題は，発生した結果が当初の故意に基づいているかどうかであり，ここでは溺死させるという結果を予見し

て結果発生の現実の危険を有する行為を行い死の結果を招いたのであり，人を殺してはならないということを知りながら，あえて殺したのであるから故意を認めることができる。つまり，当初の故意に基づいた結果が発生したかどうかに帰着するのである。

　同じことは，先に述べたウェーバーの概括故意について述べた事例についてもいえる。ある犯罪の実現を目指して行った第1の行為では目的を遂げられず，目的を遂げたものと誤信して行った第2の行為によって当初予定した犯罪が実現した場合，学説は分かれているが，通説は，第1の行為と第2の行為を一体として捉え，その間の因果的経過が相当因果関係の範囲にあるときは，故意の既遂犯を認めるのである。しかし，重要なことは，発生した結果は当初の故意に基づいていたかどうかということである。上記の事例では，第1の行為と第2の行為が一体となって死という結果を招いたのであり，その結果は第1の行為における故意に基づいているから，殺人罪を認めてよいのである。

　なお，事実の錯誤としては，犯罪事実がないのにあると誤認する場合（幻覚犯・妄想犯），および犯罪事実があるのにないと誤認する場合（過失が問題となる）とがあるが，いずれも故意の成立範囲の問題とは直接の関係がない。

3　故意を阻却する基準

　(1)　学　説　事実の錯誤について，認識した犯罪事実と発生した犯罪事実とが，どの程度一致していれば発生した犯罪事実について故意の成立を認めることができるかが問題となる。認識した犯罪事実と発生した犯罪事実とが一致することを「符合」という。犯罪事実を認識して行為に出た以上，原則として故意犯が成立するが，発生した犯罪事実と符合しない場合は故意の成立が妨げられて，故意犯は成立しない。これを故意の阻却という。故意を阻却するか否かの基準として，抽象的符合説，具体的符合説，法定的符合説が対立している。

　(ア)　抽象的符合説　この説は，認識した内容と発生した事実とが，意思ないし性格の危険性と一致するかぎり故意を阻却しないと解する。例えば，畑で働いている農夫を射殺しようとして，案山子を農夫と誤認して案山子に

第6章　構成要件該当性　　95

発砲してこれを破損した場合，殺人の故意と器物損壊の故意はどちらも意思ないし性格が危険であるという点では一致するから，少なくとも器物損壊の故意は成立すると解する。この説は，犯罪の本質を意思ないし性格の社会的危険性として把握する主観主義刑法学を基礎とする立場であり，現在，この説を唱える者は皆無に等しい。

(イ)　**具体的符合説**　　この説は，認識した犯罪事実と発生した犯罪事実とが法定の構成要件を基準として具体的に符合していない限り，故意を阻却すると解する。具体的法定符合説ともいう。例えば，甲を殺すつもりで発砲したが手元がくるって乙に命中して乙を死なせてしまった場合，甲に対しては殺人未遂罪，乙に対しては過失致死罪が成立すると解する。

(ウ)　**法定的符合説**　　この説は，認識した犯罪事実と発生した犯罪事実とが法定の構成要件を基準として抽象的に符合している以上故意は阻却しないと解する。抽象的法定符合説または構成要件的符合説ともいう。例えば，甲を殺そうとして発砲したところ，手元がくるって乙に命中し乙が死亡した場合，構成要件の上では「およそ人を殺してはならない」という行為規範の点で抽象的に符合している以上は，故意を阻却しないと解する。

(2)　**具体的事実の錯誤とその取扱い**　　　それでは，事実の錯誤について，どの説が最も妥当であろうか。現在の学説の状況を見ると，法定的符合説と具体的符合説が相半ばしていると思われる。これに対して判例は，大審院時代には具体的符合説を採用していたようであるが，最高裁になってからは，「故意があるとするためには，罪となる事実の認識を必要とするものであるが，犯人が認識した罪と現実に発生した事実とが必ずしも具体的に一致することを要するものではなく，両者が法定の範囲内において一致することをもって足りると解すべきである」（最判昭 53・7・28 刑集 32・5・1068）としており，法定的符合説に立っていることは，明らかである。

思うに，犯罪事実の認識が故意の要素として必要とされるのは，行為者がそれを認識することによって，「人を殺してはならない」という行為規範に直面するなど，具体的な行為の場面で規範の問題を与えられて，その犯行を思いとどまる機会が与えられたのに，敢えて行為に出る反規範的な意思こそが故意という重い非難に値するからである。

行為者が人を殺す事実を認識し，「人を殺してはならない」という行為規範の問題に直面して，犯行を思いとどまるべき機会が与えられたのに殺人の実行行為に及び，現に「人を殺した」という犯罪事実が発生した以上，甲を殺したか乙を殺したかという具体的な事実は，法的見地からは重要でないと考えられる。一方，人を殺す意思で案山子を破損した場合，殺人という犯罪事実の認識と器物損壊という結果との間には構成要件的な符合が認められないから，発生した器物損壊の故意は認められないのである。このようにして，具体的事実の錯誤については，法定的符合説を基礎として解決する立場が妥当である。

4 具体的事実の錯誤（同一構成要件内の錯誤）

(1) 客体の錯誤 認識した客体に結果が生じたが，その客体の属性について錯誤があったことを客体の錯誤という（⇨94頁）。たとえば，甲と思って発砲したところ実は乙であったという場合，法定的符合説によれば，認識した事実と発生した事実とは，構成要件上同一の評価を受ける「人」を殺すという点で符合しているから，行為の客体である「人」が甲であるか乙であるかは構成要件上重要ではなく，この場合に故意が阻却されないのは無論である（大判大11・2・4刑集1・32〔苟も殺意を以て人を殺傷したる以上は，縦令被害者の何人たるやに付て，誤認する所ありと雖殺人の犯意を阻却すべきものにあらず〕）。具体的符合説は，同説を厳密に貫けば，上記の場合には故意を阻却するということになろうが，実際に乙を狙って結果として乙を殺したのであるから，動機において錯誤があるにすぎず，故意を阻却しないと解している。

(2) 方法の錯誤 たとえば，甲を狙って発砲したところ意外の乙に命中して乙が死亡したというように，行為者の攻撃の結果がその意図した客体とは別の客体に生じた場合を方法の錯誤と称する。

(ア) 具体的符合説の問題点 具体的符合説は，客体の錯誤と方法の錯誤とについて取扱いを分け，後者の場合は，行為者の認識内容と発生した結果とは具体的に符合しないから，甲について殺人罪（故意犯）の未遂と，発生した乙についての過失致死罪（過失犯）との観念的競合を認めるべきであるとしている。

第6章 構成要件該当性　97

思うに，「電話をかけ間違えて脅迫する」行為はいずれの錯誤となるかというように，客体の錯誤と方法の錯誤とを分けるのは実質上困難な場合がある。また，具体的符合説によると，先の例については甲も乙も構成要件上は同じ「人」である点を無視することになり妥当でない。上記の例における甲も乙も構成要件上は同じ「人」であり，行為者が甲（人）の殺害を認識した以上は，殺人の故意における客体の認識として欠けるところはない。また，その犯罪事実の認識によって「人を殺してはならない」という規範の要求を検討すべき機会を与えられたのに，あえて甲，乙両者にとって殺害の危険ある実行行為に出た以上，人（甲）を殺す意思で人（乙）を殺し，また，人（甲）を殺す危険を生じさせたのであるから，上記の二つの発生した事実はいずれも直接的な反規範的意思活動の結果として生じたものであり，甲に対する殺人未遂罪と乙に対する殺人既遂罪との観念的競合を認めるべきである。

(ｲ)　**判例の立場と数故意犯説**　　判例は，既述のように大審院時代は具体的符合説を採っていたようであるが(大判大5・8・11刑録22・1313)，その後，法定的符合説を採用しているとみられる（大判昭8・8・30刑集12・1445，前掲最判昭53・7・28)。なお，1個の故意につき複数の故意犯を認めて観念的競合とする見解は，数故意犯説と呼ばれているが，このような考え方は1個の故意行為につき2重に評価するものであって責任主義に反し，刑法の認めるところではないとする批判もある。しかし，行為が1個であっても，その行為によって複数の構成要件に該当したときは複数の犯罪の成立を認めるのが観念的競合なのであるから(→276頁)，1個の故意が構成要件の評価において複数の犯罪に共通に適用されることは，刑法が当然予定しているものと解すべきである。

(ｳ)　**過剰（併発）結果の取扱い**　　甲を狙って発砲したところ，①甲に傷害を負わせるとともに，甲の腕を貫通した銃弾が傍らにいた乙の胸に当たり同人を死亡させた場合，②甲を殺そうとして発砲し，甲とともに傍らにいた乙をも死亡させた場合，さらに，③甲を殺そうとして毒入りウィスキーを発送したところ，そのウィスキーを盗んだ乙がその友人5人と一緒に飲み，6人全員が死亡した場合などが問題となっている。

思うに，法定的符合説は，構成要件的結果発生の現実的危険を認識している以上は，その実行行為によって発生した結果はその認識に基づく行為であ

るとの考えを根拠として，現実に認識してない客体についても，構成要件的結果発生の現実の危険に基づく行為の結果である以上は故意を認めるとする立場である。それゆえ，①の事例では，甲を狙った発砲行為が乙にとっても殺人の結果発生の現実の危険が認められるから，甲に対する殺人未遂，乙に対する殺人既遂を認め，両者は観念的競合になると解する。②の事例も，甲に対する発砲行為は乙に対しても結果発生の現実の危険ある行為であり，それによって乙も死亡したのであるから，両者に殺人罪が成立し，観念的競合になると解する。これに対し③の事例は，甲に対する毒入りウィスキーの発送行為は，甲に対する殺人の実行行為ではあるが，甲の友人たちを死亡させる具体的危険を生じさせる実行行為ではないから，甲に対する殺人罪が問題となるにすぎない。近年，当該行為を取ることによって発生する予期できない結果を排除できない場合は，その結果について故意を認めるべきであるとする見解が有力となっているが，むしろ，実行行為の及ぶ範囲，言い換えると，構成要件的結果発生の現実の危険の結果として発生した以上，その結果は，当初の故意に含まれていると考えるべきである。法定的符合説は，一つの故意で無限の故意犯を認める説であるという批判は，当たらないのである。

　ちなみに，先の三つの事例を具体的符合説に当てはめてみると，①については，甲に対する殺人未遂罪と乙に対する過失致死罪が問われる。②については，甲に対する殺人既遂罪，乙に対する過失致死罪が問われる。③については，甲に対する殺人既遂罪のみが成立することになる。

(3)　早過ぎた構成要件の実現　　行為者は，甲の首を絞めて失神させ（第1の行為），その上で川に運んで溺死させようと企図して実行したが（第2行為），甲は首を絞められた段階で窒息死した場合，これを「早過ぎた構成要件の実現」という。行為者が企図した行為を完了する前に結果が発生してしまった点に問題の核心がある。

(ア)　下級審の判例（横浜地判昭 58・7・20 判時 1108・138）　　被告人は，自宅に放火して焼身自殺を遂げようと企図し，室内にガソリンを撒いた後，死ぬ前にタバコを吸おうとしてライターで火を点けたところ，ガソリンに引火して火災となり建物が焼損したという事案につき，「被告人はガソリンを撒布することによって放火について企図したところの大半を終えたものといって

第6章　構成要件該当性　　99

よく，この段階において法益の侵害即ち本件家屋の焼燬（損）を惹起する切迫した危険が生ずるに至った」として，ガソリン撒布の段階で放火未遂が成立し，「前記の状況の下でライターを点火時に本件家屋を焼燬（損）する意思を翻した訳ではないから，右のような経緯で引火したことにより本件の結果が生じたからといって因果関係が否定されるものではなく，被告人は放火既遂罪の刑責を免れない」と判示した。

(イ) **最高裁の判例**（最決平 16・3・22 刑集 58・3・187）　　被告人は，被害者にクロロホルムを吸引させて失神させた（第 1 行為）上で，その失神状態を利用して，被害者を自動車ごと水中に転落させて（第 2 行為）溺死させる計画で，吸引させたクロロホルムのために失神した被害者を自動車ごと海中に転落させて沈め，その結果として被害者は死亡したが，被害者は第 1 行為によって既に死亡していた可能性があったという事案につき，「第 1 行為は第 2 行為を確実かつ容易に行うために必要なものであったといえること，第 1 行為に成功した場合，それ以降の殺害計画を遂行する上で障害となるような特段の事情が存しなかったと認められることや第 1 行為と第 2 行為との間の時間的場所的近接性などに照らすと，第 1 行為は第 2 行為に密接な行為であり，第 1 行為を開始した時点で既に殺人に至る客観的な危険性が明らかに認められるから，その時点で殺人罪の実行の着手があった」と判示した。

(ウ) **取扱い**　　思うに，早過ぎた構成要件の実現が問題となる事案においては，第 1 行為が実行行為として評価しうるか，また，第 1 の行為と発生した結果との間に因果関係が認められるか，さらに，第 1 行為における故意が第 2 行為の故意と一連・一体のものといえるかが重要である。(ア)の事案では，ガソリン撒布に放火の実行の着手が認められ，その後のライターの点火による自宅の焼損には因果関係があり，第 1 行為と第 2 行為の故意は一連のものと認められるから，「放火既遂罪の罪責は免れない」とした結論は妥当であると考える。(イ)の事案では，第 1 行為に殺人の結果発生の現実的危険性が認められるから実行の着手が認められ，第 1 行為と第 2 行為は場所的・時間的に近接密接する行為として一連・一体のものといえるから，よって生じた被害者の死亡について因果関係および故意を認定する上で支障はないと考える。

5 抽象的事実の錯誤（異なる構成要件間の錯誤）────

(1) 意 義 認識の内容と発生した事実とが二つ以上の構成要件にまたがって食い違っている場合を抽象的事実の錯誤という。この場合についても客体の錯誤と方法の錯誤とが考えられる。たとえば，Aを殺す意思であったが，案山子をAと誤認して発砲して案山子を壊してしまった場合は，客体の錯誤である。また，他人の犬を殺そうとして発砲したところ，過って傍らにいた幼児に命中して幼児を死亡させた場合が方法の錯誤である。

抽象的事実の錯誤の取扱いについて，38条2項は，「重い罪に当たるべき行為をしたのに，行為の時にその重い罪に当たることとなる事実を知らなかった者は，その重い罪によって処断することはできない」と規定している。

(2) 38条2項の趣旨 「重い罪に当たるべき行為をしたのに，行為の時にその重い罪に当たることとなる事実を知らなかった」とは，軽い刑に当たる犯罪事実を認識して犯罪を実行したところ，重い刑に当たる犯罪事実を実現した場合のことである。「その重い罪によって処断することはできない」とは，発生した重い刑に当たる事実について行為者を処罰してはならないということ，言い換えると，軽い甲罪を犯す意思で重い乙罪の結果を発生させた場合には，重い乙罪の成立を認めてはならないとする趣旨である。したがって，重い甲罪を犯す意思で軽い乙罪の結果を発生させた場合の取扱いについては，この規定は何ら定めていないことになる。

構成要件を機軸とする故意概念からすれば，個々の構成要件に該当する客観的事実を認識していないかぎり，発生した結果に故意を及ぼすことは許されない。しかし，上に述べたように，38条2項は，①異なる構成要件間の錯誤があった場合にも，一定の範囲で発生した事実について故意犯の成立を認めることができるということ，②軽い甲罪を犯す意思で重い乙罪の結果を発生させた場合には，重い乙罪で処断してはならないという2点について規定しているのである。そこで，いかなる範囲で故意犯の成立を認めるか，また，軽い罪で処罰するとして，どの範囲で有罪とするか無罪とするかの問題は，もっぱら解釈に委ねられている。

(3) 法定的符合説による解決 抽象的事実の錯誤の問題も，行為者の

第6章 構成要件該当性 101

認識と発生した事実との間に不一致がある場合において，どの範囲の事実まで故意を認めることができるかに関するものであるから，その解決方法は，具体的事実の錯誤の解決方法と同じでなければならない。

　（ア）　**構成要件上の重なり合い**　法定的符合説は，認識した事実と発生した事実とが構成要件上異なるときは，その結果について行為者は規範の問題に直面していないから，原則として故意を阻却すると解する。しかし，行為者の認識した事実と発生した事実とが構成要件的には異なるが，両事実が重なり合うかぎりで犯罪的結果について法律上許されていないという行為規範に直面しているから，その重なり合う範囲において，例外的に故意の成立を認めるべきである。それゆえ，行為者が軽い甲罪を犯す意思で重い乙罪の結果を発生させた場合，たとえば，他人の飼犬を殺す意思で誤って飼主を死なせた場合には，動物傷害罪（261条）の故意はあるが，発生した人の死の結果については故意を認めることはできず，過失致死罪が問題となるにとどまる。

　これとは逆に，人を殺す意思で誤ってその飼犬を死なせた場合には殺人の未遂が問題となりうるが，発生した動物傷害の結果について故意を認めることはできない。しかし，発生した結果について常に故意を阻却するとしたのでは，不合理な場合が生ずる。たとえば，他人の占有する財物を占有離脱物と誤信して持ち去った場合には，38条2項から窃盗罪の故意があったとすることはできないが，占有離脱物等横領罪は他人の財物を領得する犯罪であるという点で窃盗罪と構成要件的行為に共通するのであるから，占有離脱物等横領罪の範囲で規範の問題が与えられており，故意を認めてよい。したがって，構成要件が重なり合う錯誤のときは，その重なり合う範囲で発生した軽い罪の故意を認めることは許されてよいのである（大判大9・3・29刑録26・211，最判昭25・7・11刑集4・7・1261，最決昭54・3・27刑集33・2・140）。

　（イ）　**学説の対立**　「重なり合い」の意味については，ⓐ構成要件上の形式的な重なり合いとする形式的符合説，ⓑ構成要件の意味を実質的に観察して，保護法益および構成要件的行為の実質的な重なり合いとする実質的符合説などが対立している。

　法定的符合説の観点からは，認識の内容と発生した事実との間に構成要件的な共通性を認めうるかどうかが基準となる。構成要件に該当する事実の認

102

識がないかぎり故意があるとはいえないから，問題は発生した構成要件に該当する事実が行為時の認識内容に含まれ，その事実について規範の問題が与えられていたといえるか否かにある（名古屋地判平7・6・6判時1541・144）。

構成要件は法益侵害行為を類型化したものであり，また，社会通念上，構成要件実現の現実的危険ある行為を内容とするから，この見地からすると，認識した内容と発生した事実とが形式的に構成要件上重なり合っている場合ばかりでなく，保護法益の共通性および法益侵害行為類型の共通性などを基礎として，社会通念上二つの構成要件が実質的に重なり合っている場合にも符合を認めるべきであり，その意味で⑥説が妥当である。

薬物犯罪について，たとえば覚せい剤を麻薬と誤認して所持した場合，いずれも人の健康を害する依存性薬物であり，保護法益の共通性および法益侵害行為類型の共通性を認めることができるから，二つの構成要件の実質的な重なり合いが認められ，軽い麻薬所持罪の限度で故意が成立し，同罪が成立する（最決昭和61・6・9刑集40・4・269）。

(ウ) 「**処断することはできない**」**の意味**　　行為者の認識した軽い甲罪と，現実に発生した重い乙罪との間の錯誤について，構成要件上の重なり合いが認められる場合，38条2項が適用されて軽い甲罪の故意犯が成立する（前掲最決昭54・3・27，前掲最決昭61・6・9〔覚せい剤をコカインと誤認して所持していた事実〕）。この場合，客観的には重い構成要件に該当する事実が発生したのであるが，主観的には軽い罪の故意しか認められないから，軽い罪の実行行為が存在したにすぎないのである。

重い甲罪を認識して構成要件的に重なり合う軽い乙罪の事実を発生させたときは，客観的に軽い罪の実行行為が存在したにすぎないから，38条2項と関係なく乙罪の故意犯が成立する。たとえば，強盗の故意で恐喝の結果を生じさせたときは恐喝罪が成立する。

認識した甲罪と構成要件的に重なり合う乙罪の法定刑が同じであるときは，発生した乙罪の故意犯が成立すると解すべきである。この場合には，客観的に存在している構成要件に該当する事実を無視するいわれはないからである。したがって，麻薬を覚せい剤と誤認して輸入した場合において，麻薬輸入罪と覚せい剤輸入罪の法定刑は同じであるから麻薬輸入罪が成立する（前掲最

第6章　構成要件該当性　　103

決昭 54・3・27 参照）。

　38 条 2 項の「処断することはできない」の解釈について，罪名は重い方に従いながら，処断するべき刑罰は軽い方の法定刑に従う趣旨と解する説が有力であったが，罪名は成立する犯罪に対する質的評価を示すものであるから，罪名と科刑を分断すべきではない。判例も「両罪の構成要件が重なり合う限度で軽い…罪の故意が成立し同罪が成立する」と明言している（前掲最決昭 54・3・27）。

　(3)　反対説の検討　　抽象的事実の錯誤については，事実の錯誤に関する学説のうち，法定的符合説のほかに，抽象的符合説，法益符合説および不法・責任符合説が主張されている。

　㋐　抽象的符合説　　抽象的符合説は，行為者の認識した犯罪事実と現に発生した犯罪事実とが，犯罪意思ないし性格の危険性の点で一致するかぎり，発生した結果について何らかの故意犯の既遂を認める学説である。たとえば，他人の犬を殺そうとして，誤って幼児を死なせた場合は，行為者の認識した軽い器物損壊罪の範囲で故意犯の既遂を認め，また，発生した重い致死の結果については過失犯を論じて，両者を観念的競合とすべきであるとするのである。

　これとは逆に，人を殺そうと思って誤って他人の犬を死なせてしまった場合は，器物損壊罪と殺人罪の未遂または不能犯を認め，未遂が成立するときは殺人未遂罪で処断すべきであるとする。そして，前者の場合は，法定的符合説によると，器物損壊の意思でこれを遂げたときは 3 年以下の懲役であるのに対し，誤って人を死なせた場合は 50 万円以下の罰金であるところから，重い結果を発生させたのにかえって軽い刑が科されることになり，刑の不均衡という不合理な結果が生ずると批判するのである。

　たしかに，法定的符合説によると，他人の犬をねらって発砲し，その結果，他人の猫を死なせた場合は，器物損壊罪が成立して 3 年以下の刑に処せられるのに，人を死なせた場合は過失致死罪が成立し，50 万円以下の罰金ということになり，いかにも不合理のようにみえる。しかし，これは現行法が故意の器物損壊罪を過失致死罪よりも重く評価しているという点に由来するのであって，刑の不均衡の点は，それ自体必ずしも不都合とはいえないであろ

104

う。また，他人の犬や猫を殺していないのに刑の均衡を図るために器物損壊罪の成立を認めるのは，構成要件の類型的意味を無視し，罪刑法定主義に反することになる。なお，この例についていうと，重過失致死罪を適用できれば5年以下の懲役となり，刑の不均衡もそれほど大きくはない。

　(イ)　**法益符合説**　この説は罪質符合説とも呼ばれ，事実の錯誤について，行為者の認識した罪と発生した罪とが罪質的に同一であるかぎり故意は阻却しないとする説である。法益や犯行方法を考慮して，一般人が両者をほぼ同じような性質の犯罪と考えるかぎり符合を認めるべきであるとするのであり，この趣旨に従ったと見られる判例もある（最判昭23・10・23刑集2・11・1386）。しかし，この立場によると，たとえば，死体遺棄罪と遺棄罪との間に符合を認めるというように，構成要件の枠を越えて符合を認めることになるであろう。

　構成要件は，違法類型であり，当該行為をとると通常法益侵害の危険が生ずるような行為をその実質とするのであるから，構成要件の重なり合いは，保護法益が重なり合っており，さらに，法益侵害行為の類型が社会通念上の重なり合いを有している点から導かなければならないのである。

　(ウ)　**不法・責任符合説**　この説は，認識した犯罪と発生した事実とが構成要件的に符合しなくとも，両構成要件の不法・責任の内容において符合が認められる範囲で，発生した事実について故意犯の成立を認めるべきであるとする。しかし，故意が成立するためには，少なくとも構成要件に該当する事実の認識が必要であるところ，不法・責任の内容について符合が認められれば故意が成立するというのであるから，結局，故意には犯罪事実の認識が不要であるということになり，すでにそれだけで支持することができない。また，事実の認識による限定がない不法・責任の内容は，不明確なだけでなく無限定なものになってしまうであろう。その意味で，法定的符合説が最も妥当であると考える。

◆【問　題】
　(1)　Xは，違法で身体に依存性をもたらす有害な薬物であると思っていたが，覚せい剤とは知らずに腹巻の中に覚せい剤を隠して密輸入した。Xには何

罪が成立するか（前掲最決平 2・2・9 参照）。

(2)　X は甲を殺そうと思い，農薬を入れたウイスキーを甲宅に届けたが，胃
を悪くしていた甲はこれを飲まずに押入れに放置しておいたところ，甲の妻
乙は約半年後に毒入りウイスキーとは知らずに丙に贈った。丙は，たまたま
遊びに来た友人丁とこれを飲んで死亡した。X の罪責を論ぜよ（東京高判昭
30・4・19 高刑集 8・4・505 参照）。

(3)　人を傷害するつもりでナイフで切りつけたところ，すでにその人は死亡し
ていた場合の取扱いを論じ，反対説を批判せよ。

(4)　X は，日頃から憎んでいた Y を殺そうと思い，Y に向けてピストルを発
射したところ，弾は Y に当たらず，Y が連れていた飼犬に命中し，よって
この犬を死なせてしまった。X の罪責はどうか。

(5)　X は，警察官から拳銃を奪取する意図で巡査 A の背後に接近し，建設用
びょう打ち銃を発射して A に傷害を負わせたが，発射されたびょうは A の
身体を貫通し，また，A の前方 30 メートルを通行中の B の身体をも貫通
し，B にも傷害を負わせた。X の罪責を論じなさい（前掲最判昭 53・7・28 参
照）。

〔3〕　過　　失

1　過失の意義 ─────────────

(1)　過失とは　　過失とは，不注意すなわち注意義務を怠る内心の態度
をいう。過失を構成要件要素とする犯罪を過失犯と称する。過失による行為
が犯罪として処罰されるのは，「法律に特別の規定がある場合」にかぎられ
る（38 条 1 項ただし書，最決昭 57・4・2 刑集 36・4・503）。それゆえ，「過失によ
り」または「失火により」というような規定がある場合にかぎり，過失犯の
構成要件を認めることができる。

　過失による行為は例外的に処罰されるにとどまるが，構成要件の主観的要
素としては故意または過失のいずれかを必要とするという意味において，過
失は故意と並ぶ構成要件の一般的主観的要素である（⇒65 頁）。また，構成
要件は違法類型であると同時に責任類型でもあるということに応じて，過失

106

は，故意におけると同様に違法類型としての過失と責任類型としての過失の両面を備えている。

伝統的過失論は，過失を故意と並ぶ責任条件ないし責任形式であるとし，故意犯と過失犯との間には，構成要件該当性および違法性の段階では本質的な相違はないと解してきた。たしかに，過失の実体は，注意すれば犯罪的結果を予見でき，かつ，その結果を回避できたはずであったのに，不注意によってその予見を欠き結果を生じさせたことに対する責任非難であり，過失は，本来，責任非難の形式として問題とすべきものであるから，このような考え方自体は誤りではない。

しかし，犯罪的結果について責任非難を向けるにしても，一般の人に要求される注意を払っても，なお，結果の発生が回避しえないものであったとすれば，それによって生じた法益侵害の結果を違法と評価することは許されないはずである。特に，伝統的過失論の考え方を採れば，偶然や不可抗力によって生じた結果も，行為者の行為と因果関係の範囲内にあるかぎり構成要件に該当する違法な結果とせざるをえず，それでは構成要件および違法性の意味が過失犯においては失われてしまう。

(2) **新過失論**　そこで，過失を責任の問題とする以前に，過失を「行為」として把握し，法律上要求される注意義務を尽くしてもなお結果が発生した場合には，社会的相当性を有する行為として過失行為の違法性が阻却され，責任の問題に立ち入る必要がないという形で，過失が違法性の場面で論じられるようになった。このように，過失を行為として把握し，責任の問題として論ずる以前に，まず違法行為として違法性の場面で取り上げるべきであるとする理論傾向を新過失論という。

新過失論は，第2次世界大戦前のドイツにおいて誕生したものであり，戦後，わが国においても急速に一般化した。しかし，不可抗力による結果のように法律上要求される注意を払ってもなお結果を避けることができないような場合，そもそも構成要件に該当する行為があったといえるであろうか。ここから過失を構成要件の問題として把握し，過失行為ないし過失の実行行為を観念する理論傾向が顕著になり，同時に，過失は主観的違法要素であるとともに主観的構成要件要素であるとする考え方が有力になってきた。たとえ

ば，殺人罪と過失致死罪とはすでに構成要件該当性の段階で異なるとされるに至った。このようにして，過失も故意と並ぶ構成要件の主観的要素であり，また，主観的違法要素であるとともに，行為と行為者とを結びつける責任要素であると解する見解が有力となり今日に至っているのである。

2 過失の成立要件

(1) 不注意　過失は，故意が存在しない場合にのみ問題となる。犯罪事実を認識しその認識に基づいて自己を行為へと動機づけたときは故意が成立することになるから，過失犯を論ずる余地はないのである。そこで，過失は犯罪事実の「認識」が欠如する場合，または，認識があっても「動機づけ」が欠如する場合にだけ問題となるのであって，前者を認識なき過失，後者を認識ある過失と称する。

犯罪事実の認識を欠いてこれを実現したとしても，それが不可抗力ないし偶然に基づくときは，行為者の犯罪を論ずることはできない。過失が認められるためには，行為者が注意して犯罪事実の発生を避けるべきであったのに，不注意によってこれを発生させたという事実がなければならないのである。ここで不注意とは，法律上必要とされる注意義務に違反することである。注意義務違反は，客観的注意義務違反と主観的注意義務違反とに分かれる。前者は過失の実行行為における客観的要素であり，後者は故意と並ぶ主観的構成要件要素である。

(2) 客観的注意義務違反　客観的注意義務とは，犯罪事実の発生を回避するために社会生活上必要となる適切な態度（作為・不作為）をとるよう注意する義務をいう。

⑺ 客観的注意義務の根拠　客観的注意を法律上義務づけることができるのは，一般人が当該の具体的状況のもとで結果を予見することができ，予見すれば結果を回避することができるからである。前者が客観的予見可能性，後者が客観的結果回避可能性である。各種の行政取締法規においては，種々の注意義務が規定されている。たとえば，道路交通法の安全運転に関する注意義務は，そのまま業務上過失致死傷罪の客観的注意義務の内容となりうる。しかし，客観的注意義務は，一般の人が注意すればどのような結果が生ずる

かを予見でき，予見すれば結果を回避できるということを根拠として法律上課されるものであるから，行政取締法規上の注意義務を尽くしていたからといって，客観的注意義務違反の責めを免れるとはかぎらないのである（最決平5・10・12刑集47・8・48，最決平20・3・3刑集62・4・567）。このようにして，客観的注意義務違反は，予見可能性と結果回避可能性を根拠として認められる。

(イ) **予見可能性**　客観的注意義務は，一般の人が社会生活をおくるうえで必要となる注意を基準として課されるものであるから，一般人の注意能力を基準として，結果の予見が可能であり（客観的予見可能性），その結果を防止するために適切な措置を講じなければ結果発生の現実的危険が生ずる場合に認められる（最決昭60・4・30刑集39・3・186。なお，前掲最決平20・3・3）。一般人にとって予見不可能である危険，あるいは客観的には危険であってもいまだ何人にも知られていない未知の危険については，客観的注意義務は生じない（なお，最決平21・12・7刑集63・11・2641）。

客観的予見可能性は，結果回避義務を導くものであるから，何が起こるか分からないといった単なる危惧感・不安感（高松高判昭41・3・31高刑集19・2・136）といったものでは足りず，一般人を結果回避へと動機づける程度の具体的予見可能性が必要である（札幌高判昭51・3・18高刑集29・1・78）。したがって，注意すれば，行為の客体，行為，結果など，故意に必要な認識・予見の対象について，一般的に予見可能であることが必要である。しかし，故意におけると同様，客体等について具体的な予見の可能性は必要でなく，一般人をして結果回避へと動機づける程度の予見可能性があれば足りるから，法定的符合説に見られる程度の抽象的な認識可能性があれば十分であると解する（最決平元・3・14刑集43・3・262，最決平12・12・20刑集54・9・1095）。

(ウ) **結果回避可能性**　客観的予見可能性が肯定されると，次に，結果回避可能性が検討される。予見可能性が認められれば通常は結果回避可能性が認められるが，現に犯罪的結果を認識していても，一般人から見て結果回避が不可能な場合があるから，結果回避の可能性があったか否かを検討する必要があり，それが否定されるときは注意義務はなく，過失の実行行為性は認められない（福岡高那覇支判昭61・2・6判時1184・158，最決平15・1・24判時

1806・157)。そして，結果回避可能性が肯定されると，その危険を回避するためにとるべきであり，とるのが相当である作為・不作為は何か，言い換えると，結果回避のために「社会生活上必要となる適切な態度」は何かが確定され，それを行わずに結果を惹起したと認められるとき，客観的注意義務違反が確定し（最判平4・7・10判時1430・145)，過失犯の実行行為に必要な客観的構成要件要素を充足するのである。

(3) **主観的注意義務違反**　客観的注意義務違反は，過失犯の実行行為の客観的要素である。

(ア) **主観的予見義務**　故意においては，構成要件の客観的要素について認識・予見することが必要であるが，それと対比する関係において，過失においては，客観的注意義務違反の行為と犯罪的結果についての予見が必要となる。この予見義務を主観的注意義務という。主観的注意義務は，精神を緊張させて犯罪的結果を予見し，結果回避のために自己を動機づける義務をいう。過失は不注意をいうのであり，不注意は元来精神を緊張させるべきであり，かつ精神を緊張させることができたのに緊張させなかったという内心の態度を基礎とするものであるから，注意義務は一定の内部的態度をとるべき義務としての主観的注意義務をその本質とする。

(イ) **主観的予見可能性**　可能性のないところに義務は生じないから，主観的注意義務は行為者の能力を標準とした主観的予見可能性の範囲において生ずる。すなわち，客観的注意義務違反が認められても，行為者において結果を予見できなければ結果回避のために自己を動機づける義務を課すことはできないから，過失を認めるためには，行為者の能力を標準とする主観的予見可能性が必要になると解すべきである。客観的注意義務の基礎となった客観的予見可能性および結果回避可能性，言い換えると，一般通常人が注意すれば構成要件的結果を予見でき，その予見に従って自己を動機づけ結果を回避できると認められる場合には，原則として行為者における主観的注意義務違反があるといってよい（大判昭4・9・3裁判例(3)刑27，最判昭27・6・24裁判集刑65・321)。しかし，それはあくまでも原則であって，客観的注意義務違反があっても，行為者において過失の実行行為および結果についての主観的予見可能性が認められないかぎり，過失犯の構成要件には該当しないのである。

110

㈦　**主観的結果回避可能性**　　従来，主観的注意義務においても，主観的予見可能性および主観的結果回避可能性が必要であると解されてきたが，心理的事実としての故意においては，犯罪事実の認識が核心的要素となっているのと同じ意味において，過失は，行為者の能力からみて，注意していれば予見できたのに不注意のために予見できなかったという主観的予見可能性が核心となるものであり（大阪地判平17・2・9判時1896・157），主観的結果回避可能性は心理的事実としての過失の問題ではなく，責任論の問題とすべきである。

3　信頼の原則

(1)　信頼の原則とは　　複数の者が関与する事務に関して，他の関与者が規則を守り適切な行動をとるであろうことを信頼するのが相当な場合には，たとえ他の関与者が規則を無視するなどの不適切な行動をとり，それと自己の行動とが相まって構成要件的結果が発生しても，行為者は，それに対する過失責任を問われない。これを信頼の原則と称する（最判昭42・10・13刑集21・8・1097）。

信頼の原則は，後述の「許された危険」（⇨155頁）などと同様，現代の高度に技術化した社会の要請を背景として，まずドイツの判例によって確立され，戦後わが国に導入されたものである。特に昭和30年代に，自動車運転者の注意義務を認定するに際して下級審裁判所がこの原則を適用し始め，昭和41年には最高裁判所も正面から採用するに至った（最判昭41・12・20刑集20・10・1212）。その後，信頼の原則は自動車事故について広く適用され，さらにチーム医療や工事現場など複数の者が事務を分担する作業についても適用されるようになっている。

(2)　法的性質　　信頼の原則の法的性質については，ⓐ客観的注意義務を定める基準であるとする説，ⓑ結果回避義務を認定する一つの基準となる原則であるとする説，ⓒ刑法的予見可能性を選び出すための原理であるとする説，ⓓ具体的予見可能性を判断する基準の一つであるとする説が対立している。

信頼の原則は，交通環境の整備や交通道徳の普及等，交通関与者の一方が他方の適切な行動をあてにし信頼できる社会的環境が成立したという条件の

第6章 構成要件該当性　　111

もとで，他人の適切な行動を信頼するのが客観的に相当と認められる場合には，他人の不適切な行動と相まって結果が生じ，その場合に当該結果の発生の予見可能性が認められても，結果回避義務は認められないということを根拠とするものであるから，客観的注意義務を認定するための一つの基準となる原則と解すべきであり，ⓐ説が妥当である。

(3)　**危険の分配**　信頼の原則に関連して，「危険の分配」ということが論じられている。危険の分配とは，危険回避のために加害者と被害者との双方に危険を負担させて注意義務を配分し，加害者の過失を認定することをいう。被害者に広く注意義務が認められれば加害者の過失は軽くなるというように，適切な危険の分配によって客観的注意義務の範囲を明らかにしようとするものであるが，これも結局は客観的注意義務の認定において考慮されるべきである。

4　過失の種類

過失の種類としては，①業務上の過失，②重大な過失，③認識ある過失がある。

業務上の過失とは，業務者が「業務上必要な注意を怠」る（211条1項前段など）ことによって構成要件的結果を発生させる過失である。業務とは，社会生活上の事務（たとえば自動車の運転）として反復・継続して行うか，または反復・継続して行う意思をもって行う行為であって，法益侵害のおそれのある事務，または，法益侵害の危険を防止することを義務の内容とする事務をいう（最決昭60・10・21刑集39・6・362）。

業務上の過失は通常の過失に比べて法定刑が重いところから，その加重処罰の根拠が問題となる。法益侵害の危険を有する事務に反復的・継続的に従事する者は，法益侵害の結果を惹起しやすい立場にあるから，不注意による法益侵害の結果を防止するために特別に高度の注意義務が課されていると解される。

重大な過失または重過失とは，注意義務違反の程度が著しい過失のことである。すなわち，わずかの注意で結果を予見でき，しかも結果の発生を容易に回避できる場合が重大な過失である。重大な過失を特に構成要件要素とす

る必要はなく，情状によって量刑に反映させれば足りるとも考えられるが，現行法に重大な過失の構成要件がある以上は適用されるべきである。

通常の過失は，認識のない過失である。これに対し，認識ある過失とは，認識はあるが動機づけ義務に違反した過失であり，結果回避に対する不注意として法律上は認識なき過失と同じ扱いを受ける。

5 過失の競合

(1) **過失の競合とは**　一つの構成要件的結果の発生について複数の過失が競合していることを過失の競合という。①単独の行為者による複数の過失が競合的に併存している場合，および，②複数の行為者の過失が競合的に併存している場合の2種類がある。

(2) **単独の行為者の場合**　注意義務が段階的に併存する場合，たとえば，Aが自動車の運転を誤って通行中の甲を轢いて死亡させた場合，Aは，①前をよく見ていなかったという過失のため停止信号を見おとし，横断歩道中の甲に直前にきて気づいたので，②急ブレーキを踏むつもりが誤ってアクセルを踏んだという過失（直近過失）により甲を轢いてしまったという事例の取扱いについて，過失併存説と直近過失1個説（過失段階説）とが対立している。

過失併存説とは，結果の発生と相当な関係にある複数の過失はすべて刑法上の過失として認めるべきであるとする説である。直近過失1個説とは，併存する過失のうち，刑法上の過失は結果発生に直近する過失のみであるとする説である。

先の例では，前方不注視という過失はアクセルの踏み誤りという結果発生についての直近の過失と相当な関係にあり，さらにそれを通じて結果との間に相当因果関係が認められるが，客観的注意義務違反として評価されるのは，結果発生の現実的危険があるのに結果回避の適切な措置を講じなかった不作為にあるから，原則として直近の過失をもって刑法の過失とする直近過失1個説が妥当である。ただし，時間的に早い段階の過失に実行行為性が認められ，それと直近の過失が不可欠の関係にあって結果を発生させたと認められるときは，両者につき過失を肯定すべきであろう。

第6章　構成要件該当性　113

行為者の過失と被害者の過失とが競合している場合には信頼の原則ないし危険の分配の法理の適用が問題となるが，当該の結果が注意義務の範囲に属しているかぎり刑法上の過失は成立し，民法上の不法行為におけるように過失相殺は認められないのである（大判大 11・5・11 刑集 1・274）。

　(3)　複数の行為者の場合　　複数の行為者の過失が競合する場合としては，①対等な共同加害者の過失が競合している場合，②直接過失と管理・監督過失とが競合している場合の二つがある。①については，共同して注意すべき義務が課されているときは過失の共同正犯が認められ，それ以外の場合には各行為者についてそれぞれ注意義務違反を問えば足りる。②については，監督過失および管理過失が問題となる。

　㋐　**監督過失**　　監督過失とは，直接の行為者が過失を犯さないように監督する注意義務に違反する過失のことをいう（札幌高判昭 56・1・22 刑月 13・1＝2・12）。たとえば，上級者である工場長が現場の作業員に対する適切な指揮・監督を怠ったために，作業員が油断して機械の操作を誤り爆発事故を起こしたような場合である（新潟地判昭 53・3・9 判時 893・106）。この場合には，監督者は被監督者を指揮・監督して現場の作業に当たらせているのであり，被監督者の過失を予見し結果を回避しうる立場にあるから，当然に直接行為者の過失について過失責任を問いうるが，予見可能性の程度および信頼の原則の適用が問題となる。被監督者は監督者の一種の「手足」として作業をしているものと解すべきであり，一般に信頼の原則の適用はなく，被監督者の過失は，特別の事情がないかぎり監督者の監督過失を構成する（最決平 5・11・25 刑集 47・9・242，最決平 17・11・15 刑集 59・9・1558，最決平 28・5・25 刑集 70・5・117）。

　㋑　**管理過失**　　管理過失とは，管理者等の物的・人的設備，機構，人的体制等の管理上の不備自体が過失を構成することをいう。たとえば，自動火災報知設備を正常に作動する状態にしておくよう管理すべき義務を怠ったために，火災によって多数の死傷者を出した場合に問題となる（最判平 3・11・14 刑集 45・8・221）。管理過失においても客観的予見可能性と結果回避可能性とが重要となるが，被監督者に対する指揮・監督の不適切ということよりも，結果回避上の適切な管理をしなかったという不作為，特に安全体制確立義務が

114

重要となるから，不真正不作為犯の成立要件，特に管理者等に保障人的地位を認めうるか否かの見地から管理過失を把握すべきである（最決平2・11・16刑集44・8・744〔川治プリンスホテル事件〕，最決平2・11・29刑集44・8・871〔千日デパートビル事件〕。）。

6 結果的加重犯

(1) 意 義　結果的加重犯とは，基本となる犯罪から生じた結果を重視して，基本となる犯罪に対する刑よりも重い法定刑を規定した犯罪であり，たとえば，傷害致死罪（205条）がその代表的な犯罪である。

傷害致死罪においては，傷害の意思で暴行を加えたところ被害者が死亡した場合に結果的加重犯を認めないと，傷害罪（204条）と過失致死罪（210条〔50万円以下の罰金〕）との観念的競合となり，その刑は15年以下の懲役または50万円以下の罰金（204条）となり，傷害罪の法定刑と同じになってしまい不合理である。そこで，これを特に重く処罰する趣旨から，結果的加重犯として3年以上の有期懲役（205条）に処することとした。

結果的加重犯における基本となる犯罪は，故意ばかりでなく過失の場合も含む（公害罪3条2項）。結果的加重犯の重い結果について故意がある場合，たとえば，傷害についての認識がある場合に強制性交致傷罪という結果的加重犯が成立するかについて，通説は行為者の予期しない重い結果についてのみ結果的加重犯が成立するとして，重い結果について故意ある場合は結果的加重犯は成立しないと解している。しかし，たとえば，殺人の構成要件に該当しない遺棄行為によって人が死亡した場合に，致死の結果を認識していても殺人の実行行為となるわけでないから，重い結果について故意ある場合も含むと解すべきである。

判例は，基本となる構成要件に該当する行為と重い結果との間に因果関係があれば足り，重い結果について過失がない場合にも結果的加重犯が成立するとしている（大判昭3・4・6刑集7・291，最判昭32・2・26刑集11・2・906）。しかし，①無過失に発生した重い結果は構成要件的結果とはいえないと解すべきであり，また，②責任主義の見地から故意または過失が認められないかぎり非難できないのであるから，少なくとも重い結果につき過失がないかぎり結

果的加重犯は成立しないと解すべきである。

（2）**要　件**　結果的加重犯は，たとえば，205条のように，「……によって人を死亡させた者」と規定される場合が多い。しかし，110条1項は「焼損し，よって公共の危険を生じさせた」と規定しているが，これは結果的加重犯ではないと解すべきであり，また，240条には「よって」という文言はないが結果的加重犯としての強盗致死罪が含まれていると解すべきであるから，結果的加重犯か否かは，「よって」という文言からだけではなく，解釈によって確定すべきである。

　結果的加重犯が成立するためには，基本となる故意（または過失）の犯罪行為によって重い結果が発生した場合において，第1に，基本行為と重い結果（加重結果）との間に因果関係の存在が必要である。第2に，基本行為の時点で重い結果の発生につき，少なくとも一般人にとって予見可能なものでなければならない。

◆【問　題】

　Xは，トラックを運転して制限速度30キロメートルの道路を時速約65キロメートルで走行中，進路前方に突然7歳ぐらいの子供が歩いているのを発見したので，急にハンドルを左に切ったところ，トラックは道路の左側にあった電柱に激突し，その衝撃によって助手席に同乗していた甲に重傷を負わせ，また後部の荷台に乗っていた乙を道路上に転落させ，死亡させた。乙が荷台に乗っていたことを知らなかった場合のXの罪責を論じなさい（前掲最決平元・3・14参照）。

III　因果関係

1　因果関係とは

（1）**意　義**　挙動犯（⇒62頁）においては，実行行為が存在すれば直ちに構成要件該当性を認めうるが，結果犯について構成要件に該当したといえるためには，実行行為に基づいて当該の構成要件的結果が発生することを

必要とする。この実行行為と構成要件的結果の間にある一定の原因と結果との関係が因果関係である。

　刑法上の因果関係は，発生した結果を構成要件的結果として実行行為に帰属させるための要件であり，その機能は，社会通念上偶然に発生したとみられる結果を刑法的評価から除去し，犯罪の成立ないし処罰の適正を図ることにある。したがって，刑法上の因果関係は，自然科学上の因果関係とも異なれば民法上の因果関係とも異なるのである。なお，実行行為と発生した結果との間に因果関係がないときは，犯罪は未遂にとどまる。

　(2)　**因果関係論不要論**　　因果関係については，行為と結果との間の事実関係が認められれば，あとは，いかなる範囲の結果について行為者に責任を負わせることができるかという責任の問題として解決すれば足りるから，因果関係論は不要であるとする説がある。しかし，因果関係は，発生した結果について個別的・具体的な違法性・責任を論ずる前提となるものであり，社会通念上，当該行為からその結果の生ずることが経験則上一般にありうるかという一般的・類型的な構成要件該当性の問題なのである。また，たとえば，「人を殺した者」という殺人罪の構成要件は，「人を殺す」実行行為から生じた「死」の結果についての既遂罪を問うことを当然の前提として作られているというように，結果犯の構成要件は，一定の類型的結果についてのみ実行行為に帰属させることを定めていると解されるから，結果犯の構成要件該当性を判断するに当たって，因果関係の存否の問題を欠くことは許されない。

2　因果関係の理論

　(1)　**条件説と原因説**　　およそ因果関係があるといえるためには，「Aがなかったならば B はなかったであろう」という条件関係の公式（conditio sine qua non Formel——コンディティオ・シネ・クワ・ノン公式）を前提にしなければならないから，刑法上の因果関係も「当該実行行為がなかったならばその結果は発生しなかったであろう」という条件関係の存在を必要とする。

　(ア)　**条件説とその問題点**　　条件関係の公式が満たされれば，刑法上の因果関係を認めるべきだと主張するのが条件説である。判例は，後述するように（⇨126頁），基本的には条件説に従っていると考えられる。たしかに，因

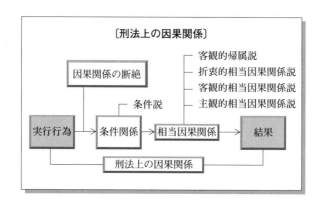

果関係は条件関係を無視しては論ずることができないし，条件関係のないところに因果関係はありえないともいえる。しかし，条件関係さえあれば常に因果関係が認められるとするのは妥当でない。

　刑法上の因果関係は，発生した結果のうち，実行行為に基づくものとして処罰できるのはどの範囲までであるかを類型的に確定するために必要となるものである。したがって，たとえば，Ａが甲に暴行を加えて軽傷を生じさせたので，甲は治療のため病院へ行く途中に交通事故で死亡したような場合，条件説は，Ａの暴行がなければ甲の死の結果は生じなかったはずであるから，Ａの行為は傷害致死罪に該当するというが，このような一般の経験からすると偶然と見られるようなものについてまで因果関係を認めるのは，刑法上の因果関係の趣旨に反する。

　(イ)　**因果関係中断論**　　条件説の不当な結論を回避するために，条件説の側から因果関係中断論が主張された。この説は，因果関係の進行中に被害者もしくは第三者の行為（責任能力者の故意に基づく行為）または自然力（たとえば，落雷による人の死，台風による家屋の倒壊）が介入するときは，因果関係は中断し，その行為と結果との間に刑法的因果関係はないとするのである。たとえば，Ａが甲を殺そうとしてピストルに弾丸を装塡し発砲しようとしたところ，Ｂがそれを奪って甲を射殺したような場合には，Ａの行為と甲の死との間には刑法上の因果関係がないとする。しかし，刑法上の因果関係は，元来，存在するかしないかのいずれかでなければならず，Ａの行為と甲の

死との間に条件関係があることは否定できないはずである。このように存在している条件関係が，その進行の途中で中断すると解することは論理的に不可能であることなどの理由から，因果関係の中断論は今日では支持者を失っている。

(ウ) 原因説　条件説による不当な結論を避けるために，かつて原因説が提唱された。結果に対する諸条件のうちから何らかの標準を設けて原因と条件を区別し，その原因と結果との間に因果関係を認めるべきであるとする学説であり，個別化説ともいう。その標準に関して，ⓐ最終条件説，ⓑ最有力条件説，ⓒ動的条件説，ⓓ優位条件説などに分かれるが，諸条件のなかから原因を区別し，1個の条件のみを原因とすることは実際上不可能であるために，今では原因説は過去の学説となっている。

(2)　**相当因果関係説**　この説は，刑法上の因果関係が認められるためには，単に行為と結果との条件関係が認められるだけでは足りず，その条件関係の存在を前提として，結果に対する諸条件のうち，社会生活上の経験に照らして，その行為からその結果の生ずるのが相当であると認められることが必要であるとする説であり，相当説とも呼ばれる。この説は，条件説の不当な結論を回避するために刑法上の因果関係を限定しようとするもので，原因説と共通の意図に基づくものであるが，社会生活上の経験的知識に基づいて，結果の発生が一般的ないし通常であるかどうかを基準として刑法上の因果関係を認める点で原因説と異なる。

刑法上の因果関係は，構成要件要素として構成要件該当性判断の対象となるものであるから，自然的因果関係としての条件関係が認められるだけでは足りず，いかなる結果につき刑法的評価を加えて処罰するのが適切かという見地からこれに限定を加えなければならない。そして，構成要件は，当罰的行為を社会通念に基づいて類型化したものであるから，条件関係が認められる結果のうち，行為者に帰属せしめるのが社会通念上相当と認められる結果だけを選び出し，その結果についてのみ行為者に帰属させて責任を問うのが妥当である。このような限定は，一般人の立場からみて，その結果が実行行為から生じたといえるか，言い換えると，一般の経験則上その実行行為と結果との間に相当な関係があるかということを標準として行うべきであり，刑

法上の因果関係は相当因果関係説に従って判断するのが妥当である。

　(3)　**折衷的相当因果関係説**　　相当因果関係説は，その相当性の有無を判断する基礎として，どのような事情を考慮すべきかにより，ⓐ主観説，ⓑ客観説，ⓒ折衷説の3説に分かれる。

　(ｱ)　**主観説**　　主観説（主観的相当因果関係説）は，行為者が行為の当時認識した事情および認識しえた事情を基礎として相当性を判断すべきであるとする。しかし，この説によると一般人が認識・予見しえた事情を判断の基礎とすることができず，経験則上偶然的結果でないものまでも排除してしまう点で判断の基礎として狭すぎる。

　(ｲ)　**客観説**　　客観説（客観的相当因果関係説）は，因果関係を行為者の認識から切り離して純粋に客観的立場から因果関係を把握することを目指し，裁判の時に立って（事後判断），①行為の当時に存在したすべての客観的事情，および，②行為後に生じた事情のうち行為当時一般人が予見可能であった事情を基礎とすべきであるとする。しかし，行為当時の事情に関するかぎり，一般人も知ることができず，行為者も知らなかった特殊の事情を考慮に入れるのは，社会通念上偶然的結果というべきものについても広く因果関係を認めることになり，相当因果関係説の趣旨に反することになる。また，客観説は，元来裁判時における事後判断を建前とするのだから，行為後に発生した事情もすべて判断の基礎とすべきであり，これを一般的な予見可能性を基準として限定しようとするのは理論的に一貫しないものがある。

　(ｳ)　**折衷説**　　折衷説（折衷的相当因果関係説）は，行為の当時に一般人であったならば認識しえたであろう事情，および行為者が特に認識していた事情を基礎として因果関係を判断する立場である。因果関係は行為者にとって偶然的なものを帰責の範囲から除外するために必要なものであるという点を考慮すると，行為当時に行為者が特に認識した事情も判断の基礎とする折衷説が妥当である。なお，行為者にとって予見可能な事情を判断の基礎としないのは，一般人の予見可能な事情の範囲でその事情が考慮されれば足りるからである。

　(4)　**折衷説への批判**　　折衷説に対しては，客観的であるべき因果関係の存否について，行為者の認識の有無をも判断の基礎におくのは妥当でない

とする批判がある。しかし，刑法は，社会通念上偶然とはいえない結果について行為者に責任を問い，一般予防および特別予防の効果を目指すものであるから，一般人にとっては偶然のようにみえても，行為者にとって必然であるものは行為者の仕業として刑法上の因果関係を認めても何ら不当ではない。

次に，折衷説のように行為者の認識の有無が因果関係の存否に影響を与えるとする立場によると，たとえば，Aは甲が血友病であることを知ってそのことを知らないBに甲に対する傷害を教唆し，甲が異常な出血により死亡したような場合，Bの行為と甲の死との間に因果関係はないが，Aの行為と甲の死との間には因果関係があるという奇妙な結論になるとする批判がある。しかし，Aにとって甲の死は偶然でないがBにとっては偶然である以上，両者の取扱いが異なるのはむしろ当然である。

(5) 客観的帰属論への傾斜　　近年，客観的帰属論および危険の現実化論が有力に展開されている。前者は，相当因果関係説の判断構造が不明確であるとして，因果関係の問題と結果の帰属の問題を区別して，因果関係の問題としては条件説に立ちつつ，刑法上重要なのは，当該の行為が法的に許されない危険を生じさせ（危険の創出），または危険をより増加させ（危険の増加），その危険を実現させることであると主張する。後者は，法的に許されない危険という規範的判断を回避して，むしろ，科学法則上の行為の危険性が結果に実現したことを重視する。しかし，危険が結果に実現したかどうかの判断も，結局は，経験則上相当か否かに帰着するものであり，適用の実際は相当因果関係説と大差はなく，特にこのような考え方を用いる必要はないと考える。

3　因果関係の判断方法

(1) 実行行為が存在すること　　刑法における因果関係があるといえるためには，まず実行行為の存在が必要となる。因果関係における実行行為をめぐっては，相当因果関係における相当性を広義の相当性と狭義の相当性に分け，後者は，たとえば，傷害を加えられた者が治療を受けている病院の火災で死亡した場合のように，「結果に至る因果経過の相当性」の問題であるのに対し，前者は，「結果発生の蓋然性が存在していたかどうか」の問題で

あるとする見解が有力となっている。しかし，広義の相当性は実行行為の有無に関するもので因果関係における相当性の問題ではないから，この見解は妥当でない。

(2) **条件関係があること**　実行行為の存在が確定すれば，次に，その実行行為と結果との間に条件関係があるかどうかを検討しなければならない。条件関係の認定については，以下の諸点に留意する必要がある。

(ア) **具体的・個別的条件関係**　「その実行行為がなかったならばその結果は発生しなかったであろう」という行為と結果との条件関係は，現に生じた結果について，具体的・個別的に把握されなければならない。たとえば，死刑執行人甲が死刑囚乙の死刑執行ボタンを押そうとしたその時に，他の者Ｘがボタンを押して乙を死なせた場合，Ｘがボタンを押さなくても同じ時に乙は死んだといえるから（仮定的因果経過），抽象的にはＸの行為がなくても乙の死亡という結果は発生したといえることになり，条件関係の公式が適用できないようにみえる（大判昭4・4・11新聞3006・15〔京踏切事件〕参照）。

しかし，条件関係は，当該の行為がなかったならば当該の結果は発生しなかったであろうという具体的事実関係を内容とするから，この公式の適用を受けるのは当該の個別的な行為であって，それに代えて，他の行為や事実を「付け加えて」判断することは許されない（付け加え禁止）。そこで，ある行為によって結果が発生している場合において，仮にその行為がなかったとしても，いずれ他の事情から同じ結果が発生したといえる場合においても条件関係は肯定できるのである。

(イ) **択一的競合**　択一的競合（累積的因果関係）とは，複数の独立した行為が競合してある結果を発生させた場合に，それらの行為のいずれもが単独で同じ結果を発生させることができた場合である。たとえば，Ｘ，Ｙが独立して甲のウィスキーに致死量の毒物を入れたため甲がそれを飲んで死亡したが，いずれの毒物によって死亡したかが明らかにならないというように，どちらの毒物も致死量に達しているが，そのいずれが効いて死亡したかが証明できない場合が問題となる。この場合に条件関係を認めるべきであろうか。

学説は，ⓐ両者とも条件関係を認めるべきでなく，ＸもＹも殺人未遂罪であるとする説，ⓑ条件関係を認めＸ，Ｙともに殺人既遂罪であるとする

122

説とに分かれる。

ⓑ説は，①独立して人を殺害しうる行為をし，その結果人が死んでいるのに両者とも殺人未遂とするのは常識に反すること，②少なくとも半分は結果の発生に寄与していること，③実行行為に予定されている結果が発生しているのにその点の責任を実行行為者に問えないのは不合理であること，④重畳的因果関係の場合と比べ，より危険な行為をしていながら未遂にとどまるのは不均衡であることなどを根拠としている。それぞれ合理的根拠を有するが，条件関係の有無には答えていない。むしろ，Ｘの行為とＹの行為は現実に競合して行われているのであるから，ＸとＹの行為を別個に評価するのは妥当でなく，両者を一括して取り除き，ＸとＹの行為がなかったならば甲の死はなかったであろうというように，ＸとＹの行為を一括して除けば結果は生じなかったとして条件関係を認めるべきである。

(ウ) **重畳的因果関係**　単独では結果を発生しえない行為が二つ以上重なり合って結果を発生させた場合である。ＸとＹ両名が，甲を殺す意図で意思の連絡なしにそれぞれ致死量に満たない毒物を服用させた例で，双方の毒物が重なって致死量に達し甲が死亡した場合，ＸまたはＹのいずれか一方の行為がなければ結果は発生しなかったのであるから，各行為につき条件関係が認められる。

(エ) **疫学的因果関係**　条件関係は，自然法則等の経験的知識をもとにして判断されるが，たとえば公害のように，行為から結果に至る因果の経過が科学的にすべて証明できない場合でも，一般の経験則に照らして，「ＡがなければＢはなかったであろう」という関係が認められるかぎり，条件関係は肯定できる。したがって，行為と結果との間の因果的経過を自然科学的に立証できなくても，疫学的証明によって「合理的な疑いを容れない程度」に認定できるときは，条件関係の存在を肯定すべきである（最決昭57・5・25裁判集刑227・337〔千葉大チフス菌事件〕）。

(オ) **条件関係（因果関係）の断絶**　同一の結果に向けられた先行条件がその効果を発揮する以前に，それと無関係な後行条件によって結果が発生した場合である。後行条件によって結果が発生した場合には，先行条件がなくても結果が発生したのであるから，先行条件と結果との間に条件関係は認めら

れない。

(3) **相当性が認められること**　刑法上の因果関係の判断は，条件関係の存在を前提に，①行為の当時において一般人が認識または予見しえた一般的事情および行為者が認識または予見した特別の事情を確定し，これらの事情を基礎として，②その行為からその結果が生ずることは一般の経験則（社会通念）上ありうる，すなわち相当であるということを基準として行われる。

(ア) **相当性の内容**　相当性の内容については，ⓐ経験則上通常であることを意味するとする説，ⓑ全く偶然的なものを除く趣旨と解する説，ⓒ行為の射程外にあるものを除くとする説などが主張されている。刑法上の因果関係は，行為者の行為にとって偶然的なものを排除する機能を持つべきであるから，経験則上通常であるという程度で足りると解すべきである。したがって，刑法上の因果関係があるといえるためには，第1に，実行行為と結果との間に条件関係が存在することを要する。第2に，判断の基礎となる事情は，行為時の事情および行為後の事情を通じ，行為の当時を基準として，一般人が認識または予見することができた一般的事情および行為者が特に認識または予見していた特別の事情を基礎として，経験則に照らし，その実行行為からその結果の生ずることが経験則上通常であることを要する。

　相当性の判断に関連して，①行為の有する結果発生の確率の大小，②介在事情の異常性の大小，③介在事情の結果への寄与の大小を考慮して，裁判時に立って相当性を判断すべきであるとする説がある。しかし，因果関係は構成要件該当性の問題であって，定型的・類型的に判断することを要するから，上記ら3つの相関関係によって具体的・個別的に相当性を判断するのは適当でない。

(イ) **相当因果関係が問題となる場合**　相当因果関係の判断に際して問題となる場合としては，以下のものがある。

(a) **行為時に不明な特殊の事情があった場合**　ここでは，被害者の疾病ないし特異体質が死の結果の条件となった場合が問題となる。たとえば，行為者が軽い暴行を加えたところ，被害者が一般人には認識しえない特異体質であったため死んでしまったという場合，一般人が認識または予見しえた事情は普通の健康状態の者に対する軽い暴行にすぎないから，その程度の暴行

で健康な人は死ぬことがありうるかという判断がなされ、これが否定されれば暴行にとどまる。これに対し、行為者が被害者の特異体質を特に認識して暴行を加えたとすれば、特異体質であることが判断の基礎となり、特異体質の者にその程度の暴行を加えた場合には死ぬことがありうるかが問われ、これが肯定されれば傷害致死罪となる（最判昭46・6・17刑集25・4・567）。判例は、被害者の左眼部分を蹴りつけ10日間の傷害を与えたところ、被害者が脳梅毒にかかっており弱っていたため死亡したという事実について傷害致死罪を適用（最判昭25・3・31刑集4・3・469）するなど、この類型については条件説の見地から全面的に因果関係を肯定している。

(b)　第三者の行為が介在した場合　行為者の実行行為と結果発生との間に第三者の過失行為が介在した場合（最決平18・3・27刑集60・3・382）、たとえば、傷害を加えた後に傷害の治療に当たった医師の医療過誤によって死亡した事案について、判例（大判大12・5・26刑集2・458）は因果関係を認めている。しかし、傷害を受けた者が医療過誤の被害者になることは経験則上稀有のことであるから、この判例の立場は妥当でない。他人の故意行為（最決昭42・10・24刑集21・8・1116、最決平2・11・20刑集44・8・837）、自然災害など、行為の時点では通常予測できない事情が介在したときは、条件関係があっても因果関係は否定される（大阪高判昭63・2・4高刑集41・1・87）。

(c)　被害者の行為が介在した場合　実行行為と結果との間に被害者の行為が介在した場合、たとえば、①被告人は全治2週間の傷害を負わせたが、被害者はある宗教の信者であり傷口に「神水」を塗付したため、丹毒症を併発して全治4週間の傷害を負わせた場合（大判大12・7・14刑集2・658〔肯定〕）、②逃走中に被害者が転倒して池に落ち込み頭部を打ちつけて死亡した場合（最決昭59・7・6刑集38・8・2793〔肯定〕）、③潜水講習において潜水受講生に不適切な行動があった場合（最決平4・12・17刑集46・9・683〔肯定〕）、④火傷を負わされた被害者が水中に飛び込み心臓麻痺で死亡した場合（最判昭25・11・9刑集4・11・2239〔肯定〕、最決平15・7・16刑集57・7・950）、⑤被害者側に落度があった場合は（最判昭63・5・11刑集42・5・807〔肯定〕、最決平16・2・17刑集58・2・169）、社会生活上の経験則に照らし、その行為からその結果が生ずることはありうるといえるから、①を除き相当性を認めてよい。

(d) 行為者の行為が介在した場合 実行行為と結果との間に行為者の行為が介在した場合，たとえば，Xが甲を殺そうとしてひもで首を絞めたところ（第1行為），甲が動かなくなったので死亡したものと誤信し，犯行の発覚を防ぐために甲を海岸まで運び放置したため（第2行為），甲は砂を吸い込んで窒息死した事例につき，判例（大判大12・4・30刑集2・378）は，殺人罪の成立を認めている。首を絞めた結果として第2の行為がなされ，その行為から死亡の結果の生ずることは経験則上ありうるから相当性を認めてよい。

これに対し，ライフルの誤射により被害者に致命傷を負わせた者が，被害者が余りに苦しむのを見てライフルで射殺した事案につき，判例（最決昭53・3・22刑集32・2・381）は誤射行為と死の結果との因果関係を否定した。しかし，射殺行為は行為の時点では一般人にとって予見できないから，判断の基礎から除かれ，誤射行為から人の死の発生することがありうるかが問われるべきである。本件の場合，誤射行為によって致命傷を負わせているのであるから，相当性は肯定されてよいのである。

4 判例の態度

判例は，基本的には条件説に従っているといわれている。たとえば，強盗犯人が被害者に暴行を加えたところ，被害者に重い心臓病があり，急性の心臓麻痺を発症して死亡した場合（前掲最判昭46・6・17），また，被害者の左目部分を蹴りつけ10日の傷害を与えたところ，被害者が梅毒にかかっており弱っていたため死亡したという事案につき，傷害致死罪を適用した判例（前掲最判昭25・3・31）などがある。しかし，条件説では説明できない判例も見られる。

有名な「米兵ひき逃げ事件」を紹介すると，在日米軍兵Xは，自動車を運転中，過って自転車に乗っていた甲に衝突させ，甲はその自動車の屋根に跳ね上げられ意識を失っていたところ，自動車の同乗者Yが甲の存在に気が付き，自動車の屋根から甲を引きずりおろし，アスファルトの路上に転落させた結果，甲は，頭部打撲のために8時間後に病院で死亡したというものである。第一審判決は，従来の条件説的な考え方でXを業務上過失致死罪とし，二審も同様な考え方で控訴を棄却したのであるが，最高裁は，同乗者

Yが被害者を引きずりおろし転落させるということは、「経験則上，普通，予想し得られるところではない」（前掲最決昭42・10・24）という理由で，因果関係を否定したのである。

さらに，「柔道整復師事件」にかかる最高裁判決を見ることにする。被告人は柔道整復師であるが，医師の資格がないのに，それまでも風邪などで患者に治療を行っていたところ，甲が風邪気味で治療してくれと頼んできたので，体温を上げれば雑菌を殺す効果があるとの誤った考え方から，熱をあげること，食事を控えること等の指示を繰り返し，この指示に従った甲の症状は悪化して体温が42度まで上がり，間もなく気管支炎に起因する心不全で死亡した。Xは業務上過失致死罪で起訴され，一，二審とも有罪としたが，Xは同人の過失行為と甲の死亡との間には因果関係がないという理由で上告した。最高裁は，「被告人の行為は，それ自体が被害者の病状を悪化させ，ひいては死亡の結果をも惹き起こしかねない危険性を有していたものであるから」因果関係は認められるとして，上告を棄却したのである（前掲最決昭63・5・11）。この決定では，条件関係の存在を前提として，被告人の行為は，それ自体として「死亡の結果をも惹き起こしかねない危険性」が現実化した結果として死亡したことを理由に刑法上の因果関係を認めたのである。そこで，近年の判例（前掲最決平2・11・20，前掲最決平4・12・17）は，むしろ，「危険の現実化」という基準によって判断しているともいわれている。

以上の最高裁の判断を見てわかるように、判例の立場を一つの学説で特徴づけるのは，困難であるように思われる。

5 不作為の因果関係

「無から有は生じない」から，無としての不作為から因果関係を導くことはできないのではないかという問題をめぐって，不作為の因果関係を肯定するために様々な学説が提唱された。しかし，不作為とは人の意思によって支配可能な社会的に意味のある身体の挙動をしないことであり，この不作為は，既に生じている因果過程を一定の可能な作為によって変更し，結果の発生を阻止することが社会生活上期待されているのに，因果関係の進行をそのまま放置し結果を発生させたという意味で，結果との条件関係を認めることがで

きる（期待説）。

不作為犯においては，条件関係の公式は，「一定の期待された作為がなされたならば，その結果の発生は阻止できたであろう」ということになり，作為犯における「その作為がなかったならばその結果は発生しなかったであろう」という公式とは異なる論理をたどるが，不作為は，既述のとおり，漠然たる静止を意味するのでなく，「一定の身体運動をしない」ことなのであるから，「その不作為がなければその結果はない」という意味において，前者の存在が後者の必然的条件になっており，理論構造としては作為の場合と同じなのである。なお，「結果の発生は阻止できたであろう」という場合，どの程度の可能性が必要かが問題となるが，「AなければBなし」といえるためには，その行為があれば合理的な疑いを超える程度に阻止が確実であったという程度の可能性が必要であると解すべきである（前掲最決平元・12・15）。

◆【問　題】

(1)　Xは，殺意をもって甲の頭部を洗面器などで多数回殴打し，そのため脳内出血により瀕死の重傷を負って倒れている甲をその場に放置して立ち去ったところ，日頃甲を恨んでいたYは，たまたま甲が倒れているのを見て，これを奇貨とし，恨みをはらすために持っていた登山ナイフで甲の心臓を突き刺して死亡させた。XYの罪責につき，自説を述べ，反対説を批判せよ（前掲最決平2・11・20参照）。

(2)　Xは，殺意をもって包丁で甲の腹部を突き刺したところ，血がはげしく吹き出したので，驚いたXは甲を病院へ運んだ。治療に当たった医師Yは甲に輸血したが，そのため甲はC型肝炎にかかり，3ヵ月後に死亡した。輸血についてYに過失がなかったものとして，Xの罪責を論ぜよ（大阪地判昭55・12・23判タ447・156参照）。

(3)　Xは，山小屋の中にいた甲を熊とまちがえ猟銃を発射して，せいぜい10分か15分しか生きられない重傷を負わせたところ，被害者が余りに苦しむのでこれを射殺した。Xの罪責はどうか（前掲最決昭53・3・22参照）。

(4)　Xは，道路上でYと口論の末，Yを殴打して気絶させたが，そのうち気が付くであろうと思ってその場に放置して立ち去ったところ，Yは数分後に暴走してきたZの自動車にひかれて死亡した。Xの罪責はどうか。

第7章　犯罪成立阻却事由

構成要件は犯罪成立の原則的要件であるから，構成要件に該当する事実は原則として犯罪を構成する。しかし，犯罪を構成する事実に特別の事由が付け加わるため，構成要件に該当する事実が存在しているにもかかわらず，例外的に犯罪を構成しない場合がある。この特別の事由を犯罪成立阻却事由という。本章ではこの犯罪成立阻却事由について，違法性阻却事由と責任阻却事由とに分けて述べる。

I　違法性阻却事由

〔1〕　違法性の概念

1　違法性と違法性阻却

（1）　**違法性とは**　　違法性とは，行為が法に違反すること，すなわち法的に許されないという性質のことである。犯罪は構成要件に該当する違法かつ有責な行為であり，違法性は構成要件該当性に次ぐ犯罪成立のための第2の要件であるが，構成要件は違法類型であると同時に責任類型であるから，行為が構成要件に該当すれば，通常の場合，その行為は違法性を具備する。しかし，たとえば，正当防衛で人を殺してしまったような特殊な事情が存在した場合，その事実は構成要件に該当するが，法律上許されたものとして違法性を具備しないことがある。このように，構成要件に該当する行為について例外的に違法性を排除する事由を違法性阻却事由（正当化事由）という。

刑法典は，違法性阻却事由として，①法令・正当の業務による行為（35条），②正当防衛（36条），③緊急避難（37条）を定めている。

(2) 違法性論　違法性阻却事由は法規を根拠として認められるが，これらの規定の背後には，なぜ違法性が阻却されるのかという実質的根拠があることは無論である。この実質的根拠を明らかにする理論を違法性論または違法論と呼ぶ。法規上の違法性阻却事由の実質的根拠を明らかにしていけば，違法性の存否ばかりでなく，違法性が存在する場合にそれがどの程度重いかということも明らかになる。違法性の程度は犯罪の重さに関連するものとして刑の量定に結びつくのである。

2　形式的違法性と実質的違法性

(1) 形式的違法性　形式的違法性とは，たとえば，「人を殺すな」という命令に違反して人を殺した場合のように，行為が形式的に刑法上の行為規範（命令・禁止）に違反することである。刑罰法規は，そのなかに行為規範を含んでいるから，構成要件に該当する行為は原則として形式的に違法である。そして，行為が違法であるというためには，何よりもまず，それが刑法上の行為規範に違反することを要するから，行為がいかに反倫理的なものであっても，刑罰法規の定める行為規範に違反していないかぎり，その行為は違法ではない。

(2) 実質的違法性　しかし，形式的違法性は，行為が法律上許されないということを形式的に示すにすぎず，そこから，違法性阻却の根拠を導き出したり，違法性の程度を決めることは不可能である。ここに，実質的違法性を論ずる必要がある。実質的違法性の内容については，ⓐ法益の侵害またはその危険（以下，「法益侵害」と略す）とする法益侵害説，ⓑ社会倫理規範に違反することとする規範違反説，ⓒ社会倫理規範に違反する法益侵害の惹起をいうとする二元説などがある。

　私法・公法といったあらゆる法体系は，全体としての法秩序を形成しているが，法秩序はもっぱら法益保護を目的として成立するものであり，刑法も法益保護を通じて社会秩序の維持を図るのであるから，実質的違法性は法益侵害という結果を抜きにしては考えられない。そのかぎりでは，ⓐ説が妥当

である。

　しかし，①殺人罪と過失致死罪は，法益侵害の結果の点では同一であっても，違法性の程度において同一とすることは一般の法感覚に反すること，②今日の複雑な社会では多くの法益が複雑に絡み合っているため，法益侵害だけで違法性の程度を判断することは困難であること，③刑法は刑罰という道義的責任を具体化する苦痛を通じて法益侵害を防止するものであること，これらの理由から，あらゆる法益侵害の結果を違法として刑法的評価の対象とするのは妥当でない。したがって，規範違反の行為の面を無視して違法性の実質を把握することは不可能であり，社会倫理規範違反の行為と法益侵害という結果とを融合した形で違法性の実質を把握する必要があり，ⓒ説が妥当である。この見地からは，社会倫理規範に違反する法益侵害行為のみを違法とし，社会倫理秩序の枠内にある法益侵害行為は，社会的相当行為として違法ではないと解すべきである。社会倫理秩序の枠内にあることを社会的相当性という。

3　違法性の実質

(1)　客観的違法性論と主観的違法性論　　違法性は社会倫理規範に違反する法益侵害の惹起を意味するから，個々の行為者の意思・人格を一応切り離し，外界に現れた行為および結果が，客観的に法秩序に違反することをその本質とする。違法性の本質については，客観的違法性論と主観的違法性論の対立がある。

　(ア)　客観的違法性論　　客観的違法性論は，法を評価規範と決定規範とに分け，評価規範に客観的に違反することが違法であり，決定規範に主観的に違反することが責任であると主張する。この立場によれば，行為の違法性は行為者の故意・過失，責任能力の有無とは関係がなく，客観的に法秩序に矛盾する事態が発生した以上は違法となり，自然の災害，動物による被害も違法性を有することとなる。

　(イ)　主観的違法性論　　主観的違法性論とは，法を命令・禁止と解し，その命令・禁止に従って行為することができるのにそれに違反することが違法であるとする説である。この立場によれば，違法性は，責任能力ある者（➡

第7章　犯罪成立阻却事由　　131

178頁）の故意・過失による行為についてのみ問題となり，責任能力のない者の行為は常に違法性を有しないことになる。

　法規範は，評価規範としての側面と決定規範としての側面とを有しており，「何かをせよ」「何かをするな」という決定規範として機能する以前に，「何が望ましいか望ましくないか」ということを評価する評価規範としての機能を有するのであり，その評価は，行為が客観的に法秩序に違反するか否かによって決定されるという理由から，客観的違法性論が通説となっている。

　(ウ)　**新客観的違法性論**　　法益侵害説の立場は，法益保護のために定立された法秩序に違反することが違法であるとして，客観的違法性論をそのまま支持するのに対し，近年においては，客観的違法性論を標榜しつつ，法規範は人間の行為のみを対象とし，法の評価規範と決定規範はともに違法性および責任の両場面で二重に作用すると主張する見解が有力となっている。この考え方を従来の客観的違法性論から区別する意味で，「新客観的違法性論」と呼ぶことにしたい。この見解は，第1に，法規範は行為規範として，客観的に法秩序に違反すると評価される行為を一般人を対象として抽象的に命令・禁止するのであり，これに違反する場合が違法であるとし，第2に，法規範は具体的行為者に対して個別的に一定の行為を要求するのであり，これに違反する場合が責任であると考える。

　(2)　**違法性の本質**　　違法性の実質を法益侵害説に立って把握するときは，法益侵害という結果が違法性の有無・程度を決定するから，違法性判断の「対象の客観性」を確保する必要がある。これに対し，法益侵害の面ばかりでなく社会倫理規範違反の面も加味して違法性の実質を把握する立場からすると，法は法益保護のために社会の構成員すべてを名宛人として命令・禁止するものであるから，一般国民に対していかなる行為を違法なものとして命令・禁止しているかという「判断基準の客観性」が重要となり，そのような一般人に対する規範すなわち一般規範としての「行為規範に客観的に違反すること」が違法であると解すべきであり，新客観的違法性論が妥当であると考える。

　新客観的違法性論に従うと，故意・過失も主観的違法要素となるから違法性判断基準の客観性を確保しえないとする見解もあるが，犯罪事実の認識の

132

有無あるいは注意義務違反は，行為者の個別的な意思決定ないし人格から一応切り離されたものであり，客観的に把握しうる性質を有するから，この批判は重要ではない。

このようにして，行為が一般人を対象とする命令・禁止に客観的に違反するという意味で，「違法性は客観的なものである」（違法の客観性）というべきであるし，具体的な行為者の意思に向けられた個別的な命令・禁止に主観的に違反するという意味において，「責任は主観的なものである」（責任の主観性）というべきである。ちなみに，客観的違法性論は，自然現象および動物による被害も違法性を有するとするが，新客観的違法性論においては，そもそもこれらは法規範の対象となりえないから，違法性は人間の行為についてのみ問題となるにすぎない。

4 違法要素

(1) 客観的違法要素と主観的違法要素　　違法要素は，客観的違法要素と主観的違法要素とに分かれる。

(ア) **客観的違法要素**　　構成要件はまず違法類型であるから，構成要件の客観的要素は原則として客観的違法要素である。違法性の判断は，後述するように具体的・非類型的判断であり（⇨137頁），構成要件に該当する事実に属さない事実もその対象となる。法益侵害・危険の程度，行為の手段・方法，行為の態様ばかりでなく，違法性阻却事由に関する要素，たとえば，被害者の同意も消極的な意味において違法要素となるのである。

(イ) **主観的違法要素**　　主観的違法要素としては，①目的犯における目的，表現犯における行為者の心理的経過または状態，傾向犯における行為者の内心的傾向，②故意または過失，③その他の人的要素（行為の動機・目的など）が問題となる。

主観的違法要素を認めるべきか，また，いかなる範囲でこれを認めるべきかについては学説上の対立があり，古くは「違法性は客観的に，責任は主観的に」という見地から，主観的違法要素の存在を認めず，それらの主観的要素はもっぱら責任要素であるとする立場が支配していた。その後，目的犯における目的は，それに対応する客観的要素の存在を要しない「超過的内心傾

向」であり，この場合には，法益侵害の危険性に影響を与えるから主観的違法要素を認めるべきであるとする立場が有力となり，さらに，表現犯および傾向犯についても主観的違法要素を認める立場が支配的となった。さらに第2次世界大戦後に至って，目的的行為論の影響のもとに，故意・過失および行為の動機等も主観的違法要素になるとする見解が主張されるに至っている。

判例は，「行為の違法性の判断は所論の如く純客観的に為すべきに非ずして，主観的違法要素を考慮に入るるに依りて始めて全きを得べく」（大判昭14・12・22刑集18・565。なお，最決昭45・7・2刑集24・7・412参照）と説示して，主観的違法要素を正面から認めている。

(ｳ) **主観的違法要素と主観的正当化要素**　このようにして，行為の法益侵害性ないし規範違反性に影響を及ぼす主観的な事実は，すべて主観的違法要素とすべきであり，行為の目的，動機，内心の状態なども，そのかぎりでは主観的違法要素として違法性判断の対象になると解すべきである。また，主観的要素が違法性阻却の要件とされる場合，たとえば，正当防衛における防衛の意思は，消極的な意味で主観的違法要素となる（⇨161頁）。このような行為を正当化するための主観的要素を主観的正当化要素という。

(ｴ) **人的違法要素**　人的違法要素とは，行為の違法性に影響を与える行為者の性質，行為の目的，心構え，義務違反などの行為者に関係する人的要素をいう。法益侵害を基礎としつつ行為の規範違反性を考慮して違法性を把握する立場では，法益侵害の結果と併せて，法益侵害および行為の社会的相当性に影響を与える人的要素は，違法性の有無・強弱に影響を与える。

(2)　**結果無価値論と行為無価値論**　違法性の本質に関して，結果無価値論と行為無価値論の対立がある。結果無価値論とは，違法性の本質を法益侵害という結果に求める見解のことであり，物的違法観ともいう。行為無価値論とは，違法性の本質を行為の規範違反性に求める見解をいい，人的違法観ともいう。この対立は，もともと目的的行為論（⇨46頁）によって試みられたものであり，違法性の本質を法益侵害とその危険の惹起という「結果」に求める見解は，「事実の無価値」に立脚する考え方であって不当であり，行為の違法性を基礎づけるのは，行為者に関係づけられた人的に違法な行為すなわち「行為の無価値」であると主張した。この考え方を徹底すれば，犯

134

罪の結果（結果無価値）は犯罪の本質的要素ではなく，客観的処罰条件（⇨284頁）にすぎないことになるから，行為無価値一元論に至るであろう。

　わが国においては，法益侵害説に立つ論者はおおむね結果無価値一元論を採るのに対し，行為無価値を重視する論者は，結果の無価値を基礎としつつ人的違法観を導入する違法二元論を採るから，既述の厳密な意味における行為無価値論は存在しないといえよう。違法性の基礎を法益侵害に求めつつ，違法性の本質を社会倫理規範に違反する法益侵害と捉える立場からは，行為無価値一元論を支持することはできないばかりでなく，結果無価値一元論も違法性における社会倫理規範違反の側面を見逃している点で，全面的な支持を与えることはできない。

5　違法性の判断

　(1)　可罰的違法性　違法性の判断とは，行為および結果が全体として法秩序に客観的に違反するということの判断，すなわち行為に対する法的な無価値判断のことである。行為が構成要件に該当すれば，その行為は原則として違法性を有するという判断に結びつくが，違法性阻却および違法性の強弱を明らかにするためには，実質的な違法性の判断が必要となる。

　違法性は公法，私法などあらゆる法領域に共通するものであり，違法性の判断はこれら全体としての法秩序の観点から行なわれることは当然である（最大判昭 48・4・25 刑集 27・3・418〔久留米事件・法秩序全体の見地から許容されるべきものか否か〕）。しかし，法の目的，法律効果は各法領域において異なるのであるから，必要とされる違法性の程度もそれぞれ異なってよい。このように，法領域によって違法性の程度が異なるということを違法性の相対性という。

　刑法は，刑罰という苛酷な法律効果を定めるものであるから，刑法上の違法性は，全体としての法秩序のうえで違法とされるもののうち，刑罰という制裁に相当する程度の違法性，すなわち一般的違法性のうち量的に一定程度以上の重さを有し，かつ質的に刑法上の制裁に適するものだけをいうものと解すべきであり（最判平 20・4・6 刑集 62・5・1217），この意味での違法性を可罰的違法性と称する。違法性の判断では，この可罰的違法性を基準とし，まず，法益侵害の量・質を問い，次に，そのような結果を含めてそれを惹起

した行為の社会的相当性からの逸脱の程度を問い，全体として可罰性の程度に達しているか否かを判断することとなる。

可罰的違法性は，構成要件が予想する違法性の最低基準に達しない場合の問題であるから，違法性の問題としてではなく，構成要件該当性の有無の判断に当たって考慮すべきであるという見解がある。しかし，可罰的違法性を基準に構成要件該当性の有無を判断するとすれば，抽象的・類型的・形式的な構成要件該当性の判断に，具体的・非類型的・実質的な価値判断を持ち込むことになり，構成要件の規律機能および人権保障機能を害することになるであろう。可罰的違法性は，常に実質的違法性の判断基準としてのみ機能させるべきである。

(2) 可罰的違法性と判例　　可罰的違法性の考え方を象徴するものとして，「1厘事件」判決がある。この判決は，当時価格約1厘にすぎない葉たばこ一枚を納入しなかったという専売法違反事件につき，被害が余りにも軽微であるという点に着眼して，「共同生活上の観念に於て刑罰の制裁の下に法律の保護を要求すべき法益の侵害と認めざる以上は，之に臨むに刑罰法規を以てし，刑罰の制裁を加うるの必要なく」，犯罪の成立を否定すべきであるとしたものである（大判明43・10・11刑録16・1620）。

戦後になって，全逓東京中郵事件（最大判昭41・10・26刑集20・8・901）に関して，最高裁判所は，①公務員等の争議行為を禁止することは憲法に違反しないが，②労働基本権の制限は必要最小限にとどめ，刑罰制裁は必要やむをえない場合にかぎるべきであるから，③公労法上違法な争議行為であっても刑罰法規の予定する違法な行為とはかぎらないと説示して，可罰的違法性の理論を認めた。

その後，この理論は，都教組事件判決（最大判昭44・4・2刑集23・5・305）などによって展開されたが，しかし，東京全農林事件判決（前掲最大判昭48・4・25）において，最高裁判所は従来の態度を改め，可罰的違法性に関して消極的となり，全逓名古屋中郵事件判決（最大判昭52・5・4刑集31・3・182）では消極的な態度をより一層鮮明にした。もっとも，同判決は，「刑罰は国家が科する最も峻厳な制裁であるから，それにふさわしい違法性の存在が要求されることは当然であろう」と述べており，可罰的違法性の考え方を全面的

136

に否定したわけではない。

(3) **違法性の判断方法** 違法性判断の対象は，違法性の要素に当たる事実であり（⊃133頁），違法性判断の基準は可罰的違法性である。それゆえ，まず，刑罰法規を含む全法秩序を基準に違法性の有無が判断され，次いで，当該行為が社会秩序の維持にとって刑法上放置しえない質と量の違法性を有するかどうかを基準に違法性が判断される。

違法性の判断は，処罰の必要性・合理性があるかどうかという具体的・非類型的な価値判断であり，抽象的・類型的な事実判断である構成要件該当性の判断とは本質的に異なる。また，違法性の判断は具体的性質を有するから，その存否のほかに強弱の判断を含むものであり，その強弱は違法性の程度を表わすとともに，責任の量ひいては刑の量に反映するのである。

違法性判断の基準時については，ⓐ行為時を基準にして事前的に（ex ante）判断すべきであるとする事前判断説，ⓑ裁判時に明らかになった全資料を基礎に事後的に（ex post）判断すべきであるとする事後判断説の対立がある。行為無価値一元論の立場からは事前判断説が妥当であるが，違法性の判断は法益侵害の有無・程度を基礎とし，それとの関連において行為無価値を論ずべきであるから，性質上事後判断を含まざるをえず，ⓑ説が妥当である。

〔2〕 違法性阻却

1 違法性阻却の意義

違法性を排除しまたは違法性判断を妨げることを違法性阻却と称する。すでに述べたように，構成要件に該当する行為は原則として違法であるから，違法性については，元来，その例外的事由を論ずれば足りるのである。この例外的事由が違法性阻却事由または正当化事由である。

違法性阻却の原理については，ⓐ正当な目的のための相当な手段であることを原理とする目的説，ⓑ法益の不存在および法益が衝突する場合に価値の小さい法益を犠牲にして価値の大きい法益を救うことを原理とする法益衡量説または優越的利益説，ⓒ社会倫理規範によって行為が許されるということを原理とする社会倫理規範説，ⓓ法益侵害行為が社会倫理秩序の枠内にある

ということ，すなわち社会的相当性を原理とする社会的相当性説が対立している。

違法性の実質を社会倫理規範に違反する法益侵害行為とする立場からは，法益侵害行為が社会的相当性を有するかぎり違法性を阻却すべきであり，基本的にはⓓ説が妥当であるが，行為が社会倫理規範に違反していても法益侵害の結果を惹起していないときは違法ではないから，この場合は「法益侵害なければ違法性なし」という法益侵害不可欠の原則によって，社会的相当性の有無を問うまでもなく違法性を阻却すると解する。

2 違法性阻却事由の種類

違法性阻却の根拠となる事実ないし事情を違法性阻却事由と呼ぶ。違法性阻却事由については，刑法典の規定する違法性阻却事由と超法規的違法性阻却事由とに分ける見解が通説である。しかし，刑罰法規に違反する行為を違法でないとするためには法規上の根拠が必要であり，また，刑法 35 条は緊急行為を除くあらゆる正当行為に関する規定と解すべきであるから，いわゆる超法規的違法性阻却事由は認めるべきでないと考える（最大判昭 38・5・22 刑集 17・4・370）。

違法性阻却事由の種類としては，正当行為（35 条），緊急行為（36 条，37 条）があり，前者は法令行為，業務行為およびその他の正当行為（被害者の同意・社会的相当行為）に分けることができ，後者は，正当防衛（36 条），緊急避難（37 条）に分けることができる。なお，自救行為と義務の衝突は緊急行為の一種であるが，その正当化を基礎づけるのは 35 条であり，これらは社会的相当行為の一種と考えるべきである。

可罰的違法性は，刑法上の違法性の実質的判断基準であるから，構成要件に該当しても可罰的違法性を欠くときは違法性が阻却される。可罰的違法性阻却事由は違法性阻却事由に当たるかについて，ⓐ肯定説とⓑ否定説が対立している。ⓑ説は，違法性阻却事由は正当化事由として完全に行為を正当化する場合であるのに対し，可罰的違法性阻却事由は違法性を完全に阻却するものではないが，それを減少させることによって可罰性を阻却する場合であるから，可罰的違法性がない行為は違法性を阻却しないと主張する。しかし，

138

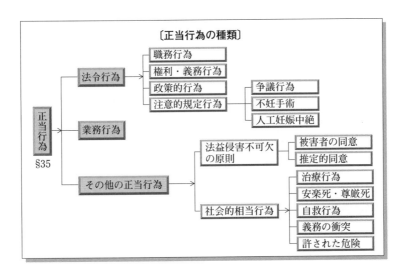

可罰的違法性は刑法上の違法性の判断基準であり，可罰的違法性がない以上は刑法上の違法性はないというほかはないから，正当化事由と可罰的違法性阻却事由とを区別するⓑ説は妥当でない。なお，このように解しても，犯罪成立要件としての違法性の程度と正当防衛の要件としての「不正」(36条)の程度とは異なってよいから，可罰的違法性を有しない行為も不正な侵害に当たるものとして，これに対する正当防衛は成立しうると解すべきである。

◆【問　題】
(1) 違法性論における行為無価値論と結果無価値論の内容を述べ，両者の具体的な対立点を明らかにせよ。
(2) 可罰的違法性と構成要件との関係について論ぜよ。

〔3〕 正 当 行 為

1 35条の趣旨

35条は,「法令又は正当な業務による行為は,罰しない」と規定している。本条の法的性質については,ⓐ違法性阻却事由を規定したものとする説,ⓑ違法性阻却事由と併せて構成要件該当性阻却事由を規定したものとする説の2つが対立している。ⓑ説は,たとえば,死刑執行官が死刑を執行する行為は,社会観念上199条の「人を殺した」ものとはいいがたいという点を根拠とするが,死刑執行も人の生命の断絶という構成要件的結果を惹起すべき実行行為に当たることは明らかであるから,ⓐ説が妥当である。

35条は,正当防衛（36条）,緊急避難（37条）以外の違法性阻却事由を規定したものと解すべきであるが,その適用範囲については,法令行為および業務行為のほかに,ⓐ実質的違法性がない場合のすべてを含むとする説,ⓑ自救行為を除いたものを含むとする説,ⓒ法令行為,業務行為以外のものは含まないとする説,ⓓ自救行為および被害者の承諾以外のものは含むとする説などが対立している。

法令行為および業務行為が35条によって正当行為とされるのは,それらが法令または業務によってなされるからではなく,法秩序全体の見地から実質上違法とされないためである。すなわち,35条は,正当防衛および緊急避難のほかに,一般的正当行為として違法性を阻却する場合について,それらを包括的に規定したものと解すべきであり,ⓐ説が妥当である。

2 法令行為

法令行為とは,法律,命令その他の成文法規に基づいて権利または義務として行われる行為であり,①職務行為,②権利・義務行為,③政策的理由に基づく行為,④注意的に規定された行為に分けることができる。

(1) 職務行為　　職務行為とは,法令により一定の公務員の職務権限に属するものとされているものをいい,たとえば,死刑・自由刑の執行（11条～13条）,被疑者・被告人の逮捕・勾引・勾留（刑訴58条,60条,199条）など

は，殺人罪，逮捕監禁罪などの構成要件に該当しても違法性が阻却される。職務行為は法令に基づいて適法に行われることを要し，それが濫用にわたるときは違法性を阻却しないばかりでなく，職権濫用罪も構成しうる（193条以下）。

(2) 権利・義務行為　権利・義務行為は，法令により，ある者の権利または義務に属するものとされているものをいい，たとえば，私人による現行犯逮捕行為（刑訴213条。最判昭50・4・3刑集29・4・132），親権者の未成年の子に対する懲戒行為（民822条。京都地判昭47・1・26刑月4・1・189），教師の生徒・児童に対する懲戒行為（東京高判昭56・4・1刑月13・4＝5・341〔肯定された事例〕）などがある。

(3) 政策的行為　政策的理由に基づく行為は，一定の政策的理由から違法性が阻却されるものをいい，たとえば，競馬法による勝馬投票券（馬券），自転車競技法による勝車投票券（車券）の発売行為がこれに当たる。

(4) 注意的規定行為　注意的に規定された行為は，元来，実質的に適法であるが，法律が注意的に違法性阻却事由であることを明確にし，その要件等を法定しているものをいい，たとえば，母体保護法による不妊手術（3条），人工妊娠中絶（14条）などがこれに当たる。

3 争議行為

(1) 争議行為とは　労働者が使用者を相手方として，その主張を貫徹することを目的として行う同盟罷業，怠業，作業所閉鎖などで，業務の正常な運営を阻害するものを争議行為と称する（労組7条）。

憲法28条は，「勤労者の団結する権利及び団体交渉その他の団体行動をする権利は，これを保障する」と規定している。したがって，労働者が団結権，団体交渉権および争議権（いわゆる労働基本権）の行使として争議行為を行う限り，それが，業務妨害罪，暴行罪，傷害罪，脅迫罪，住居侵入罪，逮捕監禁罪，器物損壊罪などの構成要件に該当する行為であっても違法性を阻却する。また，労働組合法1条2項本文は，労働組合の団体交渉その他の行為であって，労働者の地位を向上させる目的を達成するためにした正当なものについて35条を適用する旨を定めている。これは，憲法28条の趣旨からみ

て当然のことを注意的に規定したものと解すべきである。

(2) **争議行為の正当性**　　争議行為は，それが正当なものであるかぎり構成要件に該当しても違法性が阻却される。争議行為の正当性は，争議行為によって保全される労働基本権と，侵害される一般的基本的人権とを比較衡量しつつ，目的の正当性，手段の相当性を考慮し，究極においては争議行為が社会的相当性を有するか否かを基準として判断すべきである（最大判昭25・11・15刑集4・11・2257〔一般的基本的人権と労働者の権利との調和〕）。

争議行為は，その目的が労働者の経済的地位向上を主たる目的とする場合にかぎり正当と認められる（労組1条1項参照）。政治運動などを主たる目的とする場合は（いわゆる「政治スト」など），違法性を阻却しないと解すべきである（前掲最大判昭44・4・2）。手段の相当性は，争議手段として社会的相当性を有するか否かを基準に判断すべきである。

労働組合法1条2項但書は，「いかなる場合においても，暴力の行使は，労働組合の正当な行為と解釈されてはならない」と規定している。しかし，違法性の判断は具体的状況との関連において行われるべきであるから，およそ暴力の行使は違法性を阻却しないとする趣旨ではなく，争議手段としても許容されないような強度の暴行は違法性を阻却しないということを，注意的に規定したものと解すべきである。

(3) **公務員・国営企業体等職員の争議行為**　　公務員（非現業公務員）については，同盟罷業，怠業その他の争議行為は禁止されている（国公98条2項，地公37条1項）。争議行為それ自体については罰則はなく，争議行為の遂行を共謀し，そそのかし，あおり，企てる者に対して罰則が規定されている（国公110条1項17号，地公61条4号）。このような争議行為の一括禁止は，労働基本権を定める憲法28条に違反する疑いもあるから，その罰則の適用に当たっては，労働基本権を保障する見地に立脚した慎重な配慮が必要となる。

旧公共企業体等職員（郵政・国有林野事業・印刷事業・造幣事業の四現業官庁職員）も争議権は認められていないが（旧公労17条1項），争議行為の共謀等に関する罰則は規定されていない。しかし，たとえば，郵便法79条1項のごとく，旧公共企業体等の職員の業務の停廃行為について罰則を設けている場合があり，この罰則に違反した行為について労働組合法1条2項の適用が

あるかが問題となっている。この点について，判例は初め消極に解したが，最高裁判所は，旧公共企業体等職員について，労働基本権を尊重する立場から旧公労法 17 条違反の争議行為にも労働組合法 1 条 2 項の適用があり，正当な争議行為であれば郵便法 79 条 1 項によって処罰されないとしていた（前掲最大判昭 41・10・26〔東京中郵事件〕）。しかし，その後，最高裁判所は態度を改めて，非現業公務員について「勤労者を含めた国民全体の共同利益の見地からする制約」を根拠として，刑罰による争議行為の一律禁止は合憲であり（前掲最大判昭 48・4・25，前掲最大判昭 48・4・25〔久留米駅事件〕），また，公労法 17 条違反の争議行為についても労働組合法 1 条 2 項の適用はないと判示し（前掲最大判昭 52・5・4〔名古屋中郵事件〕），現在に至っている。

公共企業体等の職員は，その地位の特殊性と職務の公共性にかんがみ，争議行為について一定の制約を受けるべきであるが，一切の争議行為を否定して「あおり」等の行為をすべて処罰するとすれば，憲法 28 条に抵触する疑いがある。それゆえ，違法性の程度が微弱で，しかも通常一般に行われる争議行為に際して行われるような「あおり」行為等であれば，その可罰的違法性を否定すべきである。前掲最大判昭和 44 年 4 月 2 日〔都教組事件〕は，地方公務員法 61 条 4 号について，①「争議行為自体が違法性の強いもの」であり，②「争議行為に通常随伴して行なわれる」限度を超えた違法性の強い「あおり」行為等にかぎって処罰の対象にすべきであるという「二重の絞り」をかけて可罰性を認めるべきであるとした。しかし，これも前掲最大判昭和 48 年 4 月 25 日〔全農林事件〕によって否定されるに至っている。

4 業務行為

35 条は，「正当な業務による行為は，罰しない」と定めている。「正当な」業務とは，法令上の根拠がなくても正当と認められる業務を意味している。

(1) 業務とは 「業務」とは，社会生活上の事務として反復または継続して行うか，または反復・継続して行う意思をもって行う事務（仕事）のことであり，必ずしも職業として行われるものであることを要しない。たとえば，力士の相撲，ボクサーの拳闘，新聞記者の取材活動（最決昭 53・5・31 刑集 32・3・457）などは，正当な業務の範囲で行われるかぎり，暴行罪，傷害

罪および「そそのかし罪」（国公 100 条 1 項，109 条，111 条）の構成要件に該当しても業務行為として違法性を阻却する。

(2) 「正当な」の意味　業務の「正当な」範囲は，究極において実質的違法性の見地から判断するほかはないから，「正当な業務」という観念のもとに違法性阻却事由を認めるのは妥当でないとする見解もある。しかし，社会生活上反復または継続して行われる仕事については，ルールなどの行動準則が確立しており，これに従って業務が行われるかぎり，個別具体的にその行為の社会的相当性を判断するまでもなく類型的に正当性を判断できるから，業務行為の観念は依然として刑法に残しておく必要があろう。

正当な業務か否かの判断は，既に存在している当該業務の行動準則を基準に行われることを要し，それに違反するときは違法性を阻却しない（大判昭 6・11・26 刑集 10・627〔「さくら」を使って商品の効用について虚構の宣伝をした例〕）。なお，医師の治療行為も業務行為であると解するのが通説であるが，むしろ，構成要件に該当しないと解すべきである（⇨ 149 頁）。

5　その他の正当行為

(1)　その他の正当行為とは　その他の正当行為とは，法令行為および業務行為以外の 35 条において規定されている正当行為をいう。違法性阻却の実質的原理は，法益侵害の不存在および行為の社会的相当性にあるから（⇨ 137 頁），35 条は，法令行為，業務行為と併せてそれ以外の正当行為を違法性阻却事由とする旨を明らかにしたものである。正当行為としては，①法益侵害不可欠の原則を基礎とする被害者の同意・推定的同意，②社会的相当行為としての治療行為・安楽死・尊厳死・自救行為・義務の衝突・許された危険などが問題となっている。

(2)　被害者の同意　被害者の同意（嘱託・承諾）とは，法益の主体である被害者がその者の法益に対する侵害に同意することである。たとえば，輸血のための採血に同意する場合がこれに当たる。被害者の同意に基づく行為は，「欲する者に侵害はない」（Volenti non fit injuria.）というローマ法の格言に示されているように，古くから犯罪の成立を阻却するものと解されてきた。

(ア)　諸類型　被害者の同意が刑法上問題となる場合としては，以下の類

型がある。

第1は，被害者の意思に反することが構成要件要素になっている場合である。この類型では，同意は構成要件該当性を阻却する（構成要件該当阻却事由としての同意）。住居侵入罪（130条），強制性交等罪（177条），窃盗罪（235条）がその例である。

第2は，構成要件の性質上，被害者の同意の有無が問われない場合である。この類型では同意は構成要件該当性に影響を与えない（構成要件上意味のない同意）。13歳未満の者に対する性交等（177条後段），未成年者の誘拐（224条）がその例である。

第3は，同意が構成要件要素となっている場合である。この類型では同意は違法性を減軽する（違法性減軽事由としての同意）。同意殺人（202条後段），同意堕胎（213条）がその例である。

第4は，同意が行為の違法性を阻却する場合である。一般に被害者の同意というときはこの場合をいう（違法性阻却事由としての同意）。具体的な同意に基づく行為が上のいずれの場合に当たるかは，個々の構成要件の解釈によって決められるが，ここで問題とする同意はこの類型に当たる同意である。

(イ) **構成要件該当阻却か**　既述の類型からも明らかであるように，同意は構成要件該当性に関連する場合が多く，違法性阻却・減軽の要素となるのは，実際上は同意傷害と同意殺人だけであるといっても過言ではない。そして，個人の自己決定を重視する個人主義の社会においては，個人の意思を尊重し，被害者が利益を放棄している場合には，できるかぎり刑法的評価を加えるべきでないから，個人法益に対する罪については同意を構成要件該当阻却事由として位置づける方が妥当であろう。ただ，従来の議論においても被害者の同意の中心的課題は人身犯罪ことに傷害についてであり，この場面では依然として違法性阻却が中心的課題となるから，被害者の同意を違法性阻却の問題として扱う方が妥当である。

(ウ) **不可罰の根拠**　被害者の同意が違法性を阻却する根拠については，ⓐ被害者の同意による行為が社会的に相当であることに根拠を求める説，ⓑ法益の主体が同意により処分可能な利益を放棄したため，保護すべき法益が存在しない点に根拠を求める説，ⓒ自己決定の価値と被害法益の価値とを比

較衡量して，前者が後者に優越するときは違法性が阻却されるとする説など
が対立している。法益主体が処分可能な法益についてみずからその侵害に同
意している以上は，保護すべき法益は存在しないから，法益侵害不可欠の原
則により，被害者の同意による行為は違法性を阻却すると解すべきであり，
ⓑ説が妥当である。

　(エ)　**適用範囲**　　被害者の同意の法理は，同意の内容が被害者にとって処
分可能な個人法益に関するものである場合にのみ適用しうる。それゆえ，個
人法益に関するものであっても，国家法益または社会法益と競合している場
合（大判大元・12・20刑録18・1566〔虚偽告訴に対する同意〕，最決昭56・4・16刑集
35・3・107〔私文書偽造に対する同意〕），または，個人法益の主体が複数存在し
ている場合（大判大12・6・9刑集2・508）には，被害者の同意の法理を適用す
ることは許されない。

　被害者の同意が常に傷害罪の違法性を阻却するかについて，学説が対立し
ている。身体は個人が処分しうる法益であるから，やくざに頼まれて指をつ
めてやったり入れ墨をしてやる行為は，社会倫理に反しても傷害罪の成立を
論ずべきではない。しかし，202条が同意殺人を処罰している点および生命
の保護の重要性にかんがみ，生命に危険を与える程度ないし態様の重大な傷
害について法益の自由な処分は許されず，この場合の被害者の同意は無効と
解すべきである。

　最高裁は，保険金詐取の目的で被害者の承諾を得て，その者に故意に自己
の運転する自動車を衝突させて傷害を負わせたという事案について，「単に
承諾が存在するという事実だけでなく，右承諾を得た動機，目的，身体傷害
の手段，方法，損傷の部位，程度など諸般の事情」に照らして違法性阻却に
当たるかどうかを決すべきであるとして，傷害罪の成立を認めている（最決
昭55・11・13刑集34・6・396）。

　(オ)　**同意の要件**　　同意が有効であるというためには，法益の処分権を有
し，かつ同意能力を有する者の真意による同意（嘱託・承諾）の存在を必要
とする（最大判昭25・10・11刑集4・10・2012）。

(a) **錯誤による同意**　被害者の錯誤に基づく同意については，法益処分に関する錯誤がない場合および法益侵害行為について同意している場合は，同意の有効性に影響を及ぼさないとする見解（法益関係的錯誤の理論）がある。しかし，たとえば，強盗の意図をかくして「今晩は」と挨拶し，家人が「おはいり」と答えた場合は，外見上同意があったように見えても真実において同意したものではないから，錯誤による同意は無効と解すべきである（最大判昭24・7・22刑集3・8・1363，最判昭33・11・21刑集12・15・3519〔偽装心中〕，福岡高宮崎支判平元・3・24高刑集42・2・103〔錯誤による同意・強盗殺人〕）。

(b) **同意の対象**　被害者は，利益を放棄するについて侵害の方法にも関心を払うから，被害者の同意は行為者の行為およびその結果を対象とするものでなければならない。たとえば，酩酊運転という危険行為であることを知ってその自動車に同乗し事故にあい傷害を負った同乗者は，傷害という法益侵害の結果について同意していたわけではないから，運転者の過失行為について被害者の同意を適用することはできない。

　これに関して，「危険の引受け」が問題となっている。危険の引受けとは，被害者が行為者の実行する危険な行為によって自己の法益が侵害される一定の危険が生じることを認識・予見しながら，行為者にその危険行為の実行を許容することをいう。判例では，ダートトライアルの初心者であった被告人が，ベテランである被害者を自車に同乗させて走行練習中に，急な下り坂で防護柵に激突して死亡させたという事案について，「本件事故の原因となった被告人の運転方法及びこれによる被害者の死亡の結果は，同乗した被害者が引き受けていた危険の現実化というべき事態であり，また，社会的相当性を欠くものではないといえるから，被告人の本件走行は違法性が阻却されることになる」（千葉地判平7・12・13判時1565・144）としたものがある。この事案は被害者の同意ではなく，社会的相当性の問題と解すべきである。

(c) **同意の主体と時期**　同意は，法益主体がみずからこれを行うことを要する。同意の方法については，@被害者の内心において同意していれば足り，それを外部に表示する必要はないとする意思方向説，ⓑ同意の意思を外部に表示することを要するとする意思表示説とが対立している。被害者の同意が存在する以上は違法性を阻却するから，@説が妥当である。

同意は，当該の行為および結果を対象とするものであるから，実行行為の時に存在することを要する。事後の同意は違法性を阻却せず（大判大 12・3・13 刑集 2・188)，また，事前の同意もそれが行為時まで継続していると認められないかぎり無効である（大判大 8・11・5 刑録 25・1064。⊜ 152 頁)。

(d) **包括的同意**　同意は，通常個別的に行われるが，事前に一般的・包括的になされることもありうる。たとえば，デパートの売り場への侵入については，社会通念上許される範囲の立ち入り行為であるかぎり，看守者によって一般的・包括的な同意が与えられていると解すべきである。

(e) **同意の認識**　行為者は被害者の同意の存在を認識して行為する必要があるかに関して，ⓐ必要説とⓑ不要説とが鋭く対立している。被害者が行為者の行為および法益侵害の結果について同意している以上，被害者に保護すべき利益は存在しないから，行為者は，被害者の同意の存在を認識している必要はないと解すべきであり，ⓑ説が妥当である。

(3) **推定的同意**　推定的同意とは，被害者は現実に同意を与えていないが，もし被害者が事態を正しく認識していたならば同意したであろうと認められる場合に，その意思を推定して行われる行為をいう。たとえば，救急車で運ばれてきた意識不明の負傷者を医師が手術する行為などがこれに当たる。

(ア) **違法性阻却の根拠**　推定的同意は違法性を阻却すると解するのが通説であるが，違法性阻却の根拠については，ⓐ被害者の利益放棄の意思方向を根拠とする説，ⓑ被害者の同意が推定され，それを実現する行為が社会的相当性を有するものとして是認されることを根拠とする説，ⓒ緊急避難に準じた扱いとして是認されるとする説などが対立している。

推定的同意は，もし被害者が事態を正しく認識していたならば同意したであろうということを根拠とするものであるから，法益の主体がみずからの意思で法益を放棄する被害者の同意の場合と異なって，法益侵害不可欠の原則を直ちに適用することは不可能である。したがって，法益侵害の存在を認めつつ，推定的同意に基づく行為が社会的相当性を有することを根拠とするⓑ説が妥当である。ただし，推定的同意に基づく行為が社会的相当行為として是認されるのは，被害者が同意していると推定することが許されることを根

拠とするから，推定的同意は被害者の同意とその根拠を共通にするものである。

(イ) **真意の推定**　推定的同意は，被害者の同意の法理を補充するものであるから，同意の推定は被害者の自己決定権を尊重し，その真意に沿うようになされなければならない。被害者が一般人とは異なる行動をとることが判明している場合には，被害者の真意を推測して，それに沿った行為をしないかぎり違法性を阻却しない。ただし，被害者の真意を推測することが困難な場合には，社会観念上合理的な推測をすれば足りる。合理的な推定に基づく行為であるかぎり，事後に被害者がこれを是認しなかったとしても推定的同意は違法性を阻却するが，行為者において，被害者の同意を得ることが実際上不可能な場合にかぎられる。これを補充性の要件という。

(4) 治療行為　治療行為とは，外科手術など病者の治療のために医学上一般に承認されている方法によって人の身体に加える侵襲をいう。

(ア) **治療行為の法的性質**　治療行為は傷害罪の構成要件に該当するかについて学説は分かれている。通説は，構成要件に該当するが，その行為の医学的適応性，医術的正当性および患者の同意を要件として違法性を阻却すると解している。治療行為は疾病を治療ないし軽減するものとして医学上一般に承認されているものであるから，医学的適応性を有し，かつ医療技術上正当な行為であるかぎり，傷害罪の実行行為には当たらないと解する。医学上一般に承認されている方法で行う治療は，類型的に人の身体に危険をもたらす行為とはいえず，むしろ健康の回復・維持・増進にとって必要なものであるから，社会通念上傷害の概念に当てはまらないというべきである。したがって，「十分な情報を提供したうえでの同意」(informed consent) が得られない場合であっても，それが治療の目的で行われ，かつ，その手段・方法が医学上一般に承認されているものであって社会通念上治療として是認しうるものであるかぎり，民事上の責任や強要罪の成立は別論として，傷害罪の構成要件には該当しないと解すべきである。

(イ) **要件**　医師であると無資格者であるとを問わず，その行為が治療行為として正当化されるためには，行為が医学的適応性を有し，医術的正当性を有することを要する。医学的適応性とは，治療行為が病者の生命・健康

第7章　犯罪成立阻却事由　　149

の維持・増進にとって必要であることをいい，社会一般の観念において治療行為として認められることを要する。医術的正当性とは，治療行為が医学上一般に承認された医療技術に則っているということである。行為がこれらの要件を充たしているかぎり，人の健康を害する類型的危険性は認められず，傷害罪の構成要件には該当しない。

治療行為の主体は，通常は資格を有する医師であるが，無資格者の行う治療行為も，それが医学的に承認された治療行為の性質を有するかぎり傷害罪には当たらない。ただし，無免許医業の罪（医師17条，31条1項1号）として処罰されることはある。

（5）**安楽死・尊厳死・脳死**　安楽死，尊厳死および脳死患者に対する生命維持治療の中止は，いずれも人の生命を短縮するものとして違法性阻却事由となりうるか否かが問題となる。

（ア）**安楽死**　安楽死とは，死期が迫っている病者の激烈な肉体的苦痛を緩和・除去して，病者に安らかな死を迎えさせる行為をいう。

（a）**安楽死の態様**　安楽死は，①死苦の除去・緩和措置の副作用として患者の生命を短縮する可能性がある間接的安楽死（派生的結果として生命の短縮を伴う治療型の死亡介助），②安らかな死を迎えさせるために延命措置を中止して死を早める消極的安楽死（生命短縮を意図した不作為型の死亡介助），③安らかな死を迎えさせるために意図的・積極的に死を招く積極的安楽死（生命短縮を意図した殺害型の死亡介助）に分けることができる。

（b）**法的性質に関する学説**　問題は，安楽死について違法性阻却が認められるべきかにある。この点について学説は，ⓐ安楽死違法論，ⓑ安楽死適法論に分かれている。安楽死が人の生命という法益を侵害する結果を惹起することは明らかであるが，死に直面して耐えがたい肉体的苦痛に襲われている状況のもとで，病者自身が死を選択した自己決定を尊重することは人道に適うものであり，その自己決定に基づく安楽死は，同意殺人罪の構成要件に該当するが，次の要件のもとに社会的相当性を有するものとして違法性を阻却すると考える（名古屋高判昭37・12・22高刑集15・9・674，横浜地判平7・3・28判時1530・28）。

（c）**要件**　第1に，病者が現代医学の知識と技術からみて不治の

病に冒され，患者の死が避けられず，その死期が目前に迫っていること。死期の切迫または不治の概念は，医学の進歩に応じて相対的であることを免れないが，その当時の医学水準に従って判断すべきである。第2に，病者が耐えがたい極度の身体的苦痛を訴えていること。精神的苦痛は含まず，また，単に苦しんでいるだけでは足りないと解すべきである。第3に，病者の真意に基づく明示の嘱託があること。安楽死の一つの根拠は，病者の自己決定の尊重にあるから，「残された短い生命」を捨てるという不利益と，「苦痛」の除去という利益を選択するのは本人自身でなければならず，本人の意思によらない安楽死は「慈悲」の押しつけとなり，かえって非人道的となろう。第4に，病者の死苦の除去・緩和のための方法として他の医療上の代替手段がないこと。必ずしも医師による行為にかぎる必要はないと解する。

(イ)　**尊厳死**　尊厳死とは，「品位ある死」を迎えさせるために，患者に対する終末期医療を断念もしくは中止することである。尊厳死は消極的安楽死として治療の中止によって死を早めることになるところから，殺人罪または同意殺人罪の違法性阻却が問題となる。

(a)　**尊厳死の背景**　尊厳死問題が生じたのは，生命維持治療の長足の進歩により終末期状態にある患者の延命が可能となり，ガンなどの激痛に苦しむ終末期状態の患者や回復の見込みがない植物状態の患者に対しても，ただ生命を引き延ばすことを目的とする終末期医療を施している実態があるからである。尊厳死は，こうした助かる見込みのない患者に終末期医療を実施することは，患者にとってインヒューマンであるという認識のもとに，患者の利益のために終末期医療を止め，人間としての尊厳を保ちつつ自然の死を迎えさせるという人道的な観点から，終末期医療の在り方の問題として考えるべきであろう。

この観点からは，尊厳死は単に意識を不可逆的に失っている植物状態の患者ばかりでなく，ガン末期の患者等についてもその適用が問題となるものであり，終末期医療は，次の要件のもとに中止（不開始を含む）することが許されると解する。

(b)　**要　件**　第1に，医学的に見て，患者が治療不可能な病気に冒され，回復の見込みがなく死が避けられない終末期状態にあること。第2に，

意思能力を有している状態において患者が終末期医療の中止を希望していること。事前の意思表示(living will)は有効とすべきである。患者の意思を確認できないときは，近親者等の証言によって中止を決定すべきである。第3に，終末期医療の中止は医学的判断に基づく措置であるから，担当医がこれを行い診療録に必要な事項を記録しておくこと。第4に，中止の対象となる終末期医療として積極的な治療を含むことは当然であるが，その方法が人為的である点にかんがみ，鼻孔カテーテルおよび静脈注射等による栄養・水分補給の中止も許されると解すべきである（なお，最決平21・12・7刑集63・11・1899）。

(ウ)　**脳死と終末期医療の中止**　蘇生術ないし人工呼吸装置の発達に伴って，脳幹を含む全脳機能の不可逆的停止すなわち脳死が生じても，心臓・肺機能を一定時間持続させることが可能になった。そこで，脳死を個体の死と認めるかについて論争が起こり，ⓐ脳死を死と認めるのが医学界の定説となってきている以上，これを法律上の死と認めるべきであるとする説，ⓑ脳死を死と認めるか否かは患者側の自己決定に委ねるべきであるとする説，ⓒ脳死を新しい死の定義・判定基準とするためには社会的合意が必要であり，現段階では社会的合意が得られていないから脳死を個体の死と認めるべきでないとする説に分かれている。

(a)　**脳死は人の死か**　死は，法律上様々な効果を生ずるから一つの時点をもって死を認定すべきであり，心臓死と脳死の双方を法律上の死とすることは妥当でない。また，その認定は統一的に行われるべきであるから，認定基準は，医師の間で医学常識ないし定説となっているものを基礎とすべきであろう。さらに，死は社会的意味をもつものである以上，死の法律的定義は，社会的合意とまではいわないまでも，社会通念として認められる程度のコンセンサスを得る必要がある。この観点を踏まえてみると，医学界においては脳死説が通説化しつつあるというものの，社会通念上脳死説が承認されているとみるのは時期尚早と思われる（「臓器の移植に関する法律」6条は，「移植術に使用されるための臓器を，死体（脳死した者の身体を含む。以下同じ。）から摘出することができる」としている）。

(b)　**人工呼吸器等の取りはずし**　こうして，脳死患者から生命維持装置を取りはずし，あるいは臓器を摘出して心臓死に至らしめる行為は殺人罪

の構成要件に該当することとなる。しかし，脳死が起こると，その心臓と肺臓は人工的に動かされているにすぎず，最早，みずからの力で2度とそれらの機能を働かすことが不可能な状態に陥るから，患者はいわば「生と死の中間に属する状態」にあるといえるであろう。そして，そのような状態では，もはや人間としての尊厳を失っているとみて，正常な判断が可能な時の患者の意思または患者の意思を代弁しうる近親者の意思に基づいて医療を停止することは，人道に適った処置として社会的相当性を有し，違法性を阻却すると解すべきである。

(c) **臓器移植**　臓器移植のために臓器を摘出して個体を死亡させる行為は，本人の利益のためとは必ずしもいえないから，直ちに社会的相当性を有するとはいえない。したがって，現時点において脳死患者から臓器を適法に摘出するためには，①治療目的に基づくものであること，②患者の自己決定（事前の意思表示——living will）に基づくものであること，③厳格な手続要件を充たすこと，④臓器売買に結びつくものでないことなど，社会通念上容認しうる要件を法律で定め，法令行為として正当化するのが妥当であろう（臓器の移植に関する法律6条は，脳死を人の死と認め，本人の事前の意思表示または遺族の同意を要件として，脳死体からの臓器の摘出を認めている）。

(6)　**自救行為**　自救行為とは，たとえば，窃盗の被害者が犯人から盗品を奪い返す行為のように，権利（法益）を侵害された者が，その回復を図るのに法律上正式な手続を履んで国家機関の救済を求めたのでは，時期を失してその回復が事実上不可能または著しく困難になる場合に，自力でその回復を図る行為をいう。

(ア)　**違法性阻却の根拠**　現行刑法は，自救行為を規定していないが，国家機関が法秩序の侵害を回復するいとまがない点では正当防衛（⇨156頁）と共通し，法秩序の侵害をそのまま放置しておいたのでは法が不法を擁護する結果となりかねないから，社会的相当性を逸脱しない範囲において，自救行為は違法性を阻却すると解すべきである。

自救行為を安易に認めると，国家機関による救済を軽視し実力行使を容認することになるばかりか，自救行為を行う者の実力の程度によって救済の不公平をもたらすことになるから，軽々に認めるべきではない。判例はこれを

認めることに消極的であるが（大判昭 16・5・12 刑集 20・246，最判昭 30・11・11 刑集 9・12・2438），正当防衛の要件に照らし，緊急の程度，法益の権衡，行為の相当性等を考慮して，以下のような厳格な要件のもとにこれを認めるべきである。

(イ) **要 件**　第 1 に，権利ないし法益が違法に侵害されたという事実が存在すること。それゆえ，適法な行為について自救行為はなしえない。法益は個人的法益でなければならないとする説もあるが，正当防衛の場合に準じて個人法益にかぎらないと解すべきである（⇒ 159 頁）。財産権ばかりでなく，たとえば，名誉権についても自救行為はなしうる（東京高判昭 43・1・26 高刑集 21・1・23）。自救行為は過去の法益侵害についてのみ適用が問題となり，法益が現に侵害されつつあるときは正当防衛となる。

第 2 に，緊急下の行為であること。国家機関による法的救済を受ける余裕がなく，直ちに自力による救済をしなければ回復が事実上不可能になるか，または著しく困難になるおそれがある状態を必要とする。

第 3 に，自救行為は，侵害回復のために必要であり相当なものであること。相当性の判断に当たっては，方法・程度のほかに法益権衡性も考慮されるが，自救行為は不正な侵害に対するものであるから，緊急避難の要件にいう補充性の原則（⇒ 170 頁）は適用されない。

第 4 に，自救の意思で行われること。自己のためにする意思であると他人のためにする意思であるとを問わない。

自救行為の相当性の程度を超えた行為は過剰自救行為となり，他の要件を充たしても違法性を阻却しない。自救行為の要件に当たる事実が存在しないのに存在すると誤信する誤想自救行為は，故意を阻却しないと解すべきである。誤想過剰自救行為も同様の取扱いとなる（⇒ 166 頁）。

(7) 義務の衝突　両立しない複数の法律上の義務が同時に存在する場合で，そのうちのあるものを履行するためには，他の義務を犠牲にすることをいう。たとえば，父親は，溺れている 2 人の子がいるときにはどちらも救助しなければならないが，1 人だけ助けてもう 1 人の子は助けなかったような場合である。また，医師が重傷の者と軽傷の者の 2 人の患者に同時に診療を申込まれた以上，どちらに対しても診療義務があるから（医師 19 条 1 項），

そこには診療義務の衝突が生ずることになる。

　義務の衝突は，2つ以上の相容れない義務の履行を迫られている場合に，やむをえず義務を怠るのであるから，義務の軽重を比較して，少なくとも履行した義務が放置した義務と同等のものであるときは，社会的相当性を有するものとして違法性阻却が認められよう。

　(8)　**許された危険**　社会生活上不可避的に存在する法益侵害の危険を伴う行為について，その社会的効用のゆえにその危険を法的に許容することをいう。工場，ガス，電気などの事業，高速度交通機関などは，しばしば危険を伴うが，もし，その危険のゆえにこれらに関する行為を全面的に禁止するならば，現代の社会生活は完全に麻痺してしまうであろう。

　許された危険は，社会生活上必要不可欠な行為は，場合によって危険となることがあっても，それがなければ現代の高度に技術化した社会は成り立たないから，行為の社会的有用性・必要性，予想される危険の蓋然性，侵害されるべき法益の性質・程度，危険防止のための可能な手段などを総合的に考慮し，社会通念上相当とされる範囲に属する行為である以上は，現実に法益侵害の結果を惹起したとしても，社会的相当行為として違法性を阻却する。

◆【問　題】

(1)　医師 X は，緊急に舌ガン部分を除去する必要があると診断し，患者甲にその旨を説明したところ，甲は，「舌を切り取られるのなら死んだ方がましだ」といって手術を拒否したので，「癌の部分を焼き取る」とだまして，舌の切除手術を行った。X の手術自体は治療として適切であり，甲の予後も良好であったが，甲は X を傷害罪で告訴した。X の行為は罪になるか。

(2)　プロボクサー X は，日本選手権試合において，対戦相手甲が死んでも構わないと思って猛然と打ち合いに出たところ甲はダウンし，後頭部をロープに打ちつけ脳内出血で死亡した。X の罪責はどうか。

(3)　医師 X は，甲が指をつめてヤクザ稼業から足を洗いたいとその切断を求めてきたので，甲の左手の小指をメスで切り落とした。X の罪責を論ぜよ。

(4)　被害者の承諾は，傷害罪の成否にどのような影響を及ぼすか。

(5)　X は，自己の土地に Y が勝手にプレハブ住宅を建てたのを発見し，Y に無断でこれを取り壊した。X の罪責はどうか。

第7章　犯罪成立阻却事由　　155

〔4〕 正 当 防 衛

1 正当防衛の意義と根拠 ─────────────

(1) 正当防衛とは　「急迫不正の侵害に対して，自己又は他人の権利を防衛するため，やむを得ずにした行為」(36条1項) を正当防衛という。法治国家においては，法益侵害ないし法益の衝突を私人の実力行使によって阻止または解決することは許されるべきでなく，国家機関による法定の手続によって法益を保全し，法益の衝突を解決することが建前となっている。私人の実力行使による法益保全を認めれば，かえって法秩序は混乱するからである。

しかし，法益侵害の危険が切迫しており，国家機関が法益侵害の予防・回復を図るのが不可能もしくは著しく困難な緊急状態のもとでは，私人による実力行使を認めないかぎり法益の保全を図ることが不可能なばかりでなく，法秩序の維持が困難となり，ひいては社会秩序の混乱を招くことになる。刑法は，国家機関による救済の補充として，「法の自己保全」ないし法が厳然として存在していることを確証するために (「法確証」)，厳格な要件を設けて正当防衛を定め，私人による法益侵害行為を認めているのである。

(2) 正当化の根拠　正当防衛は，急迫不正の侵害に対して自己または他人の権利を防衛するため，やむをえず行う反撃行為であるが，現行刑法は，このような反撃行為を「罰しない」と規定している。これは，正当防衛による法益侵害行為は，構成要件に該当しても違法性が阻却されるとする趣旨である。

正当防衛が違法性を阻却する根拠については，ⓐ不正な侵害者の利益は保護に値しないとして「法益性の欠如」ないし優越的利益の原理を説く見解，ⓑ人間の自己保存の本能に基づくものとして自然権を説く見解，ⓒ法の侵害に対して反撃を認め法自体の存在を確証するものとして「法の自己保全」ないし法の存在を証明する法の確証の利益を説く見解，ⓓ個人の自己保全の利益と法確証の利益の両面を説く見解などがある。

個人の利益ないし法秩序は，元来国家機関による法定の手続によって保護されるべきところ，それが不可能な緊急状態のもとでは，その侵害を避ける義務を課さないで，むしろ反撃する権利を認め，人間の自己保存の本能を保

156

護するとともに，法秩序の侵害の予防または回復という観点から法の自己保全を図り，法秩序の存在を確証するために違法性を阻却すると考えるべきであり，その意味で⑥説が妥当である。「法は不法に譲歩すべきではない」とする法諺は，このような趣旨として理解すべきであり，この意味で正当防衛は社会的相当性を有することになるのである。正当防衛は「不正な侵害」に対する正当な行為として，「不正対正」の関係において正当化されるのであって，後述の緊急避難が「正対正」の関係に立つのと根本的に異なる（⇨168頁）。

2 正当防衛の要件

(1) 急迫不正の侵害　正当防衛が成立するためには，急迫不正の侵害がなければならない。

(ア) 急迫性　「急迫」とは，不正の侵害が現に存在しているか，侵害の危険が切迫していることをいう。緊急避難における「現在」(37条1項)と同義であり，現に侵害が行われている場合を含むが，過去の侵害または将来の侵害に対する正当防衛は成立しない。例えば，相手方から火箸で足を殴打され，その侵害が一応終わった段階で相手方の頭を十能で強打して死亡させた場合は，急迫性は認められない（大判昭7・6・16刑集11・866)。窃盗罪の成立後，被害者が犯行の現場付近で盗まれた物を取り返す行為は，正当防衛ではなく自救行為に当たる（最大昭24・5・18刑集3・6・772)。

将来の不正な侵害を予想して行われるものであっても，その効果が，後に侵害が現実化した時点で効果が生ずるのであれば（例―忍び返し)，「急迫」となる。防衛の効果が発生する時を標準として，不正な侵害の「急迫性」が認められれば足りるからである。したがって，行為者が不正な侵害を事前に予期した場合にも，不正な侵害の急迫性を認めることができる（最判昭46・11・16刑集25・8・996)。また，侵害が当然またはほとんど確実に予期されている時でも，急迫性を失うものではない（最決昭52・7・21刑集31・4・747)。例えば，突然強盗に襲われたものは反撃することができるが，襲われた者が，たまたま強盗が出るのではないかと予期した場合には正当防衛ができないというのは，如何にも不当であろう。法が急迫性を要件としているのは，急迫不

第7章 犯罪成立阻却事由　157

〔正当防衛の要件〕

1 急迫不正の侵害 → ┌ 急迫性
  （正当防衛状況） └ 不　正

2 自己または他人の権利の防衛

3 やむを得ずにした行為
  （防衛行為の相当性）

4 正当防衛の意思

5 防衛行為の社会的相当性

正の侵害があるときは反撃する権利を認めるためであって，侵害を予期した場合にその侵害を回避すべき義務を課する趣旨ではないからである。

　問題は，侵害が予期できる場合において，その侵害を避けなかったにとどまらず，「その機会を利用し積極的に相手方に対し加害行為をする意思で侵害に臨んだときは，最早侵害の急迫性の要件を充たさない」（前掲最決昭52・7・21）とされた点にある。この最決52年判例はその後の実務を支配し，「積極的加害意思」をもって侵害に臨んだときは，急迫性を失うという判例上の枠組みは確立したといわれてきた。しかし，急迫性とは，「現に存在しているか，間近に迫っている」ということであり，場所的・時間的な問題として客観的資料をもって判断されるべきで，積極的加害意思といった主観的・情緒的な資料で判断すべき問題ではないと考える（なお，最決平29・4・26裁判集刑1675・2参照）。勿論，積極的加害意思をもって侵害に臨んだ場合に正当防衛の成立を論ずるのは不当と考えるが，それは急迫性の問題としてではなくて正当防衛意思の欠如として検討すべきである（⇨161頁）。

　(イ)　**不　正**　　正当防衛は法の確証のために認められるのであるから，違法な侵害すなわち「不正」な侵害に対してのみ可能である。それゆえ，正当防衛に対する正当防衛は認められず，この場合は緊急避難となるにすぎない。

　(a)　**不正と違法性**　　「不正」とは法秩序に反すること，すなわち違法と同じ意味であり，「不正な侵害」とは「違法な侵害」のことである。違法とは客観的違法性論における全体としての法秩序に反することをいい，必ずしも可罰的違法性を具備することを要しない。また，有責である必要もなく，責任無能力者の侵害行為も正当防衛の対象となる。違法性判断の対象とならない動物の挙動や自然現象，人の睡眠中の挙動については争いがあるが，「不正な侵害」に当たらないと解すべきである。物または動物の侵害に対する防衛を「対物防衛」という。

158

（b）　**対物防衛**　　対物防衛については，ⓐ動物等による法益侵害も違法であるから対物防衛を正当防衛として認めるべきであるとする説，ⓑ違法性は人の行為についてのみ問題となるから動物等による法益侵害に対しては正当防衛は認められず，緊急避難の対象とすべきであるとする説，ⓒ正当防衛ではないがそれに準じて違法性阻却事由とすべきであるとする説が対立している。

新客観的違法性論の立場からは，ⓑ説が妥当である。しかし，ⓑ説によると，所有者または管理者の故意または過失に基づく場合には，人の行為によるものとして正当防衛が認められるのに対し，人が適法に管理している動物または野生の保護獣による侵害に対して防衛のために殺してしまうような場合（鳥獣保護法違反の罪），緊急避難という厳格な要件で違法性を阻却するとするのは不均衡となるから，正当防衛の他の要件を充たす以上は正当防衛に準じた取扱いをすべきであり，ⓒ説が妥当である。わが国の民法は，「他人の物より生じた急迫の危難を避けるためその物を損傷した場合」には，緊急避難ではなく正当防衛と同じ扱いをしているところから（720条2項），これと統一する意味においても正当防衛に準じた扱いをするのが妥当である（準正当防衛説）。

（2）　**自己または他人の権利の防衛**　　正当防衛が成立するためには，客観的に行為が自己または他人の権利を防衛するためのものであることを要する。

（ア）　**自己または他人の権利**　　「権利」とは，法の保護する利益すなわち法益をいう。必ずしも法令上権利の名称を与えられているものでなくてもよい。自己の権利だけでなく，他人の権利に対しても正当防衛は許されることに注意を要する。「他人」のなかに国家ないし社会を含むかについて，「権利」は個人法益にかぎるから国家ないし社会を含まないとする見解が有力である。しかし，正当防衛の根拠を法の確証に求める以上は，すべての法益について正当防衛が問題となりうるから，国家・社会法益についても正当防衛を認めるべきである。しかし，国家・社会法益の保全は，本来は国家・公共機関の固有の任務に属する事柄であり，これを安易に私人または私的団体に委ねると，かえって法秩序を乱す危険があるので，公共的法益に対する正当防衛は，

極めて緊迫した場合に例外的に許されるにすぎないと考えられる（最判昭24・8・18刑集3・9・1465〔国家公共機関の有効な公的活動を期待しえない極めて緊迫した場合〕）。

(イ) **防衛行為**　正当防衛は権利を「防衛するため」の行為であることを要するから，その性質上，侵害者に向けられた反撃といえるものでなければならない。乳児に授乳しないでこれを餓死させようとしている母親を射殺するのは，正当防衛ではないのである。防衛行為に関連して，三つの場合が問題となる。

一つ目は，反撃の結果が第三者に生じた場合である。この場合について，ⓐ正当防衛説，ⓑ誤想防衛説，ⓒ緊急避難説が対立している。行為者は，侵害者に反撃しつつ，第三者に傷害を与えることによって「現在の危難」を回避したのであり，また，反撃行為における防衛の意思は，同時に避難の意思をも含むと解されるから，ⓒ説が妥当である。二つ目は，侵害者が第三者の所有物を利用して攻撃してきた場合に，反撃者が防衛のためにその物を損壊する行為である。第三者の物は不正な侵害行為の一部をなしているのであるから，これに向けて防衛行為がなされている以上は正当防衛である。三つ目は，侵害者に対し，第三者の物で反撃したためにその物を損壊した場合である。反撃行為は正当防衛であり，その行為の手段として物を損壊したのであるから，反撃者と第三者は正対正の関係にあり，後述の緊急避難になると解する（⇨169頁）。

(3)　**やむを得ずにした行為**（防衛行為の相当性）　刑法は，緊急避難の規定と同じように「やむを得ずにした行為」という文言を用いているが，正当防衛は「不正対正」の関係に基づいて，「正は不正に譲歩しない」という見地から違法性を阻却するのであるから，緊急避難の場合と同じように，この法文を「他に採るべき手段がない」という言葉本来の意味に解釈すべきではない。正当防衛は，不正な侵害に対しては退避義務を認めないで反撃の権利を認めるのであり，他に採るべき手段があってもよいのである。獰猛な人相をした凶暴な窃盗犯人が，長さ1メートル以上もある雑木で打ちかかってきたので，これを奪い取ったところ，なお組みついてきたので，その雑木で相手の頭部に反撃を加えて殺した場合のように，反撃行為によって生じた結

果がたまたま侵害されようとした法益より大であっても，防衛行為となりうるのである（最判昭26・3・9刑集5・4・500）。

しかし，「やむを得ず」という言葉は，「仕方がなく」という意味なのであるから，侵害を阻止ないし排除するのに必要な反撃は許されるけれども，その反撃はあくまでも防衛手段として，社会通念上，最も危険でない行為でなければならないとする趣旨と解すべきである。これを防衛行為の相当性という。

判例は，「やむを得ずにした行為」とは，「侵害に対する反撃行為が，自己または他人の権利を防衛する手段として必要最小限のものであること，すなわち反撃行為が侵害に対する防衛手段として相当性を有するものであることを意味する」（最判昭44・12・4刑集23・12・1573）としている（最判平元・11・13刑集43・10・823）。それゆえ，素手で殴りかかってきた者を突き飛ばすだけで簡単に暴力を排除できるのに，これを射殺することは許されないのである。なお，「やむを得ずにした行為」と評価される行為であるかぎり防衛行為であるから，反撃の結果として侵害を阻止ないし排除できなくても正当防衛となりうる。

(4) 正当防衛の意思　正当防衛が成立するためには，以上に述べた客観的正当化要素のほかに，主観的正当化要素として，正当防衛の意思が必要であると解する。

(ア) 不要説　これに対し，①違法か適法かは客観的に決めるべきで行為者の主観にかかわらせるべきではない，②防衛行為は反射的に行われる場合が多いから，防衛の意思を必要とすると，正当防衛の成立範囲を著しく狭くしてしまうといった根拠から，不要説が有力となっている。しかし，明らかに犯罪の意図をもって攻撃行為がなされ，行為者の予想どおり結果を惹起したのに正当防衛が認められるとすれば，不正な者を保護することになって，法の確証によって社会秩序の維持を図るという正当防衛の趣旨に反することになる。

(イ) 必要説　こうして，①偶然に防衛の結果を生じた場合（偶然防衛），②防衛を口実にして他の目的のためにする場合（口実防衛），③初めから反撃を加える意図をもって故意に侵害行為を誘発した場合には（挑発防衛），

防衛意思を欠くという理由で正当防衛を認めるべきではない。防衛意思は，もっぱら犯罪的意図・動機でなした行為を正当防衛から除去するために必要となるのである。

必要説に対しては，客観的に正当防衛の要件が成立しているのに防衛意思がないことを理由に正当防衛を認めないのは，法益侵害がないのに処罰する純粋の行為無価値論であるとする批判がある。しかし，法益衡量説に立つのならばともかく，正当防衛であっても法益が侵害されている事実に変わりはなく，正当防衛は，法益侵害欠如のゆえに違法性が阻却される被害者の同意とは異なり，社会的相当性を根拠に違法性が阻却されるものであるから，この批判は当たらない。

(ウ) **防衛意思の内容**　　防衛意思の元来の意味は，不正な侵害から自己または他人の権利を守るという積極的意思のことである。しかし，本能的な自衛行為であっても，みずからを防衛する意思に基づくものであることは否定できず，また，本能的な反撃行為も考慮に入れて正当防衛が規定されていることは疑いないから，防衛意思は積極的な防衛の意図・動機がない場合においても認められるべきである。反撃の際に興奮，狼狽，憤激，逆上していて積極的な防衛意思が認められない場合，あるいは攻撃意思と防衛意思とが併存する場合においても（最判昭50・11・28刑集29・10・983），直ちに防衛意思が否定されるわけではなく，結局，防衛意思とは，「急迫不正の侵害を認識しつつそれに対応しようとする心理状態」をいうと解すべきである。

(エ) **判例の態度**　　判例は，防衛の認識がある場合には攻撃の意図があっても防衛の意思を認めるが（最判昭60・9・12刑集39・6・275），積極的加害の意図から出たときは防衛の意思は認められないとする趣旨，すなわち，急迫不正の侵害についての認識があって，これに対応する心理状態が認められれば防衛意思を認めてよいとする立場と解されるのであり，判例の態度は妥当であると思われる。

(5)　**防衛行為の社会的相当性**　　正当防衛の要件を充たす行為は，違法性を阻却して犯罪を構成しない。しかし，正当防衛も類型化されたものであるから，形式的にこの要件を具備しても，実質的に社会的相当性を欠くときは違法性を阻却しない。そのような場合として，自招防衛およびその一場面

としての喧嘩・闘争がある。

　㋐　**自招防衛**（みずから招いた正当防衛状況）　　自招侵害は，防衛者みずからが不正の侵害を招いて正当防衛の状況を作り出すことである。たとえば，正当防衛に名を藉りて相手方に侵害を加える場合，あるいは故意または過失によって相手方を挑発する場合である（東京高判平 8・2・7 判時 1568・145）。

　(a)　判例・学説　　判例は，「不正の行為に因り，自ら侵害を受くるに至りたる場合においても，仍ほ正当防衛権を行使するを妨げず」（大判大 3・9・25 刑録 20・1648）と説き，自招防衛についても正当防衛が成立することがありうるとしている。学説上は，ⓐ正当防衛権の濫用と認められないかぎり正当防衛に当たると説く権限濫用説，ⓑ正当防衛を認めうるが，自招行為が法益侵害の結果を惹起した場合には罪責を問えるとする「原因において違法な行為の理論」，ⓒ防衛行為が社会的相当性を欠く場合には正当防衛を認めるべきでないとする社会的相当性説などが対立している。

　(b)　取扱い　　正当防衛は，急迫不正の侵害に対し反撃を認めることによって法の存在を確証し，もって法の維持を図るためのものであるから，防衛行為の時点で正当防衛の要件を充たしたとしても，その行為が社会的相当性を欠くものであるときは，実質的に違法性を有するものであり，そのような行為を正当防衛として正当化すれば，かえって法秩序を乱す結果となる。それゆえ，正当防衛行為が社会的相当性を欠く場合には，正当防衛の要件はすべて充たしていても正当防衛の成立を認めるべきではなく，ⓒ説が妥当である。

　しかし，挑発行為が過失に基づくなど社会的相当性の枠をそれほど逸脱するものではなく，また，相手方の軽微な侵害が予想されるような挑発に対して極めて重大かつ異常な法益侵害を伴う攻撃がなされた場合には，この攻撃に対して正当防衛を認めてよいであろう（最決平 20・5・20 刑集 62・6・1786）。

　㋑　**喧　嘩**　　闘争者双方が攻撃および防衛を繰り返す一連の闘争行為が喧嘩である。したがって，闘争のある瞬間においては闘争者の一方がもっぱら防御に終始し正当防衛を行う観を呈することがあっても，闘争の全般からみて喧嘩を防衛行為とみるのは困難である。大審院時代の判例が，「喧嘩両成敗」の考え方に基づいて，喧嘩の場合には正当防衛の観念を容れる余地が

ないという態度をとってきたゆえんである（大判昭7・1・25刑集11・1）。しかし，最高裁判所はこの態度を改めて，正当防衛の成立する場合がありうることを認めた（最大判昭23・7・7刑集2・8・793）。

喧嘩は，一般的に社会的相当性を欠く行為である。しかし，たとえば，手拳で殴り合っていたところ，突然一方が包丁を持って切りかかってきたような場合，これに対して野球用のバットで反撃するように，喧嘩においても闘争の全般からみて社会的相当性を逸脱しない場合がありうるから，反撃行為として正当防衛の要件を満たすかぎり，違法性を阻却すると解すべきである。

3 過剰防衛

(1) 過剰防衛とは　　急迫不正の侵害に対し，防衛の意思で反撃行為を行ったが，その反撃行為が防衛の程度を超えた場合を過剰防衛という。36条2項は，過剰防衛について「防衛の程度を超えた行為は，情状により，その刑を減軽し，又は免除することができる」と規定している。「防衛の程度を超えた」とは，防衛行為が相当性の程度を超えていることである。したがって，過剰な反撃であっても，それ以外の正当防衛の要件を充たしていなければ，過剰防衛とはならない。

(2) 質的過剰と量的過剰　　過剰防衛には，質的過剰の場合と量的過剰の場合とがある。質的過剰とは，必要性と相当性の程度を超えていることをいい，たとえば，下駄で打ちかかってきた者を匕首で刺し殺した場合である（大判昭8・6・21刑集12・834）。量的過剰は，防衛行為の結果として相手方がその侵害を止めたのに，引き続き追撃した場合であり，たとえば，最初の一撃で相手は倒れたのに，恐怖の余り鉈で数回切りつけて死なせた場合がこれに当たる（最判昭34・2・5刑集13・1・1参照）。いずれについても過剰防衛の適用はありうる。なお，量的過剰については，最初の行為（第1行為）と引き続き行われた行為（第2行為）とは別個の行為となるから，両者を併せ過剰防衛を論ずる余地はないとする見解もあるが，急迫不正の侵害に対する反撃として，同一の防衛意思で連続ないし数個の行為ではあるが違法性および責任の面で一体として評価されるから，1個の過剰防衛として処理すべきである。すなわち，量的過剰が認められるためには，①複数の行為間の防衛意思

164

が一貫していること，②複数の行為が時間的・場所的に見て，一連一体と評価されることが必要である（最決平20・6・25刑集62・6・1859，最決平21・2・24刑集63・2・1参照）。

(3) 故意の過剰防衛と過失の過剰防衛　過剰防衛は，過剰性の基礎となる事実に関連して，故意の過剰防衛と過失の過剰防衛とに分けることができる。故意の過剰防衛とは，過剰の基礎となる事実（過剰事実）について認識がある場合であり，たとえば，素手による暴行に対して日本刀で反撃することを認識していた場合がこれに当たる。過失の過剰防衛とは，過剰事実について認識がない場合をいい，たとえば，棒で反撃するつもりで手に取ったがそれは鉞（まさかり）であった場合がこれに当たる。故意の過剰防衛は，過剰防衛として当該の故意犯が成立する。これに対して，過失の過剰防衛は故意を阻却し，誤想防衛の成立が問題になると解する説が有力であるが，両者を分けて考える見解は妥当でない。

(4) 刑の裁量的減免　過剰防衛は「情状により，その刑を減軽し，又は免除することができ」る。刑の減免の根拠については，ⓐ恐怖，驚愕，興奮，狼狽などに基づく行為として責任が軽減されるからだとする責任減少説，ⓑ法益侵害に対する防衛効果が生じた点で違法性が軽減されるからであるとする違法性減少説，ⓒ責任が軽減されるとともに違法性も軽減されるからだとする違法性・責任減少説とが対立している。過剰防衛においても，法の確証の効果は全面的に否定されるわけではないから，違法性の減少の面があることは否定できず，また，急迫不正の侵害に対する反撃者の心理的動揺も考慮されるべきであり，ⓒ説が妥当である。

4 誤想防衛

(1) 誤想防衛とは　正当防衛の要件に当たる事実がないのにその事実が存在すると誤想して行われる反撃行為を誤想防衛という。誤想防衛は，①急迫不正の侵害がないのにあると誤信し，その誤信した事実に対して相当な防衛行為をした場合，②急迫不正の侵害はあるが，防衛行為自体について，防衛のために相当な行為をするつもりで誤って不相当な行為をした場合（最判昭24・4・5刑集3・4・421）である。

第7章　犯罪成立阻却事由　　165

(2) 学　説　　誤想防衛については，ⓐ事実の錯誤ないし独自の錯誤として故意を阻却し，その錯誤について過失があるときは過失犯が成立するとする説（大判昭 8・6・29 刑集 12・1001，広島高判昭 35・6・9 高刑集 13・5・399 参照），ⓑ誤想防衛においても行為者の意思は構成要件的結果の惹起に向けられており，構成要件に該当する客観的事実は認識しているのであるから，誤想防衛は違法性の錯誤として故意を阻却しないとする説が対立している。正当防衛であると誤信したことは，法律上許されていないのに許されていると誤解する違法性の錯誤にほかならないから，ⓑ説が妥当である。ただし，誤想することが無理もないというように，違法性の錯誤につき相当な理由がある場合には，38 条 3 項によって責任が阻却されることもありうる（⇨192 頁）。

5　誤想過剰防衛

　誤想過剰防衛は，急迫不正の侵害がないのに，それがあるものと誤信して防衛行為に出たが，誤想した侵害に対する防衛としては過剰であった場合である。過剰性の基礎となる事実について認識がある場合とない場合とに分けることができる。両者の取扱いについては，ⓐ発生した事実につき故意犯が成立し，錯誤が避けえない場合は責任を阻却すると解する説，ⓑ発生した事実につき過失があるときは過失犯が成立すると解する説，ⓒ過剰事実について認識のない場合には故意を阻却し，過剰事実について認識のある場合には故意を阻却しないとする説の対立がある。責任説の立場を採る私見からは（⇨189 頁），ⓐ説が妥当である。

　過剰性が認められる場合には，36 条 2 項を適用すべきであるとする説が有力であるが（最決昭 41・7・7 刑集 20・6・544），誤想過剰防衛も誤想防衛にほかならないから，36 条 2 項の適用はなく，38 条 3 項によって対応すべきである（最決昭 42・5・26 刑集 21・4・710）。

6　盗犯等防止法における特則

　「盗犯等の防止及処分に関する法律」には，正当防衛に関する特則が設けられている。同法 18 条 1 項は，盗犯者および侵入者などを殺傷したときには，それが「やむを得ずした」行為かどうかにかかわりなく正当防衛を認め

166

ることにしている（最決平6・6・30刑集48・4・21）。また，同条2項は，1項の場合における誤想防衛または過剰防衛を責任阻却事由としている。

◆【問　題】

(1)　正当防衛が違法性を阻却する根拠について，自説を述べ反対説を批判せよ。

(2)　Aが路上でかねて不仲のBをののしると，Bは激しく怒って「ぶっころしてやる」といって料理用に持っていた包丁で切り付けてきたので，Aは慌てて逃げたが，なおもしつこく追いかけてくるBに対し，持っていたナイフを投げつけたところ，Bには当たらず，通行中のCの心臓に突き刺さりこれを死亡させた。Aの罪責はどうか。

(3)　Xが駅のホームで電車を待っていたところ，泥酔していたYが近づいてきて執拗にからみ，Xの身体に触れたり，首をつかんだりしたので，Xはその場を離れようとしたが，Yは追いかけて来てXのコートの襟をつかんだので，立腹したXはYの身体を片手で軽く突いたところ，Yは線路上に転落して，たまたま進行してきた電車に轢かれて死亡した。Xに正当防衛が適用できるか（千葉地判昭62・9・17判時1256・3参照）。

(4)　Xは，Yが包丁で切りかかってきたので，防衛のためやむをえずYに向けて鉄片を投げつけたところ，Yに当たらずそばに立っていたZの頭部に命中し，これを死亡させた。Xの罪責はどうか。

(5)　日本に留学中の外国人で空手3段のXが夕刻帰宅する途中，甲と乙子がもつれ合い，突然乙子が路上に転倒した。甲は，乙子を介抱していたのであるが，Xは甲が乙子に暴行を加えているものと思い込み，乙子を助けようとして近寄ったところ，甲がXに向かってボクシングの姿勢を取ったので，Xは甲が自分にも殴りかかってくるものと誤信し，自分と乙子を防衛する意思で空手の回し蹴りを加えたところ，Xの足が甲の顔面に当たり，甲を死亡させた。Xの罪責を論ぜよ（最決昭62・3・26刑集41・2・182参照）。

〔5〕緊 急 避 難

1　緊急避難の意義と根拠

(1)　緊急避難とは　たとえば，カルネアデスの板（難船中に1枚の板にすがるため他の者を犠牲にして自分だけ助かるというギリシャの哲学者カルネア

第7章　犯罪成立阻却事由　167

デスの作った設例)を争って奪い合う者が，他を押しのけて自分だけ助かる行為のように，切迫する危難を避けるために，この危難の発生原因とは無関係な第三者の法益をやむなく侵害する行為を緊急避難という。

刑法は，「自己又は他人の生命，身体，自由又は財産に対する現在の危難を避けるため，やむを得ずにした行為は，これによって生じた害が避けようとした害の程度を超えなかった場合に限り，罰しない」(37条1項)としている。緊急避難の場合は，①危難の原因である侵害が不正であることを要しない点，②避難行為は違法な原因力に向けられるのではなく，それと無関係な第三者に被害を転ずる点で，正当防衛と大きく異なる。正当防衛は「不正対正」の関係を基礎とするが，緊急避難は「正対正」の関係を基礎とするのである。

(2)　**不可罰の根拠**　　緊急避難の法的性質をめぐっては，学説上争いがある。

(ア)　**学　説**　　ⓐ緊急避難は第三者の法益を侵害するので違法であることを免れず，ただ危難に直面しているため他の適法行為を期待できない点で責任を阻却するとする責任阻却事由説，ⓑ現行法は「他人」の法益を守るための緊急避難を認めており，また法益権衡の要件を定めているのは，緊急避難を違法性阻却事由とする趣旨であるとする違法性阻却事由説，ⓒ大きな法益を救うために小さな法益を犠牲にし，あるいは等しい一方の法益を救うために他方の法益を害する場合は違法性阻却事由となるが，小さい法益を救うために大きな法益を犠牲にする場合は責任阻却事由になるとする二分説が対立している。

(イ)　**違法性阻却説の妥当性**　　緊急避難の法的性質は現行法の規定を根拠として定めるべきであるから，現行法が他人の法益に対する緊急避難を認め，また，法益権衡の要件を規定して「罰しない」としている以上，他に適法行為を期待できないという理由だけで犯罪の不成立を認めているとは考えられない。したがって，責任阻却を根拠とする責任阻却事由説と二分説は不当であり，違法性阻却事由説が妥当である。

違法性阻却事由説に対しては，ある法益を救うためにそれと同じ法益を犠牲にする場合の違法性阻却の根拠が明らかでないとの批判が加えられている。

大きな法益を犠牲にするというのではなく，一定の条件のもとで同等以下の法益を犠牲にして他の法益を保全することは法益保護の原則に即するばかりでなく，緊急状態に直面した者が，その危難を避けるために他に採るべき方法がないので，やむをえず他人の法益を侵害した場合において，侵害した法益が保全しようとした法益よりも大きくないかぎり社会的相当性を有するものとして当該行為を法が許容するものと解すべきである。もっとも，緊急避難の法的性質をめぐる対立は，実際上は緊急避難に対する正当防衛が可能かどうかに帰着する。

2 緊急避難の成立要件

(1) 現在の危難　「現在の危難」とは，保全すべき法益に対する侵害が現に存在していること，または侵害の危険が切迫していることである。37条1項は，「自己又は他人の生命，身体，自由又は財産に対する現在の危難」と定め，保全法益を具体的に列挙しているが，緊急避難の趣旨からすれば，保全法益は，刑法が保護している名誉・貞操などの個人法益をも含むと解すべきである。

「危難」とは，法益の侵害または侵害の危険が存在する状態のことである。危難の原因は，人の行為，自然現象，動物の挙動，社会関係（例—急激な物資不足）などのいずれであるかを問わない。正当防衛における「侵害」と異なり，危難の原因は人の行為にかぎらない。

「現在の」とは，法益侵害の状態が現に存在していること，および法益侵害の危険が間近に切迫していることをいい，正当防衛における「急迫」と同じ意味である。たとえば，自己の猟犬に他人の番犬が咬みついた場合（大判昭12・11・6裁判例(11)刑87），異常な豪雨により稲作中の水田が冠水した場合（大判昭8・11・30刑集12・2160）には，危難の現在性が認められる（最判昭35・2・4刑集14・1・61〔否定例〕）。

(2) 避難行為　避難行為は，他人を犠牲にして危難を避けるものであり，いわゆる「正対正」の関係において認められるものであるから，①「やむを得ずにした」ものであること，②「これによって生じた害」が，それによって「避けようとした害の程度を超え」ないことが要求される。

第7章 犯罪成立阻却事由　169

㋐　**補充性**　「やむを得ずにした」とは，法益保全のために唯一の方法であって他に可能な方法がないという意味である（前掲最大判昭24・5・18〔当該避難行為をする以外には他に方法がなく，条理上肯定し得る場合〕，東京地判平8・6・26判時1578・39）。避難行為以外に方法がない場合にのみ許されるということを「補充性の原則」といい，そこから導かれる要件を補充性という。緊急避難は正対正の関係を基礎とするから，無関係な第三者の法益を犠牲にできるのは，他に採るべき方法がない場合にかぎられるとする趣旨である。

　㋑　**法益権衡性**　「避けようとした害の程度」を超えないことを法益権衡の原則といい，そこから導かれる要件を法益権衡性という。「これによって生じた害」とは，避難行為によって生じた法益侵害の結果である。「避けようとした害」とは，避難行為によって回避された法益侵害すなわち避難行為によって救われた法益をいい，これを保全法益と呼ぶ。「程度を超えなかった場合に限り」とは，侵害法益と保全法益とを比較し，前者が後者を超えない場合という趣旨である。

　法益の比較は客観的基準によって行うべきであり，同一法益についてはその量の大小が，また，異種の法益についてはそれぞれの法益を保護している犯罪の法定刑の軽重が一応の基準となるが，具体的事例に応じて社会通念に従い法益の優劣を決すべきである。

　(3)　避難の意思　避難の意思については，必要説と不要説が対立しているが，正当防衛における防衛の意思を必要とすることと同じ理由で必要説が妥当である。避難の意思でなされる避難行為が注意義務に違反する場合もありうるから，避難行為が過失行為であっても避難の意思を認めることは可能である（大阪高判昭45・5・1高刑集23・2・367）。

　他人のためにする避難行為は，法益主体である本人の意思に反することから許されないとする見解もあるが，緊急避難の法的性質にかんがみれば，本人の意思とは無関係に許されると解すべきである。

　(4)　避難行為の社会的相当性　緊急避難が成立するためには，単にその形式的要件を具備するだけでは足りず，実質的に社会的相当性を有するものでなければならない。

　みずから招いた危難すなわち自招危難に対する避難行為は認められるかに

ついて，ⓐ緊急避難が成立するとする説，ⓑ「危難」は偶然に生じたものであることを要するから緊急避難は成立しないとする説，ⓒ故意の自招危難は緊急避難にならないとする説，ⓓ相当性の見地から具体的に判断して決めるべきであるとする説などが対立している。

自招侵害の場合と同じように，みずから有責に危難を招いた場合には，一般には緊急避難の要件を満たさないが，特に過失ないし偶然の事情により自招した危難の場合は，緊急行為の時点で緊急避難の要件を満たす場合もありうるから，この場合には自招行為と緊急行為を全体として把握し，緊急行為として社会的相当性を有するか否かの見地から緊急避難の成立を認めるべきであり，ⓓ説が妥当である（大判大13・12・12刑集3・867，東京高判昭47・11・30刑月4・11・1807）。

(5)　業務上特別義務者　　業務上特別義務者には，緊急避難の規定は適用されない（37条2項）。

「業務上特別の義務がある者」とは，その業務の性質上危難に赴くべき義務がある者をいい，たとえば，警察官・消防職員・船長などがこれに当たる。義務の根拠は，法令，契約，慣習のいかんを問わない。この特則は，業務上特別の義務ある者が自己の危難に際し他人を犠牲にしてみずからの法益を救うことが許されるとすれば，特別の義務を課されている意味が失われてしまうところから，このような者には緊急避難の規定を適用しないとする趣旨に基づくものである。それゆえ，この趣旨に反しないかぎり，業務上の特別義務者にも緊急避難は許される。

業務上の特別の義務と無関係な自己または他人の危難について，緊急避難が許されるのはいうまでもない。また，特別の義務に関連する避難行為であっても，義務を遂行している過程でなされる場合のように，義務の履行と矛盾しないときも許される。たとえば，交通取締りに当たっている警察官が，自己に向かって直進してくる暴走車を避けるために歩行者を転倒させ軽傷を負わせる行為は，緊急避難として許される。

3 過剰避難・誤想避難・誤想過剰避難 ─────────

(1) 過剰避難 緊急避難の他の要件が満たされている場合において，避難行為がその程度を超えた場合であり，①補充性の原則に反した場合（東京高判昭 57・11・29 刑月 14・11＝12・804），②法益権衡の原則に反した場合の二つがある。過剰避難については刑の任意的減免が認められるが（37 条 1 項ただし書），その根拠については，責任減少説，違法・責任減少説が対立している。緊急状態における行為として，緊急避難の他の要件は一応満たしているのであるから，違法性の減少が認められるとともに，避難行為はとっさに行われるものであるから期待可能性も減少すると解すべきであり，違法性・責任減少説が妥当である。

(2) 誤想避難 緊急避難に当たる事実が存在しないのに存在すると誤信して避難行為に出る行為である。誤想防衛と同様に（⊅ 165 頁），誤想避難は故意を阻却するものではなく，誤想したことに相当な理由があるときは責任を阻却しうるにすぎない。

(3) 誤想過剰避難 現在の危難が存在しないのに存在すると誤信して避難行為に出たが，現在の危難が現実に存在したと仮定しても，その避難行為が法益権衡の原則ないし補充性の原則に反する場合である。誤想過剰防衛と同様に（⊅ 166 頁），誤想過剰避難は故意を阻却するものでなく，38 条 3 項によって解決すべきである。

◆【問　題】

(1) X は，某集落の道路委員であるが，村所有の吊橋が腐朽して車馬の通行が危険になったので，村当局に対し再三架替えを要求したが，実現の見込みがないので，このうえは人工的に橋を落下させ，雪害による落下を装って災害補償金の交付を受け，それによって架替えを行おうと考え，ダイナマイトでその橋を爆破し落下させた。X の罪責はどうか（前掲最判昭 35・2・4 参照）。

(2) X は，自動車の運転中，前方の荷車とすれ違う際，その後方に十分注意せず，しかも自動車を十分に減速することなく漫然と通過しようとしたため，荷車の背後から現れた Y と衝突しそうになり，それを避けようとハンドルを切ったところ，甲に自動車を衝突させ死亡させた。X の罪責はどうか。

II 責任阻却事由

〔1〕 責任の概念

1 責任の意義

(1) 責任と責任阻却　責任とは，構成要件に該当する違法な行為をなしたことについて，その行為者を道義的に非難しうること，すなわち非難可能性をいう。犯罪は構成要件に該当する違法かつ有責な行為であり，責任は，構成要件該当性および違法性に次ぐ第3の犯罪成立要件であるが，構成要件は違法類型であると同時に責任類型でもあるから，構成要件に該当する違法な行為であれば，通常の場合その行為は責任を具備する。

しかし，たとえば，精神障害が原因で人を殺したような特殊な事情がある場合，その事実は構成要件に該当する違法な行為ではあるが，その行為に法律上責任を問うことができない。このように，構成要件に該当する違法な行為について，例外的に責任を排除する事由を責任阻却・減軽事由（以下，「責任阻却事由」と略す）という。責任阻却事由としては，①心神喪失・耗弱（39条），②刑事未成年（41条），③違法性の意識の可能性の不存在，④期待可能性の不存在がある。

では，これらの場合になぜ責任が阻却されるのであろうか。この責任ないし責任阻却の実質的根拠を明らかにする理論を責任論と称する。

(2) 責任主義　犯罪の成立要件として責任が必要とされているのは，「責任がなければ刑罰はない」という近代刑法の基本原則に基づいている。古い時代の刑法では，故意と偶然とを区別していたとはいえ，およそ違法な結果を惹起した以上は責任を負わせて刑を科するとする結果責任または客観的責任の考え方が支配していた。そして，法律上の責任は客観的な犯罪行為ないし結果に向けられ，しかも，いわゆる連坐・縁坐などの形で団体構成員に帰属されたのである。

第7章　犯罪成立阻却事由　173

しかし，啓蒙期以後の個人主義を土壌として，行為者と心理的な結びつきをもった事実についてのみ刑を科すことができるとする責任の観念が支配するようになった。こうして，近代刑法においては，第1に，結果責任または客観的責任を排除する趣旨に基づき，責任能力および故意・過失を要件として行為について行為者を非難できる場合にのみ責任を課しうるとされるようになった。これを主観的責任という。第2に，個人はその犯した罪についてのみ責任を負い，他人が犯した罪について責任を課されることはないとされた。これを個別行為責任という。犯罪が成立するためには，上記のような主観的責任および個別行為責任を内容とする責任が必要であるとする原則を責任主義という。

2 責任の内容

(1) 責任論の展開　責任の内容については，①道義的責任論と社会的責任論，②行為責任論，性格責任論，性格論的責任論および人格責任論，③心理的責任論，規範的責任論および実質的責任論の対立がある。

(ア) **道義的責任論と社会的責任論**　道義的責任論は，古典学派を出発点とする非決定論の立場から，自由意思を有する者が，その自由な意思決定に基づいて犯罪を行ったのであるから，その行為および結果は行為者に帰属されて然るべきであり，行為者はその行為および結果について道義的に非難されると主張する学説である。社会的責任論は，近代学派を出発点とする決定論の立場から，社会にとって危険な者は，社会のこれに対して採る防衛手段としての刑罰を甘受しなければならず，その刑罰を受けるべき法的地位が責任であると主張する。

(イ) **行為責任論・性格責任論・性格論的責任論・人格責任論**　道義的責任論と社会的責任論の対立は，責任の基礎ないし対象に関して，行為責任論，性格責任論，性格論的責任論および人格責任論の対立をもたらしている。

　行為責任論は，非決定論を基礎として，個々の犯罪行為に向けられた行為者の意思を道義的責任の基礎とする立場であり，個別行為責任論または意思責任論ともいう。性格責任論は，決定論を基礎とし，行為者の危険な性格を責任の基礎とする立場である。性格論的責任論は，個別行為責任を基礎とし

ながら，行為は行為者の性格と環境によって決定されるから，個々の犯罪行為と性格とが相当な関係にあることが責任の基礎であり，その性格に対して社会的非難を加えることによって犯罪を抑止するとする立場である。人格責任論は，みずから主体的に形成した人格の主体的現実化として犯罪行為が行われたことを道義的責任の基礎とする立場である。

(ウ) **心理的責任論・規範的責任論・実質的責任論**　　心理的責任論は，19世紀から20世紀の初葉にかけてドイツの通説となっていたものであり，道義的責任論に立脚して，責任能力および故意・過失という心理的事実がある限り道義的責任を認めてよいとする理論である。

規範的責任論は，故意と過失とを統一する規範的要素として，行為者における適法行為の期待可能性の存在を要求し，責任能力および故意・過失が存在しても，期待可能性がなければ責任がないとする説である。実質的責任論は，規範的責任論を出発点とするが，責任の内容は刑罰を科す実質的意義すなわち犯罪の一般予防と犯罪者の特別予防ないし社会復帰にとっての刑罰の必要性をいうとする立場である。この立場は，道義的責任論を否定するとともに，期待可能性という規範的要素から具体的な刑罰を導き出すことはできないと主張し，犯罪予防目的という実質的観点から責任の本質を把握する立場である。

(2) **責任の本質**　　以上のように，様々な責任論が展開されてきたが，それでは，どのような観点から責任の内容を捉えるべきであろうか。

刑罰は犯罪を防止するためにあるから，実質的責任論の主張は正当であるが，刑罰が効果を発揮するためには，刑罰が社会倫理的基礎を有する適正なものでなければならず，その意味において，自由と責任の意識を前提とする行為主義に立脚した道義的責任観念を否定することは許されないであろう（⇨21頁）。そして，自由と責任の意識を責任論の基礎に置く立場では，法の命令に従って意思決定をなしうる者が，法規範の国民に対する期待に反して違法行為を決意した場合にのみ責任非難が可能となるから，責任を決定づけるものは，責任能力，故意・過失以外の要素，すなわち期待可能性という規範的要素であると解する規範的責任論が妥当である。

このようにして，刑法における責任とは，形式的には刑罰を受けるべき法

律上の地位をいうが，実質的には，適法行為を決意することが期待できたにもかかわらず，違法行為を決意したことについての行為者に対する非難可能性をいうと解すべきである。

3 責任要素

(1) 責任要素とは　責任判断の対象となる事実を責任要素という。責任は，構成要件に該当する違法な行為についての行為者に対する非難可能性であるから，責任判断の対象となる事実は，何よりもまず構成要件に該当する違法な行為である。しかし，責任の実質は行為者の適法行為を決意することの期待可能性（他行為可能性）であるから，既述の事実以外に期待可能性に結びつくあらゆる事実は責任要素となる。

(2) 主観的要素と客観的要素　行為者に適法行為への決意を期待しうるのは，行為者に責任を負担する人格的能力がある場合において，構成要件に該当する事実の認識（故意）または認識の可能性（過失），およびその事実が法律上許されていないという意識または意識の可能性（違法性の意識の可能性）がある場合のみである。故意・過失および違法性の意識の可能性がなければ適法行為を決意する反対動機は形成されないからである。それゆえ，責任能力があることを前提として，故意・過失および違法性の意識の可能性は主観的責任要素となる。また，行為の決意に影響を与える事情はすべて含むから，行為の目的・動機，性格・人格も責任要素となりうる。適法行為の期待可能性に影響を与える行為の際の客観的事情，たとえば，窃盗における貧困などの付随事情は，客観的責任要素である。行為者の人格形成環境も，それが行為の意思決定に影響を与えるかぎりで客観的責任要素となる。

4 責任判断

(1) 責任の主観性　責任判断は，構成要件に該当する違法行為について，その行為者を非難しうるという無価値判断である。責任判断の基準となる規範の中核は決定規範であるが，一定の事実が決定規範に違反するか否かを判断するためには，その前提として評価規範を必要とするから，評価規範および決定規範の双方が責任判断の基準となる。ただし，違法性においては

一般人を対象とする法規範の違反がその内容となり，判断の基準は客観的であるのに対し，責任においては，個別的行為者の意思に向けられた法規範の違反がその内容となるから，判断の基準は主観的なものであることを要する。判断の内容は，個々の行為者が法規範の命令・禁止に従って適法行為を決意することが期待可能であるのに違法行為を決意したかどうかである。

(2) **責任類型と責任判断**　　構成要件は責任類型でもあるから，責任の原則類型である故意・過失があれば，原則として責任がある。したがって，責任能力，違法性の意識の可能性および期待可能性は，その不存在という形で，責任が成立するための消極的要素になると解すべきである。

この見解については，構成要件の責任推定機能は違法性に対する場合ほど強くないから，責任能力および責任要素としての故意・過失の存在および期待可能性の存在を積極的に必要とすべきであるとする見解が主張されている。しかし，故意・過失が認められる以上は，原則として，その違法性を意識して適法行為を決意することが期待可能であるといってよく，現に，違法性の意識ないし期待可能性の不存在によって責任が阻却される場合は例外中の例外である。

故意・過失があれば責任阻却事由がないかぎり責任があることになる。しかし，責任は，究極において行為者の意思決定に対する非難または非難可能性であるから，責任判断は違法性の判断と同様に性質上具体的・非類型的である。また，責任の判断は責任の有無の判断とともに責任の程度または軽重の判断を含む。現行刑法は，責任に程度があることを明文をもって示している場合があり（36条2項，37条1項ただし書，39条2項など），責任の程度は，刑の量定にも反映するのである。

(3) **可罰的責任の理論**　　可罰的責任が存在しないことを根拠として犯罪の成立を否定する考え方を可罰的責任の理論という。可罰的責任とは，非難可能性が存在し，行為者に対する非難が特に刑罰という強力な手段を必要とするほどに強いものであり，しかも，刑罰を受けるに適する性質を有する責任という意味である。たとえば，犯人または逃走者の親族が，犯人または逃走者の利益のために犯人蔵匿罪（103条）または証拠隠滅罪（104条）を犯したときに，その刑を免除することができるとする規定（105条）は，犯罪

第7章　犯罪成立阻却事由　　177

が成立しても可罰的責任を認めない趣旨である。また，41条の刑事未成年者の規定も可罰的責任を考慮した規定と解することができる。

可罰的責任の理論は以上のように刑法典上の根拠を有するが，責任には程度ないし軽重があるから，いかなる程度の責任につき可罰的なものとするかの実質的考慮は，明文の規定がない場合についても必要となる。すなわち，責任の判断においては，非難可能性の存否から責任の有無を判断し，次に，当該の責任が法益保護ないし社会秩序の維持にとって刑法上放置しえない程度の責任を有するものかどうかを基準に可罰的責任を判断すべきである。可罰的責任は，このように刑法上放置しえないものかどうかという実質的考慮を含むものであるから，裁判時に明らかになった全資料を基礎に事後的に判断すべきである。

〔2〕 責 任 能 力

1 責任能力とその存在時期

(1) 責任能力とは 有責に行為する能力すなわち刑法上の責任を負担しうる人格的能力を責任能力という。

(ア) **責任能力の実質** 責任能力の内容は，行為の違法性を弁識し，それに従って自己の行為を制御する能力と解すべきである。このような能力を有する者に対してのみ適法行為の期待が可能であり，責任非難を加えることができるからである。したがって，責任能力は，①刑法上の行為をなしうる行為能力，②犯罪の主体となりうる犯罪能力（⇔56頁），③刑の執行に適する受刑能力（刑訴479条，480条），④訴訟行為を有効になしうる訴訟能力（刑訴314条）とは，異なるのである。社会的責任論の立場からは，責任能力とは刑罰適応能力をいい，通常の社会防衛手段である刑罰によって社会防衛の目的を達成しうる能力と主張されているが，もちろん妥当でない。

(イ) **責任の前提** 責任能力については，責任要素説と責任前提説との争いがある。責任要素説は，責任能力は，故意・過失などと並ぶ責任要素であると主張する。しかし，責任要素とすると，①責任能力も究極において期待可能性の問題に帰着し，それを独自の責任の要件とする意義が失われること，

②刑法典も，たとえば，刑事未成年者については個々の行為責任の有無・程度の判断に立ち入るまでもなく責任を否定しており（41条），このことは，責任能力が他の責任要件から独立した要件であることを示すものであることから，責任非難の前提となる一般的人格的能力と解する責任前提説が妥当である。それゆえ，たとえば窃盗罪などの一定の犯罪についてのみ責任能力を認める一部責任能力または部分的責任能力の観念は，刑法上認めるべきではない。

(ウ) **責任無能力・限定責任能力**　　責任能力のある者を責任能力者，これを欠く者を責任無能力者という。責任能力の具体的内容は多様であり，無限の段階がある。そして，責任能力は一応あるけれども，その程度が著しく低い者といった類型化も可能である。これらの類型に属する者を限定責任能力者という。

(エ) **効　果**　　責任無能力と判断されるときは，違法性の意識の可能性，期待可能性の判断に入ることなく責任が阻却され，無罪となる。限定責任能力と判断されるときは刑は必要的に減軽される（⇒ 181頁）。

(2) **責任能力の存在時期**　　責任能力は行為のいかなる段階に存在することを要するかについては，ⓐ実行行為の時に責任能力が存在することを要すると説く実行行為時説，ⓑ実行行為の原因となる行為の段階において責任能力が存在すれば足りると説く原因行為時説とが対立している。

責任能力を責任の前提と解しても，それは個々の行為についての責任の前提となるものであるから，責任能力は原則として実行行為の時に存在していることを要する（実行行為と責任能力との同時存在の原則，大阪地判昭58・3・18判時 1086・158）。

しかし，実行行為の時に責任能力が存在しない場合であっても，その実行行為と相当な関係にある先行行為すなわち原因行為の時における意思に基づいて実行行為が行われているときは（長崎地判平4・1・14判時 1415・142），その実行行為は自由な意思決定によって行われたものとして非難されるべきであるから，責任能力は必ずしも実行行為の時に存在することを要せず，実行行為と相当な関係にある原因行為の時に存在すれば足りると解するⓑ説が妥当である。

第7章 犯罪成立阻却事由　　179

2 責任無能力者・限定責任能力者 ─────────

(1) 心神喪失者・心神耗弱者 刑法は「心神喪失者の行為は，罰しない」（39条1項），「心神耗弱者の行為は，その刑を減軽する」（同条2項）と定めている。心神喪失者が責任無能力者であり，心神耗弱者が限定責任能力者である。

(ア) 法律上の概念 責任能力は，刑法上の責任を負担しうる人格的能力であるから，心神喪失者・心神耗弱者も責任を負担する能力の有無に係るものとして法律上の概念であり，行為者の具体的な精神状態が心神喪失・心神耗弱に当てはまるかどうかの判断は，法律家である裁判官によって行われるべきである（最決昭59・7・3刑集38・8・2783，最決平20・4・25刑集62・5・1559）。しかし，人間の心理状態は，精神医学や心理学などの専門的知識に基づいて判断すべきであるから，特に刑事訴訟法の定める鑑定制度が重要な役割を果たすのである（刑訴165条～174条，東京高判昭59・11・27判時1158・249。なお，最決平21・12・8刑集63・11・2829，最判平27・5・25判時2265・123）。

(イ) 混合的方法 責任無能力・限定責任能力の概念を定める方法として，ⓐ行為者の精神の障害を基礎とする生物学的方法，ⓑ行為者が行為の時に自由な意思決定をすることができなかったこと，すなわち弁識能力と制御能力を根拠とする心理学的方法，ⓒ生物学的方法と心理学的方法を併用する混合的方法などがある。わが刑法における心神喪失者・心神耗弱者の概念を定義づける法律上の根拠規定はないが，以下の理由により混合的方法によるのが妥当である。

心理学的方法によると，責任能力は当該の犯罪行為について違法性を弁識したか，あるいはその弁識に従って意思決定をすることが期待できたかという期待可能性の問題に還元されてしまい，責任能力が人格的能力であることを無視することになる。他方，生物学的方法によると，およそ行為時に精神の障害がある以上は責任無能力となってしまい，責任能力を有する者を不当に排除することになること，また，生物学的方法によると，精神医学などの科学上の鑑定結果によって刑事責任が決まることになり，責任能力が法律上の観念である点を無視する結果になる。かくして，心神喪失・心神耗弱は混

合的方法に従ってその内容を定めるべきであり，最近の諸外国における立法例では，この方法が一般的となっている。

（ｳ）　**心神喪失者**　　心神喪失者とは，精神の障害により，行為の違法性を弁識する能力，または弁識に従って行動する能力がない者をいう（大判昭6・12・3刑集10・682〔精神の障害に因り事物の理非善悪を弁識する能力なく，又は此の弁識に従って行動する能力なき状態〕）。

　（**a**）　**精神の障害**　　「精神の障害」が生物学的要素に当たり，「違法性を弁識する能力」（弁識能力）および「弁識に従って行動する能力」（制御能力）が心理学的要素に当たる。生物学的要素である精神の障害は，①狭義の精神病（精神の継続的病変に基づく場合），②意識障害（精神の一時的異常に基づく場合），③その他の障害（精神の発育遅滞等に基づく場合）に分かれる。

　（**b**）　**弁識能力・制御能力**　　弁識能力とは，行為の違法性を弁識すること，言い換えると，行為が法律上許されているかどうかをわきまえ知る能力のことである。制御能力とは，弁識に従って自己の行動をコントロールする能力をいう。人間の行動は，人格における知・情・意の相互作用として現われるものであり，責任能力もそうした人間の行動を基礎とする必要がある。したがって，弁識能力と制御能力が備わっている者についてのみ非難が可能なのである。

　（**c**）　**一部責任能力**　　弁識能力・制御能力に関連して，一部責任能力（部分的責任能力）の問題がある。一部責任能力とは，単一の人格を評価し，ある方面についてだけ責任能力があることをいう。たとえば，好訴妄想を有するパラノイア患者は，虚偽告訴罪（172条）などについては責任無能力であっても，たとえば，窃盗罪（235条）については責任能力が認められることをいう。

　一部責任能力については，①精神病者について，部分的に病気と関係のない行為に責任能力を認めることは適当でないとする精神医学的観点からの反対があること，②実際上も，文書偽造や詐欺の意味が理解できない者は，傷害や窃盗の意味も十分に理解できないと考えるのが妥当であること，③責任能力は責任を負担させる人格的能力をいうから，その人格を罪種ごとに評価するのは妥当でないこと，④一部責任能力を認めれば精神の障害と犯行との

因果関係が証明されたときだけ責任無能力を認めるということになって，不当に心神喪失を制限することになるとする批判が可能である。

　㊤　**心神耗弱者**　精神の障害により行為の違法性を弁識する能力，またはそれに従って行動する能力が著しく低い者を心神耗弱者という（前掲大判昭 6・12・3）。その法的性質は心神喪失の場合と同様であるが，心神耗弱の場合は犯罪は成立し，ただ，その刑が必要的に減軽されるだけである。

　㋖　**心神喪失者・心神耗弱者に対する医療・観察・指導**　心神喪失者および心神耗弱者の適切な処遇を実施するために，2003（平成 15）年に，「心神喪失等の状態で重大な他害行為を行った者の医療及び観察等に関する法律」（平成 15 年・法律 110 号）が制定された。この法律は，心神喪失または心神耗弱状態で殺人，放火等の重大な他害行為を行った者に対して，その適切な処遇を決定するための手続きを定め，継続的かつ適切な医療並びにその確保のために必要な観察および指導を行うことによって，その病状の改善・再発の防止を図り，本人の社会復帰を促進することを目的とするものであり，処遇の要否および内容を決定する裁判所の審判手続き，指定入院医療機関における医療，退院後の地域社会における処遇等について規定している（⇨ 306 頁）。なお，精神保健福祉法は，都道府県知事の命令により，精神障害のために「自身を傷つけ又は他人に害を及ぼすおそれがある」者を強制的に入院させる「措置入院制度」を定めている。

　(2)　刑事未成年者　14 歳に満たない者は責任無能力者とされる（41 条）。年齢の算定は「年齢計算に関する法律」により，出生の日から起算し暦に従って計算する。必ずしも戸籍簿に記載された年齢であることを要しない（大判明 29・3・19 刑録 2・3・87）。人の精神的発育には個人差があるが，刑法は一律に満 14 歳を基準として 14 歳未満の者を責任無能力者としている。満 14 歳を刑事責任年齢といい，それに達しない者を刑事未成年者という。

　画一的に刑事責任年齢を定めているのは，少年は精神の発育途上にあり特殊な精神状態を呈することがあるから，一般的に違法性の弁識能力または弁識に従って行動する能力が欠けているとともに，仮に実質上このような能力があるとしても，人格の可塑性にかんがみ刑法上の非難を加えるのは適当でないとする可罰的責任の考え方に立って，むしろ保護処分による性格の矯正

182

を考慮すべきであるとする趣旨に基づいている。

少年法は，20歳未満の者を「少年」とし，少年の刑事事件についてはこれをすべて家庭裁判所に送致しなければならないとしている（全件送致主義）。送致を受けた裁判所は，少年に対し原則として保護処分とすべきものとし，死刑・懲役・禁錮に当たる事件で，その罪質および情状に照らし刑事処分を相当と認めるときは，これを検察官に送致して刑事処分に付することができる。これに対して，故意の犯罪行為により被害者を死亡させた事件で，その罪を犯すとき16歳以上の少年に係る者については，保護処分を相当と認めるとき以外は，検察官に送致しなければならない。なお，少年法は，行為当時18歳未満であった少年の刑事処分については，死刑をもって処断すべきときは無期刑を科し，無期刑をもって処罰すべきときでも10年以上20年以下の懲役・禁錮を科すことができるものとしている（少年51条）。また，少年に対する刑事処分については長期3年以上の有期の懲役または禁錮をもって処断すべきときは，短期10年以下，長期15年以下の範囲内で不定期刑を科すことができる（少年52条）。

3 原因において自由な行為

(1) 背 景　責任能力は犯罪行為の時に行為者に備っていなければならない。これを「行為と責任能力との同時存在の原則」といい，責任主義の要請から当然に導かれる原則である（⊃179頁）。しかし，たとえば，人を殺すつもりで，みずからを勇気づけるために大量に飲酒しているうちに病的酩酊状態に陥り，そのうえで人を殺害したような場合，殺人の実行行為の時には心神喪失者であるから無罪とせざるをえない。しかし，止めようと思えば止めることができたのに，飲酒によって心神喪失の状態をみずから引き起こし，殺人を実行したのに処罰できないのはいかにも不合理であるし，犯罪抑止上も問題である。英米では，みずから精神障害を招いて犯罪を行った場合は，常に完全な責任を認めるという制度が確立しているが，わが国にはそのような制度はない。こうして，その不合理を解消するために考案されたものが原因において自由な行為の法理である。

第7章　犯罪成立阻却事由　　183

(2) **原因において自由な行為とは**　　原因において自由な行為とは，た
とえば，嬰児に授乳しながら睡眠に陥った母親が，熟睡中に乳房で嬰児を窒
息死させた場合（大判昭2・10・16刑集6・413），病的酩酊の素質ある者が，酩
酊によって心神喪失に陥り人を殺害した場合（最大判昭26・1・17刑集5・1・
20)のように，みずから精神の障害を招き心神喪失・耗弱の状態で犯罪の結
果を惹起した場合には，その結果について完全な責任を問いうるということ，
すなわち，ある違法行為が責任能力または限定責任能力の状態で行われた場
合であっても，その責任無能力等の状態が，行為者の責任能力のある状態に
おいて自ら招いたものであるときは，完全な責任を問うことができるとする
法理である。精神の障害を招く行為を原因行為といい，その状態で行う構成
要件に該当する行為を結果行為という。結果行為の時には完全責任能力はな
いが，原因行為は自由な意思の状態で行われるので，原因において自由な行
為（actio libera in causa）というのである。

　原因において自由な行為は，①犯罪を実現する意図で心神喪失・心神耗弱
の状態を招き，その状態で意図した犯罪を実現する場合（故意の場合），②自
己が心神喪失・心神耗弱の状態で犯罪的結果を惹起する可能性があることを
予見できたのに，不注意のために，そのような状態が生ずるのを予見しない
場合（過失の場合）とに分かれる。

(3) **学　説**　　原因において自由な行為については，三つの学説が対立
してきた。第1は，ⓐ責任能力と実行行為との同時存在を要求し，自己の心
神喪失状態における身体的動静を道具として利用する場合が原因において自
由な行為であるとし，原因行為に実行行為としての犯罪を実現させる現実的
危険性が含まれている場合には，その結果について完全な責任を問いうると
する説（間接正犯類似説）である。第2は，ⓑ原因行為時の意思決定が結果
行為において実現している場合が原因において自由な行為であるとする説で
ある。第3は，ⓒ原因行為における結果発生の危険が結果行為において実現
した場合，または原因行為と結果行為との間に相当な因果関係がある場合が
原因において自由な行為であるとする説である。

　責任の前提として責任能力が必要とされる根拠は，犯罪的結果を責任能力
のある状態での意思決定に基づいて実現しているときに初めて非難が可能で

あるという点にある。したがって，自由な意思決定が，結果行為を支配している以上は，結果行為は責任能力状態での意思決定の実現にほかならないから，結果行為の時点で心神喪失，心神耗弱の状態にあっても完全な責任を問うことは可能であり，ⓑ説をもって妥当と考える。

　ⓐ説は，原因において自由な行為を間接正犯に類似したものとして構成し，原因設定行為後の事実は因果の経過にすぎないから，結果行為の段階を実行行為として把握することは不可能であると主張する。しかし，たとえば，酒を飲んで人を殺そうとする場合，酒を飲んだ（原因行為）だけでは当然実行行為性を認めることはできないから，故意の作為犯の場合は原因において自由な行為は認められないこととなる。また，自己の心神喪失状態を道具として利用しうるのは，せいぜい不作為犯の場合に限られるとともに，心神耗弱状態を道具として利用することは考えられないなど，ⓐ説は，原因において自由な行為の成立範囲を余りに狭くし，非難すべき行為者の罪責を不当に免れさすことになろう。ⓒ説は，原因行為と結果行為とが相当な因果関係にあるかぎり，結果行為につき完全な責任を問うことができるとする点で結論としては妥当であるが，完全な責任を問う根拠は，自由な意思決定に基づく行為を原因として結果行為が行われた点にあり，このことを軽視しているのは妥当でない。

　(3)　**適用範囲**　　この法理の適用については，故意犯，過失犯および心神耗弱が問題となる。

　㋐　**故意犯**　　故意犯について原因において自由な行為を認めるためには，原因行為についての認識のほかに原因行為時に犯罪実行の決意すなわち故意があることを要する。また，刑法上の評価の対象となる事実は結果行為であり，結果行為が構成要件に該当し，かつ違法であるとともに，原因行為時の決意が結果行為に及んでいることが必要であるから，結果行為の時点で故意がなければならない。犯罪的結果が原因行為時の自由な意思決定に基づいていれば完全な責任を問うことができるのであり，自己の心神喪失または心神耗弱状態を利用して犯罪を実現する意思（二重の故意）を必ずしも要しない。

　結果行為（犯罪を実現する現実的危険性を有する行為）は，原因行為時の意思決定に基づいて行われた故意行為であることを要する。それゆえ，原因行

為の意思内容と異なる結果を生じさせた場合には，結果行為につき故意犯を認めることはできない。たとえば，殺人の意思で飲酒し，病的酩酊に陥った結果として窃盗を行ったときは，窃盗罪を構成しないのである。このように，故意犯について原因において自由な行為が認められるためには，原因行為時の故意が結果行為にまで連続していることを要する（大阪地判昭51・3・4判時822・109）。ただし，Aを殺す意思でBを殺した場合は，法定的符合の範囲で殺人罪を認めるべきである（⇨96頁）。

　結果行為の段階で故意の存在が常に必要かという点については見解が分かれているが，原因行為時の決意に基づいて結果行為が行われていることを必要とする以上，少なくとも結果行為に意思の連続性があることを要するから，必要説が妥当である。

　(イ) **過失犯**　　過失犯について原因において自由な行為を認めるためには，第1に，原因行為の時に，自己が精神障害の状態で犯罪的結果を惹起する可能性があることを予見できたのに予見しなかったという不注意が必要である。第2に，結果行為としての過失犯の実行行為は，原因行為時の不注意の結果として行われたものでなければならない。すなわち，原因行為時の過失と結果行為とが連続していることを要する。

　たとえば，多量に飲酒するときは病的酩酊に陥り他人に危害を加えるおそれのある者が，不注意に飲酒して心神喪失状態に陥り人を殺した場合には，殺害の時に責任能力がなくても，その殺害の結果は飲酒行為の時の不注意によって惹起されたものであるから，（重）過失致死罪を構成するのである（前掲最大判昭26・1・17）。

　(ウ) **心神耗弱**　　結果行為の時に心神耗弱の状態にある場合について，間接正犯類似説を採る立場は，心神耗弱者は翻意する可能性を有するから単なる道具とはなりえないという理由で否定説を採り，たとえば，心神喪失状態を道具として殺人を行う意思で飲酒し，その結果心神耗弱の状態で人を殺した場合は，39条2項によって刑が減軽されることになる。しかし，否定説によると，上述の場合に心神喪失の状態で人を殺せば完全な責任が問われるのに対し，心神耗弱の状態で人を殺した場合には責任がより大きいはずであるのに減少することになり不合理である。

心神耗弱の場合も原因行為時の決意に基づいて結果行為が行われている以上は，心神喪失の場合と同じ理由で完全な責任を問うことができるから，結果行為時に心神耗弱状態となっても，原因において自由な行為を適用すべきであり，肯定説が妥当である（最決昭43・2・27刑集22・2・67）。なお，犯行開始時に責任能力があり，実行行為の途中で心神耗弱に陥った場合には39条2項の適用はない。たとえば，暴行行為開始後にさらに飲酒を継続して，複雑酩酊状態となって被害者を死亡させた場合は，行為開始時の意思が心神耗弱時の行為に連続しているから，傷害の故意が認められる。もっとも，本件の場合，暴行行為の開始時点で故意が認められるのだから，暴行行為と致死の結果との間に因果関係が認められるかぎり，行為者が予定したのとは異なった因果経過をたどって結果が発生したにすぎないから，因果関係の錯誤が問題となるにすぎないという見解もありうる（前掲長崎地判平4・1・14，東京高判昭54・5・15判時937・123）。

◆【問　題】
(1)　Xは，飲酒後に自動車を運転して帰宅するつもりで会社の近くで飲酒し，酩酊による心神耗弱の状態で自動車を運転した。Xの罪責はどうか。飲酒後に酒酔い運転の意思が生じた場合はどうか（前掲最決昭43・2・27参照）。
(2)　Xは，Yが多量に飲酒すると病的酩酊に陥り，他人に暴行を加える性癖があることを知っていたので，Yをして甲に暴行を加えさせようと企て，甲と同席中のYに酒をすすめたため，Yは病的酩酊の心神喪失状態に陥り，甲を殴打して死亡させた。X，Yの罪責を論ぜよ。
(3)　ことさらに，自らを心神耗弱の状態に陥れて人を傷害した者の刑事責任を論ぜよ。

〔3〕　違法性の意識とその可能性

1　責任要素としての故意と過失

(1)　責任類型としての故意・過失　　故意および過失は，すでに検討したように（⊳176頁），責任の要素でもある。そして，構成要件は責任の類型でもあるから，故意または過失が認められるときは，原則として故意責任ま

たは過失責任が成立する。刑法は，故意責任の形式で処罰することを原則としており，過失責任の形式で処罰するのは例外である（38条1項）。ところが，構成要件要素としての故意または過失をそのまま責任の要素でもあるとすることについては，従来から批判がある。責任要素としての故意が成立するためには，犯罪事実の認識のほかに違法性の意識ないしはその可能性が必要であるとし，構成要件要素としての故意を構成要件的故意，責任要素としての故意を責任故意と呼び，故意には二つの種類があるとする立場が有力に主張されている。では，このような立場は妥当であろうか。

(2) **非難可能性と故意・過失**　責任の本質は，行為者が自己の行為の違法性を意識することができ，それを契機として適法行為を決意することが可能であるのに，あえて犯罪行為に出たことについての非難可能性である。これを故意についてみると，構成要件は，国民の行動を規律するために違法行為を類型化して国民に提示したものであるから，構成要件に該当する客観的事実を認識すれば，通常その人は自己の行為が法律上許されていないことを意識してこれを止めようとするであろうし，かつ，止めることを期待できたのに，行為者は犯罪事実の認識を反対動機としないで，あえて犯罪行為を決意した点が非難の根拠となるのである。こうして，構成要件要素としての故意は，主観的違法要素にとどまらず，非難可能性を基礎づける中核的要素として，責任の要素となる。

過失における非難可能性は，過失の実行行為ないし結果を予見し，予見すれば当然にその行為の違法性を意識して結果を回避するように自己を動機づけるべきであり，かつ回避することが期待できたのに，不注意によってそのような予見を欠いた点が非難の根拠となる。

(3) **故意責任と過失責任の相違**　以上のように考えると，故意の責任と過失の責任の類型的な相違は，犯罪事実の認識があり，その認識を行為の動機としたか否かに帰着することになる。したがって，「構成要件的故意」は，同時に「責任故意」として機能するのであり，両者を分けて二重の故意概念を認める必要はないといわざるをえない。同じことは，過失についてもいえる。故意責任の本質的要素は違法性の意識を生じさせる程度の犯罪事実の認識であり，過失責任の本質的要素はその犯罪事実を予見すべき注意義務

違反である。違法性の意識またはその可能性および期待可能性は，故意責任および過失責任に共通する責任要素であるが，その存在が責任を成立させる積極的責任要素ではなく，その不存在が責任を阻却するという意味で，責任の消極的要素であると解する。

2 違法性の意識の取扱い

(1) 学 説　違法性の意識またはその可能性は，故意の問題ではなく，責任阻却事由として責任の成否に結びつく要素である。違法性の意識と故意ないし責任との関係をいかに捉えるべきかについて，ⓐ違法性の意識を不要とする説（不要説・判例の立場），ⓑ違法性の意識を必要とする説（厳格故意説），ⓒ自然犯・刑事犯では不要であるが法定犯・行政犯では必要であるとする説（区別説），ⓓ違法性の意識は常に必要であるというわけではないが，その可能性は常に必要であるとする説（制限故意説），ⓔ違法性の意識とその可能性は故意の要素ではなく責任の問題であるとする説（責任説）が対立している。

犯罪事実の認識が故意責任の本質的要素であるという立場からすると，違法性の意識またはその可能性を故意の要素であると考えるⓑ説，ⓒ説およびⓓ説は，その前提からしてすでに賛成することはできない。ⓐ説は，違法性の意識は故意の要素ではないとする点では妥当であるが，責任の要素として違法性の意識ないしその可能性も不要であるとする趣旨であるならば支持できない。

(2) 違法性の意識の可能性と責任　そもそも，道義的責任の基礎は，自己の行為が法律上許されないことを意識することによって反対動機を形成し，行為を思い止まることができたのに犯罪行為に出たという反規範的意思活動にあるのだから，ⓐ説が，自己の行為の違法性を意識することが不可能であっても責任を問うというのであれば，責任の本質に反するであろう。また，いかなる事情があっても国民は法律上許されない行為を全部知っておくべきだということになり，権威的態度として今日の社会観念上許されるものではない。したがって，故意責任が成立するためには，違法性の意識または少なくとも違法性の意識の可能性が必要となるのである。

3 違法性の意識とその可能性 —————————

(1) 違法性の意識とは 自己の行為が法律上許されないという意識をいう。

(ア) 学 説 違法性の意識をめぐっては，ⓐ倫理規範ないし条理上許されないという意識といった法律以前の規範違反の意識で足りるとする説，ⓑ法律上許されないという意識であるとする説などがある。違法性の意識が問題になるのは，法の命令・禁止に従って行動しえたかどうかにあるから，違法性の意識というときは，法律上許されていないという意識で足りると解すべきである。ただし，何らかの違法な行為を行うといった漠然とした意識では足りないのであって，実行しようとする具体的な行為についての違法性の意識が必要である。もちろん，当の行為者の内心において反対動機となりうるものであればよいから，法律専門家的な意識である必要はなく，「法律に違反する」とか「法に触れる」といった程度の社会通念上の認識で十分である。

(イ) 違法性の意識の可能性 違法性の意識がありながら，あえて犯罪行為を決意するということは，法規範に直接敵対する意思活動であるから，故意責任として重い責任非難に相当することは当然である。しかし，故意責任を認めるために，常に違法性の意識が必要であろうか。

厳格故意説は，故意責任を認めるためには違法性の意識が必要であるとした。しかし，これに従うと，犯罪を重ねるに従って違法性の意識が鈍麻する常習犯人は軽く処罰しなければならず，また，自己の行為を正しいと信じて行為する確信犯人は処罰できなくなる可能性が出てくるといった不合理な結果になる。また，責任説に従っても，責任の要件として違法性の意識を要求すると，厳格故意説と同じ不合理が生ずることになるであろう。

故意責任の本質は，犯罪事実の認識によって自己の行為の違法性を意識することが可能であるのに，あえて犯罪行為に及んだということにあるから，違法性の意識が必ずしも故意責任を基礎づけるわけではなく，むしろ違法性の意識の可能性こそが責任の根拠になると解する。

(2) 責任説と制限故意説 違法性の意識の可能性がないときは，故意

責任は阻却される。この結論は，違法性の意識の可能性がないときは故意がなく責任もないと主張する制限故意説と実質的に異ならないことになる。しかし，制限故意説は，違法性の意識の可能性は故意の要件であるとするのであるから，刑事訴訟法 335 条 1 項にいう「罪となるべき事実」としての故意のなかに，違法性の意識の可能性も含まれることになるであろう。

　違法性の意識の可能性を故意の要件とすると，犯罪事実について立証する責任を有する検察官は，違法性の意識の可能性を常に立証する必要があることになるが，犯罪事実の認識があれば違法性の意識の可能性がない場合は例外中の例外であるから，この要素をいちいち立証することは訴訟上不経済である。現に，「罪となるべき事実」として違法性の意識の可能性は実務上も立証の対象とされていない。むしろ，違法性の意識の可能性の不存在を同条 2 項の「犯罪の成立を妨げる理由」として責任阻却事由と解し，その存在について被告人が証拠提出の責任を果したとき，その事由の不存在を検察官が立証すれば足りるとする扱いにする方が妥当であるし，実務でもそのように取り扱われている。違法性の意識の可能性の不存在を責任阻却事由とする責任説は，刑事訴訟法の規定にも合致するのである。

4 違法性の錯誤

(1)　違法性の錯誤とは　　行為者が法律上許されていないことを許されると錯覚すること，すなわち違法性の意識を欠くことを違法性の錯誤または法律の錯誤という。行為が法律上許されていないことを知らなかった場合（法の不知）も含む。38 条 3 項は，違法性の錯誤について「法律を知らなかったとしても，そのことによって，罪を犯す意思がなかったとすることはできない。ただし，情状により，その刑を減軽することができる」と規定している。

　この規定については，違法性の意識の取り扱いをめぐる対立の裏返しとして，ⓐ「法律」を違法性の意味に解し，違法性の意識が欠けても故意を否定しないが，そのことについて宥恕すべき場合は刑を減軽する趣旨と解する説，ⓑ「法律」を条文の意味に解し，条文を知らなくても違法性の意識があれば故意は否定しないが，条文の当てはめを誤った点を考慮して刑を減軽する趣

旨と解する説，ⓒ「法律」を条文の意味に解し，違法性の意識の可能性があれば故意を否定せず，違法性の意識は可能であるが困難だった場合は刑を減軽すると解する説が対立している。

これらの説のうち，ⓑ説とⓒ説は，38条3項を「条文へのあてはめの錯誤は故意を阻却しない趣旨」と解するのであるが，自己の行為がどの刑罰法規の条文に当たるかを知らなくても処罰できるのは当然であり，そのような当然のことを刑法が規定したと考えることは困難であろう。38条3項の文言を素直に読めば，「法の不知は許されない」とか「法の不知は害する」といった格言を規定に盛り込んだものであり，「法律を知らなかった」ということは，自己の行為の違法性を意識していなかったという意味と解するほかにないであろう。したがって，38条3項は，違法性の意識を欠いても故意ないし責任は成立するということを定めたものであり，その意味で，判例の採るⓐ説が基本的には正しいのである（最判昭32・10・18刑集11・10・2663〔違法の意識を欠くことにつき宥恕すべき事由があるときは，刑の減軽をなし得る趣旨〕）。

(2) **38条3項ただし書**　問題は，ただし書で「情状により，その刑を減軽することができる」とされている点にある。犯罪事実の認識があれば通常は違法性の意識が伴うところ，特別な事情があって違法性を意識することが困難であった場合は，その事情を考慮して責任を減軽し，「その刑を減軽することができる」としたものと解される。この解釈によると，違法性の錯誤についての責任の減軽事由を認めたことになる。しかし，犯罪事実の認識があっても，行為者に違法性を意識することが不可能な場合，言い換えると，違法性の錯誤を避けることができなかったため行為者を非難することができない場合に故意責任を認めることは，責任の本質に反することになるであろう。現行法は，単に責任減少事由を定めているにすぎないが，それが違法性の錯誤を理由とするものである以上，その延長線上で超法規的な責任阻却事由を認めても，38条3項の趣旨には反しないであろう。違法性の意識の可能性がない場合を責任阻却事由とする根拠は，まさにこのような解釈に基づいているのである。

この解釈については，38条3項ただし書は，単に刑の減軽を認めているにすぎないので，違法性の意識の可能性がない場合については，期待可能性

の問題として超法規的に処理すべきであるとする見解もある。しかし，結論としては相違がないとしても，違法性の錯誤に関する問題である以上は，38条3項の枠内で解決する方が筋がとおっているように思われる。違法性の意識の可能性がない場合，38条3項ただし書の延長線上で超法規的に責任を阻却すると解する。

5 違法性の錯誤の取扱い

(1) 違法性の錯誤の態様 違法性の錯誤には，二つの場合がある。一つは，法律上許されていないことを意識することが可能であった場合である。違法性の意識の可能性がある場合には行為者を非難することができるから，この場合は責任を阻却しない。もう一つは，行為者にとって違法性を意識することが不可能であった場合，つまり違法性の意識の可能性がない場合である。この場合には行為者を非難することができず，責任を阻却する。

問題は，違法性の意識の可能性がある場合とない場合とをいかに区別するかにある。この点については，ⓐ違法性の錯誤につき相当な理由があるか否かを基準とする説，ⓑ違法性の錯誤につき過失があることを基準とする説，ⓒ行為者の側に立って違法性の錯誤が回避できたといえるかどうかを基準とする説が対立している。責任はあくまでも行為者を基準として非難可能性を論ずるものであるから，ⓒ説が妥当である。

(2) 具体例 違法性の意識の可能性については，次のような場合が問題となる。

㋐ 法の不知 刑法犯においては，個々の条文を知らなくても，犯罪事実の認識があれば自己の行為の違法性を意識することができるから，ほとんどの場合，違法性の錯誤は回避可能である。問題は，行政取締法規に関してであり，特別の事情があるため関連の法規の存在を知ろうとしても知ることができなかった場合は，回避不能として責任を阻却する。判例には，関東大震災による交通機関の破壊のために勅令の発布を知らなかったという事実につき有罪としたものがあるが（大判大13・8・5刑集3・611），これなどは違法性の意識の可能性がなかったとして責任を阻却すべきであった。

㋑ あてはめ（包摂）の錯誤 刑罰法規の存在は知っているが，その法規

第7章 犯罪成立阻却事由　　193

の解釈を誤り，自分の行為はそれに当たらないで許されていると誤信することをいう。あてはめの錯誤としては，以下の場合がある。

(i) **法規の場合**　法規を有効であると信頼して行為したが，後にその法規が違憲・違法となったときは，回避可能性がなかったと認められる場合が多いであろう。

(ii) **公的見解**　公的機関の権限ある担当者から得られた情報に基づく合理的な判断については，違法性の意識の可能性はないといえる。たとえば，独占禁止法違反事件について，通産省の行政指導と公正取引委員会の容認があったことを理由として，違法性の錯誤に相当の理由があるとした判例は，この場合に当たる（東京高判昭 55・9・26 高刑集 33・5・359。なお，最決昭 62・7・16 刑集 41・5・237）。

(イ) **準公的機関**　公的機関でないが，それに準ずるような機関についても，違法性の意識の可能性の不存在を認めてよい場合がありうる。たとえば，自主的な規制機関である映画倫理委員会の審査を通過したために，わいせつ物に当たらないと考えて映写した事件について，そう信ずることに相当な理由があるとして，175 条の罪の故意責任を阻却するとした判例がある（東京高判昭 44・9・17 高刑集 22・4・595）。法律知識に乏しい者が，弁護士会に照会して得た回答を信じ，その通りに行動したような場合も，事情によっては違法性の意識の可能性の不存在を認めてよいであろう。

(ウ) **私人の見解**　私人の意見を信頼して違法性の錯誤に陥った場合には，原則として違法性の意識の可能性は認められる。弁護士や法律学者であっても，法の解釈について一般社会から絶対の信頼を受けているわけではない以上，それらから得た情報を信頼して行動しても違法性の意識の可能性は認められるであろう（大判昭 9・9・28 刑集 13・1230）。ただし，法律知識の乏しい人が弁護士会へ照会して得た回答に従った場合には，回避可能性はなかったとすべきである。

(エ) **判　例**　判例を信頼した場合については問題があるが，判決にも一定の権威と法的な効力が認められるから，自己の行為と同一の事実について判例を信頼して行動した場合には，違法性の意識の可能性はない。

6 事実の錯誤と違法性の錯誤の区別

(1) 区別の基準　厳格故意説を採れば，違法性の錯誤も事実の錯誤と同じように故意を阻却することになるから，事実の錯誤と違法性の錯誤を分ける実際上の意味は乏しい。しかし，その他の学説では，違法性の錯誤は原則として故意に影響を及ぼさないが，事実の錯誤は故意を阻却するから，両者の区別は重要である。

学説は，ⓐ構成要件の客観的要素に関する錯誤が事実の錯誤，行為が法律上許されていない点についての錯誤が違法性の錯誤とする説，ⓑ刑法的評価の対象となる事実の錯誤が事実の錯誤，刑法的評価の基準となる規範についての錯誤が違法性の錯誤とする説，ⓒ違法性の意識を喚起しえないような錯誤が事実の錯誤，反対動機の形成が可能な錯誤が違法性の錯誤とする説などに分かれている。

責任において犯罪事実の認識が必要となる実質的理由は，それによって違法性を意識することが可能になるからであるが，罪刑法定主義の要請上，故意の対象は構成要件に該当する客観的事実に限定される。この見地からは，構成要件に該当する事実のうち違法性の意識を喚起すべき事実すなわち違法性の前提となる構成要件に該当する客観的事実に関する錯誤を事実の錯誤，行為が法律上許されているかどうかに関する錯誤が違法性の錯誤であるとすべきである。

(2) 規範的構成要件要素の錯誤の場合　構成要件が規範的構成要件要素を含む場合には，故意の対象として物体の認識のほかに意味の認識が必要であるが，その意味について錯誤がある場合は，事実の錯誤または違法性の錯誤のいずれであろうか。

(ア) わいせつ性　最高裁判所は，わいせつ物頒布等罪に関して，「主観的には刑法 175 条のわいせつ文書に当たらないものと信じてある文書を販売しても，それが客観的にわいせつ性を有するならば，法律の錯誤として犯意を阻却しない」（最大判昭 32・3・13 刑集 11・3・997）と判示して，規範的構成要件要素であるわいせつ性についての錯誤は違法性の錯誤であるとした。しかし，規範的構成要件要素は構成要件の客観的要素であるから，わいせつ性が故意

第7章　犯罪成立阻却事由　　195

に必要な認識の対象となることは当然であり，わいせつ性の認識を不要としたのであれば不当である。

　規範的構成要件要素の認識は意味の認識として評価的側面を有しているので，違法性の意識との区別が困難であることは否定できない。判例がわいせつ性の認識は故意にとって不要であるとしたのは，この点を考慮したものといえよう。しかし，そもそも，構成要件は社会通念を基礎として作られているものであるから，規範的構成要件要素は社会の一般人が理解している程度の意味を内容としているものであり，そのような意味の認識がないかぎり事実の錯誤と解すべきである（⇨88頁）。それゆえ，たとえば，わいせつ文書頒布等罪について，その文書が性的に嫌らしいものであるといった一般人がわいせつと感ずるような認識がないかぎり，構成要件要素の認識を欠くものとして，わいせつ物頒布等罪の故意を阻却する。「一般の人はわいせつだと思うであろうが，自分はわいせつだと思わない」という場合は故意は阻却しないが，「一般の人もわいせつと思うはずがない」という場合は，故意を阻却するのである。

　その文書が刑法で禁止されている違法な「わいせつ文書」には当たらないと誤信した場合は，もはや事実の錯誤ではなく，刑法で許されているかどうかという違法性の錯誤として扱われるのであって，この場合は当然に故意を阻却しない。最高裁判所がこの意味でわいせつ性の錯誤を法律の錯誤としたのであれば，もちろん妥当である。

　同じことは，公務執行妨害罪における職務行為の適法性についてもいえる。たとえば，逮捕行為が法律の定める要件に違反して行われたと誤信した場合，社会通念から見て一応適法な逮捕であると思われるものについて，自分は身に覚えがないという理由で抵抗すれば，職務行為の適法性についての認識はあるので，故意は阻却しないのである。財物の他人性や文書性についても同じことがいえる（最判昭和26・8・17刑集5・9・1789）。

　(イ)　**たぬき・むじな事件**　　狩猟法は，「たぬき」や「むささび」の捕獲を禁止していたが，大判大正14年6月9日（刑集4・378）は，「たぬき」を「むじな」と思って捕獲した事案について，「狩猟法の禁止せる狸を捕獲するの認識を欠如したるや明らかなり」として，故意の阻却を認めて無罪とした。

一方，大判大正 13 年 4 月 25 日（刑集 3・364）は，むささびを一地方の俗称である「もま」と誤信して捕獲した事案について，故意を認めて有罪とした。

これら二つの判決については，両者は矛盾するという見解と矛盾しないという見解があり，今日でもその評価が分かれている。しかし，前者は，動物学上たぬきとむじなは同一であっても，社会通念上は違った動物とされている以上，たぬきを捕獲するという社会通念上の認識がなかったとされたのに対し，後者では，むささびのことを「もま」と俗称したのにすぎず，社会通念上両者は同じものであるから，社会通念上の認識はあったとされたのであって，上記の二つの判例は決して矛盾したものではないのである。

(ウ) **作為義務の錯誤の場合**　不真正不作為犯における作為義務に関する錯誤については，作為義務は違法性の要素であるから違法性の錯誤であるとする見解が有力である。しかし，作為義務は構成要件の規範的要素であり，当然，故意の認識の対象となる。したがって，社会通念上一定の作為をする義務があるという程度の素人的な認識がなければ，故意は否定される。

(3)　**法律的事実の錯誤の場合**　法律的事実の錯誤というのは，刑罰法規以外の法律の規定（非刑罰法規）の不知または適用の誤りによって，構成要件要素としての事実に錯誤が生じた場合である。たとえば，所有権が他人に属するということは民法の規定を前提とするものであるから，民法の規定について錯誤があると，他人の所有に属するかどうかという事実について錯誤が生ずるから，違法性の錯誤ではなく事実の錯誤となるのである。

法律的事実の錯誤が問題となるのは，行政取締法規に関する事案についてである。東京高判昭和 30 年 4 月 18 日（高刑集 8・3・325）は，追い越し禁止違反事件について，「単に他の自動車を追い越すという認識」では足りず，「追越禁止区域内で他の自動車を追い越すという認識」が必要であり，追越禁止区域に関する錯誤は事実の錯誤であって，故意を阻却すると判断した。一方，最高裁は，公衆浴場法 8 条 1 号の無許可営業罪に関する事案について，会社代表者である被告人が実父の営業を会社において引き継いで営業中，許可申請者を実父から会社に変更する旨の公衆浴場営業許可申請書事項変更届を県知事に提出し受理されたため，会社に対する許可があったものと認識して営業を続けた事案につき，事実の錯誤として故意の成立を否定した（最判

平元・7・18刑集43・7・752）。追い越し禁止区域であること，無許可であることは法律的事実であって，構成要件に該当する客観的事実として故意における認識の対象となるから，この認識がなければ当然に故意を阻却するのである。

こうした判例の流れについて，判例も前述の©説に従っているとする実質的故意論からの評価があるが，法律的事実の錯誤は事実の錯誤であるとする立場からも，これらの判例は十分に説明が可能である。

(4)　違法性に関する事実の錯誤の場合　　違法性に関する事実の錯誤は，誤想防衛などのように，違法性阻却事由となるべき事実が存在しないのに存在すると誤信した場合である。この錯誤については，ⓐ事実の錯誤として故意を阻却するとする説，ⓑ違法性の錯誤として故意そのものは阻却しないとする説，©違法性の錯誤と並列する責任故意を阻却するとする説とが対立している。

正当防衛となるべき事実がないのにあると誤信して，防衛の意思で相手方を殺害した場合においては，行為者は少なくとも人を殺害ないし傷害する意思はあったのであるから，構成要件に該当する客観的事実の認識は存在したとするほかはない。それゆえ，事実の錯誤ではなく違法性の錯誤と解すべきであり，ⓑ説が妥当である。なお，責任に関する事実の錯誤ことに期待可能性の不存在を基礎づける事実の錯誤においても，犯罪事実の認識自体は存在するのであるから，責任に関する事実の錯誤も故意を阻却するものではない。

◆【問　題】
  (1)　事実の錯誤と違法性の錯誤を区別する基準について論じた後，違法性阻却事由に関する錯誤について論ぜよ。
  (2)　Ｘは，警察規則を誤認し，鑑札をつけていない犬は，他人の飼い犬でも法律上は無主犬とみなされるものと信じて，鑑札をつけていない甲の飼犬を殺した。Ｘの罪責はどうか（前掲最判昭26・8・17参照）。
  (3)　Ｘは，千円紙幣と紛らわしい外観を有する飲食店のサービス券を作り，事前に警察署に行って警察官に相談した際，通貨模造は罪になるから，紙幣と紛らわしい外観にならないように助言を受けたのにこれを重大視せず，サービス券を作って警察署に持参したが，注意もせずに同僚に配布してくれた

ので安心し，さらに同じようなサービス券を作った。Xの罪責はどうか（前掲最決昭 62・7・16 参照）。

〔4〕 期待可能性

1 期待可能性の意義

(1) 期待可能性とは　行為の際の具体的事情のもとで，行為者に犯罪行為を避けて適法行為をなしえたであろうと期待できることを期待可能性という。責任があるというためには，責任能力，故意・過失および違法性の意識の可能性が必要であるとともに，さらに行為者に適法行為の期待可能性が存在しなければならない。期待可能性がないときは，犯罪事実の認識があり違法性の意識の可能性が存在しても，故意責任または過失責任を阻却するのであるから，期待可能性は規範的責任論の内容となっているとともに，超法規的な責任阻却事由なのである。

(2) 背景　期待可能性の理論は，今世紀の初め，ドイツで心理的責任論を補充するものとして提唱された。たとえば，遊興の意図で行う場合と，病妻をかかえて多くの幼い子供を育てるためやむをえず行う場合とでは，同じ横領行為であっても責任の程度が異なるのは明らかである。その根拠は，行為者の心理状態のいかんにあるのではなく，行為の際の付随事情にあるのであって，それが正常な事情の場合は責任を重くし，異常な事情である場合は責任を軽くする。こうして，責任能力および故意・過失と並んで，付随事情の正（通）常性も責任要素になるとされたのである。

　その後，付随事情の正常性は，行為者に適法行為の期待可能性が認められる状態を意味することが明らかにされるとともに，付随事情が責任としての非難可能性の内容を決めるという考え方が支配的となり，期待可能性は規範的責任論の中心的要素となった。期待可能性の理論は，昭和の初期にわが国にも紹介されて次第に支持者を増やすとともに，実務においても関心が示され（最判昭 33・7・10 刑集 12・11・2471），戦後には完全に通説となったのである。

(3) 期待可能性の体系的地位　期待可能性がなければ責任はないから，期待可能性は，責任能力，故意・過失，違法性の意識の可能性と並ぶ責

第7章　犯罪成立阻却事由　199

任要素であると解すべきである。期待可能性の体系的地位については，ⓐ責任能力，故意・過失と並ぶ第3の積極的責任要素であるとする説，ⓑ故意・過失の構成要素であるとする説，ⓒ故意・過失を責任の原則的要素とし期待可能性の不存在を責任阻却事由と解する説とが対立している。

　故意・過失があれば原則として責任能力および違法性の意識の可能性があり，また，期待可能性もあると解すべきであるから，期待可能性の不存在は，心神喪失，心神耗弱，違法性の意識の可能性の不存在と並ぶ独立の責任阻却事由と解するべきであり，ⓒ説が妥当である。したがって，期待可能性の不存在は，刑事訴訟法335条2項の「犯罪の成立を妨げる理由」に当たる。

　期待可能性の不存在は責任阻却事由と解すべきであるが，故意・過失および違法性の意識の可能性が存在する以上，ほとんどの場合は非難可能性が認められるから，期待可能性の不存在による責任阻却を適用すべき場面は稀有のことであり，期待可能性の安易な適用は刑法の軟弱化を招くものとして慎まなければならない。しかし，期待可能性の理論は，行為者の意思決定の非難可能性を判断する基準として極めて合理的であり，また，この理論を否定することは規範的責任論そのものの否定を意味することになるから，期待可能性の不存在を責任阻却事由と解すべきである。

2　期待可能性による責任阻却・減軽事由

　(1)　法規による場合　　法規上の責任阻却・減軽事由としては，過剰防衛および過剰避難（36条2項，37条1項ただし書），　親族の犯人蔵匿・証拠隠滅（105条），盗犯等防止法1条2項の行為などがある。なお，逃走罪（97条），堕胎罪（212条），および偽造通貨収得後知情行使罪（152条）の法定刑が軽いのは，期待可能性の理論が考慮されているためである。

　(2)　解釈による場合　　期待可能性が刑法の解釈上問題となりうるものとして，①違法拘束命令，②強制による行為，③義務の衝突並びに④安楽死の場合がある。

　違法拘束命令とは，軍隊における上官の部下に対する命令（上官の違法命令）のように，その服従が絶対的に義務づけられている場合において，その命令が違法であるものをいう（自衛隊法57条，123条1項3号）。その命令に従

った部下の行為は，期待可能性の欠如によって責任が阻却される。強制による行為とは，たとえば，銃を突きつけられて犯罪を強制される場合のように，抵抗できない強制によって行う行為である。強制による行為について現行刑法は特別の扱いをしていないが，物理的強制下の行動は刑法上の行為とはなりえないから，心理的強制にかぎって期待可能性の不存在による責任阻却事由を認めるべきである（通説）。義務の衝突・安楽死は違法性阻却事由であるが，違法性阻却の要件を満たさない場合においても，期待可能性がないと認められるときは，超法規的に責任を阻却すべきである。

3 期待可能性判断の基準

(1) 学 説　期待可能性の有無・程度を判断する標準については，ⓐ行為の当時における具体的事情のもとで，行為者に適法行為をなしうる可能性があったか否かを標準とする行為者標準説，ⓑ通常人または平均人が行為当時の行為者の地位にあった場合に，その平均人に適法行為をなしうる可能性があったか否かを標準とする平均人標準説，ⓒ適法行為を期待する国家ないし法規範を基準とする国家標準説とが対立している。

(2) 行為者標準説に対する批判　期待可能性の理論は，行為者に適法行為を期待できないときは責任非難を認めることができないという観点を出発点とするものであり，国家または法規範は，行為者の側に適法行為を行う可能性がないのにそれを期待することはできないから，期待可能性の標準は行為者の立場に求めるべきであり，ⓐ説が妥当である。

行為者標準説に対しては，あらゆる行為は必然的に行われるものであるから，行為者の側に立ってみるとすべて理由があって違法行為が行われたことになり，結局，「すべてを理解することはすべてを許す」ことになってしまうという批判がある。そこから，行為者標準説に対しては，①不当に刑事司法を弱体化するという批判，②極端な個別化をもたらし法の画一性の要請に反するという批判，③確信犯人は常に期待可能性がなく無罪にされてしまうとする批判などが向けられている。

しかし，行為者標準説に従っても期待可能性がないとされる場合は極めて稀であり，いわば例外中の例外であろう。また，責任の判断は違法性の判断

と同様に実質的・非類型的なものであるから，責任の強弱についての個別化はむしろ必要である。さらに，確信犯人の場合は，行為の当時の具体的事情ではなく，行為者の思想または世界観が動機となって犯罪へと駆り立てられるのであり，具体的事情のもとではむしろ適法行為の期待可能性がある場合である。なお，法規範は平均人に期待する以上のものは期待していないと解されるから，上限は平均人標準説によって画し，あとは行為者標準説に従うべきである。

4　期待可能性の錯誤

期待可能性の錯誤とは，たとえば，違法拘束命令が存在しないのに存在すると誤信する場合のように，期待可能性の不存在を基礎づける事情がないのにあると誤信することである。

期待可能性の存在を基礎づける事情は，行為者の能力とは別個の客観的責任要素であるが，責任に属するものとして構成要件に該当する客観的事実とは異なるから，その錯誤は故意を阻却するものではない。それゆえ，錯誤に陥ったことについて期待可能性がない場合は，期待可能性の不存在を理由に責任が阻却されると解すべきである。なお，この場合について故意責任を阻却すると解する説があるが，それは期待可能性を故意・過失の構成要素と解するためである。

◆【問　題】
(1)　責任の内容について述べ，期待可能性の標準との関係を論ぜよ。
(2)　Ｘは，甲精神病院に検査助手として勤務していたが，甲病院の事務長の命令により，命令に従わなければ解雇すると言われたので，自己が無資格者であることを知りつつ，レントゲン撮影業務を担当し，延べ 300 回にわたりエックス線を照射した。Ｘの罪責はどうか（診療放射線技師法 24 条，31 条 1 号。
一宮簡判昭 48・12・22 判時 739・137 参照）。

第8章 未 遂 犯

> 　個々の構成要件は，既遂を想定して作られているが，本章で取り上げる予備・陰謀および未遂は，このような基本的構成要件を修正し，既遂となる前の段階での犯罪行為を処罰しようとするものである。既遂前の行為が処罰されるのは，行為の危険性が処罰に値すると考えられるからであるが，本章で最も重要なのは，この危険性の捉え方にある。

I　予備・陰謀・共謀と未遂

1　未遂犯の処罰根拠

　(1)　予備・陰謀と未遂・既遂　　犯罪の実現も，日常の行為と同じように，何らかの動機から犯罪の実行を決意し，その実現に向けて準備をし，実行に移して結果を発生させるという経過をたどるのが普通である。これらのうち，単なる決意は刑法では問題にしない。「何人も思想のゆえに処罰されることはない」からである。刑罰法規の構成要件は，たとえば，「人を殺した者」というように，犯罪が完全に実現した場合の既遂を想定して作られているのであり，それが基本的構成要件である。刑法は，さらに，処罰の必要性という観点から，犯罪の発展段階に応じて基本的構成要件を修正し（処罰の早期化），準備段階の予備・陰謀・共謀罪，および実行に移したが未完成にとどまった未遂犯（罪）の規定を置いている。未遂犯を論ずるときは，このような現行法の規定の仕方を念頭に置く必要がある。

　(2)　未遂の規定　　それでは，刑法は未遂についてどのように規定して

いるであろうか。43条本文は，未遂犯について，「犯罪の実行に着手してこれを遂げなかった者」と定義し，処罰については，「その刑を減軽することができる」と定めている。このことから，未遂犯の成立については，①「実行に着手」すること，②「これを遂げなかった」（完成しなかった）ことの2つの要件を定めていることが明らかになる。他方，処罰については「減軽することができる」と定めているから，裁判所の裁量によって，既遂の場合と同じように罰してもよいし，既遂の刑を減軽してもよいことになっている（裁量的減軽）。それから，もう一つ忘れてならないことは，「未遂を罰する場合は，各本条で定める」（44条）とされている点である。たとえば，殺人罪（199条）の未遂は，刑法203条が規定されていなければ処罰されないのである。

(3) **未遂の処罰根拠**　　刑法は，いかなる根拠から構成要件を修正して未遂を処罰することにしたのであろうか。これが未遂犯の処罰根拠をめぐる問題であり，いわゆる主観主義刑法理論と客観主義刑法理論が，最も先鋭に対立してきたところである。主観主義の立場（主観的未遂論）は，未遂は犯罪意思ないし性格の危険性を処罰するためのものであると説明するのに対し，客観主義の立場（客観的未遂論）は，法益侵害または犯罪の結果を発生する危険性に処罰根拠を求めるのである。どちらも犯罪発生の危険性を処罰の根拠とする点で共通するのであるが，前者は，意思や性格のように外部から認識できない主観的な危険性を内容とするのに対し，後者は，構成要件を実現する客観的な危険性を内容としている点で根本的に異なる。

　現行刑法の解釈として，そのいずれに従うべきかであるが，犯罪意思を基準とする主観主義の立場は，現行法の解釈としては採ることができない。主観主義によると犯罪意思の危険性という点では未遂と既遂とで異ならないから，現行刑法のように未遂と既遂を区別する必要はないことになる。また，予備・陰謀も犯罪意思の危険性という点では未遂とそれほど異ならないはずであるから，未遂と同じように総則に規定を置いて処罰を広く認めるべきであるということになろう。要するに，主観主義の立場は，そのままでは現行刑法の未遂犯規定に即さないのである。

　客観主義の立場は，法益侵害の客観的危険性を問題とするから，犯罪行為

204

が予備から未遂，さらに既遂へと発展するに従って構成要件の実現の危険も増大すると考える。したがって，危険の小さい予備・陰謀は例外的に処罰し，危険の大きい未遂は原則として処罰すべきであるということになり，このような考え方は，すでに見たように現行刑法の予備・未遂の規定に適応する。

　しかし，現行刑法は，必ずしも客観的未遂論に従っているわけではない。客観主義の立場からすれば，未遂は既遂よりも軽い犯罪であるから，少なくとも法定刑は既遂より軽くなければならないはずなのに，刑法は裁量的に刑を減軽するにすぎないからである。このようにみてくると，現行刑法の未遂犯規定は，客観主義の立場を基調としながら，犯罪意思の危険性も考慮しているといってよいのであって，行為者の意思を完全に排除して，未遂犯を純粋に客観的に捉える立場も有力に主張されているが，それは妥当ではないのである。

2　予備・陰謀・共謀

　(1)　趣　旨　未遂を論ずる前に，その前段階の犯罪である予備・陰謀・共謀について検討する。予備・陰謀・共謀は，それぞれ法益侵害の危険性を有する行為であるが，未遂のように構成要件を実現する現実の危険性はなく，むしろ抽象的な危険性を有するにすぎないから，刑法はこれらを原則として処罰しないこととし，重大な犯罪について独立の構成要件を作って処罰するにすぎない。

　(2)　予　備　犯罪の実現を目的として行われる謀議以外の準備行為を予備と称する。予備罪は，特定の既遂犯を実現する目的でなされる準備行為を処罰するものであるから，予備罪が成立するためには，故意のほかに基本となる犯罪を実現する目的が必要である（目的犯）。たとえば，殺人予備罪は殺人を犯す目的がなければ成立しないのである。一方，客観的には犯罪の実現を可能または容易にする行為が必要である。予備行為の実行も実行行為ではあるが，未遂や既遂における実行行為とは危険の程度において類型的に異なる。

　行為者がみずから犯罪を実現する目的で行う準備行為を自己予備といい，

他人に犯罪を実現させる目的でなす準備行為を他人予備という。たとえば，殺人予備罪のように，「第199条の罪を犯す目的で」（201条）と規定されている場合は，みずから犯罪を実現する目的で準備行為をする場合にかぎられるから，他人をして犯罪を実現させる目的で準備行為をした場合には，予備罪は成立しない（例—113条，237条など）。これに対し，たとえば，内乱予備罪（78条），外患予備罪（88条）などは，自己予備行為ばかりでなく他人予備行為も含むのである。

(3) **陰　謀**　2人以上の者が一定の犯罪を実行することについて相談し，その結果，合意に達することを陰謀という。謀議があれば足りるとする見解もあるが，合意に達して初めて構成要件的結果発生の危険が生ずると解すべきであるから，単なる謀議では足りないであろう。行為者がみずから犯罪を実行する目的で陰謀を行うことを必ずしも要しない。

予備と陰謀の区別について，陰謀は予備以前の段階における2人以上の心理的準備行動をいうとする見解もあるが，予備行為が陰謀に先行することもありえないわけではないから，予備も陰謀も，それぞれ独立した準備段階の行為と解すべきである。

(4) **共　謀**　共謀とは，二人以上の者が共同して何かを企むことをいうが，刑法上は，二人以上の者が何らかの犯罪の実行を計画し合意に達することをいう。合意があったことを示す徴表的行為（overt act）は必ずしも要しない。諸外国でコンスピラシー（conspiracy）として犯罪とされているものである。合意の段階で犯罪とする点で，特定の犯罪を実行するための陰謀（78条）とは異なる。また，特定の犯罪の共同遂行を合意（共同謀議）する共謀共同正犯（60条）とも異なる。2017年に成立した組織犯罪処罰法6条の2は，コンスピラシーに類似した犯罪として，「団体の活動として当該行為を実行するための組織により行われるものを二人以上で計画した者は，その計画をした者のいずれかにより，その計画に基づき資金又は物品の手配関係，場所の下見その他の計画をした犯罪を実行するための準備行為が行われたときは」，死刑，又は無期若しくは長期10年を超える懲役若しくは禁錮」に処するものとした。本法を適用できる法令は数多く，犯罪数は277に及ぶ。計画して合意し，その準備行為をしたことを条件に処罰するところに問題が

ある。捜査に乗り出す時期が早まり，被害が発生する前に犯罪を食い止めることができる点に犯罪抑止上の意義を認めうるが，実行行為と切り離して準備行為を独立して処罰することに人権上の問題が残る。

II 未 遂 犯

1 実行の着手

(1) 実行の着手とは　刑法 43 条本文は，「犯罪の実行に着手してこれを遂げなかった者は」と規定している。したがって，未遂犯が成立するためには，犯罪の実行に着手すること，すなわち実行行為の 1 部を開始することが必要となる。実行の着手に至らなければ予備・陰謀にとどまり原則として処罰されないが，実行の着手があった以上は，未遂として原則的に処罰されることになり，実行の着手は予備罪・陰謀罪と未遂犯の分水嶺として極めて重要となるのである。

実行の着手の意義については，ⓐ犯罪意思が明確に外部に表われたときとする主観説，ⓑ構成要件の 1 部の実行を開始したとき，もしくは構成要件に属する行為に近接密接する行為，または行為の犯罪計画上，構成要件的行為の直前に位置する行為を開始したときとする形式的客観説，ⓒ構成要件を実現する現実的危険を惹起する行為を開始したときとする実質的客観説（最決昭 40・3・9 刑集 19・2・69），ⓓ実行行為と結果を分け，単に実行に着手しただけでは未遂とならず，既遂の具体的危険が発生した時に未遂になるとする結果犯説が対立している。

「実行に着手した」とは，実行行為の 1 部を行ったという意味にほかならないから，実行の着手は，「実行行為とは何か」という問題に還元して考えなければならないのは当然である。そして，実行行為はその行為をとると経験則上当該構成要件が予定している法益侵害の現実的（類型的）危険性を惹起する行為と考えるべきである（⇨71 頁）。しかも，未遂犯の処罰根拠を構成要件の実現ないし結果発生の現実的危険の惹起に求める以上，実行の着手

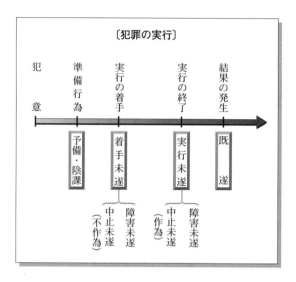

はその現実的危険を惹起せしめたことをいうと解すべきであり，ⓒ説が妥当である。

(2) **故意・過失**　「現実的危険性」の判断資料に関連して，行為者の主観をどの範囲まで取り入れるべきかについて，ⓐ行為者の意図・計画および性格の危険性を併せ考慮すべきであるとする説，ⓑ故意または過失のみを考慮すべきであるとする説，ⓒ主観的要素を考慮すべきでないとする説とに分かれている。

実行行為は主観と客観の統一体であるとともに，ここにいう「危険性」は，物理的危険性ではなく一般人が感ずるであろう危険性をいうのであるから，実行の着手に関しても，構成要件上必要とされる主観的要素である故意が必要となることは当然であり，ⓑ説が妥当である。たとえば，銃を人に向けても殺意の有無によって一般人が感ずるであろう危険性の程度は異なるから，現実的危険性の判断資料として，故意（または過失）は不可欠の要素というべきである。

窃盗罪について「窃盗の目的を以て家宅に侵入し，他人の財物に対する事実上の支配を犯すに付密接なる行為を為したるときは，窃盗罪に著手したるものと謂ふを得べし」（大判昭9・10・19刑集13・1473）とした判例があり，判

例の立場は，形式的客観説に従うものと解されてきた。しかし，最決昭和45年7月28日（刑集24・7・585）は，「かかる事実関係のもとにおいては，被告人が同女をダンプカーの運転席に引きずり込もうとした段階においてすでに強姦（強制性交）に至る客観的な危険性が明らかに認められるから，その時点において強姦（強制性交）等の行為の着手があったと解するのが相当であ」るとして，実質的客観説の立場をより鮮明にしている（最決平11・9・28刑集53・7・621〔禁制品輸入罪の着手時期，最判平26・11・7刑集68・9・963〕。なお，最判平20・3・4刑集62・3・123）。

2 実行の着手時期が問題となる場合

(1) 不作為犯の場合　不作為犯の実行の着手は，結果を防止すべき法律上の作為義務を負う者が，その義務に違反して作為を行わず，構成要件的結果発生の現実的危険を惹起した時に認められる（⊅74頁）。したがって，結果発生の現実的危険が既に発生しているときは，作為義務違反が生じた時期，また，行為者の不作為によって結果発生の危険が生じるときは，作為義務違反によって結果発生の現実的危険が発生した時期に実行の着手が認められる。

(2) 間接正犯の場合　間接正犯として，利用者が人（被利用者）を道具のように利用して犯罪を実行する場合，たとえば，医師が事情を知らない看護師を使って（⊅83頁），患者に毒薬を飲ませ毒殺するような場合についての実行の着手時期は，ⓐ利用者が被利用者を犯罪に誘致する行為を開始した時期とする利用者標準説，ⓑ被利用者が実行行為を開始した時点とする被利用者標準説，ⓒ構成要件的結果発生の現実の危険を惹起した時期とする個別化説が対立している。

　利用者が被利用者の行為を道具として利用する場合でも，利用行為の開始が構成要件的結果発生の現実的危険を常に惹起するわけではないから，利用者の行為が結果発生の現実的危険を惹起した時に実行の着手があると解すべきであり，ⓒ説が妥当である。

　ⓒ説に対しては，被利用者が行為を開始した時に実行の着手を認めると，実行の着手時期を他人の動作に依存させることになり不当だとする批判が向

けられている。しかし，間接正犯の場合は，利用者の意思によって被利用者があたかも道具のごとく支配されているところに正犯とする根拠があるから，利用開始後の作為または不作為によって被利用者の行為が一方的に利用されている以上は，結果発生の現実的危険の惹起は利用者の意思に基づいていると解すべきである。

(3) **離隔犯の場合**　間接正犯の一種として，行為者の行為と構成要件的結果発生との間に，時間的・場所的間隔の存在する離隔犯がある。たとえば，友人を毒殺するために毒入りウィスキーを友人宅に郵送するような事案である。学説は発送時説と到達時説（大判大7・11・16刑録24・1352）に分かれるが，この場合にも，結果発生の現実的危険を惹起するに至ったか否かが基準となるから，それを基準として，具体的状況により，発送時，到達時または飲用しうる状態に至った時のいずれも実行の着手時期となりうる。たとえば，Aが甲を毒殺しようとして甲がいつも通る農道に農薬入りジュースを置いた場合，それによってAのなすべき行為は完全に終了していてもその時期に実行の着手を認めることは困難であり，翌朝他家の子供がこれを飲み死亡した場合に「右ジュースが拾得飲用される直前に普通殺人についての実行の着手」（宇都宮地判昭40・12・9下刑集7・12・2189）が認められることになる。

(4) **原因において自由な行為の場合**　原因において自由な行為の実行の着手について学説は対立しているが，この場合にも結果発生の現実的危険を惹起したか否かが基準となるから，その危険を惹起した時点で実行の着手があったと解すべきである。

不作為犯および過失犯について原因において自由な行為が適用される場合は，たとえば，多量に飲酒して運転を開始した場合のように，飲酒して自動車を運転する行為自体が結果発生の現実的危険性を有するから，飲酒して運転を開始した時点に実行の着手が認められる。

故意の作為犯の場合は，原因行為自体が結果発生の現実的危険を惹起することは稀であるから，原則として結果行為の開始時点に実行の着手時期を求めるべきである。結果行為を行う時点では実行行為に必要な故意がないとする批判もありうるが，原因行為時の故意が結果行為にまで及んでいる場合にかぎり原因において自由な行為を認めるべきである（⮫184頁）。

210

(5) 結合犯の場合　　一定の手段を要件とする結合犯（⇨65頁）については，その手段となる行為を行えば結果発生の現実的危険が生ずるから，その時点で実行の着手となる。たとえば，強盗罪は暴行・脅迫を手段とする結合犯であり，強盗の故意で暴行を行った以上は強盗の実行の着手となる。強盗の故意で単に財物の窃取に着手したにすぎないときは，相手方の反抗を抑圧して財物を強取する現実の危険は惹起しないから，強盗罪の実行の着手は認められない。

3　構成要件的結果の不発生

　未遂犯が成立するためには，「これを遂げなかった」こと，すなわち犯罪が完成しなかったことが必要である。たとえば，保険金詐欺を目的として殺人を犯したような場合，保険金を詐取する目的が達成されなくても殺人罪は完成しているから，既遂犯であって未遂犯ではない。

　犯罪が完成するに至らなかったことについては，行為者が実行行為に着手したが実行行為そのものを終了しなかった場合，および実行行為は終了したが結果は発生しなかった場合とがある。前者を着手未遂，後者を実行未遂と呼ぶ（⇨207頁）。

4　処　罰

　未遂犯は，刑法各本条で「……の罪の未遂は，罰する」というように明文で規定されている場合にだけ処罰される（44条）。刑法は，行為の結果発生の具体的危険性に着目して，結果が発生したと同程度ないしそれに準ずべき可罰性を有するものとして未遂犯を類型化したと考えられる。未遂犯を処罰する場合には，「その刑を減軽することができる」（43条本文）として，刑を必要的に減軽することを認めず，裁判所の裁量によって既遂と同様に処罰することができるとしているからである。しかし，未遂犯では結果は発生していないのだから，少なくとも違法性の程度において既遂と区別すべきであり，原則として刑を減軽すべきである。

◆【問　題】

(1)　判例は，住居内の金品を窃取する場合は構成要件に密接する行為に着手することを実行の着手とし（前掲大判昭9・10・19），土蔵内の物を窃取する場合は土蔵に侵入する行為を実行の着手としているが（名古屋高判昭25・11・14高刑集3・4・748参照），両者の間に矛盾はあるか。

(2)　強盗の目的で凶器を携帯して他人の住居に侵入したが，たまたま家人が目をさまさなかったので，暴行・脅迫なしに金品を領得して帰宅した場合，いかなる犯罪が成立するか。

(3)　実行の着手について一般的にその意義を述べた上，間接正犯の実行の着手について論ぜよ。

III　不　能　犯

1　不能犯の意義と類型

(1)　不能犯とは　　行為者は犯罪を実現する意思で行為したが，その行為の性質上，結果を発生することが不可能な場合を不能犯と称する。たとえば，人を呪い殺そうとして「丑の時〔刻〕参り」をする場合である。不能犯は，構成要件を実現する可能性がないから構成要件には該当しないし，もちろん犯罪とはならないのである。なお，現行刑法には不能犯を不可罰とする規定はない（草案25条）。

不能犯は，行為者に錯誤があるために結果の発生が不可能となる場合であり，三つの類型に分かれる。第1は，農薬と誤信して，人を殺す目的で胃腸薬をジュースに入れ人に飲ませた場合のように，その方法について錯誤がある場合の「方法の不能」である。第2は，人であると誤信して案山子に発砲する場合のように，行為の客体について錯誤がある場合の「客体の不能」である。第3は，事務処理者でない者が自分を事務処理者と誤信した場合のように，錯誤が行為の主体に関する場合の「主体の不能」である。

(2)　学　説　　不能犯と未遂犯を区別する基準については，客観的危険説，主観説，抽象的危険説，具体的危険説などが主張されている。

〔危険性の判断〕

学　　説	判断の基礎(資料)	判断方法	基　準
具体的危険説	行為時に行為者が特に認識していた事情と一般人が認識可能な事情	事後予測	通常人
修正された客観的危険説	裁判時までに判明した一切の客観的事情	事後判断	科学的一般人

　(ア)　**客観的危険説**　　絶対的不能・相対的不能説ともいい，不能には，①一般的に犯罪を実現することが不能な場合，②特別の事情のために犯罪を実現することが不能な場合があり，①の場合を絶対的不能としてこれに不能犯を認め，②の場合を相対的不能としてこれに未遂犯を認める説である。

　(イ)　**修正された客観的危険説**　　客観的に存在したすべての事情を判断の基礎として，行為が法益侵害を発生させなかった場合において，①現実に存在した事実の代わりに，いかなる事実が存在すれば科学法則上法益侵害の結果が発生するかを問い，②科学的一般人の立場からみて，仮定的事実がどの程度存在しえたかを基準として事後的に危険性の判断をすべきであるとする説である。

　(ウ)　**主観説**　　およそ犯罪を実現しようとする意思を表現する行為があれば，その行為が危険性を有するか否かを問わず未遂犯とする説である。なお，殺人の目的で丑の時参りをする行為のごとき迷信犯については，①真の犯罪的意思が認められず単に希望の表明にすぎないとか，②行為者の性格が臆病であるため性格の危険性が認められないなどの理由で，不能犯とすべきであるとされている。

　(エ)　**抽象的危険説**　　行為者の犯罪的意思の危険性を出発点とし，行為の当時に行為者が認識していた事情を資料として，行為者の計画どおりにことが進んだとしたならば，一般に結果発生の危険があったか否かを問い，危険があると判断されるときは未遂となり，危険がないと判断されるときは不能犯になるとする説である。主観的客観説ともいう。たとえば，人を殺す目的で胃腸薬を農薬と誤信して飲ませた場合は，農薬であれば一般に結果発生の

可能性があるから未遂犯となるが，胃腸薬で人が殺せると思っていたのであれば不能犯になるとする。

（オ）**具体的危険説**　　行為の当時において行為者が特に認識していた事情，および一般人が認識しえた事情を基礎とし，行為の時点に立って，一般人の立場から，そのような事情のもとに行為がなされたならば構成要件の実現が一般に可能であったといえるか否かを問い，それが肯定されるときは結果発生の具体的危険が認められるから未遂犯であるが，否定されるときは不能犯とする説であり，定型説とも呼ばれている。この説は，客観的危険説が事後に判明した事情をも考慮して危険性の判断を行うのに対し，その判断の資料を行為の当時において行為者が特に認識していた事情および一般人が認識しえた事情に限定し，事後予測として，行為の時点に立って危険性の有無を判断する点に特色がある。

2　未遂犯と不能犯の区別

(1)　区別の基準　　未遂犯の要件である実行の着手があったといえるためには，構成要件に該当する結果発生の現実的または類型的危険を惹起する行為が必要であり，不能犯は結果発生の不能な場合であるが，何が「不能」かについて既述のように学説の対立が生じた。しかし，実行行為の実質的な内容をなす結果発生の現実的危険性は，必ずしも物理的・科学的危険性を意味するものではなく，行為の具体的状況を基礎として，一般人の立場から判断した類型的危険性をいうのであり，刑法は行為規範としてかかる行為を国民に命令・禁止しているのであるから，このような危険性を含んでいる行為であるかぎり，未遂犯に当たると解する。その意味で，行為の客観的危険性を一般人の立場から判断しようとする具体的危険説が妥当であり，不能犯における危険性の有無の判断は，行為者が特に認識していた事情および一般人が認識することのできたであろう事情を基礎として，行為の時点に立って，一般人の立場から，構成要件的結果発生の現実的危険を惹起したといえるか否かを基準に行われるべきである。

(2)　危険性の判断基準　　一般人の立場からの判断については，ⓐ科学的一般人を基準として判断すべきであるとする説，ⓑ通常人を基準として判

断すべきであるとする説が対立している。不能犯で問題となる危険性は，科学的・物理的危険性自体を意味するものではなく，一般人の抱く危惧感としての社会心理的な危険性をいうから（⊃71頁），科学的・物理的な危険性を基礎としつつ，最終的には社会における普通の一般人すなわち通常人を基準として判断すべきである。したがって，通常人の科学常識が向上するにつれて，未遂犯と不能犯との限界が変化することもありうるわけである。

(3) **判例の立場**　判例は，「不能犯とは犯罪行為の性質上結果発生の危険を絶対に不能ならしめるものを指す」(最判昭25・8・31刑集4・9・1593) と定義していたので，相対的不能・絶対的不能説に従っているように解されてきた。しかし，最判昭和51年3月16日 (刑集30・2・146) は，爆発物取締罰則1条の「使用」につき，被告人は「導火線に点火すれば確実に爆発する構造，性質を有する爆弾であると信じており，また，一般人においてもそのように信ずるのが当然であると認められる状況」のもとでは，「単に物理的な爆発可能性の観点のみから判断されるべきではなく，本条の立法趣旨，罪質及び保護法益を考慮しつつ，使用についての前記解釈をとり，本件爆弾の構造上，性質上の危険性と導火線に点火して投げつける行為の危険性の両面から，法的な意味において，右構成要件を実現する危険性があったと評価できるかどうかが判断されなければならない」と判示して，具体的危険説に近い判断を示している。

(4) **諸類型**　上記の基準に基づいて，①方法の不能，②客体の不能，③主体の不能に関する具体例を検討してみよう。

(ア) **方法の不能**　方法の不能については，3つの類型がある。第1に，手段の効果について錯誤がある場合，たとえば，硫黄で人が殺せると思った場合 (大判大6・9・10刑録23・999〔硫黄殺人事件・否定例〕)，少量の空気の注射で人が殺せると思った場合がこれに当たる (最判昭37・3・23刑集16・3・305〔空気注射事件・否定例〕)。この場合，科学的には結果発生の危険がなくても，一般人が危険を感ずるような態様で行われた以上は，未遂犯が成立すると解すべきである。なお，上記の硫黄殺人事件は，Xが内縁の夫甲を殺害する目的で硫黄粉末を沖鍋中に投じて甲に飲ませたというものであるが，前掲大判大6・9・10は「殺害の結果を惹起することは絶対不可能にして」と判示

して，殺人に関しては不能犯とした。

第2に，手段として用いた物の作用について錯誤がある場合，たとえば，たまたま弾丸が装塡されていなかったピストルの発射行為（福岡高判昭28・11・10判特26・58〔否定例〕），点火装置が破損している手榴弾を人に投げつける行為（東京高判昭29・6・16高刑集7・7・1053〔肯定例〕），人体に無害な天然ガスで殺害しようとする行為（岐阜地判昭62・10・15判タ654・261〔否定例〕）などがある。これらについても，一般の人が結果発生の危険を感ずるか否かで判断すべきである。

第3に，犯罪の手段として使う用具自体を錯誤によって取りちがえたために不能となった場合，たとえば，毒薬を買ってきて戸棚に入れておいたが，まちがえて消化剤のびんを取り出して飲ませた場合である。薬びんの取り違えがあったとはいえ消化剤を飲ませたにすぎないのだから，不能犯を認めるべきであるが，服用された薬品が毒物と同じような外観を呈しているときは，一般人は危険を感ずるであろうから未遂とすべきである。

　(イ)　**客体の不能**　　客体の不能について興味をひく判例がある（広島高判昭36・7・10高刑集14・5・310）。被告人Aが甲を殺す意図で拳銃を発射し3発命中させて死亡させたが，この発射音を聞いた被告人Bは，Aに加勢して倒れている甲を殺そうとし，上向きに倒れている甲の胸部などを日本刀で3箇所突き刺したという事案について，裁判所は，「Bが加害当時被害者の生存を信じていたという丈けでなく，一般人も亦当時その死亡を知り得なかったであろうこと，従って又被告人Bの前記のような加害行為により甲が死亡するであろうとの危険を感ずるであろうことはいずれも極めて当然」として殺人未遂罪を認めたものである。

　客観的危険説からは客体の不能として絶対的不能となるが，行為者は生きていると信じていたのであり，一般人から見ても生きていると認識できる事情があり，生きている人の胸部を日本刀で突き刺せば死の結果を発生する現実の危険性があること無論であるから，Bの行為について殺人未遂罪を構成するとした結論は妥当である。

　相手が寝ていると思ってベッドに向って発砲したが，実は外出中であった場合も，上と同じ標準に従って解決すべきであろう。具体的状況に応じ，未

遂犯ともなれば不能犯ともなりうる。

　(ウ)　**主体の不能**　　たとえば，背任罪（247条）における事務処理者でない者が，自己を事務処理者と誤信して任務違背に当たる行為をした場合のように，身分のない者が身分があるものと誤信し身分犯の行為を行う場合は主体の不能である。この場合の未遂犯の成否について，ⓐ具体的危険説の立場から理論的には未遂犯を認めうる余地があるとする説，ⓑ真正身分犯に関し身分のない者が身分があると考えて行為した場合は幻覚犯であって犯罪不成立とする説，ⓒ身分を有することが本質的な犯罪については不能犯になるとする説，ⓓ事後的判断を加えれば結果発生の危険がないから不可罰とすべきであるとする説とに分かれている。

　主体の不能も他の場合と同様に構成要件要素に関する事実が欠如する場合であるから，客体の不能および方法の不能の場合と同じように，一般人の立場から，その行為が特定の身分犯を実現する現実の危険があると感じられる以上は実行行為性を認めるべきである。もっとも，主体の不能に関して，一般人の立場から犯罪実現の可能性が感じられる場合は皆無に等しいであろう。

3　不能犯と違法性の判断

　具体的危険説に従うと，空ピストルの射撃や案山子に対する射撃のように，事後的に見れば一笑に付し去るべき行為も，可罰未遂になってしまい妥当でないとする批判がある。たしかに，具体的危険説によると，主体の不能の場合も含めて不能犯の成立範囲が狭く，法感情に反する結論になる場合があることは否定できないが，以上述べた結論は，いずれも不能犯を構成要件該当性の面から検討したものである。

　これに対し，違法性の判断は裁判時に明らかになった全資料を基礎に事後的に行われるものである（⇨137頁）。したがって，構成要件的結果発生の現実的危険性が認められても，実質的な違法性の判断においてその可罰的違法性が認められない場合もあるところから，たとえば想像妊娠の婦女に対する堕胎や主体の不能の場合のように，事後的に観察すれば法益侵害の危険性は全く認められないような場合には違法性が阻却されるので，具体的危険説に従っても法感情に反する結論にはならないのである。

◆【問 題】

(1) Xは，甲を殺す目的で，甲の静脈に注射器で約 30cc の空気を注射したが，甲は死ななかった。鑑定によると，人を死亡させるには少なくとも70cc 以上の空気の注入が必要であるという（前掲最判昭 37・3・23 参照）。X の行為は殺人未遂となるか。

(2) Xは，覚せい剤を製造しようと企て，自宅で製造を試みたが，主原料が真正のフェニルアミノプロパン等を含んでいなかったので，普通の製法で工程を実施しても覚せい剤は製造できなかった。X の罪責はどうか（最決昭 35・10・18 刑集 14・12・1559 および覚せい剤取締法 15 条 1 項，41 条参照）。

(3) Xは，都市ガスを部屋に漏出させて妻甲を巻き込んで心中しようと試みたが，天然ガスであったため一酸化炭素が含まれていなかったので中毒死の結果は生じなかった。X の行為は殺人未遂となるのか。

Ⅳ 中 止 犯

1 中止犯を認める根拠

(1) 中止犯とは 犯罪の実行に着手したが「自己の意思により犯罪を中止した」ために，犯罪が既遂とならなかった場合を中止犯（中止未遂）という。中止犯は，「その刑を減軽し，又は免除する」（43 条）。

中止犯を未遂犯から区別して，これを寛大に取扱う立法例は諸外国でみられるが，そのような特別な取扱いを認める根拠については，ⓐ刑事政策説，ⓑ法律説，ⓒ結合説およびⓓ総合説というように，学説の対立が続いている。

ⓐ刑事政策説は，中止犯を寛大に扱う根拠は，犯罪の完成を未然に防止しようとする政策的な考慮にあるとする説であり，「あと戻りのための黄金の橋」（リスト）と解する一般予防説，中止により行為者の危険性の消滅・減少を図るものであるとする特別予防説とに分かれている。ⓑ法律説は，犯罪成立要件である違法性または責任のどれかが減少するからであるとする説であり，犯罪行為の中止によって違法性が減少すると解する違法性減少説，責任が減少すると解する責任減少説とに分かれている。ⓒ結合説は，刑事政策

218

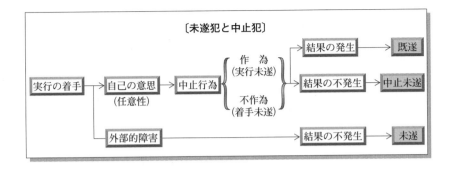

説と法律説を結合して理解すべきであるとする説および違法性減少説または刑事政策説と責任減少説を結合して理解すべきであるとする説に分かれる。

(2) **違法性減少説と刑事政策説の結合** これらの諸説のうち最も有力な責任減少説は，責任は犯罪の実行を決意した意思に対する非難可能性であるから，その決意を撤回した以上非難可能性は減少すると説く。また，中止行為によって新たに法を遵守する規範的人格が形成されることになるから，非難可能性が減少ないし消滅すると主張する。しかし，この説に従うと，決意の撤回ないし中止行為がなされた以上は責任が減少することになるから，既遂に達した場合にも中止犯を認めなければならないことになり，未遂犯についてのみ中止犯を認める現行法の建前に即さない。

未遂犯の処罰根拠は，すでに述べたように結果発生の現実的危険の惹起にあり，いったん故意を生じ実行に着手した以上はこの危険を惹起したのであるが，後になって当該行為の結果を実現する意思を任意に放棄し，あるいはみずから結果の発生を防止した場合は，結果発生の現実的危険を事後的に減少させたものと解すべきであり，基本的には違法性減少説が妥当であろう。しかし，中止犯につき寛大な取扱いをすることによって，犯罪の完成を未然に防止する効果は皆無ではないから（228条の2参照），違法性減少説と刑事政策説とを結合する結合説が妥当である。なお，近年，中止犯は，未遂犯の成立により危険にさらされた具体的被害法益を救助するために，既遂の具体的危険の消滅を奨励するための純然たる刑事政策的規定であるとする見解も有力となっているが，結論的には結合説と変わらないと思われる。

2 中止犯の成立要件

中止犯が成立するためには，犯罪の実行に着手した後，行為者が，①「自己の意思」によって，②「犯罪を中止した」ことが必要である。

(1) 中止の任意性 「自己の意思により」とは，中止の決意が自発的なものであること（中止の任意性）をいう。

㋐ 学 説 任意性に関して，@中止の意思が外部的障害の認識によって生じたものでないかぎり任意性を認める主観説，ⓑ改悛，同情，憐愍などの広義の後悔に基づいて中止した場合とする限定主観説，ⓒ社会通念上一般に障害とならないのに中止した場合であるとする客観説，ⓓ行為者が外部的障害を知りつつ，やろうと思えばできると判断し，一般人から見てもできると認められるのにこれをやめた場合が中止未遂であるとする折衷説（⑧福岡高判昭 61・3・6 判時 1193・152）が対立している。

広義の改悛を必要とする限定主観説は，中止犯における倫理性と任意性を混同するもので責任減少説においてのみ認めうる基準である。また，客観説は，一般の経験則上心理的に強制力を有するかどうかを基準とするものであるから，任意性の有無を行為者の意思がどうであったかを問わずに判断することになるので，「自己の意思による」という法文の本来の意味を無視することになる。

㋑ 折衷説が妥当 思うに，任意性の要件は本来中止犯の法的性格を踏まえて論ずべきであり，刑の減免理由は犯罪意思の放棄によって結果発生の危険が減少したということ，言い換えると「自己の意思により」という主観的要素が違法性を減少させる違法性の要素と考える以上，行為者みずからが外部的障害を認識した結果，「やろうと思えばやれる」と判断したときに任意性を認め，「やろうと思ってもやれない」と判断した場合には任意性を認めるべきではない（フランクの公式）。しかし，中止犯は違法性が減少したという理由で刑が減軽・免除されるのであるから，単に行為者が「やろうと思えばやれる」と判断しただけでは足りず，一般の人から見ても「やろうと思えばやれる」のに「やらなかった」というように，犯罪を完成させる意思を放棄したと評価されなければならない。その意味でⓓ説が妥当である。なお，

最近，合理的な価値から逸脱する不合理な決断による場合に任意性を認める不合理決断説が注目されているが，何をもって不合理とするかに疑問がある。

(ウ) **具体的基準**　「やろうと思えばやれる」と認められるか否かが基準となるから，中止の動機は後悔，良心の呵責などの道徳的なものである必要はない。また，別な機会を選んだほうが得策であると感じて中止したとしても，それらについての認識が行為者の心理過程において「やろうと思えばやれる」と感じられたと客観的に認めうる以上は，中止犯となりうる。

これに対し，外部的障害を認識した結果，「やろうと思っても，やれない」と思って中止したと認められる以上は，中止犯は認められない。外部的障害がないのにあると誤信して中止した場合，たとえば目的物を発見できなかったので窃盗を断念した場合（大判昭21・11・27刑集25・55），強姦に着手したところ付近を通過する電車の灯火で被害者の出血を見て驚愕して姦淫をやめた場合（最判昭24・7・9刑集3・8・1174），野球用バットで殴ったところ，呻き声をあげたので死んだと思い現場に戻って電燈をつけてみると，頭から血を流して苦しんでいるのに驚き殺害を実行しなかった場合（最決昭32・9・10刑集11・9・2202），いずれの場合も中止犯は成立しない。これに対し，強姦の実行に着手したところ，「やめて下さい」と哀願されて中止した事案では，「犯罪遂行の実質的障害となる事情に遭遇したわけでなく，通常であれば目的を達したであろうと考えられる場合に」みずからの意思で中止すれば任意性は肯定される（浦和地平4・2・27判タ795・263〔強姦犯人が被害者からの哀願で犯行を断念した事例〕）。また，相手の表情を見て愛情の念が生じて止めた場合（名古屋高判平2・7・17判タ739・243），無理心中しようと長男を包丁で刺したところ，長男が発した言葉で我にかえり，犯意を喪失した場合（横浜地判平10・3・30判時1649・176），いずれも任意性が認められる。

(2)　**中止行為と結果の防止**　中止犯が成立するためには，「中止した」こと，すなわち中止行為によって結果の発生が防止されなければならない。

(ア)　**実行中止と着手中止**　「中止した」とは，犯罪の完成を妨げる行為（中止行為）によって結果の発生を阻止したことである。中止には，着手中止と実行中止とがある。着手中止は，実行に着手後，その終了前に継続して行うべき実行行為を放棄した場合であり，実行中止は，実行を終了した後に

結果の発生を防止する場合である。着手中止の場合はその後の実行を放棄する不作為で足りるのに対し（福岡高判平11・9・7判時1691・156），実行中止の場合は結果防止のための作為を必要とする。作為がなければ中止したとはいえないからである。

　着手中止と実行中止とを分ける基準は，実行行為が終了したか否かである。実行行為の終了時期について学説は分かれているが，作為による中止行為との関連でいえば，実行行為の結果，犯罪的結果の発生に向けて因果の経過が進行を開始し，そのまま放置しておけば結果が発生してしまうかどうかが重要であり，その段階に至った時は，実行行為は終了したと解すべきである（東京高判昭62・7・16判時1247・140）。

　(イ)　**真摯性の要否**　　中止行為は，結果発生防止のため真摯な努力をしたものであることを要するであろうか（大阪高判昭44・10・17判タ244・290）。この点について学説は分かれるが，真摯性の要件の内容は必ずしも明確ではなく，また，43条ただし書の法文からこの要件を読み取ることは不可能であるから，着手中止の場合には実行行為そのものを放棄すれば足り，また，実行中止の場合には結果発生を積極的に防止する作為を必要とする。

　作為による中止行為は，結果の防止を目的としたものであり，結果防止にとって必要かつ相当な行為であることを要する。他人の助力によって結果を防止する場合も中止行為となりうるが，その場合には，みずから防止したと同一視するに足りる程度の積極的な努力によって結果の発生を防止することが必要である（通説。大判昭12・6・25刑集16・998参照）。たとえば，他人の住居に放火した犯人が，「火事だ」と叫んで人を呼んだ場合において，第三者が未然に放火を防止したとしても中止行為となるものではない。

　(ウ)　**中止行為と結果の不発生**　　中止犯が成立するためには中止行為によって結果の発生が防止されたことを要する。中止行為が真摯に行われた以上は結果が発生しても中止犯の成立を認めるべきであるとする説もあるが，既に結果が発生している以上，中止犯の成立する余地はない。

　「自己の意思により犯罪を中止した」こと，すなわち中止行為と結果の不発生との間に相当な因果関係があるときにかぎり，中止犯の成立を認めるべきである。しかし，たとえば，毒薬を飲ませた後に死の結果を防止すべく病

院に連れて行ったが，実は初めから毒薬が致死量に達していないような結果発生の不能な場合（いわゆる欠効未遂）は，中止行為と結果の不発生との間に因果関係を認めることはできないから，中止犯にはなりえないことになる。そうすると結果発生の可能な場合と比較して不均衡となることは避けられないから，結果発生の不能な場合には中止犯規定（43条ただし書）を準用して，必要的に刑の減免を認めるべきである（草案24条2項参照）。

3 効 果

中止犯は，必要的に刑が減軽または免除される（43条ただし書）。中止犯が認められる以上は，その実行行為によって生じた他の構成要件的効果について別個の犯罪は成立しない。たとえば，甲（殺人）罪につき中止犯が認められれば，乙（傷害）罪の事実が発生しても，乙罪は成立しない。殺人行為に着手する以前の殺人予備罪も同様である。

中止した犯罪と併合罪または科刑上一罪の関係に立つ別罪については，中止犯の効果は及ばない。たとえば，住居侵入後に窃盗に着手して窃盗を中止しても，窃盗罪によって住居侵入罪は評価しつくせないから，住居侵入罪に中止犯の効果は及ばない。なお，たとえば，ガス中毒死させる故意でガスを部屋に充満させた者が，中止のためにガラス窓を破壊した場合のように，中止行為自体が犯罪を構成する場合は，その罪が独立に成立するのであって，中止犯となるものではない。ただし，緊急避難または期待可能性が考慮される余地はある。

4 予備・陰謀罪の中止

予備・陰謀罪の中止は，予備・陰謀行為の後に，さらに実行行為に着手することを任意にやめる場合である。43条ただし書は「犯罪の実行」に着手することを要件として中止犯を認めるから，実行に着手していない予備・陰謀の中止犯を含んでいないことは明らかであるが，学説は肯定説と否定説（最大判昭29・1・20刑集8・1・41）とに分かれている。

否定説によると，たとえば，強盗の予備を行ったが「自己の意思により」実行の着手に至らなかった場合には，2年以下の懲役となるのに対し（237

条），実行に着手した後に中止すれば刑の免除を受けられるから刑の権衡を失する場合が生ずる。それゆえ，43条ただし書は，予備・陰謀の中止には適用されないが，不均衡の解消を図るためにこれを準用して，中止未遂に準じて刑の減軽・免除をすべきである。

現行法上は，殺人予備罪（201条）などには情状により刑を免除する規定があるから，特に43条ただし書を準用する必要はないが，通貨偽造準備罪（153条），強盗予備罪（237条）については刑の免除規定がないから，上記の準用を認めないと刑の権衡を失することになる。なお，予備罪としての法定刑は，基本犯の法定刑を法律上減軽したものと解すべきであるから，そのうえ中止犯として法律上の減軽を加えることは許されず（68条参照），結局，予備罪の中止については刑の免除のみを認めるべきである。

◆【問　題】

(1)　Xは，母親を道連れに自殺しようと決意し，殺害の目的で就寝中の同女の頭部を野球用バットで殴打したところ，「うーん」と呻き声をあげたので死亡したと思い隣室の自室に戻ったが，間もなく同女がXの名を呼ぶので現場に戻ると，同女が頭部から血を流して痛苦しているので恐ろしくなり，それ以上殺害行為を続ける気になれず，全治1週間の傷害を負わせたにとどまった。Xの罪責はどうか（前掲最決昭32・9・10参照）。

(2)　XはYに対し甲を殺すよう頼み，Yはこれを引き受けて，甲を殺そうとしてピストルを1発発射したが，命中しなかったのでもう1発発射しようとしたところ，急に不吉な予感がしたので中止して帰宅した。帰宅後Xがピストルを調べてみると，弾丸は1発も残っていなかった。X，Yの罪責を論ぜよ。

(3)　中止犯の法的性格について述べ，併せてそれが中止犯の成立要件にどのような影響を及ぼすかを論ぜよ。

(4)　Xは，甲殺害の目的で甲に農薬を飲ませたが，思いなおして甲に解毒剤を飲ませた。しかし，3日後，農薬が原因で甲は死亡した。Xの罪責を論じなさい。

第9章 共　犯

> 共犯は「絶望の章」といわれるが，共犯が難しく感じられる
> のは，共犯は常に正犯と不可分の関係にあり，両者の関係を
> どう捉えるかによって，正犯と共犯の範囲や共犯相互の関係
> が異なったものとなるからである。しかし，問題の核心は，
> なぜ共犯を処罰しなければならないかということと，正犯と
> 共犯の違いはどこにあるかという2点に帰着するから，これ
> らを念頭に置いて学習することが肝心である。

I　共犯と正犯

1　共犯の種類

(1) 共犯とは　　最広義の共犯は，二人以上の者が共同して構成要件を
実現する場合であり，任意的共犯と必要的共犯とに分かれる。任意的共犯は，
単独の行為者を予想して作られている構成要件を，二人以上の行為者が関与
して実現する犯罪をいい，刑法総則に規定されている共同正犯（60条），教
唆犯（61条）および幇助犯（62条，63条）の3種類がある。広義の共犯は，任
意的共犯である共同正犯，教唆犯および幇助犯をいい，一般に共犯というと
きはこれらを指す。広義の共犯のうち教唆犯および幇助犯を狭義の共犯とい
う。

　必要的共犯は，刑罰法規において，複数の行為者の関与を要件として定め
られている犯罪をいい，集団犯と対向犯とに分かれる。集団犯は多衆犯とも
いい，内乱罪（77条），騒乱罪（106条）のように，構成要件上複数の者の行
為を不可欠とする犯罪である。対向犯とは，たとえば賄賂罪（197〜198条）

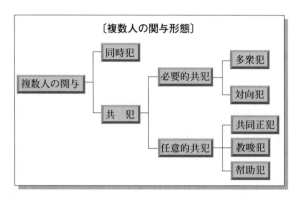

のように，収賄側と贈賄側が，いわば「向かい合う」当事者の行為を必要とする犯罪であり，普通はその双方とも処罰されるが，たとえば，わいせつ物頒布等罪（175条）のように，対向者の一方（販売者）だけを処罰する場合もある。

(2) **必要的共犯** 必要的共犯は，その犯罪が成立するために欠くことのできない関与行為として独立に類型化されているものであり，その性質上，刑法総則の共犯規定は原則として適用されない（最判昭43・12・24刑集22・13・1625，最判昭51・3・18刑集30・2・212）。たとえば，対向犯である賄賂要求罪（197条1項）は，必要的共犯として，贈賄の教唆犯または幇助犯の行為を類型的に含んでいるから，賄賂要求罪のほかに贈賄罪の教唆犯または幇助犯が成立することはない。

対向者の一方だけを処罰する規定がある場合，他方の行為が相手方の行為を教唆・幇助していると認められるときも，その犯罪が成立するについて当然予想される類型的な関与行為については，原則として共犯規定の適用がない。ただし，重婚を教唆するように，対向犯の行為者に対向者以外の者がはたらきかける行為は共犯となりうる。集団犯としての騒乱罪の場合に，暴動の集団外で暴動に参加することを教唆した者は，共犯となりうる。集団外の行為者は必要的共犯に類型的に含まれているとは考えられないから，そのような行為についてまで必要的共犯の効果が及ぶとするのは不当である。なお，2人以上の者が，意思の連絡なしに，時を同じくして，同じ客体に対し犯罪を実行する同時犯は，複数の者が関与する犯罪であっても共犯ではない。

2 正犯と共犯の区別

(1) 学 説　共犯は，複数の関与者を含む犯罪であるから，間接正犯と境を接し，また，共同正犯と狭義の共犯との区別も重要である。そこで，学説上正犯と共犯を区別する基準が問題となってきたが，区別の基準については，従来，①主観説と客観説，②限縮的正犯概念と拡張的正犯概念，③行為支配説または形式説などが主張されてきた。

　(ア) **主観説と客観説**　主観説は，古くから主張されており，因果関係に関する条件説を基礎として，すべての条件は原因として等価的であるから，正犯と共犯を因果関係の見地から区別することは不可能であるとし，行為者の意思を基準として，自己の行為を行う意思で行為する者を正犯，他人の行為に加担する意思で行為する者を共犯とする。客観説は，因果関係における原因説を基礎とするものであって，結果に対して原因を与えた者が正犯，条件を与えた者が共犯であると考える。

　(イ) **限縮的正犯論と拡張的正犯論**　限縮的正犯論は，構成要件に該当する行為を自己の手によって直接行う者だけが正犯であるとする説である。この説によると，間接正犯は他人を利用するのだから共犯ということになる。拡張的正犯論は，構成要件の実現に何らかの条件を与えた者は，すべて正犯であるとする説である。この説によると，共犯概念は単なる実定法の所産にすぎず，61条および62条は，正犯のうち教唆犯および幇助犯に限定して処罰するための規定にほかならないということになる。

　(ウ) **行為支配説・形式説**　行為支配説は，因果関係を目的的に支配・統制することを行為支配とし，行為支配の有無によって正犯と共犯を区別しようとする学説である。形式説は，基本的構成要件に該当する行為すなわち実行行為を行う犯罪が正犯であり，修正された構成要件に該当する行為すなわち教唆行為および幇助行為によって正犯に加功する犯罪が共犯であるとする学説である。

(2) 区別の基準　構成要件を機軸とする犯罪論では，構成要件に該当する事実の実現という観点から正犯と共犯の区別を論ずべきであり，その意味で形式説が妥当であり，以下のように区別すべきである。

正犯とは，構成要件を実現する現実的危険を有する行為をみずから行った
場合（直接正犯），あるいは，他人を道具として利用し，あたかもみずから
が直接に実行したと同様の態様において行う場合（間接正犯）をいい，これ
らを単独で行う場合が単独正犯である。共犯とは，構成要件に該当する行為
をみずから行わずに，正犯の行為すなわち実行行為に関与して構成要件を実
現させることをいう。

　この立場によると，「人を教唆して犯罪を実行させた」教唆犯（61条）お
よび「正犯を幇助した」幇助犯（62条）は，共犯である。これに対し，「2人
以上共同して犯罪を実行した」共同正犯（60条）は，共同者の1部が実行行
為を行えば足り，他の共同者はその実行行為者と一体となって相互に利用・
補充し合う関係にあるために正犯とされる犯罪である。したがって，いわゆ
る実行共同正犯（犯罪行為自体を共同する場合）は正犯としての性質を有する
が，共謀共同正犯（共謀により犯罪を実現する場合）は，「正犯とする」とさ
れているが，正犯としての性質と共犯としての性質の両面を有すると解する
（⇨243頁）。

3　共犯の処罰根拠

　(1)　学　説　　それでは，共犯はなぜ処罰しなければならないのであろ
うか。これが共犯の処罰根拠の問題であるが，これについては，大きく分け
て二つの考え方がある。一つは，責任共犯論であり，共犯が処罰されるのは，
正犯者を有責で処罰される状態に陥れたからだと説明する。もう一つは違法
共犯論（因果的共犯論）であり，共犯は正犯とともに違法な事態を生ぜしめ
たから処罰されるのだとする説である。この説のなかには，ⓐ共犯が正犯を
通じて法益侵害の結果を惹起したことを共犯の処罰根拠とする純粋惹起説，
ⓑ正犯の実行行為を通じて法益侵害の惹起に加功した点を重視する修正（混
合）惹起説などがある。

　(2)　処罰根拠　　刑法の機能は法益保護による社会秩序の維持にあるか
ら，あらゆる犯罪は法益侵害・危険を惹起するところにその処罰根拠がある。
しかし，構成要件を機軸とする共犯論では，単に法益侵害・危険を惹起した
だけで処罰されるべきでなく，あくまでも正犯の実行行為を通じて法益侵

228

害・危険を惹起したのでなければならない。すなわち，正犯はみずからの実行行為によって法益侵害・危険を惹起する点に処罰根拠があるのに対し，共犯は正犯（他人）の実行行為を通じて間接的にその結果を惹起する点に処罰根拠があると解すべきである。共犯においても構成要件に該当する行為すなわち実行行為の観念は罪刑法定主義上重要な意義を有する点にかんがみ，この旨を説く修正惹起説が妥当である。

4　共犯の本質

(1)　犯罪共同説と行為共同説　共犯の処罰根拠からは，他の者の実行行為に関与（加功）して法益侵害・危険の結果を惹起した点に共犯の核心があることになるが，この点に関しては，@犯罪共同説，ⓑ行為共同説の対立がある。

犯罪共同説は，二人以上の者が特定の犯罪を共同して実現する場合が共犯であると主張する。たとえば，窃盗罪という犯罪の構成要件を共同して実現する場合のように，特定の構成要件を実現する意思のもとに，二人以上の者が共同し，あるいは加担してこれを実現する場合が共犯であるとするのである。行為共同説（事実共同説）は，2人以上の者が特定の犯罪を共同して実現する場合はもちろんのこと，単なる行為を共同して各自の意図する犯罪を実現する場合も共犯であると主張する。

共犯は，正犯行為を通じて構成要件を実現し法益侵害・危険の結果を惹起させることにその本質があり，共犯というためには，共同して特定の構成要件を実現したという事実が必要であるから，この事実を必要でないとする行為共同説は妥当でない。一方，共犯となるためには構成要件を共同して実現すれば足りるから，必ずしも犯罪全体を共同して実現する必要はない。たとえば，AとBが共同して甲に傷害を加え死亡させた事案で，Aには殺意がありBには殺意がなかったときは，殺人罪と傷害致死罪は傷害の点で構成要件的に重なり合うから，AはBと共同して殺人罪を犯し，BはAと共同して傷害致死罪を犯したのである。したがって，Aは殺人罪の共同正犯であり，Bは傷害致死罪の共同正犯となる。このように，構成要件の重なり合う範囲で各犯罪の共同正犯の成立を認める立場を「部分的犯罪共同説」と呼ぶ。

第9章 共　犯　229

最決昭和 54 年 4 月 13 日（刑集 33・3・179）は，傷害の共謀をしたところ一人が殺意をもって犯罪を行ったという事案について，「殺意のなかった被告人については，殺人罪の共同正犯と傷害致死罪の共同正犯の構成要件が重なり合う限度で軽い傷害致死罪の共同正犯が成立する」と判示した。殺意のあった者との間に共同正犯が成立するとした点からみて，部分的犯罪共同説と同様の趣旨を示したものといえる。

　なお，近年，犯罪の共同は不要であるが，構成要件の重要部分を共同する必要があるとする「やわらかい行為共同説」が有力に主張されているが，「重要部分」というのは構成要件の「重なり合う部分」を意味すると解されるから，結論的には部分的犯罪共同説と変わらないと評することができる。

　(2)　**共犯従属性説と共犯独立性説**　　共犯の処罰根拠からすると，共犯が成立するためには，二人以上の者のうち少なくともその一人が実行行為を行う必要があるが，この点をめぐっては共犯従属性説と共犯独立性説が対立している。

　共犯従属性説は，共犯が成立するためには，正犯者が少なくとも基本的構成要件に該当する行為を行ったことが必要であると主張する。これに対し，共犯独立性説は，共犯の成立にとっては教唆・幇助行為があれば足り，被教唆者，被幇助者が犯罪を実行したか否かを問わないと主張するのである。共犯従属性説と共犯独立性説の実際上の対立は，たとえば，X が Y に甲を殺すよう唆したが，Y は恐ろしくなって逃げてしまった場合に，唆す行為をした以上 X には教唆犯が成立するというように，正犯者が実行行為に出なかった場合に，共犯の未遂として教唆行為，幇助行為自体を独立して処罰することを認めるべきかどうかに帰着する。

　61 条は，「人を教唆して犯罪を実行させた」と規定し，さらに 62 条は「正犯を幇助した」と規定しているので，現行法は教唆犯および幇助犯の成立には正犯の存在が必要であるとしており，共犯の未遂は認めない趣旨と解すべきである。しかし，共犯独立性説は，教唆行為および幇助行為も一種の実行行為であり，被教唆者および被幇助者が全く行為に出ない場合であっても共犯として処罰すべきであると主張するのである。

(3) 従属性説の妥当性　共犯は，正犯の行為を通じて，いわば間接的に結果の実現に相当な条件を与えるものであるが（「共犯の因果性」という），正犯者の意思ないし規範意識を媒介として犯罪の実現に加担するものであるから，教唆・幇助行為それ自体は結果発生に至る現実的危険性が乏しく，正犯の実行行為があって初めて構成要件的結果発生の現実的危険性が生ずる点にかんがみ，その段階に達して初めて共犯行為の可罰性が認められると解すべきである。刑法は，このような根拠から，共犯処罰の要件として正犯の実行行為を必要としたものと解される。

5 共犯の従属性

(1) 従属性の意味　共犯は，正犯の実行行為が行われて初めて成立するということを共犯の実行従属性という。したがって，共犯が成立するためには，正犯の実行行為が必要となるが，「実行行為」の意義については，ⓐ基本的構成要件に該当する行為（狭義の「実行行為」）が行われたことを要するとする説，ⓑ予備・陰謀も含むとする説とがある。

ⓐ説は，60条および61条にいう「実行」は43条にいう「実行」と同じ意味に解すべきであるということを根拠とする。しかし，①同一の文言を異なる意味に解することは法解釈として必ずしも不可能ではないこと，②予備・陰謀罪も各本条において構成要件化されていること，③共犯の可罰性は，共犯行為が正犯の構成要件実現に関与する点にあることなどの理由から，教唆・幇助行為によって予備罪・陰謀罪の構成要件を実現させた以上，共犯の成立を認めるべきである（最決昭37・11・8刑集16・11・1522，大阪高判昭38・1・22高刑集16・2・177）。現行刑法も，拘留または科料のみに処すべき犯罪の場合を除き，教唆者および幇助者は特別の規定がなくても処罰できるとしている（64条）。

(2) 四つの従属形式──要素従属性　このように，共犯が犯罪として成立するためには正犯の実行行為がなければならないが，その実行行為がいかなる要素を具備する必要があるかについて，有名なドイツの刑法学者M・E・マイヤーの四つの従属形式がある。①正犯の行為が単に構成要件に該当すれば足りるとする最小限従属形式，②正犯の行為が構成要件に該当し，か

つ違法であることを要するとする制限従属形式，③正犯の行為が構成要件に該当し違法であり，かつ責任を具備することを要するとする極端従属形式，④正犯の行為が構成要件に該当し，違法・有責であり，かつ可罰性の条件を具備することを要するとする誇張従属形式が，それである。

判例は，極端従属形式を採るものと見られてきたが（大判明37・12・20刑録10・2415，仙台高判昭27・9・27判特22・178），近年は，刑事未成年者を利用する場合であっても教唆犯にとどまる場合のあることを認めたことから（⑪最決昭58・9・21刑集37・7・1070），制限従属形式の採用に傾いたと考えられており，学説上もこの形式で従属性を理解する制限従属性説が通説となっている。

(3)　制限従属性説の修正　　制限従属性説は，正犯と共犯とは違法性において連帯すること（違法の連帯性）を根拠としており，正犯が違法であれば必ず共犯も違法であるとするのである。しかし，そもそも違法性は個々の行為の客観面と主観面に基づいて判断すべきであり，正犯が違法であれば共犯も違法であるというように違法性が連帯すると考えること自体が問題である。また，制限従属性説は，共犯は正犯の実行行為を通じて構成要件を実現し，法益侵害の結果を惹起するところに処罰の根拠があるという点から導かれるべきものであり，共犯の成立にとって重要なことは，①他人の犯罪意思ないし規範的障害を媒介としていること，②正犯の実行行為を通じて法益侵害・危険の結果を惹起しているということ，この2点である。したがって，正犯が構成要件に該当し違法な行為であっても，間接正犯が成立することもあれば，共犯として違法でないこともある。

このように考えてくると，共犯成立の前提として，正犯が常に違法であることは必要ないということになろう。その意味で，従来の制限従属性説は根拠を失なう。しかし，共犯の処罰根拠は，正犯に実行行為を行わせて法益侵害・危険を生じさせることにあるから，正犯が実行行為をし，法益侵害・危険を生じさせたことが共犯成立の要件とならなければならない。その意味で，共犯は正犯の実行行為および法益侵害・危険に従属するとすべきなのであり，最小限従属形式と制限従属形式の中間に位置づけることができる。

◆【問 題】
(1) 共犯の処罰根拠と共犯従属形式との関連について論ぜよ。
(2) ＸとＹは，共謀して復讐するために甲に暴行を加えたところ，甲は頭を強くなぐられて死亡してしまった。ＸとＹのいずれの暴行が死因となったか判明しなかったが，Ｘは甲の態度に腹が立ち，死んでもかまわないと思って暴行を加えた。ＸとＹの罪責はどうか。
(3) ＸとＹは共同して甲に切りかかったが，Ｘは殺意をもち，Ｙは傷害の故意しかなかった。①甲がＸの行為によって死亡した場合，②甲がＹの行為によって死亡した場合，③甲の死亡がＸＹいずれの行為によったのか判明しなかった場合，それぞれについてＸとＹの罪責を論ぜよ。

II 共 同 正 犯

1 共同正犯の意義 ──────────────

(1) 共同正犯とは 共同正犯とは，「2人以上共同して犯罪を実行」することである（60条）。「共同して犯罪を実行」するとは，2人以上の者が共同して犯罪を実行する意思（共同実行の意思）のもとに，共同して実行行為（共同実行行為）を行うことである。

60条は，共同正犯者は「すべて正犯とする」と規定しているが，「すべて正犯とする」とは，共同して実行した犯罪について，共同者全員が正犯者としての刑事責任を問われるという意味である。たとえば，ＡとＢが共同して甲を殺害する目的でそれぞれ発砲した場合において，Ａの弾丸が甲の心臓に命中して甲を死亡させ，Ｂの弾丸は甲の腕に軽傷を負わせたにすぎなくても，Ａ，Ｂ両者は殺人罪の正犯となる。

このように，共同正犯においては他人の分担行為についても責任を負わされるのであり，犯罪を実行するための行為の一部を行えば，それによって生じた犯罪的結果の全部について責任を課されることとなる。このことを標語化して「一部実行の全部責任」の原則という。

第9章 共 犯 233

(2) 正犯とされる根拠　「すべて正犯とする」根拠は，2人以上の者が実行の分担や意思の連絡により一体となって，物理的・心理的に結果の発生に因果性を与えることにある（これを「共同正犯の因果性」という）。そして，2人以上の者が共同して犯罪を遂行する合意に達し，その意思すなわち共同実行の意思のもとに，相互に他人の行為を利用し補充し合って犯罪を実現した場合，それぞれの関与者の行為は一体となって犯罪の遂行に結びついたと認められる。共同実行の意思のもとに共同者が相互に他人の行為を利用し補充し合うところに「すべて正犯とする」とされる根拠がある。

　そうだとすると，実行行為を共同して犯罪を実現する場合ばかりでなく，共同者全員が犯罪を共同して遂行することを「共謀」して協力し合い，その一部の者が犯罪を実行した場合も，相互に他人の行為を利用し補充し合って犯罪を実現したといえるから，共同者全員をすべて正犯として扱うべきである。すなわち，共同正犯には，①共同者全員が実行行為を分担し合って犯罪を実現する場合，および，②2人以上の者が特定の犯罪を行うため，相互に他人の行為を利用し補充し合って犯罪を実現するための謀議をなし，共謀者のある者が共同実行の意思に基づいてこれを実行する場合の二つがある。前者を実行共同正犯，後者を共謀共同正犯と称する。

2　実行共同正犯の成立要件

　実行共同正犯とは，2人以上の者が実行行為を分担し合って犯罪を実現することをいう。実行共同正犯が成立するためには，①2人以上の者が実行行為を分担して行う意思（共同実行の意思）があること，②実行行為を分担して行ったという事実（共同実行の事実）のあることが必要である。

(1) 共同実行の意思　共同実行の意思とは，行為者が相互に実行行為を分担し合って構成要件を実現する意思のことである。この意思は行為者の双方になければならない（意思の連絡・疎通）。意思の連絡は「暗黙裡のものでもよく」（東京高判昭40・6・7東時16・6・49），連絡方法は明示的であると黙示的であるとを問わない。

　共同実行の意思は実行行為の際にあれば足り，事前の謀議である必要はない。また，直接に連絡し合うことも必要でなく，数人中のある者を通じて順

次相互に意思の連絡があれば足りる（大判昭7・10・11刑集11・1452）。実行行為の機会に偶然に実行行為共同の意思が生じた場合も共同正犯となる（偶然的共同正犯）。ある行為者が実行行為の一部を行った後に他の者が共同実行の意思をもってその実行に加わった場合にもこの意思は認められる。過失犯にも実行行為は認められるから、その実行行為を共同して行う意思がある以上は、共同実行の意思を認めるべきである。同じ理由で、結果的加重犯の重い結果についての実行行為共同の意思も認めるべきである。

(2) **共同実行の事実**　共同実行の事実とは、2人以上の者が実行行為自体を共同して犯罪を実現することをいう。

(ア) **「共同」の意味**　「共同して」とは、共同者全員が実行行為を分担し合って犯罪を実行することである。それゆえ、共同者各自は構成要件を実現する現実的危険性を有する行為すなわち実行行為を分担することを要する。現実的危険性を有する行為を行ったか否かは、「一部実行の全部責任」の原則から、2人以上の者が相互に他人の行為を利用し補充し合う関係において、全体としての実行行為の一部を行ったかどうかを標準として決すべきである。たとえば、AとBの間に共同して甲を殺す意思がある場合において、Aが甲の身体を抑えつけ、Bが甲の胸部に短刀を刺して殺害したときは、AとBの行為は全体として殺人の構成要件を実現する現実的危険性を有するから、A，Bには殺人の共同実行の事実が認められる（最判昭23・6・22刑集2・7・711）。いわゆる見張りも、共同者全員の行為を全体として考察するときは、実行行為の一部分担となりうる（大判明44・12・21刑録17・2273）。

(イ) **異なる構成要件間の共同**　2人以上の者が意思の連絡のもとに、それぞれ異なる構成要件に該当する行為を行った場合、行為共同説によれば共同正犯が成立するが、犯罪共同説によれば原則として共同正犯は成立せず、各自の行為について単独正犯が成立するにとどまる。しかし、共同者の実行しようとする犯罪の構成要件がそれぞれ異なる場合においても、その各自の犯罪が構成要件上重なり合うものであるかぎり、その範囲で共同正犯が成立することを妨げるものではない。

　Aは殺意をもって、Bは傷害の意思で共同して甲に傷害を加え甲を死亡させたときは、Bには傷害致死罪の共同正犯が成立し、Aには殺人罪の共同正

犯が成立する（前掲最決昭 54・4・13）。なぜ，それぞれにつき共同正犯を認める必要があるかが疑問となろうが，A ないし B の行為だけでは殺人ないし傷害致死とはいえなくても，両者の行為を全体として見ればそれぞれの実行行為と評価できるので，共同正犯として罪責を問う必要があるわけである。

(ウ)　**刑事未成年者との共同正犯**　　共同正犯は，共同実行の意思と共同実行の事実があれば成立し，共同者の一部の者が責任無能力者であっても共同正犯の成立を妨げない。最高裁は，スナックのホステスであった母親 X が，スナック経営者の女性甲からの金品の強奪を企て，12 歳 10 ヵ月になる長男 Y に対し，覆面をしてエアーガンを突きつけて脅迫するなどの方法で甲から金品を奪い取るよう指示命令して，強盗を実行させた事案について，当時，長男には是非弁別の能力があり，X の指示命令は Y の意思を抑圧するに足りる程度のものではなく，Y は自らの意思によって強盗の実行を決意し，臨機応変に対処して強盗を行い，長男が奪ってきた金品はすべて母親が領得したという事情のもとでは，強盗罪の共同正犯が成立するとした（最決平 13・10・25 刑集 55・6・519）。

(エ)　**共同正犯と正当防衛**　　共同実行の事実がある場合に，共同正犯者の 1 人に正当防衛が成立しても，共同者の各人につき正当防衛（ないし過剰防衛）が成立するわけではない（最決平 4・6・5 刑集 46・4・245）。正当防衛は，正当防衛の意思をも含め，共同者の各人につき要件を満たすかどうかを検討して決すべきであり，その一部につき正当防衛が成立したからといって，その違法性阻却が他の共同者に連動するわけではないからである（最判平 6・12・6 刑集 48・8・509）。共同者の 1 人につき正当防衛が成立した以上，共同者全体について違法性阻却を認めるべきであるという見解も有力であるが，支持することはできない。

3　過失犯の共同正犯

(1)　肯定説の背景　　共同行為者が不注意によって過失犯を実現した場合，過失犯の共同正犯を認めるべきであろうか。行為共同説の立場は，共同正犯が成立するためには相互に他人の行為を利用し補充し合う意思とその事実があれば足りるとして，過失犯を共同して実現する場合に過失犯の共同正

犯を認めてきた。これに対し，犯罪共同説の立場は，共同実行の意思は特定の犯罪に関して共通の故意を有することを必要とするから，共同正犯は故意犯についてのみ認められるというのが一般であった。

大審院時代の判例は過失犯の共同正犯を否定していた（大判明44・3・16刑録17・380，大判大3・12・24刑録20・2618。なお，大判昭10・3・25刑集14・339）。しかし，最高裁判所は，共同して飲食店を経営していたAとBが，甲から仕入れたウィスキーと称するメタノールを含有する液体を，不注意にも何ら検査せずに客に販売したという事案について，有毒飲食物等取締令4条1項後段の過失犯の共同正犯が成立すると判示して過失犯の共同正犯を肯定し（最判昭28・1・23刑集7・1・30），その後の下級審裁判所の判例はこれに続いている（東京地判平4・1・23判時1419・133）。戦後になって学説にも変化がみられ，特に過失犯にも実行行為を認める理論が一般的になってからは，犯罪共同説の立場も，過失犯の共同正犯を認めるようになってきた。

(2) **過失犯の共同正犯の根拠**　犯罪を実現する意思の連絡がありえない通常の過失犯では，共同正犯を当然のものとして認めるわけにはいかない。注意義務違反は，本来，各行為者ごとに論ずべきことは当然だからである。これに対し，2人以上の者が相互に利用し補充して行う事務であって，共同者が相互に注意し合って遂行しなければ結果発生の危険がある場合には，その危険回避のために法律上共通の注意義務が課されている。このように共通の注意義務が課されている場合に，その注意義務に2人以上の者が不可分の関係で違反したと見られる事実が発生したときは，犯罪的結果の発生を回避するために社会生活上必要となる適切な態度を取るよう注意すべき客観的注意義務に違反する行為を共同者が共同して実行したといってよく（⇨108頁），過失犯の共同正犯を認めるべきである。

(3) **成立要件**　過失の実行行為すなわち客観的注意義務違反の行為を共同して実行したといえるためには，その前提として，共同して行為を行うという関係があり，2人以上の者がその共同行為を行うに当たり，相互に利用し補充し合って結果を防止するための共通の注意義務が存在することを要する（前掲東京地判平4・1・23〔世田谷ケーブル事件——相互利用補充による共同の注意義務〕）。このような注意義務が課されている場合に，客観的注意義務に違

反する行為を共同して行う意思のもとに実行行為を共同して行ったと認められれば，過失の共同正犯が成立すると解すべきである。

たとえば，AとBが建築現場であるビルの屋上から共同して一つずつ廃材を投下するにあたり，安全を確かめない不注意のために，地上で作業中のガードマンに廃材が当たり同人を死亡させた事案については，注意義務に反する危険な行為（過失の実行行為）を共同実行の意思のもとに共同して実行したのであるから，そのいずれの者が投下した廃材に当たってガードマンが死亡したのかが判明しなくても，両者には過失致死罪の共同正犯を認めてさしつかえない。これに対し，医師と看護師の関係などのように，上命・下服の関係にあり注意義務の内容が相互に異なる場合には（広島高判昭32・7・20裁特4・追録696〔過失同時犯とする〕），過失犯の共同正犯を認めることは許されない。

4 結果的加重犯の共同正犯

2人以上の者が，実行行為を共同して行う意思のもとに基本となる犯罪の実行行為を共同したところ，その1部の者の行為によって重い結果が発生した場合，共同者全員がその重い結果について共同正犯とされるであろうか。

結果的加重犯の共同正犯については肯定説と否定説とが対立しているが，判例は，基本となる犯罪と重い結果との間に条件関係が認められるかぎり，結果的加重犯の共同正犯を認めてよいとしている（大判昭3・4・6刑集7・291，最判昭26・3・27刑集5・4・686）。

結果的加重犯は，基本となる犯罪が一定の重い結果を発生する危険を含むために独立の犯罪とされたものであるから（⇨115頁），結果的加重犯の基本となる犯罪の共同実行者は，重い結果の発生について具体的に予見可能性があり，共同者それぞれが重い結果の発生を回避すべき共通の注意義務を課されていると解すべきであるから，各自について結果的加重犯の共同正犯を肯定すべきである。

5 承継的共同正犯

(1) 意 義 ある者（先行者）が犯罪の実行に着手し，まだ実行行為

を全部終了しない間に，他の者（後行者）がその事情を知りながらこれに関与し，先行者と意思を通じて残りの実行行為をみずから単独で，または先行者と共に行い犯罪を完成する場合を承継的共同正犯と称する。たとえば，Xが強盗の目的で甲を抗拒不能の状態に陥れた場合において，たまたまYがその場を通りかかったのでYに財物の取得について協力を求めたところ，Yは共同実行の意思をもって，単独でまたはXと共同して財物を領得した場合がこれに当たる。この場合に，承継的共同正犯を認めなければXには強盗罪（236条）が成立するが，Yは窃盗罪（235条）にとどまるのに対し，承継的共同正犯の成立を認めれば，XとYはともに強盗罪の共同正犯となる。

(2) **学　説**　承継的共同正犯の成立については，ⓐ共同実行の意思が認められる以上，先行者の行為と後行者の行為を全体として考察し共同正犯とする全部肯定説（大判昭13・11・18刑集17・21・839)，ⓑ関与以前の先行者の行為については後行者の行為が因果性をもつことはありえないとする全部否定説，ⓒ後行者が先行者の行為や結果などを自己の犯罪遂行の手段として利用した場合には，後行者にも関与前の行為および結果につき責任を問いうるとする一部肯定説とが対立している。

先行者は後行者の行為を利用し，後行者も先行者の行為を利用するというように，先行者と後行者とが相互に実行行為を分担し合って一定の犯罪を実現することは可能であるから，ⓑ説は妥当でない。承継的共同正犯においても，相互に実行行為共同の意思があり実行行為を分担して行っている事実が認められるかぎり，共同正犯が成立すると解すべきである。また，後行者の行為と無関係な先行者の行為および結果については，実行行為を共同して行ったという事実を認めることはできないからⓐ説を支持することはできず，結局，ⓒ説が妥当である。

(3) **成立要件**　承継的共同正犯も共同正犯である以上，その成立のためには，①主観的要件としての共同実行の意思，②客観的要件としての共同実行の事実とを必要とする。

問題となるのは，共同実行の事実について，後行者の介入後における実行行為を先行者と後行者とが共同して行うことを要するかである。先行者が後

行者の実行行為を利用し，また，後行者も先行者の実行行為およびその結果を利用することによって，相互に分担し合って一定の犯罪を実現したと認められるかぎり，実行行為共同の事実は存在すると解すべきである。したがって，必ずしも介入後の実行行為を先行者と後行者とが共同して行うことは必要でなく，後行者だけが単独でその後の実行行為を行った場合でも，先行者と後行者との共同正犯が成立すると解すべきである（大阪高判昭62・7・10高刑集40・3・720, 最決平24・11・6刑集66・11・1281）。これに対し，たとえば，Xの暴行を引き継いでYが暴行を加えたところ被害者がXの暴行で傷害を負った場合には，Yに傷害罪は成立しないのである。

なお，たとえば，恐喝罪について，暴行・脅迫が行われた後に，財物を喝取する行為についてのみ幇助した場合には，恐喝罪全体について幇助犯が成立しうるのであり，このような場合を承継的幇助犯という（➡252頁）。

6 不作為犯と予備罪の共同正犯

(1) 不作為犯の場合　　不作為による実行行為を共同する場合である。不作為犯では作為義務に違反する不作為が実行行為となるから，その不作為を共犯者が相互に分担し合って実現するときは共同正犯となる。

共同正犯が成立する範囲について，共同者各自が作為義務を有する場合にかぎられるとする説がある。しかし，作為義務を有しない者も，作為義務を有する者と一体となって作為義務違反の不作為を実現することは可能であり，父母が意思連絡のうえその乳児への授乳を怠り餓死させる場合ばかりでなく，母親と第三者とが一体となって乳児への授乳を怠り餓死させたときも共同正犯となるのである（大阪高判昭62・10・2判タ675・246）。

(2) 予備罪の場合　　意思の連絡のもとに予備行為を共同して行う場合である。予備罪の共同正犯については，予備行為が実行行為に当たるかをめぐって学説が分かれている。しかし，前述のように（➡231頁），60条にいう「実行」は修正された構成要件に該当する行為も含むと解すべきであるから，基本的構成要件に該当する事実の実現を目的とする2人以上の者が相互に分担し合ってその予備を実行したときは，予備罪の実行共同正犯が成立する。

問題は，みずから基本となる構成要件的結果を実現する意思はなく，単に，他人の予備行為をその他人と共同したにすぎない者，たとえば，人の毒殺を準備している Y と共謀のうえ同人のために農薬を提供した X は，殺人予備罪の共同正犯となるであろうか。この場合，殺人予備罪は自己予備罪であるから，みずから殺人を実行する意図のない X には予備罪の正犯は成立しないともいえる。しかし，みずから基本犯を犯す目的を有する者と共同してその予備行為に加功した場合において，共同実行の意思と共同実行の事実とが存在する以上は，65 条 1 項の非身分者の加功による共同正犯として，目的がない加功者にも共同正犯を認めるべきである（前掲最決昭 37・11・8）。

7 片面的共同正犯

実行行為共同の事実が認められる場合において，共同実行の意思が一方にだけ存在し，共同者各自には存在しない場合を片面的共同正犯という。たとえば，強盗が行われている際に，その行為者との意思の連絡なしに介入し，財物の奪取のみを行う場合である。

行為共同説を採る立場は，相手方の行為を利用して結果を惹起した以上は，自己の行為と結果とについて責任が問われるべきであるとして積極説を採る（もっとも，「やわらかい行為共同説」は否定している）。これに対し，通説は，各自に共同実行の意思がない以上は共同正犯が成立する余地はないとする理由から消極説を採り，片面的共同正犯の事案は同時犯ないし片面的幇助犯に当たるとする。

共同正犯において一部実行の全部責任の原則を認める趣旨は，共同者各自が相互に他人の行為を利用し補充し合って構成要件的事実を実現することにあるから，共同実行の意思が各共同者に認められないかぎり，共同正犯は成立しないと解すべきである。

◆【問　題】
(1)　過失犯の共同正犯について，自説を述べ反対説を批判せよ。
(2)　X がガソリンタンクの傍らで，不用意にタバコを取り出したので，それにつられて，Y がこれにマッチで点火したところ，その火がガソリンに引

火して民家を全焼させた。XとYの罪責はどうか。

(3) Xは，甲女に暴行を加えて抵抗できない状態にして姦淫したが，その直後に，Yが現れたので甲女を姦淫するようすすめ，Yはこれに応じて姦淫した。甲女がXの暴行によって負傷した場合，XとYの罪責はどうか。

(4) XとYは，崖下に向けて一緒に岩石を投じていたところ，そのうちの一個が山路を通行中の甲に当たり，甲は，治療3ヵ月を要する怪我を負ったが，いずれの者の投じた岩石が甲に当たったのか判明しなかった。XとYの罪責はどうか。

8 共謀共同正犯

(1) 意義と学説　　二人以上の者が一定の犯罪を実現することを共謀し，共謀した者（「共謀者」という）の一部の者がその犯罪を実行した場合には，実行行為に関与しなかった者も含め，共謀者全員について共同正犯とするものを共謀共同正犯と呼ぶ。

　(ア)　**共同意思主体説**　　共謀共同正犯の観念は，判例において形成され展開されてきたものであるが，戦後になってから学説上も有力となり，その根拠づけのために共同意思主体説を中心として，多くの学説が主張されるに至っている。すなわち，共同意思主体説は，一定の犯罪を実現しようとする共同目的のもとに，2人以上の者が共謀することによって共同意思主体を形成し，その共同意思主体の活動として，共同者中のある者が犯罪を実行したときは，共同者全員について共同正犯が成立するとし，その責任は，民法の組合理論を類推し，共同者各人について認めるべきであると主張する。しかし，近年ではこのような個人責任の原則に反する団体責任を認めることは許されないという理由で，この理論を支持する者は少ない。

　(イ)　**多様な学説**　　現在，共謀共同正犯を認める学説としては，ⓐ共同意思のもとに一体となり，相互に了解し合って互いに相手を道具として利用し合う点に正犯性を認める間接正犯類似説，ⓑ共謀者は実行担当者の行為を支配するから正犯者として認められるとする行為支配説，ⓒ60条の「共同して実行した」というのは，2人以上の共同意思に基づいて犯罪を実行することをいうから，実行行為を分担し合った実行共同正犯の場合ばかりでなく，

242

共同実行の意思と共同実行の事実とが認められるかぎり共同正犯が成立するとする包括的正犯説（実質的正犯説），ⓓ本人が共同者に実行行為をさせるについて自分の思うように行動させ，本人自身がその犯罪実現の主体となっているといえるような場合にかぎり正犯とする犯罪実現主体説，ⓔ実行を担当しない共謀者が，社会観念上，実行担当者に比べて圧倒的に優越的地位に立ち，実行担当者に強い心理的拘束を与えて実行にいたらせている場合に共同正犯とする優越支配共同正犯説などが主張されている。

(2) **共謀共同正犯の根拠**　共謀共同正犯を認める実質的根拠は，共謀共同正犯を認めないと，複数の者が犯罪に関与する共同犯罪現象について，実行共同正犯，教唆犯および幇助犯のいずれかによって対処するほかはなく，①犯罪の陰にいる中心人物である大物（支配型）を適切に処罰できないこと，②対等の立場で相互に影響し合って共同実行の意思を形成し，その共同意思に従って共同者の一部の者が実行行為を担当する者（相互補助型）の取扱いが困難であるということにある。そこで，このような場合を適正に処罰するために共同正犯を認める必要があるが，では，いかなる理論的根拠によって共同正犯とすべきであろうか。

既述のように，60条が「すべて正犯とする」と規定して，「一部実行の全部責任」を認めているのは，共同実行の意思のもとに相互に他の共同者の行為を利用し補充し合っている以上，共同者は必ずしも実行行為を分担する必要はなく，2人以上の者が共同意思のもとにそれぞれが分担しあって，いわば一体となって犯罪が行われれば足りるとする趣旨である。そして，共同正犯が「正犯」とされるのは，共同実行の意思のもとに，相互に他人の行為を利用し補充し合って犯罪を実現することにあるから，犯罪を共同して遂行するという合意（共謀）に基づき，相互に他人の行為を利用し補充し合い，その結果一体として犯罪を実現した以上，実行行為を分担する場合（実行共同正犯）であると実行行為に向けて行為を共同する場合であるとを問わず，「すべて正犯とする」（60条）べきなのである。それゆえ，包括的正犯説に理論的根拠を求めて共謀共同正犯の存在を認めるべきである。

(3) **成立要件**　共謀共同正犯が成立するためには，①共同して犯罪を実行する意思のもとに，②相互に他人の行為を利用して各自の意思を実行に

移す謀議をなし，③共謀者のあるものがその犯罪を実行することが必要である。

　㋐　**共同実行の意思**　　相互に他人の行為を利用し補充し合って犯罪を実行する意思を共同実行の意思という。「教唆の意思」または「幇助の意思」では足りず，皆で共同して，一体となって犯罪を行うという正犯者としての意思を必要とする。共同実行の意思は共謀者それぞれに存在していることを要する。

　㋑　**共謀の事実**　　共謀とは，2人以上の者が，特定の犯罪を行うために相互に他人の行為を利用し補充し合い，各自の犯意を実行に移すことを内容とする謀議を行い合意に達することをいう（最大判昭33・5・28刑集12・8・1718）。それゆえ，単に共同実行の認識があるだけでは足りず，犯罪を他の関与者と協力し合って遂行する意思が必要であると解すべきである（最判昭24・2・8刑集3・2・113）。

　謀議は，必ずしも一堂に会して行うことは必要でなく，AからB，BからCというように，順次に謀議する場合（順次共謀）でもよい。謀議は，相互に他人の行為を利用し補充し合い，各自の犯罪意思を実現するために必要となるのであるから，単に謀議に参加しただけでは足りず，犯罪の実行に関して謀議が実行に準ずる重要な役割を果たす性質のものでなければならない。また，謀議によって各当事者間に実質的な相互利用・補充関係が形成されることを要する。具体的には，実行者の行為と同程度の重要な役割を演ずるという対等な関係，または，実行者をみずからの代行者として実行行為の遂行をなすことを引き受けさせ，それに基づいて犯罪を実行させるという支配関係が，謀議によって形成されることが必要である。判例は，明示的方法によると黙示的方法によるとを問わないとしており（最判昭23・12・14刑集2・13・1751）黙示的な意思の連絡に基づく共謀を認めている（最決平15・5・1刑集57・5・507，最判平21・10・9判時1311・82）。

　㋒　**共同実行の事実**　　共謀者は，実質的な相互・補充関係に基づいて，それぞれ犯罪実現にとって必要な行為を行い，少なくとも共謀者の一人が，共謀に基づき実行行為を行うことが必要である。共謀の基本的部分と異なる実行行為が行われたときは，共謀者にその実行行為および結果についての刑

244

事責任を帰属させることは許されない。実行行為が存在しなければ共謀共同正犯は成立しないという意味において，共謀共同正犯もまた実行行為に従属するのである（共謀共同正犯の従属性）。また，共謀と実行行為との間には因果関係がなければならない（共謀の因果性）。

なお，共謀共同正犯が成立する以上は，共謀者全員が共謀共同正犯となるのであり，実行者が正犯となりそれ以外の共謀者が共謀共同正犯となるのではない。

9 処 罰

共同正犯における共同正犯者または共謀者は，「すべて正犯」とされる（60条）。60条は，共同実行の意思のもとに相互に他人の行為を利用し補充し合って犯罪を実現した者について，その発生した事実の全体について正犯としての責任を問い，各本条の刑によって処断されるということ，すなわち「一部実行の全部責任」の原理を明らかにするものである。

◆【問 題】
(1) 共謀共同正犯は，「本人が共同者に実行行為をさせるについて自分の思うように行動させ，本人自身がその犯罪実現の主体となったといえる場合にのみ認められる」とする見解を論評せよ。
(2) 殺人の謀議を主宰し，各人の役割および実行計画を策定したが，殺害行為には参加しなかった者の罪責につき，自説を述べ反対説を批判せよ。

III 教 唆 犯

1 教唆犯の意義と成立要件

教唆犯とは，「人を教唆して犯罪を実行させた者」をいう（61条1項）。教唆犯が成立するためには，①教唆者が人を教唆すること，②それに基づいて被教唆者が犯罪を実行することを必要とする。

第9章 共 犯 245

(1) 教唆行為 他人に特定の犯罪を実行する決意を生じさせるのに適する行為が教唆行為である。その方法・手段のいかんを問わない。たとえば，金銭を提供して人殺しを頼むというように利益の供与による場合が多いが，命令，指揮，指示，威嚇，哀願などの方法による場合でもよい。黙示的あるいは暗示的な方法による場合も可能である（大判昭9・9・29刑集13・1245）。教唆行為は，たとえば「悪いことをやれ」というように漠然と犯罪を唆すだけでは足りず，特定の犯罪を実行する決意を生じさせる必要がある（最判昭26・12・6刑集5・13・2485）。ただし，犯罪の日時，場所，方法などを具体的に指示する必要はない。教唆は，積極的に相手方に犯意を生じさせる必要があるから，その語義上，不作為による教唆は認めるべきでなく，また，被教唆者は，特定した者であることを要する（最決平23・12・19刑集65・9・1380）。不特定の者を唆す場合は，教唆でなく扇動である。ただし，必ずしも1人であることを要しない。

(ア) **幇助犯との区別** 教唆行為は，他人をして犯罪の実行を決意せしめるところに本質があるから，既に犯罪の実行を決意している者については，幇助犯が問題となるにすぎない（大判大6・5・25刑録23・519）。たとえば，医師が看護師の不注意を促し，患者に毒物を注射させる場合は過失犯の教唆であるが，教唆行為の本質が他人をして犯罪の実行を決意させる点にあることから，過失犯の教唆は間接正犯になると解すべきである。

(イ) **不作為の場合** 教唆行為によって不作為犯の実行を決意させる場合を不作為犯に対する教唆という。たとえば，幼児が溺れかかっているのにその母親を唆して幼児を溺死させる場合は，不作為による殺人罪の教唆犯が成立すると解すべきであり，不作為犯に対する教唆犯の成立は肯定すべきである（⇨261頁）。

(ウ) **共謀共同教唆犯** 共謀共同教唆犯の成立は認めるべきであろうか。2人以上の者が共同して教唆行為を行う意思で他人を教唆し，犯罪を実行させた場合（共同教唆），共同者がそれぞれ教唆を実行している以上，各自が教唆犯の罪責を負う。これに対し，2人以上の者が教唆行為を共謀し，その一部の者が教唆行為を行ったときは，その教唆行為が他の共同者との相互利用・補充関係のもとに行われたと解すべきである以上は，共謀共同教唆犯を

認めるべきである（最判昭 23・10・23 刑集 2・11・1386）。

　　(エ)　**片面的教唆と予備・陰謀罪の教唆**　　　片面的教唆とは，教唆者は教唆の意思で教唆したが，被教唆者は教唆されていることを知らずに犯罪を実行した場合をいう。教唆行為は，故意に基づいて人を教唆し，それによって犯罪の実行を決意させれば足り，被教唆者が教唆されているという事実を認識する必要はないから，片面的教唆犯はこれを認めるべきである。また，予備・陰謀罪の教唆とは，予備・陰謀を教唆した結果，正犯は予備・陰謀にとどまった場合をいう。61 条 1 項の「実行」には予備・陰謀も含まれるから，教唆犯の成立を認めてよい。

　　(2)　**教唆犯の故意**　　　教唆犯の故意については，ⓐ被教唆者が実行行為を行うことを認識（認容）することとする説，ⓑ被教唆者が犯罪の結果を発生させることを認識することとする説とが対立している。教唆は他人を教唆して犯罪を実行させることをいうから，被教唆者が自己の教唆行為によって犯罪の実行を決意し，その実行行為に至ることの認識があれば足り，ⓐ説が妥当である。もとより，不能犯を教唆する意思である場合は教唆の故意はない。なお，教唆の故意は未必的なもので足りる。

　　(ア)　**未遂の教唆**　　　教唆犯の故意に関連して，未遂の教唆の取扱いが問題となる。未遂の教唆は，未遂犯に対する教唆のうち，教唆者が被教唆者の実行行為を初めから未遂に終らせる意思で教唆する場合である。たとえば，甲が懐中に何物も所持していないことを知っている A が，B に対して，甲から財物を窃取するように教唆し，B はそれに基づいて窃取行為をした場合である。この場合，B は窃盗罪の実行行為に及んだのであるから，窃盗の未遂罪が成立するはずであるが，A の罪責については学説が分かれ，ⓐ A を不可罰とする説，ⓑ A を窃盗未遂罪の教唆犯とする説がある。A には，B の窃盗罪の結果発生についての認識まで必要ではないと解すべきであるから，ⓑ説が妥当である。

　　たとえば，致死量に達しない毒物であると信じている X が，Y に対して，その毒物を甲に飲ませて殺害するよう教唆し，Y がその実行に及んだところ甲は予期に反し死亡した場合について，ⓐ X に致死量について過失があるときは過失致死罪とすべきであるとする説，ⓑ X に殺人未遂罪の教唆犯

を認めるべきであるとする説が対立している。

教唆の故意を被教唆者の実行行為を生じさせることの認識で足りると解する立場からは，殺人未遂罪の故意で殺人既遂罪の結果を生じさせたものとして事実の錯誤があり，両者は法定的に重なり合うから，38条2項により重い殺人既遂罪について教唆犯の成立を認めることはできず，殺人未遂罪の教唆犯が成立することになる。

(イ) **囮捜査**　アジャン・プロヴォカトゥール（agent provocateur）すなわち囮捜査も教唆の故意の問題に関連する。これは，元来，他人を犯罪に陥れることを職業とする警察の手先をいうが，刑法上は，犯人として処罰を受けさせる目的で，初めから未遂に終わらせることを予期して一定の犯罪を教唆する場合である。特に薬物犯罪の捜査に関連して用いられる囮捜査が問題となるが，被教唆者をして実行の着手に至らせることを認識している以上は教唆の故意に欠けるところはなく，教唆犯の構成要件に該当することは否定できない。ただし，捜査上やむをえない手段となるなど，その行為が社会的相当性を有するときは，もちろん違法性を阻却する（最決昭28・3・5刑集7・3・482〔誘惑者が場合によっては教唆犯又は幇助犯として責を負うことのあるのは格別〕。なお，麻薬58条参照）。

(ウ) **過失による教唆**　教唆の故意が必要である以上は，過失による教唆は認められない。たとえば，激情家に向けて，特定の人を「売国奴」というように不注意に罵ることによって殺意を惹起する場合のように，不注意に他人に対し犯罪の実行を決意させる行為は，被教唆者に犯罪を実行する決意を生じさせる定型的危険性がなく，また，過失を罰するためにはその旨の特別の規定を要することから（38条1項ただし書），過失による教唆は認めるべきではない。

(3)　**被教唆者が犯罪を実行したこと**　教唆犯が成立するためには，教唆行為の結果，被教唆者が当該犯罪の実行を決意し，それを正犯として実行し，法益侵害・危険が生ずることを要する（⇒232頁）。教唆行為と被教唆者の犯意の形成および実行行為との間には因果関係がなければならない（最判昭25・7・11刑集4・7・1261）。それゆえ，教唆行為がなされたが被教唆者が実行に至らなかった場合，または，実行してもそれと教唆行為との間に相当な

因果関係がなければ教唆犯は成立しない（教唆の因果性）。

「実行」とは，構成要件に該当する行為をいうから，正犯の行為が修正された構成要件に該当し違法性を有すれば足り，被教唆者の行為が未遂にとどまっても教唆犯は成立する。また，予備罪の教唆犯も認めるべきである。教唆者が進んで正犯と共同して犯罪を実行したときは共同正犯の罪責のみを負う。また，教唆者が幇助したときは，重い方の教唆犯で処罰される（大判大12・7・12刑集2・718）。

教唆行為は行われたが，それに基づいて被教唆者が犯罪を実行するに至らなかった場合を教唆の未遂という。共犯従属性説の立場では教唆犯は成立しないが，共犯行為それ自体を実行行為とみる共犯独立性説の立場では，教唆の未遂については未遂犯の規定が適用されることになる。

2 教唆犯の諸類型

(1) 間接教唆 「教唆者を教唆した」場合をいい，教唆犯と同様に正犯に準じて処罰される（61条2項）。間接教唆は，たとえば，①AがBに対して，Cに一定の犯罪を実行させることを教唆する場合，②AがBに一定の犯罪を実行するよう教唆したところ，Bはみずから実行せずに，さらにCを教唆して犯罪を実行させる場合に分かれる（大判大3・11・7刑録20・2046，最判昭28・6・12刑集7・6・1278）。正犯の実行行為を要件として教唆犯が成立し，この教唆犯に対して教唆した者がここでの「教唆した者」である。間接教唆が処罰されるのは，その教唆行為と正犯の実行行為との間に因果関係が認められるからである（教唆の因果性）。

(2) 再間接教唆 間接教唆者をさらに教唆する場合である。再間接教唆およびそれ以上の間接教唆を連鎖（順次）的教唆という。教唆行為は正犯者に犯罪の実行を決意させる点にその可罰性があり，連鎖的教唆といえどもその行為と正犯の犯罪行為との間に相当な因果関係がある以上は，教唆者を教唆した者も教唆者にほかならないから，連鎖的教唆者も「教唆者を教唆した」者に含まれる。

(3) 幇助犯の教唆 「従犯を教唆した者には，従犯の刑を科する」（62条2項）。「従犯を教唆」するとは，正犯を幇助する意思のない者に対し，正

犯を幇助する決意を生じさせ，幇助行為を行わせることである。

(4) 独立教唆犯　教唆行為が行われた以上，被教唆者が犯罪の実行を決意したか，現実に犯罪を実行したかは関係なく犯罪となる行為をいう（最判昭29・4・27刑集8・4・555）。被教唆者の実行行為から独立して成立するという意味で独立教唆の名称が与えられており，共犯独立性説のいう教唆犯に当たる。「そそのかす」罪（国公110条1項17号など）も同様と解すべきである。

3 処　罰

教唆犯の処罰は，「正犯の刑を科する」（61条1項）。正犯の行為に適用すべき法定刑の範囲内で処罰するという意味である（最判昭25・12・19刑集4・12・2586）。正犯者が現実に処罰されることは必要でない。ただし，拘留または科料のみに当たる罪の教唆者は，特別の規定がなければ処罰されない（64条）。

◆【問　題】
被教唆者が未遂となることを予期して窃盗を教唆したところ，予期に反して正犯の窃盗が既遂に達した場合の教唆者の罪責を論じ，併せて自説と反対の立場を批判せよ。

Ⅳ　幇　助　犯

1 成立要件

幇助犯（従犯）とは，「正犯を幇助した」者をいう。幇助犯が成立するためには，①幇助者が正犯を幇助すること，②それによって被幇助者が実行行為を行うことが必要である。

(1) 幇助行為　「幇助」とは，正犯を補助し，その実行行為を容易にする行為をいう（最判昭24・10・1刑集3・10・1629）。ただし，正犯の実行に必要欠くべからざる行為である必要はない。幇助は，多様な行為を含むばかりで

250

なく，行為の影響も広範囲に及ぶ。したがって，幇助の相手方は，特定の者であることを要すると解すべきである。たとえば，自殺の仕方を不特定または多数の者に印刷物で教えても，幇助とすべきではない。その意味で，ホテトル宣伝冊子を印刷した印刷業者に売春周旋罪の幇助を認めた判例は（東京高判平2・12・10判タ752・246），妥当でない。幇助の方法は，物理的方法（有形的方法）であると心理的方法（無形的方法）であるとを問わない。

(ア) **幇助の態様**　幇助行為は，①正犯の実行行為に先行して予備的に行われる予備的幇助犯（大判大6・7・5刑録23・787），②見張りなどのように実行行為に随伴して同時に行われる随伴的幇助（大判明42・9・20刑録15・1139，大判大11・3・15刑集1・144）を含む。正犯の実行が終了した後にこれを幇助することはありえないから，正犯の実行後にその犯罪に加担する「事後従犯」は，幇助犯とはならない。幇助行為によって不作為犯の実行を容易にする不作為犯に対する幇助犯および自手犯の幇助犯も可能である。正犯者の犯罪を防止しなければならない作為義務のある者が，一定の作為によって正犯者の犯罪を防止することが可能であるのに，そのことを認識しながら，一定の作為をせず，これによって正犯者の犯罪の実行を容易にした場合に成立する（札幌高判平12・3・16判時1711・170）。

(イ) **過失犯の幇助**　正犯者が注意義務に違反していることを認識していながら，結果の発生を容易にするためにあえて放置する過失犯に対する幇助犯は，犯罪の実行を容易にすれば足りる幇助犯においては，これを認めるべきである。

(ウ) **共謀共同幇助**　2人以上の者が共謀して幇助行為を行う意思で他人の犯罪の実行を幇助する共謀共同幇助犯も認められる（大判昭10・10・24刑集14・1267）。

(エ) **片面的幇助**　幇助者は幇助の故意に基づき幇助行為を行ったが，被幇助者はその幇助行為があることを知らずに犯罪を実行する場合を片面的幇助犯という。62条は，幇助者と被幇助者との間に意思の連絡があることを要求していないから，幇助犯として認めるべきである（大判大14・1・22刑集3・921，東京地判昭63・7・27判時1300・153）。ただし，精神的幇助の場合には，正犯が幇助行為の存在を認識していないかぎり犯行が容易になったとはいえ

ないから，片面的幇助犯は成立しないと解すべきである（東京高判平2・2・21判タ733・232）。

　　(オ)　**承継的幇助**　　正犯者が実行行為の一部を終了した後に幇助行為を行い，その後の正犯の実行を容易にする承継的幇助は，承継的共同正犯の場合と同様に取り扱うべきである（横浜地判昭56・7・17判時1011・142）。62条の「正犯」も予備罪・陰謀罪を含むから，予備・陰謀に対する幇助行為も幇助犯を構成する。

　　(2)　**幇助の故意**　　幇助の故意は，みずからの行為によって正犯者の実行行為を容易にさせることの認識をいう。幇助行為と構成要件的結果との因果関係の認識は必要でなく，幇助行為の結果，正犯の実行が容易になることの認識があれば足りる。ただし，被幇助者を具体的に認識する必要がある。幇助の相手方が特定されないかぎり，幇助とはいえないからである。未遂の幇助の取扱いについても未遂の教唆におけると同様の解決をすれば足り，未遂の幇助は未遂犯に対する幇助として可罰的であると解する。人の毒殺を決意している者に不注意で毒物を販売する場合のように，注意義務に違反して正犯の実行を容易にする過失による幇助は認められない。

　　(3)　**被幇助者が犯罪を実行したこと**　　幇助犯が成立するためには，被幇助者すなわち正犯者が犯罪を実行し，法益侵害・危険を生じさせたことを要する（ただし，独立幇助罪〔国公111条，軽犯3条〕）。正犯者の行為は必ずしも違法であることを要しない（前掲大判大6・7・5〔違法かつ有責でなければならない〕）。共犯の処罰根拠に基づき（⇨228頁），幇助行為と正犯者の実行行為との間には因果関係があることを要する（幇助の因果性）。

　　幇助の因果関係については，ⓐ幇助行為と正犯の実行行為との間に因果関係があれば足りるとする説，ⓑ幇助行為と正犯の結果との間に因果関係を要するとする説，ⓒ幇助行為が正犯の法益侵害の危険を増加させることを要するとする説，ⓓ正犯およびその結果と幇助行為との間の因果関係を不要とする説が対立している。しかし，現行法は「幇助した」と規定しているにすぎず，幇助行為は正犯を補助し，その実行行為を容易にすれば足りるから，幇助の因果関係は実行行為を物理的・心理的に容易にすることをもって足りると解すべきである（前掲東京高判平2・2・21）。

したがって，幇助行為がなかったならば正犯者の実行行為は行われなかったであろうという条件関係は必要でなく，幇助行為によって正犯の実行が容易になったと認められれば足りる（大判大2・7・9刑録19・771，前掲東京高判平2・2・21）。たとえば，毒殺を幇助するため毒物を供与したが，被幇助者が毒殺を実行せずにピストルで人を殺害した場合でも，精神的（心理的）に殺人を容易にしたと認められるかぎり，幇助の因果性を肯定してよい。

2 幇助犯と共同正犯・教唆犯との区別

(1) 学 説　幇助犯と共同正犯との区別については，ⓐ行為者が自己のために行為するか他人のために加担する意思で行為するかによって区別する主観説，ⓑ行為者が実行行為をなす者か否かによって区別する形式的客観説，ⓒ犯罪の完成にとって重要な行為をしたか否かによって区別する実質的客観説が対立している。問題となるのは，実行行為を分担していない共謀者と無形的幇助の区別であり，犯罪の完成にとって実質上重要な役割を演じたか否かによって区別するほかはない（最決昭57・7・16刑集36・6・695）。

(2) 見張り・無形的幇助　両者の区別が実際上問題となるのは見張り行為であり，判例は一般にこれを共同正犯とするが（最判昭23・3・16刑集2・3・220〔窃盗〕），賭博については幇助犯としている（大判大7・6・17刑録24・844）。同じ見張り行為であっても，共謀に基づく共同行為の分担と目すべき場合は，共同正犯とすべきである。無形的幇助と教唆とは行為の態様が類似するため両者の区別が問題となるが，無形的幇助は，すでに犯罪の実行を決意している者に対して，助言や激励などによってその決意を強固にすることをいうのに対し，教唆は，いまだ犯罪の実行を決意していない者に対して，誘導などの行為によって新たに犯罪の決意を生じさせる点で，両者は異なるのである。

3 幇助犯の諸類型

(1) 間接幇助犯　幇助犯を幇助することを間接幇助という。間接教唆犯の場合と異なり，間接幇助犯を定める特別の規定がないため学説は対立しているが，幇助の処罰根拠は正犯の実行行為を容易にすることにあるから，間接に容易にする間接幇助も幇助犯になると解すべきである。ただし，間接

幇助犯と正犯との関係は必ずしも明確にならないから，間接幇助犯を認める場合は慎重でなければならない。間接幇助犯を認めた判例の事案も，実質上正犯の実行行為そのものを幇助したと認められる場合である（大判大14・2・20刑集4・73，最決昭44・7・17刑集23・8・1061〔Xにわいせつ映画フィルムの入手を頼まれたYは，Xが甲のわいせつ物陳列行為を幇助するのを知って同フィルムをXに貸与した事案〕）。

(2) 再間接幇助犯　　間接幇助犯を幇助することを再間接幇助犯という。再間接幇助犯およびそれ以上の幇助犯を連鎖的（順次）幇助犯という。再間接幇助犯も理論上は認めるべきであるが，もともと幇助犯はその定型性が乏しく，再間接幇助犯は正犯との関係が不明確な場合が多いから，原則として幇助犯とすべきではない。

(3) 教唆犯の幇助犯　　教唆行為を幇助し，その実行を容易にすることである。教唆行為は実行行為ではないという立場は，教唆犯の幇助犯を否定するが，教唆行為も修正された構成要件に該当する実行行為にほかならないから，教唆犯および間接教唆の幇助犯も肯定すべきである。

4　処　罰

「従犯の刑は，正犯の刑を減軽する」（63条）。正犯に適用されるべき刑罰法規の法定刑に減軽（68条以下）を加えたものによって処断する。正犯の宣告刑に照らして刑を減軽する趣旨ではない。たとえば，窃盗罪の場合は，懲役10年以下について減軽する。それゆえ，正犯よりも幇助犯の宣告刑が重い場合もありうる。幇助犯の処罰は，正犯が処罰されるか否かとは関係がない。拘留または科料のみに処せられるべき犯罪の幇助者は，特別の規定がなければ罰せられない（64条）。

◆【問　題】
(1) XはYに頼まれてわいせつなビデオテープを貸したところ，YはこれをZに頼まれ転貸した。Zは，自宅に知人十数名を招いて，これを再生し観覧させた。X，Y，Zの罪責を論ぜよ（前掲最決昭44・7・17参照）。
(2) 甲は，X宅においてXを殺して財物を奪う目的で，寝ているXを起こし

てナイフで切りつけた。その際，隣室で寝ていたＸの妻乙は，日頃暴力を
ふるうＸが殺されてしまえばよいと思い，Ｘがドアの方に逃げてくるのを
察知し，甲に加担しようとして外側からドアを押さえたため，Ｘは逃げら
れずに甲に刺し殺された。甲は乙の行為を知らず，また，乙は恐くなってそ
の場を立ち去った。間もなく事情を知らないＸの友人丙が現場に現れ，い
ち早く全ての事情を察知して，甲と共同して金品を奪った。甲，乙，丙の罪
責を論ぜよ。

V　共犯と身分

1　身分犯と共犯

(1)　65条の趣旨　　たとえば，公務員という身分がなければ成立しない
収賄罪に非公務員が関与した場合，非公務員をどのように扱うべきであろう
か。刑法は，この問題を解決するために65条を設け，その1項で「犯人の
身分によって構成すべき犯罪行為に加功したときは，身分のない者であって
も，共犯とする」と規定し，2項では「身分によって特に刑の軽重があると
きは，身分のない者には通常の刑を科する」と規定した。

(2)　身分と身分犯　　65条にいう「身分」とは，男女の性別，内外国人
の別，親族の関係，公務員としての資格などにかぎらず，一定の犯罪行為に
関する人的関係である特殊の地位または状態のすべてをいう（最判昭27・9・
19刑集6・8・1083）。営利の目的も身分に含まれる（最判昭42・3・7刑集21・2・
417，東京高判平10・3・25判時1672・157）。

　刑法の身分は，真正身分，不真正身分および消極的身分に分かれる。①真
正身分（構成身分）は，行為者の一定の身分が犯罪の成立（構成）要素とな
る場合で，収賄罪（197条）における公務員がその例である。②不真正身分
（加減的身分）は，行為者の一定の身分が刑の加重・減軽の要素となる場合で
あって，常習賭博罪（186条）における常習性という身分がその例である。
なお，身分が行為の違法性の要素となっている場合を違法身分，身分が行為

第9章　共　　犯　　255

の責任の要素となっている場合を責任身分という場合がある。③消極的身分は，犯罪または刑罰を阻却する身分であり，違法性阻却身分（例—医師17条にいう「医師」），責任阻却身分（例—刑事未成年者），刑罰阻却身分（例—105条の「親族」）に分かれている。

(3)　65条1項と2項との関係　　1項は，「犯人の身分によって構成すべき犯罪行為」すなわち真正身分犯（構成的身分犯）に関与したときは，身分のない者も共犯として処罰するというものである。したがって，たとえば，公務員が非公務員と共同して収賄をした場合，非公務員が単独で行為したのであれば犯罪とはならないのに，共犯として行ったならば処罰されるという意味で，この規定は身分の「連帯的作用」を認めるものである。一方，2項は，「身分によって特に刑の軽重がある」犯罪すなわち不真正身分犯（加減的身分犯）の場合には，身分のある者とない者とを分けて刑を科すという身分の「個別的作用」を認めるのである。そこで，1項は共犯従属性説の考え方，2項は共犯独立性説の考え方に近い規定であると解され，両者は矛盾するのではないかということが問題となっていた。

　この点について，ⓐ判例（大判大2・3・18刑録19・353）および通説は，条文の文言通りに理解し，1項は真正身分犯に関する規定であり，2項は不真正身分犯に関する規定であると解している。1項と2項の間の矛盾点は一応そのままにして，文言に忠実な解釈をしているわけである。

　そこで，当然に矛盾の解消を図る学説が主張され，ⓑ1項は共犯の成立に関する規定であり，2項は不真正身分犯だけの科刑に関する規定であるとする学説が生まれた。1項で「共犯とする」としたのは，真正身分犯であるか不真正身分犯であるかを問わず，非身分者についても共犯が成立することを明らかにしたものである。2項は，1項で共犯とされた者について，特に非身分者の科刑について「通常の刑を科する」としたのだと説明するのである。共犯の従属性を徹底するとともに，1項と2項の矛盾を解消しようとしたものである。

　ⓑ説に対しては，①たとえば，保護責任者遺棄罪に関与した非身分者については同罪が成立するが，単純遺棄罪の刑で処罰されるということになり，犯罪の成立と科刑とが分離してしまう，②正犯と共犯が常に同じ罪名で処罰

される必然性はないといった批判がなされてきた。

65条の1項と2項を合理的に説明する試みは、別な角度からもなされた。ⓒ1項を身分が行為の違法要素となっている違法身分、2項を身分が行為の責任の要素となっている責任身分に関する規定と解し、1項が連帯的に作用するのは共同して実現しうる違法性に関する身分だからであり、2項が個別的に作用するのは、共犯者ごとに評価される責任に関するものだからであると説明するのである。そして、「違法は連帯的に、責任は個別的に」という考え方は、違法性における法益侵害説が有力となるにつれて、次第に支持者を増しているといえよう。

しかし、ⓒ説で最も問題なのは、個々の犯罪類型について違法身分か責任身分かを区別することが困難であるばかりか、同意殺人罪のように、違法身分犯であると同時に責任身分犯とも解しうる犯罪があるということである。また、違法身分犯がすべて真正身分犯ではないから、この説は65条の文言にも即さないであろう。

(4) **解決策**　先にも述べたように、65条の文言を素直に解釈すれば、1項は真正身分犯について非身分者も共犯となることを定め、2項は不真正身分犯について非身分者には通常の刑を科すことを定めた規定ということになり、65条の解釈としてはそれで十分であるともいえる。しかし、1項と2項が矛盾していると考えることができる以上は、理論的に整合性を図る努力が払われるべきであるし、それが不可能であれば条文の改正も考えなければならないであろう。

それでは、両者の関係はどのように考えるべきであろうか。1項は真正身分犯に関する共犯の成立に関する規定であり、2項は不真正身分犯に関する処罰に関する規定であるところから、両者は別々のことを規定しているように見える。しかし、そもそも身分犯は、真正身分犯（例—収賄罪）であると不真正身分犯（例—業務上堕胎罪）であるとを問わず、非身分者の関与によっても実現しうるのであるから、65条1項は、非身分者が身分者に加功して犯罪を実現した以上は、真正身分犯、不真正身分犯を通じて、「身分のない者であっても、共犯とする」として、犯罪の成立については、非身分者にも身分犯の共犯が成立するということを明らかにした規定と解すべきである。

第9章 共　犯　257

したがって，科刑については，身分者と非身分者を個別的に扱う趣旨ということになる。

しかし，身分の有無によって法定刑に軽重がある不真正身分犯の場合は，身分のある者の犯罪と身分のない者の犯罪とは，行為そのものは同じであっても構成要件は異なるのであり，例えば，賭博罪と常習賭博罪とは，185 条と 186 条とにおいて異なる構成要件として規定されているのであるから，賭博罪の共犯については賭博罪の法定刑で処罰し，常習賭博罪の共犯については常習賭博罪の法定刑で処罰すべきことになる。このことを示すために「身分のない者には通常の刑を科する」としたものと解される。このように，65 条 2 項は不真正身分犯について共犯の成立と科刑に関して定めた規定であることが明らかになる。そうすると 65 条 1 項は身分犯のうち 2 項の不真正身分犯を除いたもの，すなわち真正身分犯に関する規定ということになり，1 項と 2 項との間の矛盾も解消することができるであろう。

2 真正身分犯と共犯

(1) **学　説**　真正身分犯について，非身分者が身分者の行為に加功したときは，65 条 1 項によって非身分者といえども共犯として処罰される。65 条 1 項の「共犯」については，ⓐ非身分者の教唆行為および幇助行為は，身分者の実行行為に従属するものとして明文の規定がなくても当然に共犯となるから，「共犯」は共同正犯のみを指すとする説，ⓑ1 項は共犯の成立について定めたものであり，教唆犯および幇助犯の成立を特に除外する理由はないから，「共犯」は共同正犯，教唆犯および幇助犯を含むとする説，ⓒ真正身分犯については，非身分者による実行行為を認めることは不可能であるから，「共犯」は教唆犯と幇助犯にかぎられるとする説，ⓓ1 項には不真正身分犯も含まれるとする立場から，真正身分犯については狭義の共犯にかぎるが不真正身分犯については共同正犯も含むとする説が主張されてきた。

(2) **解決策**　身分のない者も身分のある者の行為を利用することによって真正身分犯の構成要件を実現することができるから，身分のない者が身分のある者と共同してその犯罪に加功すれば共同正犯になる（最決昭 40・3・30 刑集 19・2・125）。また，1 項が教唆犯および幇助犯の成立を特に除外して

いると解すべき理由もないから，ⓑ説が妥当である。それゆえ，非公務員が公務員と共同して収賄を実行すれば非公務員も収賄罪の罪責を負い，また，非公務員が公務員にその収賄を教唆または幇助すれば，非公務員は収賄罪の教唆犯または幇助犯の罪責を負う。ただし，身分のある者より身分のない者の方の刑を軽くしてよい場合もあるから，特別の規定はないが真正身分犯の場合においても身分がない者について刑の減軽を認めてよい（草案31条参照）。

3　不真正身分犯と共犯

(1)　非身分者が身分者に加功した場合　　不真正身分犯について非身分者が身分者に加功したときは，65条2項により，非身分者には通常の刑が科される。

(ア)　学　説　　「通常の刑を科する」の意味について，ⓐ通常の犯罪が成立しその刑を科するとする説，ⓑ犯罪としては身分犯が成立するが刑は通常の刑とする説とが対立している。不真正身分犯について，刑法は不真正身分は身分者についてのみ作用するものと定めているのであるから，犯罪の成立についても非身分者は身分者から独立していると解すべきであり，また，罪名と科刑は一致していることが望ましいから，ⓐ説が妥当である。それゆえ，①共同正犯者のなかに身分者と非身分者がいる場合，身分者についてのみ不真正身分犯の共同正犯が成立する。②正犯が身分を有し共犯者が身分を有していない場合は，非身分者は通常の犯罪の共犯となる。

(イ)　業務上横領の場合　　業務上の占有者Aと共同して，非占有者Bが他人の物を横領したときは，65条1項により横領罪の共同正犯が成立し，65条2項によりAは業務上横領罪で処罰される。横領罪は真正身分犯であるが，業務上横領罪は横領罪との関連では不真正身分犯（加重的身分犯）だからである。これを「二重の意味での身分犯」という。したがって，業務上の占有者Xと業務によらない占有者Yとが共同してその共同占有する甲の物を横領したときも，Xには業務上横領罪の共同正犯，Yには横領罪の共同正犯が成立する。非業務者Aが業務者Bの横領行為を教唆するときは，Bには業務上横領罪が成立し，Aには横領罪の教唆犯が成立する。これに対し判例は，業務者と非業務者とが横領罪を共同して実行した事案について，

65 条 1 項により非業務者にも業務上横領罪の共同正犯が成立するが，非業務者には 65 条 2 項により通常の横領罪の刑を科すとしている（最判昭 32・11・19 刑集 11・12・3073）。

(2) 身分者が非身分者に加功した場合　不真正身分犯について，身分者が非身分者の行為に加功した場合の取扱いに関し，65 条 2 項の適用を認めるべきか否かについて争いがある。たとえば，賭博の常習者である A が非常習者である B に賭博を教唆・幇助した場合が問題となる。

この問題について，ⓐ 65 条 2 項の適用を認めて，常習賭博の教唆・幇助になるとする説，ⓑ 65 条 2 項の適用を認めることは，共犯独立性説の立場においてのみ可能であり，共犯従属性説に立脚するかぎり賭博の教唆・幇助にすぎないとする説が対立している。しかし，65 条 2 項は，不真正身分犯の共犯について，身分のある者については身分に応じた犯罪の成立を認めて処罰するという趣旨に基づく規定であるから，ⓐ説が妥当である（大判大 12・3・23 刑集 2・254）。

◆ **【問　題】**
(1)　X は，会社の倒産で絶望的になった甲から，「殺して楽にしてくれ」と懇願されその気になったが，恐ろしくなって Y に相談したところ，Y は甲が眠っている間に塩化カリウムを注射して甲を死なせた。X と Y の罪責はどうか。
(2)　病院長（医師）X は，医師国家試験に不合格の自分の長男 Y の求めに応じて，みずから経営する病院の内科医として雇い同人を診療に当たらせた。X，Y の無免許医業（医師法 17 条，31 条）に関する罪責はどうか。

VI　共犯の関連問題

1　不作為犯に対する共犯

不作為犯に対する共犯は，不作為犯（真正不作為犯，不真正不作為犯）に対する共同正犯，教唆犯および幇助犯を含む。

(1) 共同正犯の場合　共同正犯については，ⓐ不作為犯においては共同実行の意思も事実もありえないから，不作為の共同正犯を認めるべきでないとする説，ⓑ不作為犯は作為義務を有する者のみが実行しうるから，作為義務を有する2人以上の者が実行行為を共同する場合にのみ共同正犯が成立するとする説，ⓒ作為義務を有する者と有しない者とが共同して不作為犯を実行することはできるから，作為犯におけると同様に共同正犯の成立を認めてよいとする説などがある。たとえば，母親Xとその愛人Yとが共謀し，Xの幼児甲に食物を与えず餓死させる場合のように，不作為犯においても作為義務を有する者と有しない者とが相互に利用・補充し合って構成要件を実現することは可能であるから，作為犯の場合と同様の考え方で不作為犯の共同正犯の成立を認めるべきであり，ⓒ説が妥当である。

(2) 教唆犯・幇助犯の場合　教唆犯・幇助犯については，不作為犯は作為義務を有する者についてのみ成立するから，作為義務を有する者が不作為犯を教唆・幇助する場合にのみ不作為犯の教唆犯・幇助犯が成立すると解する説がある。しかし，たとえば，作為義務のないXが，母親Yを教唆してその幼児甲に食物を与えさせなかった場合は，「人を教唆して犯罪を実行させた」（61条1項）と解すべきであるから，この説は妥当でない。不作為犯の共犯を肯定する場合，作為義務を有する者の不作為に加功する行為についてのみ共犯が成立することとなり，65条1項の適用が問題となる。作為義務の有無は不作為犯の構成要件要素であり，特別の身分犯を構成するものではないとの立場から，その適用を認めない説が有力であるが，不作為犯は作為義務を有する者についてのみ成立する真正身分犯と解すべきであり（➡76頁），65条1項の適用を認めるべきである。

2　不作為による共犯

　共犯を不作為によって実現することを不作為による共犯という。これには，①不作為による共同正犯，②不作為による教唆犯および③幇助犯の場合がある。

　共同正犯については，作為義務を有する2人以上の者が，共謀のうえ要求される作為に出なかったときは不作為犯の共同実行があったといえるから，

第9章　共　犯　261

実行共同正犯または共謀共同正犯が成立しうる（前掲大阪高判昭62・10・2）。教唆犯については，ⓐ不作為による教唆を肯定する説，ⓑ不作為による教唆を否定する説とが対立しているが，他人が犯罪実行の決意に至るのを阻止すべき法律上の義務があっても，犯罪意思を有しない者に不作為によってその意思を惹起させることはほとんど考えられないから，ⓑ説が妥当であろう。幇助犯については，正犯者の犯罪行為を阻止して結果の発生を防止する法律上の義務ある者が，その義務に違反して正犯の実行行為を容易にした場合には幇助の要件を充たすから，不作為による幇助犯は成立しうる（大判昭3・3・9刑集7・172，最判昭29・3・2裁判集刑93・59。否定したものとして，大阪高判平2・1・23高刑集43・1・1，東京高判平11・1・29判時1683・153）。

　不作為による正犯と共犯（幇助犯）の区別については種々の見解があるが，区別の基準は，加担者の不作為が作為と同価値の結果発生の類型的危険性を有するか否かにある。既述のように，①母親Xとその愛人Yが共謀して，餓死寸前の乳児にXが授乳しないで餓死させた場合は，YはXとの共同正犯となる。②他人が殺害を目的として溺れさせた子を助けないで死なせた母親の場合も，不作為による殺人（正犯）となるであろう。これに対し，③自分の子が同居中の内縁の夫に殺されそうになっているのを阻止しようとしない母親は，それを制止する法律上の作為義務はあっても，殺人罪の正犯ではなく，殺人幇助罪または傷害致死幇助罪が成立するにすぎない（前掲札幌高判平成12・3・16）。その不作為は，法律上の作為義務には違反しているけれども，保障人的義務には違反していないからである。結論として，不作為による正犯と共犯の区別は，加担者に保障人的義務があるかどうかに帰着するのである。

3　共犯の錯誤

　(1)　共犯の錯誤とは　　たとえば，傷害を教唆したところ正犯が殺意を生じて殺してしまったというように，共犯者が認識した犯罪事実と正犯者が実行した犯罪事実との間に不一致があることを共犯の錯誤という。共犯者が窃盗を教唆したところ，被教唆者は窃盗の決意をしたが気が変わり強盗を実行したというように，共犯の認識の範囲を超えて正犯行為がなされた場合を

特に「共犯の過剰」というが、これも共犯の錯誤の問題である。共犯の錯誤も単独正犯の錯誤理論すなわち法定的符合説によって解決すべきことはいうまでもない（⇨96頁）。ただし、共同正犯の場合は、共同者各自の実行行為の共同ないし共同実行の意思が要件となり、また、教唆犯・幇助犯では、それぞれ教唆の故意および幇助の故意が必要となるから、これらの共犯の故意と異なる犯罪事実が正犯者によって実現された場合、共犯者はいかなる限度で罪責を負うべきかが問題となる。

(2)　同一共犯形式間の錯誤　同一共犯形式間の錯誤は、①共同正犯内の錯誤、②教唆犯内の錯誤、③幇助犯内の錯誤、④直接共犯と間接共犯の間の錯誤とに分かれる。

(ア)　共同正犯内の錯誤　共謀の内容とその共謀に基づいて行われた犯罪事実との間の不一致のことである。同一構成要件内における錯誤の場合は、共同者全員について共同正犯が成立する。たとえば、殺人罪の共同者のなかのある者が被害者を誤認して殺害しても、共同者全員につき殺人罪の共同正犯が成立する（大判昭6・7・8刑集10・312）。

異なった構成要件間の錯誤の場合は、構成要件が重なり合う限度で軽い罪につき共同正犯が成立する。たとえば、Aは殺意をもって、Bは傷害の故意をもって、共同して甲に切りかかり甲を死亡させたときは、殺人罪と傷害罪とが重なり合うから、Bに過失があれば軽い傷害致死罪につき共同正犯が成立し、Aには殺人罪の共同正犯が成立する（前掲最決昭54・4・13）。

結果的加重犯の場合は、基本的行為について共犯関係が認められる以上は、重い結果の発生について共通の注意義務が認められるから、重い結果の発生について共同正犯が成立すると解すべきである。たとえば、強盗を共謀した場合に共同者の1人が強盗致傷罪を犯したときは、共同者全員について強盗致傷罪の共同正犯が成立する（最判昭22・11・5刑集1・1・1。なお、最判昭24・7・12刑集3・8・1237〔強姦致傷〕、前掲最判昭26・3・27〔強盗致死〕）。

(イ)　教唆犯内の錯誤　教唆者の教唆の故意における認識の内容と被教唆者が惹起した事実との間の不一致のことである。

(a)　同一構成要件間の錯誤　教唆犯内の錯誤が同一構成要件の範囲内に生じた場合には、教唆犯の故意は阻却されない。たとえば、甲の家から金

品を盗んでこいと教唆したところ，被教唆者が誤って乙の家に侵入して衣類を取ってきた場合には，窃盗罪の教唆犯が成立する（大判大9・3・16刑録26・185）。

共犯とくに教唆の錯誤はすべて方法の錯誤であるから，いわゆる具体的符合説によった場合は，構成要件内部での共犯の錯誤についてもすべて教唆の故意は阻却されてしまうことになろう。したがって，AがBに「Xを殺せ」といって，Xの容貌を説明したところ，BがXを探しまわり，それらしい容貌の者をXと思って殺したところ，それはYであったという場合でさえも共犯は成立しないことになる。

(b)　異なる構成要件間の錯誤　　共犯者が認識した実行行為の内容と正犯者が実現した犯罪事実とが，異なる構成要件にまたがるときは，構成要件が実質上重なり合う限度で軽い罪の教唆犯が成立する。殺人を教唆したところ被教唆者が窃盗を実行した場合は教唆犯は成立しないが，被教唆者が教唆者の教唆した内容以下の実行をした場合，たとえば人の殺害を教唆したところ被教唆者の行為が殺人未遂または殺人予備にとどまるときは，殺人未遂・予備の教唆犯が成立し，逆に，教唆した内容以上の実行をした場合（教唆の過剰）（大判大元・11・28刑録18・1445），たとえば，窃盗を教唆したところ強盗が実行されたときは，窃盗の限度で教唆犯が成立するのである（前掲最判昭25・7・11）。

(c)　結果的加重犯の場合　　傷害を教唆したところ正犯が傷害致死の結果を惹起した場合について，教唆行為は実行行為ではないから，教唆者が正犯の重い結果について予見可能であっても結果的加重犯の教唆を認めるべきではなく，基本犯の教唆犯にとどめるべきであるとする見解が有力である。しかし，基本犯について教唆している以上，教唆者は重い結果の発生について特別の注意義務が課されてしかるべきであるから，重い結果が不可抗力ないし偶然によって生じたのでないかぎり，結果的加重犯に対する教唆犯を認めるべきである。

(ウ)　**幇助犯内の錯誤**　　幇助者の認識の内容と被幇助者の正犯の事実との間の不一致のことである。①同一構成要件の範囲内にある錯誤であれば幇助犯の故意を阻却することはない。たとえば，AはBが甲宅に侵入して窃盗

を犯すものと信じて屋外で見張りをしていたところ，Bは乙宅へ侵入して窃盗を犯した場合，住居侵入窃盗罪の幇助犯が成立する（最判昭23・5・1刑集2・5・435参照）。②異なる構成要件間の幇助犯内の錯誤は，構成要件が実質的に重なり合う限度で軽い罪の幇助犯が成立する。たとえば，窃盗行為を幇助する故意で幇助したところ，被幇助者が強盗を犯した場合（幇助の過剰），窃盗罪の幇助犯が成立する（最判昭25・10・10刑集4・10・1965〔正犯が殺人罪であるのに対して傷害致死罪の幇助〕）。

　(エ)　**直接共犯と間接共犯の間の錯誤**　直接教唆犯・幇助犯と間接教唆犯・幇助犯との間の錯誤のことである。犯罪の実行を教唆したところ被教唆者が第三者を教唆して実行させたときも，修正された構成要件内における錯誤にすぎないから，教唆の故意を阻却するものではなく間接教唆犯が成立する（最判昭28・6・12刑集7・6・1278）。幇助の意思で間接幇助を行った場合も，間接幇助犯が成立する。

　(3)　**共犯形式相互間の錯誤**　たとえば，教唆のつもりであったが精神的幇助にとどまった場合，あるいはその逆の場合である。異なる共犯形式間の錯誤の場合に，構成要件的符合を認めることができるか否かが問題となるが，教唆および幇助はともに正犯を通じて間接的に法益を侵害する行為であり，その見地からの構成要件の修正形式であるから，構成要件の重なり合いを認め，軽い方の共犯を認めるべきである。

　(4)　**間接正犯と共犯との間の錯誤**　間接正犯と教唆犯または幇助犯との間の錯誤である。たとえば，甲は事情を知らない乙を利用してAに毒物を与えようとしたところ乙は甲の意図に途中で気づいたが，それを奇貨としてAを毒殺した場合，すなわち，間接正犯の故意であったが客観的には教唆の事実が生じた場合，あるいはその逆の場合である。

　この錯誤の取扱いについて，ⓐ甲は殺人罪の間接正犯，乙はその直接正犯であるとする説，ⓑ客観的に教唆の事実が生じた以上は甲に教唆犯，乙に正犯が成立するとする説，ⓒ甲に殺人の間接正犯の未遂を認めるとともに乙に対する教唆犯を認め法条競合と解する説とが対立している。

　乙に対する利用行為は実行の着手に当たらないから，教唆だけが問題となり，また，間接正犯の故意は，他人を道具として利用し特定の犯罪を実現す

る意思であるから，他人を利用する点で広い意味では教唆の故意を含んでいると解すべきである。したがって，間接正犯の故意で教唆の事実を惹起すれば，教唆犯よりも間接正犯のほうが罪責は重いから，38条2項により軽い教唆犯が成立し，逆に，教唆の故意で間接正犯を行ったときも同じく教唆犯が成立する（最判平9・10・30刑集51・9・816）。

4　共犯の未遂

(1)　共犯の未遂とは　共犯の未遂は，共同正犯，教唆犯および幇助犯の未遂に分かれる。共同正犯の未遂は，共同者の実行行為は行われたが，共同者の意思によらずに結果が発生しなかった場合である。共同者の一部の者の行為が未遂に終わっても，他の共同者により構成要件的結果が惹起された以上は未遂犯の共同正犯とならない。教唆犯・幇助犯の未遂は，教唆行為・幇助行為の結果，正犯の実行行為が行われたが未遂にとどまった場合であり，未遂犯に対する教唆犯・幇助犯が成立する（⇨247頁）。

(2)　共犯の中止　共犯も自己の実行行為およびその結果について責任を問われるのであるから，その行為を自己の意思によって中止し，あるいはその結果を阻止したときは，43条ただし書の適用を受けると解すべきである。共同正犯については，共同者の全員が任意にその犯罪を中止した場合，または共同者の一部の者が自己の意思によって他の共同者の共同実行を阻止するか，結果の発生を阻止したときに中止犯となる。共同者の一部の者が任意に犯行を中止しても他の共同者が犯罪を実現したときは中止犯ではない（大判大12・7・2刑集2・610，最判昭24・12・17刑集3・12・2028）。

中止犯が成立するためには，①共同者の一部の者が犯罪の実行に着手したこと，②共同者のうちのある者が任意に中止を決意したこと，③その決意に基づいて他の共同者の実行行為を阻止するか，結果の発生を防止したことが必要である。中止の意図を有する共同者の一員が他の共同者を説得し，他の共同者も任意に実行行為を中止するか，または結果の発生を阻止したときは全員について中止犯が成立する。共同者の一部の者の中止行為によって結果の発生が阻止され，他の者がこれを意外とするときは，他の共同者については障害未遂となる。

266

教唆者・幇助者が正犯の完成を阻止したときには中止犯が認められる。教唆・幇助がなされても，正犯の実行行為がなければ教唆行為・幇助行為は不可罰であるから，中止犯は問題とならない。予備罪の共犯の場合には，正犯としての予備行為が必要となる。正犯者の障害未遂が教唆者・幇助者の中止行為に基づくときは，共犯の中止犯が認められるが，正犯者の中止未遂が教唆者・幇助者の中止行為に基づくものでないときは障害未遂の共犯となる。

5 共犯関係からの離脱（共犯関係の解消）

(1) 共犯関係からの離脱とは　　共犯の中止から区別すべきものとして，共犯関係からの離脱がある。共犯関係からの離脱とは，共犯関係が成立してから犯罪が完成するまでの間に，共犯関係にある一部の者が共犯関係を断ち切って共犯関係から離れたが，他の共犯者が共犯関係に基づく実行行為を行い，犯罪的結果を実現した場合をいう。

この場合に，かつては中止犯の適用が問題とされてきたが，そもそも離脱は，共犯関係に基づく犯罪的結果が成立した場合にのみ問題となるから，結果発生の阻止を要件とする中止犯とは異なるのである。しかし，中止犯の適用がないとしても，他の共犯者に働きかけ，それ以上の犯罪の遂行を阻止すべく努力している場合，共犯の罪責を負わすのは妥当でないのではないかが問題となった。

学説上は，ⓐ犯罪発生の阻止に努力したことを評価し，予備ないし未遂の限度で処罰を認める説，ⓑ発生した結果についての因果性を否定して，予備または未遂として，中止犯を適用して刑の減免を認める説が主張されている。

思うに，共犯関係にある一部の者が共犯関係から離脱する意思を表明し，残余の共犯者がこれを了承して，なお，犯罪の実行に及んだ場合には，離脱者を除いた新しい共犯関係が成立し，それまでの共犯関係は解消したと解すべきである（東京高判昭63・7・13高刑集41・2・259）。そして，離脱によって共犯関係が解消した以上は，その時点でそれまでの行為は終了したのであるから，それまでの行為によって犯罪的結果が生じたのでなければ，予備ないし未遂にとどまるのは当然である。また，その解消は，離脱者の任意によって生じたものであるから43条ただし書によって中止犯の適用を認めるのが妥

当である。

(2) 共同正犯関係からの離脱 共同正犯関係からの離脱とは，共同（謀）者のなかの一部の者が犯罪が完成する以前に共同実行の意思を放棄し，他の共同者に対して自己が共同（謀）関係から離脱する旨を表明し，他の共同者がこれを了承して，自己と他の共同者との共同関係を完全に解消し他の共同者の犯行への物理的および心理的影響を完全に消失させたが，離脱後に他の共同者によって当初の犯罪が完成された場合をいう。離脱は，共同者の一部が実行に着手する以前の離脱（着手前の離脱）と，実行に着手した以後の離脱（着手後の離脱）とに分かれる。

(ア) 着手前の離脱 着手前の離脱においては，他の共同者に対して共同関係から離脱する旨の意思表示があり，残余の共同者が了承して当初の共同正犯関係が解消されたと認められれば，その後の残余の共同者による犯行は，その者を除いた別個の共謀によるものと評価すべきである（東京高判昭 25・9・14 高刑集 3・3・407）。離脱の意思表示は，明示的であると黙示的であるとを問わない（松江地判昭 51・11・2 刑月 8・11＝12・495）。単に離脱する旨を連絡しただけでは足りない（最決平 21・6・30 刑集 63・5・475）。

(イ) 着手後の離脱 着手後の離脱は認めるのが困難であるが，実行行為の途中において共謀者の 1 人が他の共謀者に対し離脱の意思を表明し，残余の共謀者の了承を得たうえでその実行行為を積極的な結果防止行為によって阻止し，当初の共謀に基づく犯罪遂行のおそれを消滅させれば，仮に残余者が当該の実行行為を継承して結果を惹起したとしても，その実行行為は当初の共謀に基づくものではないから，新しい共同正犯関係が成立したという意味で「離脱」を認めてよいであろう（名古屋高判平 14・8・29 判時 1831・158）。

着手後の離脱は，通常は既遂に至るまでの間に翻意して離脱する場合をいうが，傷害の結果を生じた後，致死の結果を生ずる前に離脱する場合のごとく，既遂に達した後の場合も含むと解すべきである（最決平元・6・26 刑集 43・6・567）。

(3) 離脱の効果 離脱が認められるときは，離脱までの行為について離脱者の罪責が問われるにすぎない。すなわち，着手前の離脱について既に予備罪の共同正犯が成立しており，離脱者に任意性の要件が備わっていれば

予備罪の中止犯となる。着手後の離脱では結果が発生してしまう場合があるが，この場合にも中止犯が適用される。中止犯の適用が認められるためには，離脱の意思表示が任意のものであることが必要である。

(4) 教唆犯・幇助犯関係からの離脱　　教唆犯の場合は，被教唆者が実行に着手する以前に教唆者が離脱の意思を表明し，被教唆者の犯意を消滅させることができたのであれば，その後の被教唆者の実行行為およびその結果について当初の教唆の効果は消滅し，その実行行為について共犯関係が認められないから，教唆の未遂として不可罰となる。

被教唆者が実行に着手した後に，被教唆者に離脱の意思を表明し，いったんは正犯者が実行を中止し因果的影響力が消滅したが，改めて正犯者が犯罪を完成した場合は，いかにすべきであろうか。この場合について，学説上は，ⓐ教唆犯の障害未遂（未遂犯の教唆）に準じた取扱いをすべきであるとする説，ⓑ被教唆者がすでに行った実行行為について教唆犯の中止犯を認めるべきであるとする説が対立している。正犯者がすでに行った離脱前の行為が未遂にとどまったのは教唆者の任意に基づくものであり，それによって共犯関係は解消したと解すべきであるから，教唆犯の中止犯とすべきである。同じことは幇助犯関係からの離脱についても妥当する。

6　共犯の競合・罪数

共犯の競合とは，1個の基本的構成要件の実現について，共同正犯，教唆犯，幇助犯がそれぞれが競合することである。共犯が競合する場合，それらの共犯形式は1個の基本的構成要件を実現するための加功行為として共通する性質を有するから，軽い共犯形式は重い共犯形式に吸収されて重い方だけが成立する。教唆者・幇助者が進んで実行行為を分担するときは共同正犯だけの罪責を負い（大判昭8・11・27刑集12・2134），教唆者が正犯を幇助したときは重い教唆犯として処罰される（前掲大判大12・7・12）。共犯行為もそれ自体1つの実行行為であるから，その罪数は共犯行為について問題となる（⇨278頁）。

第9章　共　犯　　269

◆【問　題】

(1)　Ｘは，甲を殺害しようと計画し，ある日毒入りウイスキーを甲宅に配達
してもらおうとＹに頼んだが，Ｙはこのことをあやしみ，配達の途中でウ
イスキーの中身を調べたところ毒が入っていることに気づいた。しかし，Ｙ
は甲と不仲であったので甲が死んでしまえばよいと考え，そのまま配達した
ところ，甲の妻乙が甲の留守中にそれを飲んで死亡した。ＸとＹの罪責は
どうか。

(2)　共同正犯における中止未遂につき論述せよ。

第10章　罪　　数

> ある行為が構成要件に該当し，違法性および責任を具備すれ
> ば，いちおう犯罪は成立するが，それらを一罪として処理す
> べきか数罪として処理すべきか，また，数罪として処理する
> 場合に行為者をどのような刑で処罰すべきかを解決する必要
> がある。この二つの課題を解決するための理論を罪数論とい
> う。ここでは，多くの概念が用いられるが，実際上問題とな
> るのは，一罪として処理されるか併合罪となるかにあるから，
> この点に留意することが肝要である。

I　犯罪の個数

1　罪数決定の基準

(1)　学　説　　罪数論の任務は，単独で複数の罪を犯した場合の取扱い
を定めることにある。罪数を定める基準については，ⓐ行為者の犯罪的意思
の個数を基準とする犯意基準説，ⓑ犯罪行為の個数を基準とする行為基準説，
ⓒ侵害された法益ないし結果の個数を基準とする法益基準説，ⓓ構成要件に
該当する回数を基準とする構成要件基準説（最大判昭 24・5・18 刑集 3・6・796）
などが主張されている。

(2)　判断基準　　犯罪は構成要件該当性を基準として成立するものであ
るから，犯罪が何個成立したかを決める場合には，構成要件該当性を標準と
するほかになく，ⓓ説が妥当である。構成要件は，①行為，②行為の客体，
③行為の情況，④行為の結果，⑤法益侵害，⑥故意などを含んでおり，構成
要件を標準として罪数を決める場合にいずれの要素を中心とすべきかが問題

第10章　罪　　数　　271

となる。

　構成要件は法益保護を図るために設けられているものであり，一罪か数罪かを決定するに当たっては，当該構成要件が予定する被害法益の単一性を中心として，①その法益侵害に向けられた犯意の単一性または連続性，②実行行為の単一性または連続性，③被害法益の同一性などを総合的に考慮して，構成要件に何回該当したかを判断すべきである。

　(3)　一罪と数罪　　ある犯罪事実が一つの構成要件によって一回的に評価されれば一罪であり，これを本来的一罪という。ある犯罪事実が1個の構成要件に数回該当すると評価される場合，または数個の構成要件のそれぞれに該当すると評価される場合を数罪という。数罪は，①科刑上一罪としての観念的競合と牽連犯(54条)，②併合罪(45条以下)，③単純数罪とに分かれる。

2　本来的一罪

　本来的一罪とは，犯罪成立上の一罪をいい，構成要件に1回該当すると評価された事実をいう。本来的一罪は，単純一罪と包括一罪に分かれる。

　(1)　単純一罪　　単純一罪とは，外形上1個の構成要件に1回該当することが明白であり，特に構成要件上の評価を加える必要のない犯罪をいい，認識上の一罪ともいう。

　⑦　**1個の罰条のみが問題となる場合**　　たとえば，Aが水泳中の甲を殺そうとしてピストルで甲を射殺した場合のように，行為，結果または被害法益および犯意が1個であることを予定している構成要件を単純に実現したような場合をいう。

　⑦　**法条競合の場合**　　法条競合とは，一つの犯罪事実につき適用可能にみえる罰条が複数ある場合をいい，特別関係，補充関係，択一関係がある。

　(a)　特別関係　　競合する二つ以上の罰条が，一般法と特別法の関係に立つ場合である。この場合には，特別法に当たる罰条が適用される。たとえば，殺人罪（199条）と同意殺人罪（202条），横領罪（252条）と業務上横領罪（253条），背任罪（247条）と特別背任罪（会960～962条）などがこれにあたる。

　(b)　補充関係　　競合する二つ以上の罰条が，基本法と補充法の関係

にある場合である。この場合には，基本法が適用されない場合にのみ補充法が適用される。補充関係にあるか否かは，ある法益を保護するためには基本法だけで足りず，その補充のために設けられた罰条かどうかによって判断すべきである。たとえば，傷害罪（204条）は基本法であり暴行罪（208条）は補充法である。

(c) 択一関係　競合する罰条が排他的関係にある場合である。この場合には，そのうちのどれか1個の罰条が適用されれば他は適用されないこととなる。たとえば，横領罪（252条）が適用されれば背任罪（247条）は適用されない。

(ウ) 結合犯　それぞれが独立して罪となる二つ以上の行為を結合した犯罪である。たとえば，強盗犯人が強盗の際に人を殺したときは，強盗罪（236条）と殺人罪（199条）が別個に成立するのではなく，単に強盗殺人罪（240条）が成立するにすぎない。

(2) 包括一罪　ある犯罪事実が外形上構成要件に数回該当するように見える場合において，1回の構成要件的評価に包括すべき犯罪のことである。包括一罪の態様としては，①外形上同一の構成要件に該当する事実を1回的に包括して評価し一罪とする同質的包括一罪（最決平26・3・17刑集68・3・368），②外形上異なる構成要件に該当する事実を一回的に包括して評価し一罪とする異質的包括一罪とがある（東京地判平6・7・15判タ891・264）。

(ア) 同質的包括一罪　行為の外形上同じ構成要件に数回該当するように見えるが，構成要件的評価においては，包括して1回の構成要件該当性が認められるにすぎない犯罪をいい，集合犯と狭義の包括一罪とに分かれる。

(a) 集合犯　構成要件的行為として数個の同種類の行為が予定されている犯罪をいい，①常習性を有する行為者の反復的行為を予定する常習犯（186条1項），②業として一定の犯罪を反復することを予定する職業犯（175条），③営利の目的をもって一定の犯罪を反復することを予定する営業犯（医師17条）は，それぞれ包括一罪である（最決昭62・2・23刑集41・1・1）。

(b) 狭義の包括一罪　同一構成要件に当たる数個の行為が行われた場合において，それらの行為の間に密接な関連性があり，同一の法益侵害に向けられた単一の意思の実現行為と認めるべきとき，包括して1回の構成要件

的評価に服する犯罪である（東京高判平7・9・26判時1560・145）。

（α）　**構成要件上の包括**　　1個の構成要件において同一の法益侵害に向けられた数個の行為態様が規定され，それらが相互に手段・目的または原因・結果の関係にある場合，各行為が行為者の1個の犯意の実現行為とみられるときは，1回の構成要件的評価を受け，包括して一罪が成立すると解すべきである。たとえば，同一犯人を蔵匿し，引き続いて隠避したときは，1個の犯人蔵匿罪（103条）となる（最判昭35・3・17刑集14・3・351）。

（β）　**接続犯**　　同一の犯意に基づき場所的・時間的に近接した条件のもとに行われる数個の同種行為をいう。たとえば，1個の欺く行為によって同一人から数回にわたって財物を交付させたときは，1個の詐欺罪（246条）が成立する（最判昭和24・7・23刑集3・8・1373）。

（γ）　**連続犯**　　連続犯とは，場所的・時間的に近接していなくても，同一構成要件に当たる行為が場所的・時間的に連続しており，同一法益の侵害に向けられた単一の犯意に基づく場合をいい，上記の各行為は包括して一罪とされる（最判昭31・8・3刑集10・8・1202）。約4ヵ月にわたり38回も違法に麻薬を交付する行為は，連続犯として包括一罪である。そのうち，軽い罪が重い罪に吸収され，重い罪の構成要件において包括的に評価され，1個の犯罪が成立する場合を特に吸収一罪という。

（イ）　**異質的包括一罪**　　行為の外形上異なる構成要件にそれぞれ該当していると見える場合，被害法益に着目し，それら全体を包括して一罪とする場合をいう。

（a）　**共罰的事前行為と共罰的事後行為**　　共罰的事前行為（不可罰的事前行為）は，基本的犯罪の事前行為である予備・未遂であり，たとえば，殺人の予備を行った者が殺人の既遂に達したときは，殺人予備罪（201条）は殺人罪（199条）の構成要件によって1個として評価される。同一法益の侵害に向けられた行為だからである。共罰的事後行為（不可罰的事後行為）とは，犯罪の完成後にその犯罪に伴う違法状態が継続する場合において，その違法状態のなかに通常含まれている行為であるため，すでに当該の構成要件によって評価し尽くされている行為をいう。たとえば，窃盗犯人がその盗品を保管し，運搬および有償処分のあっせんをしても（最判昭24・10・1刑集3・10・

1629)，盗品等に関する罪または横領罪を構成しない。

(b) 法益侵害の一体性　法益侵害が複数存在するときには，原則として数罪が成立するが，数種の法益侵害を予定する犯罪について，複数の法益を同時に侵害しても一罪にほかならない。たとえば，放火罪（108条以下）は公共の安全を主たる保護法益とし，個人の財産を従たる保護法益として二つの法益を保護しており，放火行為によって二つの法益を侵害することになるから，建造物損壊罪（260条）等の異なる構成要件に該当するようにみえるが，放火罪は元来両法益を一体として保護するために設けられた構成要件であるから，構成要件に該当するのは1回であり，罪数上の評価を加えるまでもなく一罪となる。

(c) 被害法益の同一性　日時および場所の近接，機会の同一，意思の継続および各行為の密接な関係が認められる場合において，被害法益が実質上同一である場合には，外形上複数の構成要件に該当する行為であっても包括一罪になると解すべきである。たとえば，1個の欺く行為によって代金債権を取得し，さらにその債権に基づいて金品を交付させたときは，被害法益は実質上同一であるから包括して1項詐欺罪のみが成立する（高松高判昭28・7・27高刑集6・11・1442，最決昭61・11・18刑集40・7・523）。

II　科刑上の一罪

1　54条1項

　数罪を犯した場合でも，①「1個の行為が2個以上の罪名に触れ」る場合，②「犯罪の手段若しくは結果である行為が他の罪名に触れる」場合には，「その最も重い刑」のみによって処断される（54条1項）。①を観念的競合といい，②を牽連犯という。両者を併せて科刑上一罪と称する。観念的競合は，たとえば，1発の弾丸で2人を殺す場合のように，行為は1個であるけれども構成要件該当性は数回認められる場合である。牽連犯は，たとえば，住居に侵入して窃盗を行う場合のように，行為も複数であり構成要件該当性が数

第10章　罪　数　　275

回認められる場合である。いずれも構成要件的評価において数罪となるものである。

2 観念的競合

(1) 行為の一個性　　観念的競合とは,「1個の行為が2個以上の罪名に触れ」(54条1項前段) る場合をいい, 想像的競合または一所為数法ともいう。「2個以上の罪名に触れ」るとは, 1個の行為が数個の罰条に触れ, 数回の構成要件的評価を受けることをいう。2個の行為のときは併合罪となるから, 重要なのは, 何をもって1個の行為とするかにある。

「1個の行為」の意義について, 学説は, ⓐ自然的観察によるとする説, ⓑ社会的見解によるとする説, ⓒ構成要件を基準とする説などに分かれていたが, 最大判昭和49年5月29日 (刑集28・4・114) は, 行為の一個性につきそれまでの判例 (最判昭33・4・10刑集12・5・877) を変更して,「右規定にいう一個の行為とは, 法的評価をはなれ構成要件的観点を捨象した自然的観察のもとで, 行為者の動態が社会的見解上1個のものとの評価をうける場合をいうと解すべきである」と判示した。そして, ①酒酔い運転と業務上過失致死の関係を観念的競合から併合罪に, ②無免許運転と酒酔い運転の関係を併合罪から観念的競合に, ③無免許運転と車検切れ車両運転の関係を併合罪から観念的競合に変更した。また, ④最大判昭和51年9月22日 (刑集30・8・1640) は, 上記の判決と同じ観点から「ひき逃げ」の場合の救護義務違反と報告義務違反の関係を, 併合罪から観念的競合に改めた。

(2) 数個の罪名　　観念的競合となるためには,「1個の行為」が数個の罪名に触れることが必要である。「数個の罪名に触れ」とは, 構成要件的評価において実質的に数個の構成要件に該当し, 数罪が成立することである。外形上数個の罪名に触れるにすぎないときは法条競合である。

「数個の罪名」の意味について学説は対立しているが, 犯罪の個数は構成要件に該当する回数によって決まると解すべきであるから, 1個の行為が数個の構成要件的評価を受ける以上, 同じ構成要件であっても「1個の行為が2個以上の罪名に触れ」る場合に当たると解すべきである。それゆえ, 異種類の観念的競合 (一つの投石行為で人を傷害し器物を損壊する) であると, 同

種類の観念的競合（1個の発砲行為によって2人を殺す）であるとを問わないと解すべきである。

（3）　処　罰　観念的競合は，「最も重い刑により処断」する。観念的競合は，本来数罪であるけれども1個の行為によって行われたものであるから，その数罪を科刑上そのなかの最も重い刑に包含し，一罪として処断するものである。「最も重い刑」の意義については，①数個の罪名中最も重い法定刑を規定した罰条の意味であるとする判例（大判大3・11・10刑録20・2079），②上限および下限とも最も重い法定刑を規定した罰条の意味であるとする判例（最判昭28・4・14刑集7・4・850）があるが，「最も重い刑」とする意味は，上限も下限も最も重い刑を指すと解すべきであるから，②の判例が妥当である。

3　牽連犯

（1）　手段と結果　「犯罪の手段若しくは結果である行為が他の罪名に触れるとき」（54条1項後段）を牽連犯という。数個の行為は，元来，数罪を構成するが，各犯罪の間に一方が他方の手段となるか，他方が一方の結果であるという関係が認められる場合をいい，観念的競合と同様に「その最も重い刑により処断」する。

たとえば，住居侵入窃盗における窃盗罪と住居侵入罪とは目的に対する手段の関係に立ち，私文書偽造罪と同行使罪とは原因と結果との関係に立ち，いずれも牽連犯となる。数個の行為間における手段と結果との関係については，ⓐある犯罪と手段もしくは結果とが通常の関係にあることを要するとする客観説，ⓑ行為者が数罪を手段または結果として牽連させる意思があることを要するとする主観説，ⓒ数個の行為がその性質上通常一般に手段・結果の関係にあり，かつ行為者の主観において牽連させる意思があることを要するとする折衷説（最大判昭24・12・21刑集3・12・2048）が対立している。

牽連犯は実質上併合罪に当たるものであるが，刑法がこれを科刑上一罪としているのは，ある犯罪の手段または結果としてそれに随伴するのが経験則上通常であり，併合罪として独立に刑法的評価を加える必要がないとする理由からであると解すべきであり，ⓐ説が妥当である（最決昭58・9・27刑集37・7・1078）。

(2) 判 例　「牽連犯とは，判例により認められた牽連犯のことをいう」とさえいわれているので，判例が牽連犯としているものを掲げることにする。

(ア) **「手段」の場合**　判例が「手段」に関して牽連関係を認めた主な例として，住居侵入罪と放火罪，住居侵入罪と強姦罪，住居侵入罪と殺人罪，住居侵入罪と窃盗罪・強盗罪，逮捕罪と恐喝罪などがある。牽連関係を認めなかった例としては，放火罪と保険金の詐欺罪，監禁罪と強姦致傷罪，監禁罪と傷害罪などがある。

(イ) **「結果」の場合**　「結果」に関して牽連関係を認めた主な例として，公文書偽造罪と同行使罪，公正証書原本不実記載罪と同行使罪，偽造公文書行使罪と詐欺罪，私文書偽造罪と同行使罪などがある。牽連関係を認めなかった例として，強盗殺人罪と犯跡を隠蔽するための放火罪，強盗殺人罪と死体遺棄罪，殺人罪と死体損壊罪，殺人罪と死体遺棄罪などがある。

4 科刑上一罪の関連問題

(1) 共犯と罪数　共犯行為も実行行為の一態様であるから，その罪数は共犯行為について問題となる。

(ア) **共同正犯の場合**　判例は，かつて，AとBが共謀して，同時に同一場所において，Aは被害者甲をBは被害者乙をそれぞれ殺害して財物を奪取した事案について，「共犯者の行為も亦自己の行為の一部を為すものにして同時に為したる共犯の行為は自己の意思活動と相合して1箇の行為を組成するものと認むるを相当」とすると説示して，殺人罪と強盗致死罪の観念的競合を認めた（大判大5・11・8刑録22・1693）。しかし，Aの行為とBの行為とは独立別個のものと解すべきであるから，共同者各自の行為が「自然的観察のもとで」，「社会的見解上1個のものとの評価をうけ」ないかぎり，両罪は併合罪と解すべきである（最決昭53・2・16刑集32・1・47）。

(イ) **教唆犯・幇助犯の場合**　共犯独立性説によれば，共犯は共犯行為自体について成立するのであるから，罪数も共犯行為を基礎として確定されることとなるが，共犯従属性説の立場でも共犯行為それ自体が実行行為であり，正犯の罪数からは独立して確定すべきである。したがって，たとえば，数名

を同時に教唆して 3 人の被教唆者がそれぞれ 1 人ずつ被害者 3 人を殺しても，1 個の教唆行為であるかぎり 3 個の教唆罪の観念的競合になると解すべきである（大判大 2・10・21 刑録 19・1000。反対，大判明 44・11・10 刑録 17・1865〔併合罪とする〕）。幇助犯の場合も同様である。

判例は，共犯の罪数は実行正犯の罪数によって決まるという罪数の従属性を重んずる立場を採っていたが（大判大 5・6・30 刑録 22・1210，大判大 12・3・15 刑集 2・218 など多数），最決昭和 57 年 2 月 17 日（刑集 36・2・206）は，共犯の罪数は共犯行為そのものに着目して決定すべきであるとする態度を打ち出した。

複数の共犯行為によって正犯一罪を成立させたときでも，正犯 1 個の実現に向けられた一連の行為であると評価すべきときは，包括一罪となる。複数の人に教唆して共同正犯として一罪を成立させた場合も同様である。また教唆した後，みずからも実行に加わったときは，教唆は正犯の共罰的事前行為となる。

(2) **不作為犯の罪数**　1 個の作為義務違反の不作為によって数個の不作為犯の結果を生ぜしめた場合について，ⓐ各義務違反の不作為は社会的見解上一個の動態と評価すべきであるから観念的競合になるとする説（前掲最大判昭 51・9・22），ⓑ1 個の作為によって他の作為義務が果たしうる場合でないかぎり 1 個の行為とはいえないから，原則として観念的競合にならないとする説（最大判昭 38・4・17 刑集 17・3・299）とが対立している。たとえば，交通事故における救護義務違反と報告義務違反の場合，逃走して救護しなければ救護義務違反と報告義務違反を同時に犯したことになるから，1 個の不作為は「1 個の行為」に当たると解すべきであり，ⓐ説が妥当である。

(3) **「かすがい」現象**　もともと併合罪となるべき数罪が，それぞれある罪と観念的競合または牽連犯の関係に立つことにより，数罪全体が科刑上一罪になることを「かすがい」現象という。たとえば，他人の住居に侵入して順次 3 人を殺害した場合は，各殺人は住居侵入と牽連関係に立つので 3 個の殺人は併合罪となるはずであるが，3 個の殺人罪はそれぞれ 1 個の住居侵入罪と牽連犯の関係にあるから，住居侵入罪によって結びつけられ，全体が科刑上一罪として処罰されることになる（最決昭 29・5・27 刑集 8・5・741）。

この場合，住居侵入罪が「かすがい」（かけがね）のはたらきをして併合罪となる数罪をつなぎとめ牽連犯としてしまうので，比喩的に「かすがい」現象とよばれるのである。上記の例について，殺人一罪につき住居侵入罪との牽連関係を認め，他の殺人二罪については住居侵入罪から切り離して併合罪とすることも考えられるが，牽連関係がなぜ他の二罪に及ばないのかの説明が困難である。他方，3個の牽連犯の成立を認めてそれぞれを併合罪とすることは，「かすがい」となる罪を3回用いて罪数評価を行うことになるから理論的に不可能であり，かすがい的効果を認めると刑が軽くなって不当な場合もありうるが，現行法上はこれを認めるほかはない。なお，刑法典の定める法定刑の幅が広いことなどから，「かすがい」現象を認めても実際上の処理としては格別の支障をきたさないのである。

III 併 合 罪

1 併合罪の意義と要件

(1) 併合罪とは 併合罪とは，確定裁判を経ない数罪のことである。1人の行為者について数個の犯罪が成立することを犯罪の競合といい，併合罪は，観念的競合と対比して実在的競合とも呼ばれる。刑法は，併合罪について個々に成立した犯罪を個別的に処理しないで一括処理し，また，アメリカのように150年の拘禁刑といった不合理な加重主義を採らないものとしている。その根拠は，①各罪が同時に審判しうる状況にあったものであるから，それらの罪を一括して処理する方が手続上合理的であること，②確定裁判を経ない数罪は，裁判による威嚇ないし譴責に接しないまま重ねられたものであるから，各犯罪を別個に処罰するのは相当でないこと，これら2つに求めるべきである。

なお，併合罪のうち2個以上の罪について有期の懲役または禁錮に処するときは，各罪全体に対する統一刑を処断刑とし，その範囲内で具体的な刑を決めるのであって，それぞれの犯罪について量刑を行い，それを合算するや

り方は法律上予定されていないというのが判例の態度である（最判平 15・7・10 刑集 57・7・903）。

(2) 要 件 併合罪となるためには，①数個の犯罪が未だ確定裁判を経ていないこと，②数個の犯罪事実のうち禁錮以上の刑に処する確定裁判を経た罪がある場合には，その裁判確定前に犯した他の罪すなわち余罪があることが必要である。「確定裁判を経ていない」とは，未だその罪についての裁判が確定するに至っていないことをいう。たとえば，1 年の間に窃盗罪，殺人罪，強盗罪の三罪を犯した場合，いずれについても裁判が確定しなければ，三罪は併合罪となる。現に各罪が審理されているかどうかを問わない。

2 処 分

(1) 併科の制限 併合罪中その一罪について死刑に処すべきときは，他の刑を科さない。ただし，没収は科すことができる（46 条 1 項〔吸収主義〕）。その一罪につき無期の懲役・禁錮に処すべきときも，また他の刑を科さない。死刑または無期の自由刑に処する場合，さらに，死刑または自由刑を科すことは無意味だからである。ただし，罰金，科料，没収は科すことができる（同条 2 項〔吸収主義〕）。

(2) 有期の懲役・禁錮の加重 併合罪中 2 個以上の有期の懲役・禁錮に処すべき罪があるときは，その最も重い罪につき定めた刑の長期にその半数を加えたものをもって長期とする。ただし，各罪につき定めた刑の長期を合計したものを超えることはできない（47 条〔加重主義〕）。短期については，他の罪の法定刑の短期と比較し最も重い短期によるべきである（名古屋高判昭 28・7・28 高刑集 6・9・1217。草案 61 条 1 項参照）。加重された長期は 30 年を超えることができない（14 条 2 項）。また，たとえば，窃盗罪（10 年以下の懲役）と器物損壊罪（3 年以下の懲役）とが併合罪になり懲役刑を選択すべきときは，1 月以上 15 年以下の懲役となるが，47 条ただし書により 13 年を超えることはできない。重い懲役刑と軽い禁錮刑との場合も同じ扱いとなる（大判大 5・1・29 刑録 22・80）。

(3) 罰金等の併科 2 個以上の罰金は，各罪につき定めた罰金の多額（上限）の合計額以下で処断する（48 条 2 項〔加重主義〕）。寡額（下限）につい

第10章 罪 数　　281

ては，各罪についての法定刑の寡額の最も重いものによる。罰金，拘留，科料と他の刑とは併科する。ただし，併合罪中，その一罪について死刑に処すべきときは併科しない（48条1項，53条1項〔併科主義〕）。2個以上の拘留，科料は併科する（53条2項〔併科主義〕）。併合罪のうち重い罪について没収が規定されていなくても，他の罪に没収があるときはこれを付加できる（49条1項〔併科主義〕）。2個以上の没収は併科される（同条2項〔併科主義〕）。

(4) 余罪の処理　併合罪につき既に確定裁判を経た罪と未だ確定裁判を経ていない余罪があるときは，その余罪について処断する（50条）。2個以上の裁判がある場合には，2個以上の裁判によって言い渡された刑を併せて執行するのが原則であるが（51条本文），同時審判を受けた場合との不均衡を是正するために，①死刑を執行すべきときは，没収を除くほか他の刑を執行しないこと，②無期の懲役・禁錮を執行すべきときは，罰金・科料・没収を除くほか他の刑を執行しないこと（同条2項ただし書），③有期の懲役・禁錮の執行は，その最も重い罪につき定めた刑の長期にその半数を加えたものを超えないこと（同条2項）が求められている。

　併合罪について処断された者が，ある罪について大赦を受けたときは，特に大赦を受けない罪について改めて刑を定める（52条）。これは，大赦を受けた罪と受けない罪とについて，1個の刑が言い渡されている場合に適用される。

3　単純数罪

　単純数罪とは，犯罪が実在的に競合する場合において，併合罪とならない数罪をいう。単純数罪の場合は，各犯罪ごとに犯罪の成立を認めて，それぞれの犯罪の法定刑によって処断される（併科主義）。

◆【問　題】
　Xは，酒酔いのため正常な運転ができない状態であるのに自動車を運転し，酩酊のために前方注視が困難になっているにかかわらず，そのまま運転を継続し，その結果，あやまって歩行中の甲に自車を衝突させて同人を死亡させた。Xの罪責を論ぜよ。

282

第11章　刑　罰　制　度

> 刑罰の一般的概念についてはすでに述べたので，ここでは国家と犯人との間の具体的な法律関係（権利義務関係）について述べると同時に，刑罰の体系ないし種類を明らかにすることによって，犯罪防止のためにいかなる刑罰が必要かの認識を促す。

Ⅰ　刑　罰　権

1　刑罰権の意義

　刑法は，社会秩序の維持を目的とするが，その目的を実現するためには，刑罰は国家にとって絶対に必要な制度である。したがって，国家は社会秩序維持を目的として，犯人に刑罰を科する権限を認められなければならない。この権限を刑罰権という。

　日本国憲法 31 条は，「何人も，法律の定める手続によらなければ，その生命若しくは自由を奪はれ，又はその他の刑罰を科せられない」と規定し，さらに 36 条は，「公務員による拷問及び残虐な刑罰は，絶対にこれを禁ずる」と規定して，間接的ながら国家が刑罰権を有することを明らかにしている。しかし，国家は刑罰権を恣意的に行使し，または濫用することは許されない。刑罰権の不当な行使を防止するためには，刑罰権の行使を国家と犯人との間の権利・義務の関係として把握することが必要である。犯罪が行われると，国家は犯人に対して刑罰を科する権利を取得し，犯人は刑法に違反して犯罪を行ったのであるから刑罰に服する義務を負うことになる。この関係を刑罰

法律関係という。

2 客観的処罰条件

　犯罪が発生すれば，原則としてその犯人に対する刑罰権が発生するが，例外的に犯罪事実のほかに刑罰権の発生が他の外部的事由に条件づけられている場合がある。この事由を客観的処罰条件という。破産犯罪において破産手続開始の決定が確定したこと（破産265条），事前収賄罪において公務員になったこと（197条2項）などがその例である。

　客観的処罰条件については，ⓐ一定の政策的理由に基づくとする説，ⓑ客観的処罰条件は実体法上の刑罰権発生の条件であるから，犯罪成立要件である違法性または責任に還元すべきであるとする説とが対立している。処罰条件は犯罪の成立を前提とするものであるから，その事由を犯罪成立要件に還元することは不可能であり，一定の政策的理由に基づいて設けられているものと解するほかはなく，ⓐ説が妥当である。

　客観的処罰条件から区別すべきものに処罰阻却事由がある。これは，たとえば，親族間の犯罪に関する特例（244条1項）のように，一定の事由が存在するために刑罰権の発生が妨げられる場合であり，通常は犯人の身分関係が処罰阻却事由となっているところから，人的処罰阻却事由とも呼ばれている。

3 現実的法律関係

　刑罰法律関係に基づいて，国家は刑罰権の行使のために裁判上の手続を進める権限を取得するとともに，犯人は被疑者，被告人としての地位を法律上保障される。そして，裁判所の判決による刑の言渡しが確定して，初めて国家は現実に刑を執行する権利を取得し，犯人はその執行に服する義務を負うこととなり，国家と受刑者との間に行刑上の法律関係が発生する。それゆえ，行刑もまた法律関係として把握され，国家は受刑者に対する処遇権を取得するとともに，犯人も受刑者としてその法的地位を保障されるのである。

284

II　刑罰の種類

1　刑罰の分類

　刑罰は，それが剥奪する法益の種類によって，生命刑，身体刑，自由刑，財産刑および名誉刑に分けることができる。生命刑は人の生命を奪う刑罰であり，死刑がこれに当たる。身体刑は人の身体に対して害を加える刑罰をいい，杖刑，苔刑などを内容とする。自由刑は，人の身体の自由を奪う刑罰であり，追放，居住制限，拘禁などを内容とする。財産刑は，財産を奪う刑罰であり，罰金，科料，没収などを内容とする。名誉刑は人の名誉を奪う刑罰であり，公権の剥奪などがこれに当たる。

　わが国の現行刑法は，これらのうち生命刑としての死刑，自由刑としての懲役・禁錮・拘留（勾留ではない），財産刑としての罰金・科料・没収の7種類の刑罰を置いている（9条）。さらに，刑罰の分類として，主刑と付加刑の区別がある。主刑は，それ自体を独立して科すことができる刑罰をいい，現行法上は死刑・懲役・禁錮・罰金・拘留・科料が主刑である。付加刑は，主刑を言い渡すときだけ科しうる刑罰をいい，現行法上は没収がこれに当たる（同条）。なお，刑の言渡しに伴って犯人に加えられる資格制限は，行政上の処分であって刑罰ではない。

2　死刑

　死刑は，生命刑すなわち受刑者の生命を剥奪する刑罰であり，かつては刑罰の中心として多用され，火焙，磔，八裂，牛裂などその種類も多く，残虐な執行方法が用いられてきた。しかし，現代の文明諸国では，人道的立場から残虐な執行方法が除去され，絞首，電気殺，銃殺，ガス殺，注射殺などが用いられるようになっている。わが国の現行法は，殺人罪（199条），放火罪（108条）など18種（うち特別法5）の犯罪につき死刑を法定刑として規定している。死刑は，「刑事施設内において，絞首して執行」される（11条。

第11章　刑罰制度　285

最判昭 58・7・8 刑集 37・6・609)。死刑の選択基準として，最高裁判所は「犯行の罪責，動機，態様ことに殺害の手段方法の残虐性，結果の重大性ことに殺害された被害者の数，遺族の被害感情，社会的影響，犯人の年齢，前科，犯行後の情状等を併せ考察したとき，その罪責が誠に重大であって，罪刑の均衡の見地からも一般予防の見地からも極刑がやむをえないと認められる場合には，死刑の選択も許されるものといわなければならない」と判示している（前掲最判昭 58・7・8）。

3 自由刑

　自由刑は，受刑者を拘禁してその自由を剥奪することを内容とする刑罰である。その種類は国によって一様ではないが，わが国の刑法は，懲役，禁錮，拘留の 3 種類を定めている。

　懲役（12 条）と禁錮（13 条）とは，いずれも刑事施設に拘置することによって執行される点で同じであり，その相違は，懲役は拘禁のほかに「所定の作業」すなわち刑務作業が課せられるのに対し，後者はこれが課せられない点にある（12 条 2 項，13 条 2 項）。刑法典を見ると，内乱に関する罪（77 条～79 条）には禁錮だけが法定刑として定められ，あるいは過失犯に対し選択的に禁錮が法定されているのであるが，これは，一定の非破廉恥的動機に出た犯罪人または過失犯に対しては，通常の犯罪者と異なった処遇をすべきであるとする趣旨に由来する。政治犯に対しては，その名誉を重んずる処遇の仕方で拘禁すべきであるとする名誉拘禁と同じ思想に基づくものと考えられる。もっとも，禁錮受刑者が刑務作業に就くことを請うときは，この作業を行うことを許すことができる（刑事収容施設及び被収容者等の処遇に関する法律 93 条）。

　懲役および禁錮には，いずれも無期と有期の場合があり，有期の懲役および禁錮は 1 月以上 20 年以下，併合罪等で加重される場合には 30 年まで重くすることができるとともに，減軽する場合には 1 月未満に下げることができる（12 条 1 項，13 条 1 項，14 条）。

　拘留は，懲役・禁錮に比べて軽い自由刑であり，主として軽犯罪法で用いられているもので，刑法典においては公然わいせつ罪（174 条），暴行罪（208 条），侮辱罪（231 条）について規定されているにすぎない。刑期は，1 日以

上30日未満であり，受刑者を拘留場に拘置して執行する（16条）。刑期が短いこと，拘置する場所が刑事施設ではなく拘留場である点において懲役・禁錮とは異なるが，所定の作業が課されない点では禁錮と同じである。

4 財産刑

財産刑とは，犯罪者から財産的利益を剝奪する刑罰をいい，現行刑法は，罰金，科料，没収の3種を設けている。罰金は，1万円以上の財産刑をいう。ただし，これを減軽するときは，1万円未満に下げることができる（15条）。科料は，1,000円以上1万円未満の財産刑であり（17条），自由刑における拘留に相当し，軽犯罪法違反の罪など軽微な犯罪について法定されている。罰金と科料は金額上の差にすぎない。

没収は，付加刑として科され，①犯罪行為を組成した物（組成物件），②犯罪行為の用に供し，または供しようとした物（供用物件），③犯罪行為によって生じ，もしくはこれによって得た物または犯罪行為の報酬として得た物（産出物件・取得物件・報酬物件），④産出物件等の対価として得た物（対価物件），これらを国に帰属させる処分である（19条）。一面で保安処分的性質を有しているが，犯罪によって得た物を剝奪する点では刑罰としての性質を有しており，財産刑の一種である。没収すべきものが没収不能になったときは，それに代わるべき金額を国庫に納付すべきことを命ずる追徴の制度がある（19条の2）。追徴額の算定は，「その物の授受当時の価額によるべき」である（最大判昭43・9・25刑集22・9・871）。罰金・科料を完納することができないときは，労役場留置となる（18条）。

◆【問　題】
  (1)　わが国における最近の死刑の執行状況を述べ，死刑の存廃について論じなさい。
  (2)　無期自由刑について論評しなさい。

第12章　刑　の　適　用

> 刑罰法規に定められている法定刑は，そのままの形で犯人に言い渡されるのではなく，それを軽くしたり重くすることによって実際に科すべき刑の範囲が決まり，さらに，裁判官の裁量によって具体的な刑の種類や量が決まるが，実際に刑が科されるのは4割程度であって，刑の執行猶予が多用されているのである。

I　法定刑とその加減

1　法定刑とその軽重

(1)　意　義　犯罪が成立すると，裁判官による刑の適用が行われる。刑の適用の出発点は刑罰法規の各本条で規定されている法定刑である。たとえば，199条で「死刑又は無期若しくは5年以上の懲役」と定められているものが法定刑である。わが国の刑法は，法定刑の上限と下限を定めて，その範囲で裁判官の裁量を許す建前をとっている。自由刑については上限を長期，下限を短期といい，財産刑については上限を多額，下限を寡額と呼んでいる。

刑法は，法定刑として6種の主刑を定めているが，6条における刑の変更による新旧の比較対照，47条等における競合犯の場合，および118条2項などにおける「傷害の罪と比較して，重い刑により処断する」の規定のように，二つ以上の法定刑を比較してその軽重を定めなければならない場合があるため，10条は以下のような軽重の基準を設けている。

(2)　法定刑の軽重　①主刑の軽重は，死刑，懲役，禁錮，罰金，拘留，

科料の順序による。ただし，無期禁錮と有期懲役とでは禁錮が重く，また，有期禁錮の長期が有期懲役の長期の2倍を超えるときは禁錮が重い刑となる（10条1項）。②同種の刑は，長期の長いもの，または多額の多いものが重く，長期または多額が同じものは，その短期の長いもの，または寡額の多いものが重い（10条2項）。③2個以上の死刑または長期および短期もしくは多額および寡額の同一である同種の刑は，犯情によってその軽重を定める（10条3項）。「犯情」とは，犯罪の性質，犯行の手口，被害の程度など個々の犯罪事実における具体的な諸般の事情をいう（東京高判昭32・10・3高刑集10・9・708）。

異種類の刑が選択刑または併科刑として規定されている場合は，軽重の比較は，刑法施行法3条3項（「1罪に付き2個以上の主刑を併科す可きとき，又は2個以上の主刑中其1個を科す可きときは，其中にて重き刑のみに付き対照を為す可し」）の趣旨に従い，重い刑のみを比較対照すべきである（最判昭23・4・8刑集2・4・307）。

2 法定刑の加重・減軽

(1) **意 義** 法定刑は，その具体的な適用に際して一定の事由が存在するために刑の加重・減軽の修正を受ける場合がある。その事由を刑の加重・減軽事由という。法定刑に対して刑の加重・減軽事由を施して得られた刑を処断刑という。刑の加重・減軽事由は，法律上の事由と裁判上の事由とに分かれる。

(2) **加重・減軽事由** 法律上の加重事由は，併合罪加重と累犯加重に分かれる。法律上の減軽事由は，必要的減軽事由と任意的減軽事由とに区別される。たとえば，心神耗弱（39条2項），中止犯（43条ただし書），幇助犯（63条）による減軽が前者であり，過剰防衛（36条2項），過剰避難（37条1項ただし書），障害未遂（43条本文），自首・首服（42条）などが後者である。必要的減軽の場合は，通常「刑を減軽する」と規定されているのに対し，任意的減軽の場合は「刑を軽減することができる」と規定されている。裁判上の刑の加重事由は認められず，酌量減軽だけが認められる。

3 累犯・常習犯

(1) 累 犯　累犯には，広狭二義がある。広義の累犯とは，確定裁判を経た犯罪（前犯）に対して，その後に犯された犯罪（後犯）をいう。狭義の累犯とは，広義の累犯のうち一定の要件を満たすことによって刑を加重するものをいう。累犯が刑を加重する根拠は，一度刑を科したにもかかわらず，性懲りもなく犯罪を繰り返したという点で初犯者よりも強い非難が加えられ，責任が重くなるからである。

刑法典は，懲役に処せられた者が，その執行を終わった日（またはその執行の免除を得た日）から5年以内にさらに罪を犯した場合において，その者を有期懲役に処するときを再犯とし（56条1項），再犯の刑はその罪について定めた懲役の長期の2倍以下とする（57条）と定めている。3犯以上の者も同様とされている（59条）。

(2) 常習犯　累犯は，普通累犯と常習犯とに区別される。常習犯とは，累犯者がその犯罪について常習性を有している場合をいう。「常習性」とは，一定の種類の犯罪を反復・累行して行う習癖をいう。現行法上常習犯とされているものに二つある。一つは常習賭博罪である。「常習として賭博をした者」は，3年以下の刑に処せられる（186条1項）。賭博罪に対し，常習性を有するため重い責任を問う趣旨で法定刑が重くされているものである。他は，常習累犯窃盗・強盗罪であって，盗犯等の防止及処分に関する法律3条によって，法律上の刑の加重事由とされているものである。

4 自首・首服・自白

(1) 自 首　自首とは，罪を犯した者が捜査機関に発覚する前に，自発的に自己の犯罪事実を捜査機関に申告し，その処分を求める意思表示をいう。その刑は，任意的に減軽される（42条1項）。

(2) 首 服　首服とは，親告罪の犯人が告訴権者（刑訴230条以下）に対して，捜査機関に発覚する前に，みずから進んで親告罪の犯人であることを申告し，その告訴に委ねることをいう。この場合もその刑が任意的に減軽される（42条2項）。

(3) 自 白 自白とは，捜査機関に対して，犯人がみずから犯罪事実を認める供述をすることである。捜査官の取調べを受けて犯罪事実の一部または全部をみずから認める場合も含まれる。この場合には，刑の減免が認められる（170条など）。

5 酌量減軽

(1) 酌量減軽とは 「犯罪の情状に酌量すべきものがある」ときに，裁判官が酌量してその刑を任意的に減軽することを酌量減軽という（66条）。「犯罪の情状に酌量すべきものがあるとき」とは，犯罪の具体的情状に照らして，法定刑または処断刑の最下限によってもなお刑が重きに失する場合と解すべきである（大判昭7・6・6刑集11・756。草案52条1項）。

(2) 犯罪の情状 「犯罪の情状」とは，犯罪の軽微というような犯罪の客観的事情，および，犯罪の動機，平素の行状，犯罪後の後悔といった犯人の主観的事情の一切を含む。法律によって刑を加重または減軽する場合でも，酌量減軽をすることができる（67条）。酌量減軽をすべきかどうかは裁判官の裁量に属するが，それが合目的性と社会的相当性に立脚して行われるべきであることは当然である。

6 法律上の刑の減軽方法

刑の減軽の方法は，法律上のものと酌量減軽とがある（68条～72条）。法律によって刑を減軽すべき事由があるときは，次の例による（68条）。

①死刑を減軽すべきときは，無期または10年以上の懲役・禁錮とする（1号）。懲役か禁錮のいずれにするかは，犯罪の性質による（56条2項参照）。②無期の懲役・禁錮を減軽するときは，7年以上の有期の懲役または禁錮とする（2号）。③有期の懲役・禁錮を減軽するときは，その刑期の2分の1を減ずる（3号）。長期・短期の双方について，その2分の1を減ずる趣旨である（最判昭25・11・9刑集4・11・2244）。各本条に特に短期が定められていないときは，短期を1月として（12条，13条）その2分の1を減ずる（14条参照）。④罰金を減軽するときは，多額（上限）・寡額（下限）ともにその金額の2分の1を減ずる（4号。なお，15条ただし書参照）。⑤拘留を減軽すべきときは，

第12章 刑の適用　291

その長期の2分の1を減ずる（5号）。この場合，短期は減じない。⑥科料を減軽すべきときは，その多額の2分の1を減ずる（6号）。この場合は，寡額は減じない。

法律上の減軽事由が数個ある場合には，重ねて数回減軽すべきではなく，法律上の減軽は1回限りである。法律上刑を減軽すべき場合において，「懲役又は禁錮」というように2個以上の刑名が選択刑とされているときは，まず，適用すべき刑を定めてからその刑を減軽する（69条）。懲役・禁錮・拘留を減軽することによって，1日に満たない端数が生じたときは，これを切り捨てる（70条）。酌量減軽すべきときも，68条および70条の例による（71条）。同時に刑を加重・減軽すべきときは，①再犯加重，②法律上の減軽，③併合罪の加重，④酌量減軽の順序による（72条）。

II 刑 の 量 定

1 刑の量定

(1) 刑の量定とは　　裁判所は，その適用すべき刑罰法規の定める法定刑（たとえば，199条「死刑又は無期若しくは5年以上の懲役」）あるいは加重減軽した処断刑の枠内で，みずからの裁量によって刑の種類とその量を決定する。このように，具体的に言い渡すべき刑の種類と量を決定することを刑の量定または量刑という。

まず，法定刑として2種以上の刑が選択的に規定されている場合は（たとえば，95条—懲役と禁錮，96条—懲役と罰金），刑種の選択を行う。次に，加重減軽の事由がある場合には，加重減軽を施す。その順序は，再犯加重，法律上の減軽，併合罪の加重，酌量減軽の順である（72条）。加重のうち，再犯加重は有期懲役の場合にかぎられ，累犯の要件を満たすときは（56条），長期が2倍となる（57条。ただし最高30年〔14条〕）。

併合罪加重は，有期の懲役・禁錮および罰金について行われ，それぞれ長期を1.5倍（47条。ただし最高30年〔14条〕）または上限の合算額とする（48

条）。減軽は，すべての刑種について行いうる（68条，70条）。

(2) 処断刑と宣告刑　　法定刑に加重減軽を施して得られたものが処断刑である。裁判所が被告人に言い渡す刑が宣告刑である。処断刑が死刑または無期の懲役・禁錮であれば，それが宣告刑となるが，それ以外の場合は処断刑に幅があるから，その範囲内で一定期間の自由刑（たとえば，懲役10年，禁錮5年。なお，例外として少年法52条），または一定額の財産刑（たとえば，罰金10万円，科料1000円）を宣告する。裁判所は，刑の宣告に際して執行猶予，保護観察，未決通算および労役場留置などの処分を言い渡す場合がある（⇨295頁）。

(3) 量刑基準　　裁判所は，刑種の選択，任意的な法律上の減軽（たとえば，43条本文），酌量減軽（裁判上の減軽事由），宣告刑の決定，執行猶予の許否，保護観察の要否および程度につき，みずからの裁量によって決しなければならない。これを広義の刑の量定といい，この裁量の基準を刑の量定基準（量刑基準）という。

現行法上は，量刑基準を定めた規定はない。そのため，刑法および刑罰に対する基本的態度の違いによって，量刑基準は様々に主張されているが，応報刑を基礎とした一般予防および特別予防を考慮して刑を量定すべきであろう。改正刑法草案48条は，「刑は，犯人の責任に応じて量定しなければならない」（1項）と定め，さらに，「刑の適用にあたっては，犯人の年齢，性格，経歴及び環境，犯罪の動機，方法，結果及び社会的影響，犯罪後における犯人の態度その他の事情を考慮し，犯罪の抑制及び犯人の改善更生に役立つことを目的としなければならない」（2項）と規定したが，おおむね妥当なものと考えられる。なお，応報刑を導くためには，現実の犯罪の程度に対応した国民の応報感情ないし規範意識を基礎とすべきである。

2　刑の言渡し・免除

(1) 宣告刑　　裁判所は，犯罪の証明があったときは，刑の免除の場合を除いて判決で刑の言渡しをしなければならない（刑訴333条）。犯人に言い渡される刑を宣告刑という。宣告刑については，①裁判所が刑の種類・量を確定して宣告する確定宣告主義，②刑の種類・量の一部または全部を不定と

し，その執行の段階で確定する不確定宣告主義とがある。

自由刑の言渡しに関しては，①の場合を定期刑，②の場合を不定期刑とよんでいる。不確定刑は，絶対的不確定刑と相対的不確定刑とに分かれる。絶対的不確定刑は，裁判所が刑期を全く定めないで自由刑を言い渡す制度であり，相対的不確定刑は，たとえば，「1年以上5年以下の懲役」というように，一定の長期および短期を定めて刑を言い渡し，執行の状況によってその刑期の範囲内で釈放の時期を確定する制度である。

絶対的不確定刑は，罪刑法定主義の趣旨を宣告刑の段階で没却することとなるから，絶対的不確定刑の禁止として罪刑法定主義の派生原則となっているところである（⊃32頁）。わが国においては，刑法は定期刑主義を採用しており（24条2項，28条など），たとえば「被告人を懲役3年の刑に処す」というように，裁判所は刑期を定めて刑を言い渡す。しかし，少年法では相対的不確定刑が採用されている（52条）。

(2) **刑の言渡し・刑の免除**　裁判所は，「被告事件について犯罪の証明があったとき」有罪の判決を言い渡す。有罪判決は，刑の言渡しの判決と刑の免除の判決に分かれる。刑の言渡しの判決は，主文をもって，たとえば「被告人を懲役10年に処する」という形式で行う。刑の言渡しと同時に刑の執行猶予および保護観察（25条の2第1項）を言い渡すときは判決で行うことを要する。なお，裁判員裁判においては，裁判員の参加する刑事裁判に関する法律66条〜67条に従い，「評決」のうえ裁判長が刑を言い渡すことになっている。

刑の言渡しが確定すると国家は現実の刑罰権を取得し，刑の執行を行う権限を有することになる。刑の言渡しに伴って，犯人は，資格制限や公民権停止などの不利益を受けるが，これらについては刑法ではなく特別法が定めている。被告事件について犯罪の証明があっても，刑の免除事由があるときは，裁判官は刑を言い渡さないで刑の免除を言い渡す（刑訴334条）。刑の免除事由は，法律上定められている場合にかぎられる。この場合には，有罪であることを判決で示すだけで刑事上の制裁として足りると解されるのである。刑の免除事由には，必要的免除事由（80条）と任意的免除事由（105条）とがあり，さらに，刑の減軽が選択的となっているもの（36条2項）とそうでない

もの（93条ただし書）とがある。

III　刑　の　執　行

　刑の言渡しの裁判が確定することによって国家の刑罰権が現実のものとなり，国家と犯人との間に現実の刑罰法律関係が生じ，国家は犯人を受刑者として処遇する権限を取得するとともに，犯人は受刑者としての法的地位を与えられる。国家刑罰権が現実化する過程を刑の執行という。

　刑の執行は，まさに刑罰の目的を実現する直接の効果を期待して行われるべきものであるから，合目的性の理念に従って適切に実施されることを要するとともに，刑の執行が不当に受刑者の人権を侵害するものであってはならない。それゆえ，刑の執行もまた法律関係として把握し，確定した刑の言渡しの裁判は，刑事訴訟法の定める手続に従って執行することを要する。そのうち特に自由刑については，刑の執行を通じて受刑者の改善・教育を図り特別予防目的の達成を期するために，行刑は刑事施設及び受刑者の処遇等に関する法律などの矯正法規の定める方法に従って実施することを要するのである。

IV　刑の執行猶予

1　刑の執行猶予とその要件 ─────────────

(1)　執行猶予とは　　刑の執行猶予（以下「執行猶予」と略す）は，刑の言渡しをした場合に，情状によって一定期間内その執行を猶予し，その期間を無事経過したときは刑の言渡しはその効力を失うとする制度である。

　執行猶予制度の趣旨は，科刑による弊害を避けるとともに，条件に違反した場合には刑が執行されるという心理的強制によって，犯人の自覚に基づく改善更生を図るものであって，刑の言渡しによる応報的効果を維持しながら無用の刑の執行を避け，刑罰の目的ことに犯罪者の自力更生の促進を合理的

第12章　刑の適用　　295

に追求する特別予防にある。その意味で，形式的には執行猶予は刑ではなく刑の付随処分にほかならないが，実質上は，1個の独立した刑事処分としての性質・機能を有する。

(2) 初度目の場合　初めて執行猶予が言い渡される場合には，①「前に禁錮以上の刑に処せられたことがない者」，②「前に禁錮以上の刑に処せられたことがあっても，その執行を終った日又はその執行の免除を得た日から5年以内に禁錮以上の刑に処せられたことがない者」(25条1項) であることを要する。

「禁錮以上の刑に処せられた」とは，その刑を言い渡した判決が確定したことをいい，現実にその刑が執行されたという意味ではない。前に禁錮以上の刑に処せられたことがある者については，前刑の執行を終り，または執行の免除を得た日から今回の判決言渡の日までの間に，さらに禁錮以上の刑に処せられることなく5年以上の期間を経過していなければならない。

執行猶予は，3年以下の懲役・禁錮または50万円以下の罰金の言渡しを受けたときにかぎり，情状により許される (25条1項本文)。「情状」とは，必ずしも犯罪そのものの情状にかぎらず，犯罪後の状況を総合して，犯情が軽微であること，刑の執行を猶予することによって自主的に更生することが期待できると判断できる情状をいうものと解すべきである。拘留・科料については執行猶予は認められない。

(3) 再度の場合　再度の執行猶予すなわち前に禁錮以上の刑につきその執行を猶予され，または猶予中の者が，さらに罪を犯した場合には要件が厳格になる (25条2項)。第1に，1年以下の懲役・禁錮が言い渡された場合にかぎり認められる。罰金の再度の執行猶予は認められない。第2に，情状に特に酌量すべきものがあることを要する。第3に，25条の2第1項の規定により保護観察に付され，その期間内にさらに罪を犯した者については執行猶予は認められない。

(4) 猶予の期間　執行猶予の期間は，裁判確定の日から1年以上5年以下である (25条1項)。その範囲内において裁判所の裁量によって具体的な期間が定められる。その長短は言い渡された刑の軽重に比例する必要はない (大判昭7・9・13刑集11・1238)。執行猶予は，刑の言渡しと同時に判決または

296

略式命令によって言い渡される（刑訴333条2項，461条，交通裁判3条）。

(5) 保護観察 25条の2は，初度目の執行を言い渡された者については裁判所の裁量により，また，再度の執行猶予を許された者については必要的に保護観察に付すものとしている。保護観察は，対象者を指導監督し，補導援助することによって，一般社会のなかで，その者の改善更生を図ることを目的とする制度である。

2 執行猶予の取消し

執行猶予は，①執行猶予の期間内にさらに罪を犯して禁錮以上の刑に処せられ，その刑につき執行猶予の言渡しがないとき，②執行猶予の言渡し前に犯した他の罪につき禁錮以上の刑に処せられ，その刑につき執行猶予の言渡しがないとき，③執行猶予の言渡し前に他の罪につき禁錮以上の刑に処せられたことが発覚したときは，取り消さなければならない（26条）。これを必要的取消しという。

執行猶予の期間内にさらに罪を犯し罰金に処せられたとき，保護観察に付された者が遵守事項（執行猶予者保護観察法5条）を遵守せず，その情状が重いとき，または，執行猶予の言渡し前，他の罪につき禁錮以上の刑に処せられその執行を猶予されたことが発覚したときは，裁量的に取り消すことができる（26条の2）。取消しは，検察官の請求により裁判所の決定によって行われる（刑訴349条，349条の2）。

3 執行猶予の効力

執行猶予の要件を満たすことにより，刑の執行は猶予される。「猶予」とは，一定の期間，刑の執行を実施しないことをいう。執行猶予の場合においても刑の言渡しが確定している以上，国の刑罰権は発生したのであるから「刑に処せられた」ことに当たる。刑の執行猶予の言渡しを取り消されることなくして猶予の期間を経過したときは，刑の言渡しはその効力を失う（27条）。

「猶予の期間を経過したとき」とは，猶予の期間満了前に有効な取消しが行われなかったことをいう。それゆえ，猶予期間内に取消し決定があっても，

第12章 刑の適用 297

期間内にその決定が執行力を生じなかったときは,「経過した」に当たる。「刑の言渡しは,効力を失う」とは,単に刑の執行が免除されるにとどまらず,刑の言渡しの効果が将来に向かって消滅することをいう。

4 刑の一部の執行猶予

2013(平成25)年の刑法一部改正により,刑の執行を一部猶予する制度が導入された。懲役・禁錮の刑期を分割し,一定期間受刑させた上で残りの刑期の執行を猶予する制度である。この制度は,実刑と執行猶予の中間的刑罰で,受刑者特に薬物犯罪者の再犯防止を目的として新設された制度である。制度導入により,3年以下の懲役又は禁錮を言い渡す場合,たとえば,「懲役2年,うち懲役6月は保護観察付き執行猶予」という形式の判決が可能となる。この場合,受刑者は1年6月を刑務所で過ごして出所。その後は保護観察を受けながら6月間の社会生活を送り,何事もなければ残り半年間の刑を受ける必要がなくなる。一部執行猶予の対象者は,原則として,刑務所へ入所したことがなく,かつ3年以下の懲役・禁錮の宣告を受けた者に限られる。ただし,薬物使用等の罪を犯す者は常習性を有する者が多いため,処遇の効果を強化する必要があるところから,薬物使用等の罪を犯した者に対する一部執行猶予に関しては,「薬物使用等の罪を犯した者に対する刑の一部執行猶予に関する法律」により,累犯者であっても一部執行猶予制度の対象とする特例が設けられている (刑27条の3～27条の7)。

V 仮 釈 放

(1) 意義と趣旨　仮釈放とは,行政機関の権限で,施設に収容されている者を収容期間の満了前に一定の条件を付けて仮に釈放し,社会復帰の機会を与える措置の総称である。仮釈放は,釈放の際に条件を付け,それに違反があったときは,仮釈放の処分を取り消し再び施設に収容するという心理的強制によって,改善更生を助けるとともに,犯罪予防の促進の効果を図る制度である。

仮釈放には，①懲役・禁錮受刑者に対するもの，②拘留受刑者・労役場留置者に対するもの，③少年院在院者に対するものがある。仮釈放制度の趣旨は，矯正施設に収容されている者に将来の希望を与えてその改善を促し，釈放後における社会復帰を円滑ならしめるために保護観察を実施し，その更生を図ることによって再犯を防止する点にある。その刑法上の法的性質は，自由刑執行の一形態と解すべきである。

(2) 要　件　懲役または禁錮に処せられた者は，改悛の状（「情」ではない）があるときは，有期刑についてはその刑期の3分の1，無期刑については10年を経過した後，行政官庁の処分をもって仮釈放を許すことができる（28条）。「改悛の状」とは，良好な行状によって改悟を証明できる情状をいう。「行政官庁」とは，地方更生保護委員会をいう（更保16条1項1号）。仮釈放を許された者は保護観察に付され（同法48条1項1号～4号），一般遵守事項（同50条）および地方更生保護委員会の定める特別遵守事項（同51条）を遵守しなければならない。

(3)　仮出場　拘留に処せられた者および罰金・科料を完納することができないため労役場に留置された者は，情状により，いつでも地方更生保護委員会の処分をもって仮に出場を許すことができる（30条）。これを仮出場という。「情状」としたのは，必ずしも改悛の状を必要としないとする趣旨であり，また，「いつでも」とは，刑期の3分の1の経過を必要とせず，執行の即日でもよいとする趣旨である。

Ⅵ　刑 の 消 滅

1　犯人の死亡・法人の消滅

刑罰は一身専属的なものであり犯人以外の者に科されてはならないから，自然人としての犯人が死亡し，または法人としての犯人が消滅すれば，既に言い渡された刑の執行は不可能となり，当然に国家の刑罰権も消滅する。それゆえ，公訴の提起前に「死亡」ないし「消滅」した場合は，公訴の提起は

許されない（刑訴339条1項4号）。公訴が提起されたときは，公訴棄却の決定を言い渡さなければならない（刑訴339条1項4号）。ただし，没収または租税その他の公課等に関する法令によって言い渡した罰金もしくは追徴は，刑の言渡しを受けた者が判決の確定後死亡したときは相続財産について執行することができる（刑訴491条）。

2 恩赦

(1) 恩赦とは 恩赦は，行政権によって刑罰権の全部または一部を消滅させ，この効果を減殺する制度である。恩赦制度は，国家的慶弔の意を表わす趣旨または政治的目的のために，洋の東西を問わず古くから存在しているものである。その趣旨は，法律の画一性がもたらす弊害を回避し，刑の執行の具体的妥当性を保持することによって，犯罪者の改善・社会復帰および社会秩序の維持を図ることにある。

(2) 種類 恩赦の内容は，大赦，特赦，減刑，刑の執行の免除および復権の5種類である。恩赦は内閣の権限に属し（憲73条7号），内閣の決定に基づき天皇の認証を経て行われる。恩赦の効力は遡及しない（恩11条）。恩赦はその行われる時を基準として，将来に向かってのみその効力を生ずる。したがって，すでに納付した罰金は返還されない。また，恩赦は強制的なものであるから，対象者はその適用を拒否することを許されない。

3 刑事上の時効

(1) 公訴の時効 刑事上の時効には，公訴の時効と刑の時効の2種類がある。公訴の時効は，一定期間の経過を条件として，まだ判決の確定していない事件に関する公訴権を消滅させ，ひいては刑罰権を消滅させる制度である。刑事訴訟法250条以下の定めるところであり，公訴の時効が完成したときは，公訴が提起されても裁判所は免訴の言渡しをしなければならない（刑訴337条4号）。

公訴時効が完成すると公訴権が消滅する。公訴時効期間は，殺人等の人を死亡させた罪であって死刑に当たる罪については，公訴時効制度は廃止された。それ以外の罪については，①無期の懲役・禁錮に当たる罪については

30 年，②長期 20 年の懲役・禁錮に当たる罪については 20 年，③以上に掲げる罪以外については 10 年である（刑訴 250 条 1 項）。さらに，人を死亡させた罪以外の罪については，①死刑に当たる罪については 25 年，②無期の懲役・禁錮については 15 年，③長期 15 年以上の懲役・禁錮については 10 年，④長期 15 年未満については 7 年，⑤長期 10 年未満については 5 年，⑥長期 5 年未満の懲役・禁錮または罰金については 3 年，⑦拘留・科料については 1 年とされている。

（2）　**刑の時効**　　刑の時効とは，一定期間の経過を条件として刑罰権を消滅させる制度であり，刑の時効が完成すると刑の執行が免除されることになる（31 条）。時効制度は，長期間継続した一定の事実状態を法律上公認する制度であり，その趣旨は，その事実状態を尊重してそのまま維持することが法律関係の安定にとって有意義であり，ひいては刑法の究極の目的である社会秩序の維持にとって必要であるという点にある。

　刑の時効は，刑の言渡しが確定した後，①死刑の時効は 2010（平成 22）年の改正で廃止，②無期の懲役または禁錮は 30 年，③有期の懲役または禁錮は，10 年以上は 20 年，3 年以上 10 年未満は 10 年，3 年未満は 5 年，④罰金は 3 年，⑤拘留，科料および没収は 1 年の間，刑の執行を受けないことによって完成する（32 条）。時効期間の計算は暦に従う（22 条）。初日は時間の長短を問わず 1 日として計算される（24 条）。時効は法令により執行を猶予し（25 条以下），または執行を停止した期間内は進行しない（33 条）。執行の停止は刑事訴訟法の定めるところによる（479 条以下）。時効が停止した場合，停止事由が終了すれば時効の残期間が引き続いて進行する。刑の時効は，犯人の逮捕によって中断する。また，財産刑の時効は執行行為によって中断する（34 条）。

　刑の言渡しを受けた者は，時効によって，確定裁判の執行の免除を受ける（31 条）。したがって，刑の言渡しの効力自体は失われず，単に刑罰権が消滅するにすぎない。刑の免除は時効の完成によって当然にその効力を生ずるので，裁判などの行為は必要でない。

4 刑の消滅

(1) **刑の消滅とは**　刑罰権の消滅事由は，刑の執行を免れさせるものではあるが，なお，刑の言渡しに伴う資格制限等の他の法律上の効果は，依然として残る場合が多い。そこで，法律上，一定期間の経過によって刑の言渡しの効果自体を失わせようとする制度が設けられた。刑法上は「刑の消滅」として規定されているが，これは，むしろ「刑の事後効の消滅」を意味する。一般に「前科の抹消」と呼ばれるゆえんである。

(2) **要　件**　禁錮以上の刑の執行を終り，またはその執行の免除を得た者が，罰金以上の刑に処せられることなく10年を経過したときは，刑の言渡しはその効力を失う（34条の2第1項前段）。罰金以下の刑の執行を終り，またはその執行の免除を得た者が，罰金以上の刑に処せられることなく5年を経過したときも同様である（同後段）。

「罰金以上の刑に処せら」れるとは，その刑の言渡しが確定したことをいう。それゆえ，右の期間中に罰金以上の刑に当たる罪を犯しても，その刑が期間中に確定しなければこの規定の適用がある。また，刑の執行猶予が取り消されることなく猶予期間を経過した場合などのように，その言渡しの効力が失われれば，罰金以上の刑に処せられたことに当たらない。

(3) **効　果**　刑の言渡しが効力を失う結果として，刑の言渡しに伴う法律上の効果はすべて消滅する。また，犯罪人名簿（前科者名簿）の抹消をしなければならない。「刑の言渡しは，効力を失う」とは，刑の言渡しの法律上の効果が将来に向かって消滅することをいい，既成の効果には影響しない。刑の免除の言渡しを受けた者が，その言渡しが確定した後，罰金以上の刑に処せられることなく2年を経過したときは，その免除の言渡しは効力を失う（34条の2第2項）。

第13章　保　安　処　分

> 日本の刑法改正の最も大きな課題の一つは，刑法に保安処分
> の規定を置くことの是非である。改正刑法草案が廃案に追い
> 込まれたのは，保安処分の導入に問題があったからである。
> 本章では，保安処分新設問題に立ち入らないで制度の趣旨を
> 中心に述べるが，2003(平成15)年に新設された心神喪失等
> 医療観察法は，保安処分の一種である。

1　保安処分の意義と沿革

(1)　**保安処分とは**　　行為者の危険性を基礎とし，それに対する特別予防を目的とする司法的処分を保安処分と称する。犯罪に対しては，刑罰を科すことによって犯罪抑止の効果を一応は期待しうるが，刑罰のみによるのでは抑止の効果を期待しがたい場合がある。たとえば，責任無能力者がいかに社会的に危険であっても，その行為について責任を問えなければ刑法はその危険に対応しえないし，限定責任能力者に対しても，減軽された刑罰によるのでは，犯罪反復の危険性に対処しえない場合がある。ここに，刑罰を補充しあるいはこれに代替する保安処分の必要性を認める理由がある。

(2)　**一元主義と二元主義**　　保安処分の意義に関しては，刑罰との関係が問題となる。刑罰を応報とみる応報刑論の立場は，刑罰は過去の犯罪に対する非難としての害悪であるのに対し，保安処分は将来の危険性に対する予防措置であるから，両者は異質のものであると考える。これを刑罰と保安処分の二元主義という。これに対し，特別予防ないし改善刑論の立場は，刑罰も保安処分も社会防衛を目的として危険な者の改善を図る制度にほかならないから，両者は共通の性格を有するものと考える。これを一元主義という。

刑罰も特別予防を重要な目的の1つとしているから，そのかぎりでは刑罰

第13章　保安処分　303

も保安処分と共通の性質を持っているが，この機能も究極においては応報を基礎とするのであって，もっぱら将来の犯罪の予防を目的とする保安処分と同一性質の制度とみる一元主義は妥当でない。したがって，刑罰と保安処分の間には，①刑罰は犯罪に対する責任非難として加えられるのに対し，保安処分は責任非難を要素としないこと，②刑罰は犯罪行為を前提とし，これに対する法律上の効果として科されるのに対し，保安処分は必ずしも犯罪行為を前提とせず，行為者の将来の危険性をその処分の要件とすること，③刑罰は過去の犯罪に対する応報として加えられるのに対し，保安処分は行為者の将来の危険性を除去するために加えられること，以上の3点において本質的な相違があると解すべきである。

(3) **沿革**　保安処分は，スイスのシュトース（Carl Stooss, 1849～1934）による1893年のスイス刑法予備草案（いわゆるシュトース草案）において，初めて具体的に提案され，その後1930年のイタリア刑法，1932年のポーランド刑法，1933年のドイツ改正刑法，1937年のスイス刑法などにおいて採用され，国際的に一般化してきた。

わが国の現行刑法は，責任無能力者の行為は不可罰とし，限定責任能力者の行為は刑を減軽すべきものとしているところから，刑罰は保安処分とは異質のものであるとする二元主義に立っているものと解されるが，刑法上保安処分は立法化されていない。しかし，精神障害者の犯罪が刑事政策上の重要な課題となっているので，刑法上の保安処分の導入の要否が問題となるであろう（草案97条以下）。イギリスにおいては，精神障害のために無罪とされた者に対し，裁判所は刑罰に代えて精神病院への入院を命ずることができるなどの制度があり，アメリカにおいても，精神障害のために無罪とされるべき被告人に対し，裁判所はその者に危険性が認められるときは，保安施設に収容することができるという制度がある（たとえばニューヨーク州）。

(4) **種類**　世界の立法例が採用している保安処分の種類は数多い。対人的保安処分である自由剝奪を伴う保安処分としては，被処分者を一定の施設に収容し，その治療・改善とともに社会の保安を図る隔離処分と改善処分がある。自由制限を伴う保安処分として，被処分者を施設に収容しないで，自由の制限にとどめる職業禁止などの隔離処分，行状監督などの改善処分が

ある。対物的保安処分としては，たとえば，没収，営業所閉鎖，法人の解散または業務停止などがある。

2 保安処分の基礎

(1) 危険性　保安処分は，危険な者から社会を防衛することを目的とするものであるから，広い意味での保安処分は，その者に社会的危険性が認められれば足りる。これに対して，刑法上の保安処分は，行為者が構成要件に該当する違法な行為をした場合において，行為者が将来再び犯罪を行うおそれがあるときに，その危険性に対して特別予防の措置を講ずるものであるから，保安処分の基礎は，行為者が将来犯罪を行うおそれがあるということ，すなわち対象者の犯罪反復の危険性である。

(2) 保安処分と人権問題　しかし，その危険性は将来の犯行の予測を基礎とするものであるから，必ずしも客観的に判断できるとはかぎらない。そして，保安処分は対象者の人権の剥奪・制限を内容とするから，人権侵害のおそれが大であり，その点に関する配慮が必要になることは刑罰の場合と同様である。ことに，刑罰の場合は罪刑均衡の原理がはたらくから，それ自体人権保障に寄与するのに対し，保安処分は自由剥奪を内容とする強制処分であるにかかわらず，その基礎となる危険性は将来の予測に基づくものであるとともに，保安処分は刑罰と異なって性質上不定期とならざるをえないから，人権侵害の可能性を本質的に内包しているといってよい。したがって，対象者の人権を保護するためには，保安処分を法律で定め，社会防衛の目的との調和を図る必要がある。かくして，狭義の保安処分とは，行為者の犯罪反復の危険性を基礎として行う司法的処分をいうのである。

(3) 併科主義と代替主義　二元主義に立脚した場合，刑罰と保安処分を並列して規定することになるから，たとえば，限定責任能力者に対して刑を減軽する一方，その将来の再犯の危険性に対しては施設収容の保安処分が必要になるというように，同一人に対して自由刑と狭義の保安処分との両者を併科すべき場合が生ずる。刑罰と保安処分とは，元来，異質の制度であるとする二元主義の考え方を採れば，責任に関しては刑罰を科し，危険性に関しては保安処分に付するというように両者を併科すべきことになる。これを

第13章 保安処分　305

刑罰と保安処分との併科主義という。併科された刑罰および保安処分のいずれか一方を先に執行し，それによって必要のなくなった限度で他方の執行を免れさせる制度を「代替主義」という。言渡しの段階で刑罰か保安処分のいずれか一方を選択する原則を「言渡しにおける代替主義」という。

3　現行法上の保安処分

(1)　保安処分と刑法改正　　現行刑法には，保安処分に関する規定はない。わが国における立法作業の過程で，初めて保安処分が登場したのは，大正15年の「刑法改正の綱領」においてであった。これに基づいて，予備草案1927(昭和2)年は，保安処分として，予防拘禁，酒癖矯正，労働留置，予防監護の4種を規定し，次いで，仮案1940(昭和15)年は，監護処分，矯正処分，労作処分，予防処分を規定した。第二次世界大戦後になって，準備草案1961(昭和36)年は，精神障害者に対する治療処分とアルコール・薬物中毒犯罪者に対する禁断処分だけを規定し，改正刑法草案1974(昭和49)年は，治療処分と禁絶処分の2種類を提案したが，結局刑法を改正するまでには至らなかったのである。

　刑法典には保安処分としての規定はないが，現行法上の保安処分としては，①少年に課する保護処分（少年法），②売春婦に対する補導処分（売春防止法），③社会内処遇としての保護観察（更生保護法）がある。④精神保健福祉法29条は，「医療及び保護のために入院させなければその精神障害のために自身を傷つけ又は他人に害を及ぼすおそれがある」者については，知事は，指定病院に強制的に入院させることができると定めている。これを措置入院制度という。これは，精神障害者の危険性に着目した制度であり，一定の犯罪防止効果を期待することができるが，ⓐ入退院の手続に人権上の問題があること，ⓑ専門的な治療が困難となっていること，ⓒ退院後の医療を確保するための仕組みがないことなどの理由から，2003(平成15)年に「心神喪失等の状態で重大な他害行為を行った者の医療及び観察等に関する法律」(⇨182頁) が成立し，2005(平成17)年7月15日から施行された。心神喪失または心神耗弱の状態で殺人等の重大な犯罪を行った者について，検察官の申立により裁判所が入院ないし通院等の処遇の決定を行い，それに基づき効果的な

医療および観察を行うとするものである。裁判所の審判による処遇の決定を
行う制度である点で保安処分の一種であることは疑いないが，審判は裁判官
と精神保健審判員の合議制で行い，病状の改善を主眼として再犯の防止を図
ろうとする点で，医療的処遇法の性格をもっているといえよう。

第14章　刑法の適用範囲

> 本章では，日本刑法の効力の及ぶ範囲について，①時間的適用範囲，②場所的適用範囲，③人的適用範囲，④事項的適用範囲に分けて検討するが，特に①と②が重要である。刑法の適用範囲は，犯罪論の前で検討されるのが一般であるが，理解の便宜上最終の章に配置する。

I　刑法の時間的適用範囲

1　刑罰法規不遡及の原則

(1)　刑法の時間的適用範囲とは　　刑法の時間的適用範囲とは，時間的効力ともいい，刑法の効力が開始する時点から失効する時点までの範囲を意味している。刑法は，その施行の時以後の犯罪に対して適用され，施行前の行為に対して遡って適用されないことを原則とする。刑罰法規の遡及適用を認めると，法的安定性が害され，個人の自由を不当に侵害するおそれがあるからである。

　既述のように，罪刑法定主義の派生的原則の一つとして刑罰法規不遡及の原則が導かれ（⮕26頁），また，憲法39条前段は，「何人も，実行の時に適法であつた行為……については，刑事上の責任を問はれない」と定め，事後法を禁止することによって，この原則を明らかにしている。なお，判例の不遡及的変更が問題となっているが，憲法39条と刑法6条の趣旨に従い，裁判所が判例を変更して，それまでは不可罰または軽い罪とされてきた行為を可罰的または重い罪にする場合は，判例の変更を将来にわたって宣言し，当

該具体的事件には適用しない取扱いをすべきである（「判例の不遡及的変更」という）。

(2) 効力開始の時点　刑法の効力が開始する時点は，刑法の施行の時点である。「施行」とは，法律の規定の効力が現実に作用することをいい，刑法は施行の時点から適用されるのである。法令は，一般に，その施行期日について特別の規定を置いているが，その法律が特別の規定を設けていないかぎり，法令の施行の時期は「公布の日より起算し満20日」（「法の適用に関する通則法2条」）を経た時である。

「公布」とは成立した法律を一般国民に周知させる目的で，一定の方式により一般国民が知りうる状態に置くことをいい，その方法は特別の定めがないかぎり官報による（最大判昭32・12・28刑集11・14・3461）。官報による法令公布の時期は，一般の人が知りうる状態にあるということが前提となるから，法令の記載されている官報を閲覧し，または購入できる時点と解すべきである（最大判昭33・10・15刑集12・14・3313）。

2　犯罪後の法律による刑の変更

(1) 6条の趣旨　6条は，刑罰法規不遡及の原則に対する例外を設け，「犯罪後の法律によって刑の変更があったときは，その軽いものによる」（6条）と規定している。これは，法律の改正により行為時法と裁判時法とが異なり，裁判時法における法定刑が行為時法における法定刑よりも軽い場合には，その適用を受ける行為者の利益を保護する趣旨から，軽い新法について遡及適用を認めるものである。それゆえ，6条の規定は，刑罰法規不遡及の原則の一層の徹底を図るものであり，罪刑法定主義に反するものではない。「犯罪後」とは，犯罪行為すなわち構成要件に該当する行為の時を標準として，その後という意味である。

(2) 新法と旧法の区別　6条を適用する場合，新法と旧法の区別は，法律公布の時期ではなく施行の時期を基準に行われる。それでは，犯罪行為が法律変更の前後にまたがって行われた場合の取扱いをいかにすべきであろうか。

第1に，単純一罪の場合には犯罪行為の終了時の法律を適用すべきである

（大判明 43・5・17 刑録 16・877）。継続犯（最決昭 27・9・25 刑集 6・8・1093），包括一罪および結合犯については，その行為の終了時の法律を適用すべきである。第 2 に，科刑上一罪についても判例は右と同様とするが（大判明 44・6・23 刑録 17・1311），科刑上一罪は，実在的に数罪であるものを科刑の方法として一罪とするものであるから，それぞれの罪を分離させて 6 条を適用し，その後に 54 条を適用すべきである。第 3 に，共謀の時と実行の時とに法律の改廃がまたがっているときは，共謀の時の法を適用すべきである（最決昭 41・2・3 判時 438・6）。第 4 に，幇助犯については，正犯行為を標準にすると解するのが判例（大判明 44・6・23 刑録 17・1252）であるが，正犯と共犯は別個の犯罪であるから，共犯については共犯行為を標準とすべきである（東京高判昭 28・6・26 高刑集 6・10・1274〔教唆犯〕，大阪高判昭 43・3・12 高刑集 21・2・126〔幇助犯〕）。

(3) **刑の変更**　　犯罪後の「法律」は，狭義の法律および政令その他の命令をも含む（8 条。なお，最判昭 24・9・1 裁判集刑 13・355）。法律は裁判時に施行されているものであることを要する。行為時法と裁判時法との間に中間時法があって，それぞれに刑の軽重が認められるときは，その中間時法に対しても 6 条を適用して，最も軽いものを適用すべきである（草案 2 条 2 項参照）。

「刑の変更」とは，刑を加重し，または減軽するための変更をいう。刑の変更の意義については学説が分かれているが，6 条は，行為者の利益保護を図るための規定であるから，「刑の変更」は，実質的な処罰について変更をもたらす場合をすべて含むと解すべきである。したがって，「刑の変更」は，刑またはその適用に直接影響を与える実体法上の規定に変更があった場合をすべて含み，主刑，付加刑の変更ばかりでなく，労役場留置期間の変更（大判昭 16・7・17 刑集 20・425）および刑の執行猶予の条件に関する規定の変更も「刑の変更」に当たると解すべきである（最判昭 23・6・22 刑集 2・7・694）。

刑の変更には，刑罰法規の廃止すなわち刑の廃止も含まれる。「刑の変更」は構成要件の変更を含むかについて，ⓐ構成要件を定める刑罰法規の改廃は「刑の変更」に当たるが，構成要件を定める法規自体には変更を加えず，その内容に当たる事実について法令の改廃があったときは刑の変更に当たらないとする説，ⓑ刑罰法規それ自体の改廃であるか，その改廃の動機が何かを問わず，法令の改廃により不可罰となった場合はすべて刑の変更に当たると

310

する説，ⓒ構成要件の重要部分の変更があったことを基準として刑の変更を認める説がある。

構成要件の変更が刑の廃止など刑罰自体に直接影響を及ぼす場合には，6条の趣旨に照らして行為者の利益保護を図るべきであること，また，刑罰法規の変更か事実関係の変更かは明確に区別しがたいから，法規自体の変更により構成要件に変更が生じて処罰されなくなったときは「刑の変更」に当たると解すべきであり，ⓑ説が妥当である。なお，2006(平成18)年5月28日の法改正により，窃盗罪の法定刑が「10年以下の懲役」から「10年以下の懲役又は50万円以下の罰金」に変更された。改正前の窃盗につき，改正法を適用すべきであろうか。最決平成18年10月10日（刑集60・8・523）は，本改正の趣旨は，罰金刑の選択を可能として，比較的軽微な事案につき適正な科刑の実現を図ることであり，改正前の法定刑を改正後に軽くする趣旨ではないから，刑法6条により改正法を適用する必要はないと判示した。

(4) 行為時法と裁判時法 憲法39条前段は，実行のときに適法（ないし違法）であった行為に対して，事後においてその行為を犯罪として処罰する法律が制定された場合，その法律の遡及を禁止するにとどまっている。それゆえ，すでに法律上犯罪とされている行為について事後に法律の改正があったが，新法と旧法との間に刑の軽重がない場合，旧法を適用すべきか新法を適用すべきかの問題を生ずる。この点につき学説は，ⓐ新法の方が合理的であり，また，刑法は裁判規範であるから裁判時の新法（裁判時法）を適用すべきであるとする説，ⓑ新法の効力の遡及を禁止するのが罪刑法定主義の帰結であるから，旧法（行為時法）を適用すべきであるとする説に分かれている。

刑罰法規不遡及の原則からすれば行為時法を適用すべきであり，また，刑法の適用は新法と旧法のいずれが当該事件の裁判規範とみるべきかの問題であるから，新法でなければならないとする必然性はない。さらに，新法が必ずしも合理的であるとはいえないから，ⓑ説が妥当である（大判昭9・1・31刑集13・28）。

3 限時法

(1) 限時法とは 　失効の期日の定めがある法律を限時法という。限時法には広狭二義がある。狭義の限時法は，たとえば，「本法は，施行後5年を限り其の効力を有す」（重要産業の統制に関する法律附則2項）というように，失効の期日を明文で定めている法律をいう。これに対し，たとえば，「終戦後の事態に対処」（物価統制令1条）するためというように漠然と有効期間を定めているもの，あるいは，法律の性質が臨時的な事態に対処するための法（臨時法）を広義の限時法という。

限時法の有効期間について，ドイツ刑法は，「一定期間を限って効力をもつべき法律は，その有効期間中に行われた行為に対して，その法律が効力を失った後においても，なおこれを適用する」（2条4項）という追及効に関する規定を置いている。

わが国の刑法は，犯罪後の法律により刑が廃止されたときは処罰しないとしながら（6条），ドイツ刑法のような追及効に関する一般的規定を設けていないから，法律において個々に右のような明文規定を置いていないかぎり，刑の廃止後における処罰は認められないこととなる。

(2) 限時法理論 　限時法である以上は，有効期間経過後であっても期間内の違反行為を当然に処罰すべきであるとする説がある。行為時と裁判時との間には相当に期間のずれが生ずるため，失効の期日が近づくにつれて事実上処罰の可能性がなくなってしまい罰則としての意味がなくなるから，限時法としての性質上失効後においても処罰を認めるべきであるというのである。一方，刑罰法規の廃止された理由が，国家の法律的見解の変更に基づくか否かを区別し，法律的見解が変更した場合には追及効を認めるべきではないが，単に事実の変化によるものであるときは追及効を認めて処罰すべきであるとする動機説が主張されている。

(3) 取扱い 　思うに，処罰の根拠となるべき刑罰法規が失効している以上は，刑事訴訟法337条2号によって免訴とすべきであり，安易に例外を認めることは許されないであろう。また，実際上も個々の法律において「失効後も罰則の適用については，なお従前の例による」といった特別の規定を

設けておけば足りることである。限時法の有効期間中の違反行為については，その期間の経過後にもこれを罰する旨の追及効に関する経過規定がないかぎり，免訴を言い渡すべきである。

◆【問　題】
　新潟県公安委員会規則により禁止されていた第2種原動機付自転車の二人乗り行為について，これを禁止する公安委員会の規則が廃止された場合でも，罰則規定が存在している以上は有罪であるとした最高裁判例（最大判昭37・4・4刑集16・4・345）を論評せよ。

II　刑法の場所的適用範囲

1　場所的適用範囲とは

　刑法の場所的適用範囲とは，刑法の効力が及ぶ地域をいい，刑法の地域的効力ともいう。刑法の場所的適用範囲に関しては，①属地主義，②属人主義，③保護主義，④世界主義の四つの原則がある。

　属地主義とは，自国の領土内の犯罪に対しては犯人の国籍のいかんを問わず自国の刑法を適用するという原則である。属人主義とは，自国民が外国で自国の刑罰法規に反する行為をした場合には，自国の刑法を適用するという原則である。保護主義とは，自国または自国民の利益を保護する見地から，これを侵害する行為が外国においてなされた場合には，犯人が自国民であると外国人であるとを問わず，自国の刑罰法規を適用するという原則である。世界主義とは，自国の刑罰法規に反する行為は，いかなる地域で行われたかを問わず自国の刑法を適用するという原則である。

　わが国の刑法は，「この法律は，日本国内において罪を犯したすべての者に適用する」（1条1項）と規定して，属地主義を原則とし，これを補充する形で，特定の犯罪に関して，保護主義（2条）と積極的属人主義（3条）を採用している。さらに，刑法4条では「公務員の国外犯」として保護主義とと

第14章　刑法の適用範囲　　313

もに属人主義を採り，刑法4条の2では「条約による国外犯」が規定されて世界主義も採用されている。

2 諸原則

(1) 属地主義　　刑法1条1項は，「この法律は，日本国内において罪を犯したすべての者に適用する」として属地主義の原則を明らかにしている。

(ア) 犯罪地　　犯罪が行われた土地すなわち構成要件に該当する事実の一部が存在する場所を犯罪地といい，その一部でも存在すれば足りるとする偏在説がわが国の通説・判例（最判昭46・4・22刑集25・3・451）である。犯罪地が日本国内である場合の犯罪を国内犯，また，日本国外である場合の犯罪を国外犯と呼ぶ。日本国内とは，日本国の国家領域すなわち領土・領海・領空内をいい，領海の範囲は基線の外側12海里までの海域，また，領空は領土と領海の上方の空間である。日本国の領土内にある外国の大使・公使館内（大判大7・12・16刑録24・1529），日本国の領海内にある外国船舶内も日本国内である。

(イ) 予備と共犯　　構成要件に該当する事実の一部分でも存在すれば，その場所が犯罪地であるから，①構成要件的行為が行われた地，②構成要件的結果の発生した地，③その間の因果関係の経過する中間影響地のいずれも犯罪地となり，わが国の刑法が適用される。近時，インターネットを通じたサイバーポルノ等のサイバー犯罪の犯罪地が問題となっているが，日本国内からアメリカのプロバイダーを通じてわいせつ画像を提供し，日本国内にいる不特定多数の者に対し，これにアクセスできるようにした場合が問題となるが，情報を発信した段階で陳列行為があったと解されるところから，国内犯と解すべきである（大阪地判平11・3・9判タ1034・283）。予備については，予備罪が処罰される場合には予備行為が国内で行われれば国内犯であるが，そうでない場合には，国内で準備をして国外で実行行為を行ったとしても国内犯とはならない。共犯については，第1に，実行共同正犯の場合で，その一人についての犯罪地が国内であるときは，常に他の者の犯罪地も国内となり，共謀共同正犯の場合も同じ扱いとなる（東京地判昭56・3・30刑月13・3・299）。共謀が国内で行われ，実行行為が国外で行われた場合，全体が国内犯

314

となる（仙台地気仙沼支判平3・7・25判タ789・275）。教唆犯および幇助犯の犯罪地は，教唆・幇助の場所のほかに正犯の犯罪地も含む。日本国外で幇助行為をした者であっても，正犯が日本国内で実行行為をした場合は国内犯となる（前掲最決平6・12・9刑集48・8・576）。

(ウ) **旗国主義**　1条2項は，属地主義を補充するためにいわゆる旗国主義を定めたものである。旗国主義とは，国外を航行中の自国の船舶または航空機内で行われた犯罪について，自国の刑法を適用する原則をいう。それゆえ，日本国外にある日本船舶内または日本航空機内で行われた犯罪については，わが国の刑法が適用される。「日本船舶」および「日本航空機」は，日本の国籍を有するものにかぎられている（船舶法1条，航空法3条の2）。ただし，船籍のない船舶であっても日本国民の船舶（船舶法1条）であるときは，「日本船舶」となる（最決昭58・10・26刑集37・8・1228）。船舶および航空機が日本国内にあるときは，1条1項が適用される。

(2) **属人主義**　放火，建造物浸害，私文書偽造などの犯罪を日本国民が日本国外で犯したときは，わが国の刑法を適用する（「日本国民の国外犯」3条）。この原則を積極的属人主義ともいう。属人主義の根拠については，ⓐ日本国民であるかぎり外国においても日本の刑法を守るべきであるとする国家忠誠説，ⓑ外国で処罰されるべき行為をその外国に代わって自国でこれを処罰すると解する代理処罰説などが主張されている。先の各罪を放置しておいたのでは，わが国内の社会秩序が乱されるところから，わが国の社会秩序維持の必要上これを処罰する点に属人主義の根拠があると解すべきである。それゆえ，国外犯とされている犯罪が外国である行為地法で犯罪として定められている必要はないのである。

日本国民とは，日本国籍を有する者をいう。犯罪行為の時に日本国民であることを要するかについては異論もあるが，刑法が行為規範であることにかんがみると，これを肯定すべきであろう。

(3) **保護主義**　広く自国に関連する利益を侵害する罪について，犯人および犯罪地のいかんを問わず自国の刑法を適用する原則をいい，そのうち国家自体を保護する建前に立つ法制を国家保護主義といい，国民の利益を保護する建前に立つものを国民保護主義という。刑法は，内乱，外患，通貨偽

第14章　刑法の適用範囲　**315**

造, 公文書偽造, 公電磁的記録不正作出, 有価証券偽造, 公印・公記号偽造等の罪については, 日本国外において何人が犯した場合でもわが国の刑法を適用する (2条), また, 汚職の罪等については, 国外で日本の公務員が犯した場合にかぎりわが国の刑法を適用する (「公務員の国外犯」4条) こととしている。

一方, 2003(平成15)年に国民保護主義に立脚して刑法3条の2が設けられ, 日本国外において, 日本国民に対して殺人, 傷害等の罪を犯した日本国民以外の者については, わが刑法を適用するものとされた (平成15年法律122号)。なお, 2条および4条は, 属地主義を補充するものとして国家保護主義を採用したものとみられるが, 4条では「日本国の公務員に適用する」と規定されているところから, 保護主義と属人主義が併用された規定と解される。

(4) 世界主義　犯人および犯罪地のいかんにかかわりなく自国の刑法を適用するという原則をいう。刑法典自体は世界主義を採用するまでに至っていないが, 1987(昭和62)年の刑法の1部改正に際し, 新たに包括的国外犯処罰規定 (4条の2) を設けたところから, 世界主義へと大きく前進した。包括的国外犯処罰規定は, 近年において外交官等の殺害, 在外公館の占拠および人質を取る行為などの国際テロ行為が続発している事態に対処するため, 「国際的に保護される者 (外交官を含む。) に対する犯罪の防止及び処罰に関する条約」等が締結され, それに伴い, 2条から4条までの規定では国外犯が処罰できないときに, 条約が要請する範囲で刑法を適用しようとするものである。

4条の2は, 「前2条から前条までに規定するもののほか, この法律は, 日本国外において, 第2編の罪であって条約により日本国外において犯したときであっても罰すべきものとされているものを犯したすべての者に適用する」と定めている。この規定によって, 刑法各則の罪の構成要件に該当する行為につき, 2条から4条までの規定では国外犯が処罰できない場合でも, 条約の要請する範囲でこれを処罰することができることになった。なお, 本条は, 国外犯規定を補充するものであるから, 2条から4条までに規定がある場合は本条は適用されない。

3 外国判決の効力と犯罪人の引渡し

(1) 外国判決の効力　外国で確定判決を受けた者であっても，同一の行為について，さらに処罰することを妨げない（5条本文）。ただし，犯人がすでに外国で言い渡された刑の全部または一部の執行を受けたときは，刑の執行を減軽または免除する（同条ただし書）。5条は，外国刑事判決の一事不再理の効力を認めないことを明らかにするとともに，刑については必要的算入主義を採るのである。刑の執行の減免とは，刑そのものの減免ではなく，言い渡された刑の執行の減免のみをいう。

憲法39条の二重処罰禁止の原則は，国内法上の問題にとどまるから，外国で確定裁判を受けた者を再び裁判に付して処罰しても二重処罰禁止の原則に抵触するものではない（最大判昭28・7・22刑集7・7・1621）。

(2) 犯罪人の引渡し　刑法の場所的適用範囲は，裁判権の及ぶ範囲とは異なる。裁判権は，特別の条約がないかぎり自国の領域についてのみ認められるから，国外にいる犯罪人に対して自国の裁判権を行使するためには，当該犯罪人の自国への引渡しが必要となる。これが，いわゆる国際司法共助の問題である。逃亡犯罪人の引渡しに関しては「逃亡犯罪人引渡法」（昭和28年）があり，引渡しの対象となる犯罪および引渡手続等について定めている（東京高決平16・3・29判時1854・35〔逃亡犯罪人引渡しの要件〕）。

犯罪人の引渡しは，国内法のほか，各国間の条約に基づいて行われるが，そこでは締結国双方において共通の犯罪となっているもののうち，特定の犯罪について犯罪人の引渡しを相互的に義務づける相互主義や政治犯不引渡しの原則などが定められている。ちなみに，わが国が締結している引渡条約は，アメリカ合衆国を相手国とする条約が締結されており，また，2002（平成14）年には韓国との間で締結されている。条約に基づかない場合には，条約に準じて国際礼譲によって引渡しが行われる。なお，ロッキード事件等の処理を契機として国際捜査共助が近年脚光を浴びており，わが国でも国際捜査共助等に関する法律が制定されるに至っている。これは，司法共助と異なり捜査上の共助を目的とするものである。なお，国際犯罪として，個人の国際犯罪を裁く常設国際裁判所である国際刑事裁判所が設置されている。

◆【問　題】
(1)　Xは，アメリカに滞在中，日系2世の米国人女性Yを教唆して，同居していた自分の妻甲を殺害させた。事件後Xは帰国し，日本国籍を取得したYと結婚したが，その後，右殺人事件が発覚した。XとYの罪責はどうか。
(2)　台湾人Xが台湾で殺人の幇助行為をしたところ，日本人である正犯Yは日本国内で殺人を実行した。この場合のXとYの行為についての日本刑法の適用の可否を論ぜよ（前掲最決平6・12・9参照）。

III　刑法の人的・事項的適用範囲

1　意　義

　刑法の人的適用範囲とは，刑法が適用されるべき人の範囲をいう。1条1項および2条は，「日本国内において罪を犯したすべての者」に刑法を適用すると定めているから，時間的・場所的適用範囲に属している者であるかぎり，何人に対しても刑法は適用される。ただし，一定の人的事由が存在する者については，刑法の適用が除外される。これを刑罰権発動の人的障害という。

2　適用上の例外

(1)　国内法上の例外　　国内法の関係で人的障害となるものは，天皇，摂政，衆参両院の議員および国務大臣である。摂政については「在任中，訴追されない」（皇典21条）とされているから，天皇も在任中は訴追されない。また，衆参両院の議院は，「院外で責任を問われない」（憲51条）。さらに国務大臣は，「在任中，内閣総理大臣の同意がなければ，訴追されない」（憲75条）。

(2)　国際法上の例外　　外国の元首，外交官，使節とそれらの家族，駐留する外国の軍隊の構成員には適用されない。

2 事項的適用範囲

　刑法の事項的適用範囲（物的適用範囲）とは，刑法の適用されるべき事項の範囲のことである。8条は，「この編の規定は，他の法令で定める罪についても，適用する。ただし，その法令に特別の規定があるときは，この限りでない」と定めている。それゆえ，刑法典の総則規定は，他の法令において定められた刑罰法規にも適用がある。刑法総則はもともと刑法第2編の各則に対する一般原則を定めるものであるが，同時にそれは実体刑法にとって基本的な事項となるものであるから，「特別の規定」がないかぎり，あらゆる刑罰法規に適用されるのである。「特別の規定」とは，刑法総則の規定とその趣旨を異にする規定をいう。

　刑法総則が適用されない場合は，以下の四つに大別できる。第1は，犯罪の主体に関するもので，刑法総則においては犯罪の主体は自然人にかぎられるが，行政刑罰法規においては，法人または法人格のない団体に刑事責任を認める代罰規定特に両罰規定が多数設けられているから（⇨59頁），その範囲においては刑法総則の適用が除外される。第2は，違法性または責任についての特別規定であり，正当防衛の成立要件の拡張（36条に対する盗犯1条）などがその例である。第3は，共犯についての特別規定であり，共犯の適用を除外する規定（60条に対する船舶29条）などがある。第4は，刑に関する特別規定であり，刑の執行猶予の裁量的取消しの規定を適用しないとする例（26条の2に対する売防16条）などがある。

第14章　刑法の適用範囲

事 項 索 引

あ

アジャン・プロヴォカトゥー
ル …………………………248
あてはめの錯誤……………89
安楽死 ………………………150

い

意思決定論 ……………12, 21
意思自由論 ……………11, 21
意思主義………………………90
異質的包括一罪 …………274
イタリア学派………………12
一罪と数罪 …………………272
一部実行の全部責任 ……233
一部責任能力 ………………181
1厘事件 ………………………136
一般的違法性 ………………135
一般的主観的要素…………65
一般予防 ……………………22
一般予防論 …………………10
違法拘束命令 ………………200
違法性………………………39, 129
　　――に関する事実の錯誤
　　…………………………198
　　――の意識 ………………189
　　――の意識の可能性 ……190
　　――の錯誤………………93, 191
　　――の実質 ………………131
　　――の判断 ………………135
　　――の本質 ………………132
違法性阻却 …………………137
違法性阻却事由………40, 138
　　超法規的―― ……………138
違法性論 ……………………130
　　客観的―― ………………131
違法身分 ……………………257
意味の認識…………………88, 196

因果関係 …………………116
　　――中断論 ………………118
　　――の錯誤 ………………94
　　――の認識 ………………89
　　疫学的―― ………………123
　　重畳的―― ………………123
　　不作為の―― ……………127
因果関係論不要論 ………117
陰謀 …………………………203, 205

う

ウェーバーの概括的故意…92
丑の時〔刻〕参り …………212

え

疫学的因果関係 …………123

お

応報刑論……………………20
応報的正義…………………21
囮捜査………………………248
恩赦…………………………300

か

概括的故意…………………92
外国判決の効力 …………317
改悛の状……………………299
改正刑法仮案………………16
改正刑法準備草案…………17
改正刑法草案………………17
改善刑………………………12
蓋然性説……………………91
改定律例……………………15
寡額…………………………288
確信犯………………………45
確信犯人……………………190, 201
拡張解釈……………………34
拡張的正犯論 ……………227

確定宣告主義 ……………293
確定的故意…………………91
科刑上の一罪 ……………275
加減的身分 …………………255
加減的身分犯………………57, 256
過失 …………………………106
　　――の過剰防衛 ………165
　　――の競合 ………………113
　　――の種類 ………………112
　　――の成立要件 ………108
過失段階説 …………………113
過失による教唆 …………248
過失犯の共同正犯 ………236
過失犯の幇助 ………………251
過失併存説 …………………113
過剰結果……………………98
過剰避難 ……………………172
過剰防衛 ……………………164
　　過失の―― ………………165
　　故意の―― ………………165
「かすがい」現象…………279
過度の広汎性………………31
可罰的違法性 ………………135
可罰的行為…………………37
可罰的責任の理論 ………177
仮刑律………………………15
仮釈放………………………298
仮出場………………………299
科料 …………………………285, 287
カルネアデスの板 ………167
慣習 …………………………29, 79
慣習刑法排除の原則………27
間接教唆 ……………………249
間接正犯………81, 209, 228
　　――と共犯との間の錯誤
　　…………………………265
間接幇助犯 …………………253
カント………………………11

事 項 索 引　　321

監督過失 …………………114
観念的競合 ………………276
管理過失 …………………114

き

危険性 ……………………214
危険の分配 ………………112
危険犯……………………63
　抽象的——………………63
旗国主義 …………………315
記述的構成要件要素………66
既遂 ………………………203
既遂犯……………………211
規制機能 …………………4
期待可能性 ………………199
　——の錯誤 ……………202
　——の理論 ……………199
　——判断の基準 ………201
規範的構成要件要素………66
規範的障害………………82
規範的責任論……………175
希望説……………………90
基本的構成要件…………54
義務の衝突 ………………154
客体の錯誤 ………94, 97
客体の不能 ………212, 216
客観主義 …………10, 11
客観主義刑法理論……17, 204
客観的違法性論 …………131
客観的違法要素 …………133
客観的帰属論 ……………121
客観的処罰条件 …………284
客観的責任要素 …………176
客観的相当因果関係説 …120
客観的注意義務違反 ……108
旧刑法……………………15
急迫性……………………157
急迫不正の侵害 …………157
狭義の共犯 ………………225
狭義の包括一罪 …………273
教唆行為 …………………246
教唆犯…………245, 261
　——の故意 ……………247
　——の幇助犯 …………254

教唆犯・幇助犯関係からの
　離脱 ……………………269
教唆犯内の錯誤 …………263
行政刑法 …………………2
強制による行為 …………200
行政犯……………………44
矯正保護法 ………………7
共同意思主体説 …………242
共同実行の意思 ……234, 244
共同実行の事実 …………235
共同正犯 …………233, 261
　——と正当防衛 ………236
共同正犯内の錯誤 ………263
共罰的事後行為 …………274
共罰的事前行為 …………274
共犯 ………………………225
　——の競合・罪数 ……269
　——の錯誤 ……………262
　——の従属性 …………231
　——の処罰根拠 ………228
　——の中止 ……………266
　——の本質 ……………229
　——の未遂 ……………266
　——と罪数 ……………278
　——と正犯 ……………225
　——と身分 ……………255
　狭義の—— ……………225
　広義の—— ……………225
　真正身分犯と—— ……258
　任意的—— ……………225
　不作為による—— ……261
　不作為犯に対する——
　　…………………………260
　不真正身分犯と—— …259
　身分犯と—— …………255
共犯関係からの離脱 ……267
共犯関係の解消 …………267
共犯形式相互間の錯誤 …265
共犯従属性説 ……………230
共犯独立性説 ……………230
共謀 ………………………206
共謀共同教唆犯 …………246
共謀共同正犯 ……………242
　——の従属性 …………245

共謀罪 ……………………203
共謀の事実 ………………244
業務 ………………………143
業務行為 …………………143
業務上特別義務者 ………171
業務上の過失 ……………112
極端従属形式 ……………232
挙動犯……………………62
緊急避難 …………………167
禁錮 ………………………286
均衡の原則………………23
近代学派 …………12, 13

く

具体的・個別的条件関係
　…………………………122
具体的危険犯……………64
具体的事実の錯誤 ……93, 97
具体的符合説……………96
具体的法定符合説………96
久留米駅事件……………143

け

傾向犯……………………66
形式的違法性 ……………130
形式的故意概念…………86
形式的犯罪論……………43
形式犯……………………62
刑事施設 …………………285
刑事司法 …………………7
刑事収容施設及び被収容者
　等の処遇に関する法律
　…………………………7
刑事責任年齢……………182
刑事訴訟法 ………………7
刑事犯……………………44
刑事法……………………7
刑事法学 …………………7
刑事未成年者……………182
刑事立法の活性化………17
継続犯……………………64
刑の言渡し………………293
刑の一部の執行猶予 ……298
刑の執行 …………………295

──免除 …………………300
──猶予 …………………295
刑の消滅 …………………302
刑の適用 …………………288
刑の変更 …………………310
刑の免除 …………………294
刑の量定 …………………292
刑の減軽事由 ……………289
刑罰権 ……………………283
刑罰制度 …………………283
刑罰阻却身分 ……………256
刑罰と保安処分の二元主義
…………………………303
刑罰の種類 ………………285
刑罰法規適正の原則 …27, 30
刑罰法規不遡及の原則
…………………………27, 308
刑法 …………………………1
──の解釈……………………33
──の寛容性 ………………6
──の機能 …………………4
──の規制機能 ……………4
──の自由保障機能 ………5
──の人権保障機能 ………5
──の法益保護機能 ………4
──の時間的適用範囲
…………………………308
──の事項的適用範囲
…………………………318
──の人的適用範囲 ………318
──の断片性 ………………6
──の適用範囲 ……………308
──の二律背反 ……………6
──の場所的適用範囲
…………………………313
──の法源……………………28
──の補充性 ………………6
──の目的 …………………2
刑法各論 ……………………7
刑法総論 ……………………7
刑法典 …………………………1
結果犯…………………………62
結果回避可能性 …………109
結果行為 …………………184

結果的加重犯……88, 115, 238
──の共同正犯 ………238
結果無価値論 ……………134
結合犯……………65, 211, 273
原因行為 …………………184
原因説 ……………………119
原因において自由な行為
…………………………183, 210
喧嘩 ………………………163
厳格故意説 …………189, 190
喧嘩両成敗 ………………163
減刑 ………………………300
現在の危難 ………………169
現実的危険性 ……………208
限時法 ……………………312
──理論 …………………312
限縮的正犯論 ……………227
限定責任能力者 …………179
謙抑主義 ……………………5
権利・義務行為 …………141
牽連犯 ……………………277

こ

故意…………………………86
──ある幇助的道具……85
──の過剰防衛 ………165
──の成立要件…………87
──のない者の行為の利
用…………………………83
構成要件的── ………188
行為………………38, 45, 60
──の一個性 …………276
──の客体……………………61
──の主体……………………56
──の状況……………………61
行為共同説 ………………229
行為時法 …………………311
行為者主義………………………13
行為責任論 ………………174
行為無価値論 ……………134
広義の共犯 ………………225
構成身分 …………………255
構成的身分犯…………57, 256
構成要件 …………………50

──の解釈……………………68
──の機能………………………53
──の修正形式 …………54
──の種類………………………54
──の中身 ………………51
基本的── ………………54
消極的── ………………55
積極的── ………………55
閉ざされた── …………55
開かれた── ……………55
構成要件該当性
…………………………38, 70
構成要件上の包括 ………274
構成要件的結果……………62
構成要件的故意 …………188
構成要件的符合説…………96
構成要件要素………………56
──の分類…………………66
記述的── ………………66
規範的── ………………66
公訴の時効 ………………300
公的見解 …………………194
公布 ………………………309
拘留 ………………………286
国際司法共助 ……………317
国際捜査共助 ……………317
国事犯 ……………………45
国民保護主義 ……………315
誤想過剰避難 ……………172
誤想過剰防衛 ……………166
誤想避難 …………………172
誤想防衛……………………90, 165
誇張従属形式 ……………232
古典学派（旧派）………9, 11
異なった構成要件間の錯
誤…………………………94
異なる構成要件間の錯誤
…………………………101
個別行為責任 ……………174
コンスピラシー …………206

さ

再間接教唆 ………………249
再間接幇助犯 ……………254

事項索引　　323

罪刑法定主義 …………10, 24
財産刑 ……………285, 287
最小限従属形式 …………231
罪数 ……………………271
　不作為犯の―― ………279
罪数決定の基準 …………271
罪刑法定主義の派生的原則
　………………………27
裁判時法 …………………311
作為義務違反………………79
作為義務の錯誤 …………197
作為犯………………………72
錯誤…………………………93
　因果関係の――………94
　期待可能性の―― ……202
　客体の―― ………94, 97
　教唆犯内の――………263
　共同正犯内の――………263
　共犯の――………………263
　具体的事実の―― …93, 97
　異なった構成要件間の――
　………………………94
　抽象的事実の――…94, 101
　直接共犯と間接共犯の間
　の――…………………265
　同一構成要件内の――
　…………………93, 97
　方法の――………94, 97
錯誤による同意………147
三罰規定……………………58

し

資格制限 …………………285
自救行為 …………………153
死刑 ………………………285
施行 ………………………309
時効 ………………………300
事実の錯誤…………………93
　――と違法性の錯誤の区
　別…………………………195
　――の態様………………93
　違法性に関する―― …198
自首…………………………290
自手犯………………………85

自招侵害 …………………163
私人の見解 ………………194
自然的行為論………………46
自然犯………………………44
実害犯………………………62
実行共同正犯 ……………234
実行行為…………71, 244
　――の客観面………70
　――の主観面………86
　――の態様………72
実行中止 …………………221
実行の着手……207, 209, 210,
211
　――時期 ………209
執行猶予の取消し ………297
実質的違法性 ……………130
実質的責任論 ……………175
実質的犯罪論………………43
実質犯………………………62
実体的デュー・プロセス…30
質的過剰…………………164
自白………………………290
司法的処分 ………………305
社会心理的正義論…………21
社会生活上の依存関係……77
社会秩序の維持 ……………2
社会的行為論………………47
社会的責任論………………174
社会的相当行為 …131, 138
社会的相当性 ……………131
社会防衛……………………16
社会倫理主義………………18
酌量減軽 …………………291
自由刑 ……………285, 286
集合犯………………………273
自由主義的要請……………26
修正された構成要件………54
重大な過失 ………………112
終末期医療の中止 ………152
自由剥奪を伴う保安処分
　………………………304
主観主義……………………13
　――刑法理論………17, 204

主観的違法性論 …………131
主観的違法要素 …………133
主観的結果回避可能性……111
主観的正当化要素 ………134
主観的責任 ………………174
　――要素 ………………176
主観的相当因果関係説…120
主観的注意義務違反 ……110
主観的超過要素……………66
主観的予見可能性 ………110
主観的予見義務 …………110
主刑 ………………285, 288
主体の不能 ………212, 217
シュトース ………………304
首服………………………290
準公的機関 ………………194
順次共謀 …………………244
準抽象的危険犯……………63
消極的構成要件……………55
消極的身分 ………………255
承継的共同正犯 …………238
承継的幇助 ………………252
条件関係(因果関係)の断絶
　………………………123
条件関係の公式 …………117
条件説 ……………………117
常習性 ……………………290
常習犯 ……………………290
常習犯人 …………………190
状態犯………………………64
条理 ………………29, 78
職務行為 …………………140
処断刑 ……………………293
処罰の早期化 ……………203
白地刑罰法規………………28
侵害犯………………………63
人格責任論 ………………174
人格的行為論………………47
人格的能力 ………………179
新過失論 …………………107
新客観的違法性論 ………132
人権尊重主義の要請………26
人権保障機能 ………………5
人工呼吸器等の取りはずし

……………………152
親告罪……………………45
心神耗弱者 ……………182
心神喪失等医療観察法 …306
心神喪失者 ……………182
真正不作為犯……………73
真正身分 …………255, 258
真正身分犯…57, 255, 258
　　——と共犯 …………259
身体活動の利用…………83
身体刑……………………285
死んだ道具………………83
人的違法要素……………134
人的処罰阻却事由 ………284
新派………………………10
新聞記者の取材活動 ……143
信頼の原則 ……………111
心理学的方法 …………180
心理強制説………………10
新律綱領…………………15
心理的責任論 …………175

す

推定的同意 ……………148
数故意犯説………………98

せ

性格責任論 ……………174
性格論的責任論 ………174
生活利益 …………………3
正義性……………………20
制御能力 ………………181
制限従属形式 …………232
制限従属性説の修正 ……232
政治犯……………………45
精神保健審判員 ………307
精神の障害 ……………181
正当化事由 ……………137
正当行為 ………………140
正当防衛 ………………156
　　——の意思 …………161
　　共同正犯と—— ……236
生物学的方法 …………180
生命刑 …………………285

制限故意説 ……………189
世界主義 ………………316
責任………………39, 173
　　——の主観性 ………176
　　——の前提 …………178
　　——の本質 …………175
責任故意 ………………188
責任主義…………11, 173
責任説 …………189, 190
責任阻却…………40, 173
　　——（減軽）事由 ……173
　　——身分 ……………256
責任能力 ………………178
　　——の存在時期 ……179
責任判断 ………………176
責任身分 ………………256
責任無能力者 …………180
責任要素 ………………176
　　主観的—— …………176
　　客観的—— …………176
責任類型 ………………177
責任論 …………………174
　　道義的—— ……174, 175
積極的構成要件…………55
接続犯 …………………274
絶対的応報刑論 ……11, 20
絶対的不確定刑……32, 294
　　——の禁止 ………27, 32
折衷的相当因果関係説 …120
前科の抹消 ……………302
先行行為 …………………78
宣告刑 …………………293
選択刑 …………………289
全逓東京中郵事件 ………136
全逓名古屋中郵事件判決
　　…………………………136
全農林事件 ……………143

そ

臓器移植 ………………153
争議行為 ………………141
争議行為の正当性 ………142
相対的意思自由論…………21
相対的不確定刑……32, 294

相対的不定期刑…………32
相当因果関係説 ………119
即成犯……………………64
属地主義 ………………314
属人主義 ………………315
尊厳死 …………………151

た

対向犯 …………………226
大赦 ……………………300
対人的保安処分 ………304
代替主義 ………………305
代罰規定…………………58
対物防衛 ………………159
多額 ……………………288
択一関係 ………………273
択一的競合 ……………122
択一的故意………………91
多衆犯 …………………225
たぬき・むじな事件 ……196
短期 ……………………288
単純一罪 ………………272
単純行為犯………………62
単純数罪 ………………282

ち

着手後の離脱 …………268
着手中止 ………………221
着手前の離脱 …………268
着手未遂 ………………211
中間時法 ………………310
中止行為 ………………222
　　——の結果 …………222
中止の任意性 …………220
中止犯 …………………218
中止未遂 ………………218
抽象的危険犯……………63
抽象的事実の錯誤…93, 101
抽象的符合説……95, 104
抽象的法定符合説………96
懲役 ……………………286
超過的内心傾向…………66
長期 ……………………288
重畳的因果関係 ………123

事項索引　325

挑発行為 ……………163
超法規的違法性阻却事由
　……………138
直接共犯と間接共犯の間の
　錯誤 ……………265
直接正犯 ……………228
直罰規定 ……………62
直近過失1個説 ……………113
治療行為 ……………149

つ

追及効 ……………312
追徴 ……………287
通常の過失 ……………112

て

手違い ……………94
転嫁罰規定 ……………58
伝統的過失論 ……………107

と

同一構成要件内の錯誤
　……………93, 97
動機説 ……………91, 312
道義的責任論 ……………174, 175
動作・不動作 ……………47
同時存在の原則 ……………179
同質的包括一罪 ……………273
同時犯 ……………227
当罰的行為 ……………36
特異体質 ……………124
特赦 ……………300
特殊的主観の要素 ……………65
特定委任 ……………28
特別関係 ……………272
特別刑法 ……………2
特別予防 ……………22
　——論 ……………13
　——主義 ……………13
独立教唆犯 ……………250
閉ざされた構成要件 ……………55

な

名古屋中郵事件 ……………143

に

二元主義 ……………23
二重の意味での身分犯 …259
二重の故意概念 ……………188
二重の絞り ……………143
任意的共犯 ……………225
認識ある過失 ……………113
認識主義 ……………90
認容説 ……………90

の

脳死 ……………152

は

売春婦に対する補導処分
　……………306
罰金 ……………285, 287
罰則の委任 ……………28
早すぎた構成要件の実現…99
犯罪共同説 ……………229
犯罪後の法律による刑の変
　更 ……………309
犯罪成立阻却事由 ……………40
犯罪成立要件 ……………38
犯罪地 ……………314
犯罪人の引渡し ……………317
犯罪の個数 ……………271
犯罪反復の危険性 ……………305
犯罪論 ……………40
　——の体系 ……………41
反射運動 ……………47
判例 ……………30
判例の不遡及的変更 ……309

ひ

被害者自身の利用 ……………84
被害者の同意 ……………144
被害法益の同一性 ……………275
非親告罪 ……………45
必要的共犯 ……………226
人違い ……………94
非難可能性 ……………176, 188
避難行為 ……………169

　——の社会的相当性 …170
避難の意思 ……………170
表現犯 ……………66
表象説 ……………90
開かれた構成要件 ……………55
比例的平等 ……………22

ふ

フェリー ……………12
フォイエルバッハ ……………10
不確定刑 ……………32, 294
不確定宣告主義 ……………294
不確定的故意 ……………91
付加刑 ……………285
復権 ……………300
不作為 ……………73, 246
　——による共犯 ……………261
　——による殺人罪 ……………81
　——の因果関係 ……………127
不作為犯 ……………72, 209, 240
　——に対する共犯 ……………260
　——の罪数 ……………279
不真正不作為犯 ……………73
　——の実行行為性 ……………74
不真正身分 ……………255
不真正身分犯 ……………57, 256
　——と共犯 ……………259
不正 ……………158
不注意 ……………107
普通犯 ……………45
物体の認識 ……………88
物的違法観 ……………134
不定期刑 ……………32
不能犯 ……………212
　——学説 ……………212
部分的責任能力 ……………181
部分的犯罪共同説 ……………229
不法・責任符合説 ……………105

へ

併科刑 ……………289
併科主義 ……………305
併合罪 ……………280
　——加重 ……………289

326

併合説……………………14
ヘーゲル……………………9
ベッカリーア………………10
ベンサム……………………10
弁識能力……………………181
片面的教唆………………247
片面的共同正犯…………241
片面的幇助………………251

ほ

ボアソナード………………15
保安処分…………………303
　——の種類…………304
　——の導入…………304
　対人的——…………304
　対物的——…………305
防衛行為…………………160
　——の社会的相当性…162
　——の相当性………160
法益…………………………4
法益関係的錯誤の理論…147
法益権衡性………………170
法益侵害の一体性………275
法益符合説…………96, 105
法益保護機能………………4
法益保護主義……………18
法確証……………………156
包括一罪…………………273
　狭義の——…………273
　同質的——…………273
包括的同意………………148
忘却犯………………………47
法条競合…………………272
幇助行為…………………250
幇助の故意………………252
幇助の態様………………251
幇助犯………………250, 264
　——の教唆…………249
　教唆犯の——………254
幇助犯内の錯誤…………264
法人処罰……………………58
法人の犯罪能力……………57
包摂の錯誤…………………89
法定刑……………………288

　——の加重・減軽……289
　——の軽重…………288
法定的符合説………………96
法定犯………………………44
法の自己保全……………156
法の不知…………………191
方法の錯誤……………94, 97
方法の不能…………212, 215
法律主義……………………26
法律上の作為義務…………77
法律的事実の錯誤の場合
　…………………………197
法令行為…………………140
保護観察…………………297
保護刑論……………………12
保護主義…………………315
保護処分…………………183
保護の客体…………………61
補充関係…………………272
補充性の原則………154, 170
保障人的義務…………75, 76
保障人的地位………………76
没収………………………285, 287
本来的一罪………………272

ま

マグナ・カルタ……………24

み

未遂………………………203
　——の教唆…………247
　——の処罰根拠………204
　共犯の——…………266
未遂犯……………………203
　——と不能犯の区別…214
見張り……………………253
未必の故意…………………90
身分………………………255
身分のない者の行為の利用
　…………………………84
身分犯…………………57, 255
　——と共犯…………255
　加減的——…………57, 255
　二重の意味での——…259

民主主義的要請……………26

む

無形的幇助………………253

め

明確性の原則………………31
名誉刑……………………285

も

目的刑主義…………………13
目的刑論………………12, 20
目的的行為論………………46
目的のない者の行為の利用
　…………………………84
目的犯………………………66

や

やわらかい行為共同説…230

ゆ

優越的利益の原理………156
有効性………………………20
許された危険……………155

よ

抑止刑論……………………19
予見可能性………………109
　主観的——…………110
予備………………………203, 205
　——の教唆…………247
予備・陰謀罪の中止……223
予備罪……………………240

ら

離隔犯……………………210
リスト………………………12
離脱の効果………………268
留置………………………287
量刑基準…………………293
量的過剰…………………164
両罰規定……………………59

事項索引　　327

る

類推解釈の禁止……………33
累犯 ……………………290

れ

累犯加重 ………………289
連続犯 …………………274

ろ

労役 ……………………286
ロンブローゾ……………12

判 例 索 引

大判明 29・3・19 刑録 2・3・87 ……………182
大判明 37・12・20 刑録 10・2415 …………232
大判明 42・9・20 刑録 15・1139 …………251
大判明 43・5・17 刑録 16・877 …………310
大判明 43・10・11 刑録 16・1620 …………136
大判明 44・3・16 刑録 17・380 …………237
大判明 44・6・23 刑録 17・1311 …………310
大判明 44・6・23 刑録 17・1252 …………310
大判明 44・11・10 刑録 17・1865 …………279
大判明 44・12・21 刑録 17・2273 …………235
大判大元・11・28 刑録 18・1445…………264
大判大元・12・20 刑録 18・1566…………146
大判大 2・3・18 刑録 19・353 …………256
大判大 2・7・9 刑録 19・771 …………253
大判大 2・10・21 刑録 19・1000 …………279
大判大 3・9・25 刑録 20・1648 …………163
大判大 3・11・7 刑録 20・2046 …………249
大判大 3・11・10 刑録 20・2079 …………277
大判大 3・12・24 刑録 20・2618 …………237
大判大 5・1・29 刑録 22・80 …………281
大判大 5・6・30 刑録 22・1210 …………279
大判大 5・8・11 刑録 22・1313 ……………98
大判大 5・11・8 刑録 22・1693 …………278
大判大 6・5・25 刑録 23・519 …………246
大判大 6・7・5 刑録 23・787 …………251, 252
大判大 6・9・10 刑録 23・999 …………215
大判大 7・6・17 刑録 24・844 …………253
大判大 7・11・16 刑録 24・1352 …………210
大判大 7・12・16 刑録 24・1529 …………314
大判大 7・12・18 刑録 24・1558 …………78
大判大 8・8・30 刑録 25・963 …………79
大判大 8・11・5 刑録 25・1064 …………148
大判大 9・3・16 刑録 26・185 …………264
大判大 9・3・29 刑録 26・211 …………102
大判大 10・5・7 刑録 27・257 …………84
大判大 11・2・4 刑集 1・32 …………97
大判大 11・3・15 刑集 1・144 …………251
大判大 11・5・11 刑集 1・274 …………114

大判大 12・3・13 刑集 2・188 …………148
大判大 12・3・15 刑集 2・218 …………279
大判大 12・3・23 刑集 2・254 …………260
大判大 12・4・30 刑集 2・5・378 …………126
大判大 12・5・26 刑集 2・458 …………125
大判大 12・6・9 刑集 2・508 …………146
大判大 12・7・2 刑集 2・610 …………266
大判大 12・7・12 刑集 2・718 …249, 269
大判大 12・7・14 刑集 2・658 …………125
大判大 13・4・25 刑集 3・364 …………197
大判大 13・8・5 刑集 3・611 …………193
大判大 13・12・12 刑集 3・867 …………171
大判大 14・1・22 刑集 3・921 …………251
大判大 14・2・20 刑集 4・73 …………254
大判大 14・6・9 刑集 4・378 …………196
大判昭 2・10・16 刑集 6・413 …………184
大判昭 3・3・9 刑集 7・172 …………262
大判昭 3・4・6 刑集 7・291 …………115,
大判昭 4・4・11 新聞 3006・15 …………122
大判昭 4・9・3 裁判例(3)刑 27 …………110
大判昭 6・7・8 刑集 10・312 …………263
大判昭 6・11・26 刑集 10・627 …………144
大判昭 6・12・3 刑集 10・682 …………181, 182
大判昭 7・1・25 刑集 11・1 …………164
大判昭 7・6・6 刑集 11・756 …………291
大判昭 7・6・16 刑集 11・866 …………157
大判昭 7・9・13 刑集 11・1238 …………296
大判昭 7・10・11 刑集 11・1452 …………235
大判昭 8・6・21 刑集 12・834 …………164
大判昭 8・6・29 刑集 12・1001 …………166
大判昭 8・8・30 刑集 12・1445 …………98
大判昭 8・11・27 刑集 12・2134 …………269
大判昭 8・11・30 刑集 12・2160 …………169
大判昭 9・1・31 刑集 13・28 …………311
大判昭 9・9・28 刑集 13・1230 …………194
大判昭 9・9・29 刑集 13・1245 …………246
大判昭 9・10・19 刑集 13・1473 …………208, 212
大判昭 10・3・25 刑集 14・339 …………237

判 例 索 引　329

大判昭 10・10・24 刑集 14・1267 …………251
大判昭 10・11・25 刑集 14・1217 …………57
大判昭 12・6・25 刑集 16・998 …………222
大判昭 12・11・6 裁判例 (11) 刑 87 …………169
大判昭 13・3・11 刑集 17・237 …………80
大判昭 13・11・18 刑集 17・21・839 …………239
大判昭 14・12・22 刑集 18・565 …………134
大判昭 15・8・22 刑集 19・540 …………35
大判昭 16・5・12 刑集 20・246 …………154
大判昭 16・7・17 刑集 20・425 …………310
大判昭 21・11・27 刑集 25・55 …………221
最判昭 22・11・5 刑集 1・1・1 …………263
最判昭 23・3・16 刑集 2・3・227 …………91
最判昭 23・3・16 刑集 2・3・220 …………253
最判昭 23・4・8 刑集 2・4・307 …………289
最判昭 23・5・1 刑集 2・5・435 …………265
最判昭 23・6・22 刑集 2・7・711 …………235
最判昭 23・6・22 刑集 2・7・694 …………310
最大判昭 23・7・7 刑集 2・8・793 …………164
最判昭 23・10・23 刑集 2・11・1386 …………105, 247
最判昭 23・12・14 刑集 2・13・1751 …………244
最判昭 24・2・8 刑集 3・2・113 …………244
最判昭 24・4・5 刑集 3・4・421 …………165
最大判昭 24・5・18 刑集 3・6・772 …157, 170
最大判昭 24・5・18 刑集 3・6・796 …………271
最判昭 24・7・9 刑集 3・8・1174 …………221
最判昭 24・7・12 刑集 3・8・1237 …………263
最大判昭 24・7・22 刑集 3・8・1363 …………147
最判昭 24・7・23 刑集 3・8・1373 …………274
最判昭 24・8・18 刑集 3・9・1465 …………160
最判昭 24・9・1 裁判集刑 13・355 …………310
最判昭 24・10・1 刑集 3・10・1629 …250, 274
最判昭 24・12・17 刑集 3・12・2028 …………266
最大判昭 24・12・21 刑集 3・12・2048 …………277
最判昭 25・3・31 刑集 4・3・469 …………125, 126
最判昭 25・7・6 刑集 4・7・1178 …………85
最判昭 25・7・11 刑集 4・7・1261
　　　　　　　　………………102, 248, 264
最判昭 25・8・31 刑集 4・9・1593 …………215
東京高判昭 25・9・14 高刑集 3・3・407 …268
最判昭 25・10・10 刑集 4・10・1965 …………265
最大判昭 25・10・11 刑集 4・10・201 ……146
最判昭 25・11・9 刑集 4・11・2239 …………125
最判昭 25・11・9 刑集 4・11・2244 …………291

名古屋高判昭 25・11・14 高刑集 3・4・748
　　　　　　　　………………………212
最大判昭 25・11・15 刑集 4・11・2257 ……142
最判昭 25・12・19 刑集 4・12・2586 …………250
最大判昭 26・1・17 刑集 5・1・20 …184, 186
最判昭 26・3・9 刑集 5・4・500 …………161
最判昭 26・3・27 刑集 5・4・686 …238, 263
最判昭 26・8・17 刑集 5・9・1789 …196, 198
最判昭 26・12・6 刑集 5・13・2485 …………246
最判昭 27・6・24 裁判集刑 65・321 …………110
最判昭 27・9・19 刑集 6・8・1083 …57, 255
最決昭 27・9・25 刑集 6・8・1093 …………310
仙台高判昭 27・9・27 判特 22・178 …………232
最大判昭 27・12・24 刑集 6・11・1346 ……28
最判昭 28・1・23 刑集 7・1・30 …………237
最決昭 28・3・5 刑集 7・3・482 …………248
最判昭 28・4・14 刑集 7・4・850 …………277
最判昭 28・6・12 刑集 7・6・1278 …249, 265
東京高判昭 28・6・26 高刑集 6・10・1274
　　　　　　　　………………………310
最大判昭 28・7・22 刑集 7・7・1621 …………317
高松高判昭 28・7・27 高刑集 6・11・1442
　　　　　　　　………………………275
名古屋高判昭 28・7・28 高刑集 6・9・1217
　　　　　　　　………………………281
福岡高判昭 28・11・10 判特 26・58 …………216
最大判昭 29・1・20 刑集 8・1・41 …………223
最判昭 29・3・2 裁判集刑 93・59 …………262
最判昭 29・4・27 刑集 8・4・555 …………250
東京高判昭 29・6・16 高刑集 7・7・1053 …216
最判昭 30・3・1 刑集 9・3・381 …………34
東京高判昭 30・4・18 高刑集 8・3・325 …197
東京高判昭 30・4・19 高刑集 8・4・505 …106
最判昭 30・11・11 刑集 9・12・2438 …………154
最判昭 31・8・3 刑集 10・8・1202 …………274
最判昭 32・2・26 刑集 11・2・906 …………115
最大判昭 32・3・13 刑集 11・3・997 …………195
広島高判昭 32・7・20 裁特 4・追録 696……238
最決昭 32・9・10 刑集 11・9・2202 …221, 224
東京高判昭 32・10・3 高刑集 10・9・708 …289
最判昭 32・10・18 刑集 11・10・2663 …………192
最判昭 32・11・19 刑集 11・12・3073 …………260
最大判昭 32・11・27 刑集 11・12・3113 ……59
最大判昭 32・12・28 刑集 11・14・3461 …309

最判昭 33・4・10 刑集 12・5・877 ……………276
最大判昭 33・5・28 刑集 12・8・1718 ……244
最判昭 33・7・10 刑集 12・11・2471 ………199
最判昭 33・9・9 刑集 12・13・2882 …………78
最大判昭 33・10・15 刑集 12・14・3313 …309
最判昭 33・11・21 刑集 12・15・3519
　　　　　　　　　　　　　…………83, 84, 147
最判昭 34・2・5 刑集 13・1・1 …………164
最大判昭 35・1・27 刑集 14・1・33 …………32
最判昭 35・2・4 刑集 14・1・61 ………169, 172
東京高判昭 35・2・17 下刑集 2・2・133 ……77
最判昭 35・3・17 刑集 14・3・351 …………274
広島高判昭 35・6・9 高刑集 13・5・399 …166
最決昭 35・10・18 刑集 14・12・1559 ……218
広島高判昭 36・7・10 高刑集 14・5・310 …216
最判昭 37・3・23 刑集 16・3・305 ……215, 218
最大判昭 37・4・4 刑集 16・4・345 ………313
最大判昭 37・5・30 刑集 16・5・577 ………29
大阪地判昭 37・7・24 下刑集 4・7=8・696
　　　　　　　　　　　　　　　　　　…49
最決昭 37・11・8 刑集 16・11・1522 …231, 241
名古屋高判昭 37・12・22 高刑集 15・9・674
　　　　　　　　　　　　　　　　　…150
大阪高判昭 38・1・22 高刑集 16・2・177 …231
最大判昭 38・4・17 刑集 17・3・299 ………279
最大判昭 38・5・22 刑集 17・4・370 ………138
最決昭 40・3・9 刑集 19・2・69 …………207
最判昭 40・3・26 刑集 19・2・83 ………58, 59
最決昭 40・3・30 刑集 19・2・125 …………258
東京高判昭 40・6・7 東時 16・6・49 ………234
東京地判昭 40・9・30 下刑集 7・9・1828 …81
宇都宮地判昭 40・12・9 下刑集 7・12・2189
　　　　　　　　　　　　　　　　　…210
最決昭 41・2・3 判時 438・6 ……………310
高松高判昭 41・3・31 高刑集 19・2・136 …109
最決昭 41・7・7 刑集 20・6・544 …………166
最大判昭 41・10・26 刑集 20・8・901
　　　　　　　　　　　　　　　…136, 143
最判昭 41・12・20 刑集 20・10・1212 ……111
最決昭 42・3・7 刑集 21・2・417 …………255
最決昭 42・5・26 刑集 21・4・710 …………166
最判昭 42・10・13 刑集 21・8・1097 ………111
最決昭 42・10・24 刑集 21・8・1116 …125, 127
東京高判昭 43・1・26 高刑集 21・1・23 …154

最決昭 43・2・27 刑集 22・2・67 …………187
大阪高判昭 43・3・12 高刑集 21・2・126 …310
最大判昭 43・9・25 刑集 22・9・871 ………287
最判昭 43・12・24 刑集 22・13・1625 ……226
岡山簡昭 44・3・25 刑月 1・3・310 ………85
最大判昭 44・4・2 刑集 23・5・305
　　　　　　　　　　　　　…………136, 142, 143
最決昭 44・7・17 刑集 23・8・1061 ………254
東京高判昭 44・9・17 高刑集 22・4・595 …194
大阪高判昭 44・10・17 判タ 244・290 ……222
最決昭 44・11・11 刑集 23・11・1471 ………84
最判昭 44・12・4 刑集 23・12・1573 ………161
最判昭 45・1・29 刑集 24・1・1 …………66
大阪高判昭 45・5・1 高刑集 23・2・367 …170
最決昭 45・7・2 刑集 24・7・412 …………134
最決昭 45・7・28 刑集 24・7・585 …………209
最判昭 46・4・22 刑集 25・3・451 …………314
最判昭 46・6・17 刑集 25・4・567 ……125, 126
最判昭 46・11・16 刑集 25・8・996 …………157
京都地判昭 47・1・26 刑月 4・1・189 ……141
東京高判昭 47・11・30 刑月 4・11・1807 …171
最大判昭 48・4・25 刑集 27・4・547 ………31
最大判昭 48・4・25 刑集 27・3・418
　　　　　　　　　　　　　…………135, 136, 143
一宮簡昭 48・12・22 判時 739・137 ……202
最大判昭 49・5・29 刑集 28・4・114 ………276
最大判昭 49・11・6 刑集 28・9・393 ………29
最判昭 50・4・3 刑集 29・4・132 …………141
最大判昭 50・9・10 刑集 29・8・489 ……31, 33
最判昭 50・11・28 刑集 29・10・983 ………162
大阪地判昭 51・3・4 判時 822・109 ………186
最判昭 51・3・16 刑集 30・2・146 …………215
札幌高判昭 51・3・18 高刑集 29・1・78 …109
最判昭 51・3・18 刑集 30・2・212 …………226
最大判昭 51・9・22 刑集 30・8・1640
　　　　　　　　　　　　　　　…276, 279
松江地判昭 51・11・2 刑月 8・11=12・495
　　　　　　　　　　　　　　　　　…268
横浜地川崎支判昭 51・11・25 判時 842・127
　　　　　　　　　　　　　　　　　…85
最大判昭 52・5・4 刑集 31・3・182 …136, 143
最決昭 52・7・21 刑集 31・4・747 …………157
最決昭 53・2・16 刑集 32・1・47 …………278
新潟地判昭 53・3・9 判時 893・106 ………114

最決昭 53・3・22 刑集 32・2・381 ……126, 128
最決昭 53・5・31 刑集 32・3・457 ………143
最判昭 53・7・28 刑集 32・5・1068
　　　…………………………………96, 98, 106
最決昭 54・3・27 刑集 33・2・140
　　　………………………………102, 103, 104
最決昭 54・4・13 刑集 33・3・179
　　　………………………………230, 236, 263
東京高判昭 54・5・15 判時 937・123 ………187
東京高判昭 55・9・26 高刑集 33・5・359 …194
最決昭 55・11・13 刑集 34・6・396 ………146
大阪地判昭 55・12・23 判タ 447・156 ……128
札幌高判昭 56・1・22 刑月 13・1=2・12 …114
東京地判昭 56・3・30 刑月 13・3・299 ……314
東京高判昭 56・4・1 刑月 13・4=5・341 …141
最決昭 56・4・16 刑集 35・3・107 …………146
横浜地判昭 56・7・17 判時 1011・142 ……252
最決昭 57・2・17 刑集 36・2・206 …………279
最判昭 57・4・2 刑集 36・4・503 …………106
最判昭 57・5・25 裁判集刑 227・337 ………123
最決昭 57・7・16 刑集 36・6・695 …………253
東京高判昭 57・11・29 刑月 14・11=12・804
　　　……………………………………………172
大阪地判昭 58・3・18 判時 1086・158 ……179
最判昭 58・7・8 刑集 37・6・609 …………286
横浜地判昭 58・7・20 判時 1108・138 ………99
最決昭 58・9・21 刑集 37・7・1070
　　　…………………………………83, 85, 232
最決昭 58・9・27 刑集 37・7・1078 ………277
最決昭 58・10・26 刑集 37・8・1228 ………315
最判昭 59・3・6 刑集 38・5・1961 …………91
最判昭 59・7・3 刑集 38・8・2783 …………180
最判昭 59・7・6 刑集 38・8・2793 …………125
東京高判昭 59・11・27 判時 1158・249 ……180
最決昭 60・4・30 刑集 39・3・186 …………109
最判昭 60・9・12 刑集 39・6・275 …………162
最決昭 60・10・21 刑集 39・6・362 ………112
最大判昭 60・10・23 刑集 39・6・413 …31, 33
福岡高那覇支判昭 61・2・6 判時 1184・158
　　　……………………………………………109
福岡高判昭 61・3・6 判時 1193・152 ………220
最決昭 61・6・9 刑集 40・4・269 …………103
最決昭 61・11・18 刑集 40・7・523 ………275
最決昭 62・2・23 刑集 41・1・1 …………273

最決昭 62・3・26 刑集 41・2・182 …………167
大阪高判昭 62・7・10 高刑集 40・3・720 …240
最決昭 62・7・16 刑集 41・5・237 ……194, 199
東京高判昭 62・7・16 判時 1247・140 ……222
千葉地判昭 62・9・17 判時 1256・3 ………167
大阪高判昭 62・10・2 判タ 675・246 …240, 262
岐阜地判昭 62・10・15 判タ 654・261 ……216
大阪高判昭 63・2・4 高刑集 41・1・87 ……125
最判昭 63・5・11 刑集 42・5・807 ……125, 127
東京高判昭 63・7・13 高刑集 41・2・259 …267
東京地判昭 63・7・27 判時 1300・153 ……251
最決平元・3・14 刑集 43・3・262 ……109, 116
福岡高宮崎支判平元・3・24 高刑集 42・2
　　　・103………………………………………147
最決平元・6・26 刑集 43・6・567 …………268
最判平元・7・18 刑集 43・7・752 …………197
最判平元・11・13 刑集 43・10・823 ………161
最決平元・12・15 刑集 43・13・879
　　　…………………………………77, 81, 128
大阪高判平 2・1・23 高刑集 43・1・1 ……262
最決平 2・2・9 判時 1341・157 …86, 89, 92, 106
東京高判平 2・2・21 判タ 733・232 …252, 253
名古屋高判平 2・7・17 判タ 739・243 ……221
最決平 2・11・16 刑集 44・8・744 …………115
最決平 2・11・20 刑集 44・8・837
　　　………………………………125, 127, 128
最決平 2・11・29 刑集 44・8・871 …………115
東京高判平 2・12・10 判タ 752・246 ………251
仙台地気仙沼支判平 3・7・25 判タ 789・275
　　　……………………………………………315
最判平 3・11・14 刑集 45・8・221 …………114
東京地判平 3・12・19 判タ 795・269 ………89
長崎地判平 4・1・14 判時 1415・142 …179, 187
東京地判平 4・1・23 判時 1419・133 ………237
浦和地平 4・2・27 判タ 795・263 …………221
最決平 4・6・5 刑集 46・4・245 …………236
最判平 4・7・10 判時 1430・145 …………110
最決平 4・12・17 刑集 46・9・683 ……125, 127
最決平 5・10・12 刑集 47・8・48 …………109
最判平 5・11・25 刑集 47・9・242 …………114
最決平 6・6・30 刑集 48・4・21 …………167
東京地判平 6・7・15 判タ 891・264 ………273
最判平 6・12・6 刑集 48・8・509 …………236
最決平 6・12・9 刑集 48・8・576 …315, 318

横浜地判平 7・3・28 判時 1530・28 ········150
名古屋地判平 7・6・6 判時 1541・144 ·····103
東京高判平 7・9・26 判時 1560・145 ········274
千葉地判平 7・12・13 判時 1565・144 ·····147
東京高判平 8・2・7 判時 1568・145 ········163
最判平 8・2・8 刑集 50・2・221 ············35
東京高判平 8・6・26 判時 1578・39 ········170
最決平 9・10・30 刑集 51・9・816 ·····83, 266
東京高判平 10・3・25 判時 1672・157 ·····255
横浜地判平 10・3・30 判時 1649・176 ·····221
東京高判平 11・1・29 判時 1683・153 ·····262
大阪地判平 11・3・9 判タ 1034・283 ········314
福岡高判平 11・9・7 判時 1691・156 ········222
最決平 11・9・28 刑集 53・7・621 ···········209
最決平 12・2・24 刑集 54・2・106 ···········35
札幌高判平 12・3・16 判時 1711・170
　　　　　··251, 262
名古屋高判平 12・8・1 高刑速平 12・169 ···32
最決平 12・12・20 刑集 54・9・1095 ········109
最決平 13・10・25 刑集 55・6・519 ····83, 236
名古屋高判平 14・8・29 判時 1831・158 ···268
最決平 15・1・24 判時 1806・157 ···········110
最決平 15・3・12 刑集 57・3・322 ···········79
最決平 15・5・1 刑集 57・5・507 ···········244
最判平 15・7・10 刑集 57・7・903 ···········281
最決平 15・7・16 刑集 57・7・950 ···········125
最決平 16・1・20 刑集 58・1・1 ·············84
最決平 16・2・17 刑集 58・2・169 ···········125

最決平 16・3・22 刑集 58・3・187 ···········100
東京高決平 16・3・29 判時 1854・35 ········317
大阪地判平 17・2・9 判時 1896・157 ········111
最決平 17・7・4 刑集 59・6・403 ·············79
最決平 17・11・15 刑集 59・9・1558 ········114
最決平 18・2・27 刑集 60・2・253 ···········88
最決平 18・3・27 刑集 60・3・382 ···········125
最決平 18・10・10 刑集 60・8・523 ········311
最判平 20・3・3 刑集 62・4・567 ···········109
最判平 20・3・4 刑集 62・3・123 ···········209
最判平 20・4・6 刑集 62・5・1217 ···········135
最決平 20・4・25 刑集 62・5・1559 ···········180
最決平 20・5・20 刑集 62・6・1786 ········163
最決平 20・6・25 刑集 62・6・1859 ········165
最決平 21・2・24 刑集 63・2・1 ···········165
最決平 21・6・30 刑集 63・5・475 ···········268
最判平 21・10・9 判時 1311・82 ···········244
最決平 21・12・7 刑集 63・11・2641 ········109
最決平 21・12・7 刑集 63・11・1899 ········152
最決平 21・12・8 刑集 63・11・2829 ········180
最決平 23・12・19 刑集 65・9・1380 ········246
最決平 24・11・6 刑集 66・11・1281 ········240
最決平 26・3・17 刑集 68・3・368 ···········273
最判平 26・11・7 刑集 68・9・963 ···········209
最決平 27・5・25 判時 2265・123 ···········180
最決平 28・2・25 刑集 70・5・117 ···········114
最決平 29・4・26 裁判集刑 1675・2 ········158

判 例 索 引　　333

著者紹介

大 谷 實（おおや みのる）

1934年　生まれ
1957年　同志社大学法学部卒業
現　在　同志社大学名誉教授

主要著書

刑事責任の基礎（1968　成文堂）
人格責任論の研究（1972　慶応通信）
被害者の補償（1977　学陽書房）
刑事規制の限界（1978　有斐閣）
刑事政策講義（1987,新版・2009　弘文堂）
刑法総論の重要問題（1986,新版・1990　立花書房）
刑法各論の重要問題（1986,新版・1990　立花書房）
刑事法入門（1994,第8版・2017　有斐閣）
刑法講義総論(新版・2000,新版第4版・2012 成文堂)
刑法講義各論(新版・2000,新版第4版補訂版・2015 成文堂)
刑法各論（2001,第5版・2018　成文堂）
精神保健福祉法講義（2010,第3版・2017　成文堂）

刑 法 総 論 ［第5版］

1996年 5 月 1 日　初　版第 1 刷発行
2000年11月 1 日　第 2 版第 1 刷発行
2006年 4 月15日　第 3 版第 1 刷発行
2013年11月20日　第 4 版第 1 刷発行
2018年 4 月20日　第 5 版第 1 刷発行
2019年 2 月 1 日　第 5 版第 2 刷発行

著 者 　大 谷 　實
発行者 　阿 部 成 一

〒162-0041　東京都新宿区早稲田鶴巻町514番地
発行所　株式会社　成文堂
電話 03(3203)9201(代表)　Fax 03(3203)9206
http://www.seibundoh.co.jp

製版・印刷　シナノ印刷　製本　弘伸製本　　検印省略
☆乱丁・落丁本はおとりかえいたします☆
©2018 M. Oya　　Printed in Japan
ISBN978-4-7923-5244-8 C3032

定価(本体2900円＋税)